7공화국이 온다

7공화국이 온다

2020년 1월 28일 초판 2쇄 펴냄

지은이 / 김대호

펴낸이 / 길도형
편집 / 박지윤
인쇄 / 우성아트피아
제책 / 우성아트피아
펴낸곳 / 타임라인
출판등록 / 제406-2016-000076호
주소 / 경기도 고양시 일산서구 덕산로 250
전화 / 031-923-8668 팩스/ 031-923-8669
E-mail / jhanulso@hanmail.net

Copyright ⓒ 김대호, 2020

ISBN 978-89-94627-82-3 03330

이 도서의 국립중앙도서관 출판예정도서목록(CIP)은
서지정보유통지원시스템 홈페이지(http://seoji.nl.go.kr)와
국가자료종합목록 구축시스템(http://kolis-net.nl.go.kr)에서
이용하실 수 있습니다. (CIP제어번호 : CIP2019053621)

7공화국이 온다

김대호 지음

타임
라인

7공화국을 위하여

이 책은 대한민국을 책임지겠다는 정치결사의 강령 시안이자 그 시안을 구상하게 된 배경이고, 강령 작성을 위한 방법론이다. 강령은 플랫폼이라고도 하는데 정치결사의 철학, 가치, 정책, 운동 기조를 간명하게 정리한 선언문이다. 그런데 이 시대는 제도와 정책 패러다임 등을 크게 바꿔야 하는 대전환기라서, 강령에 낡은 헌정체제에 대한 비판과 새로운 헌정체재(발전체제)의 기조도 담게 되었다. 그런 점에서 이 책은 한 세대 30년에 걸쳐 지속되고 있는 1987체제, 즉 제6공화국을 대체할 제7공화국 디자인 시안이라고도 할 수 있다.

역사의 변곡점이나 대전환점으로 간주되는 연도와 체제를 일컬어 ○○○○체제라고도 한다. 나는 2020년이나 2022년, 늦어도 2024년이 그 변곡점이 되었으면 한다. 새로운 체제는 정신, 방법과 정치지형의 대전환에서 시작된다. 헌법과 법률은 그 법적 표현일 뿐이다. 아마도 대통령제 자체를 없애려는 대통령과 국회의원, 양대 정당의 거대한 정치·제도적 기득권을 없애려는 국회의원들이 몇 십 명 쯤 나와야 변곡점이 시작될 텐데, 그게 언제일지는 알 수 없다. 대한민국에 울리는 비상벨과 단말마를 너무 많이 듣는 귀를 가진 나는 2020년이 거대한 역사의 변곡점이 되기를 간절히 바란다. 그런데 여전히 대한민국은 추락하고 퇴행하는 힘이 너무 강하다. 여기가 바닥이라고 생각했는데, 그 아래 지하층이 또 있더라는 말이 생각난다. 아무튼 수명이 다한 1987체제를 혁파하고 새로운 발전체제를 건설하지 않으면 대한민국은 3류 국가로 추락하는 흐름을 반전시킬 수 없다고 생각한다.

이 책에서 나는 지금의 대한민국을 만성질환을 오랫동안 방치하여 심한 합병증을 앓는 중환자에 비유하였다. 어디서부터 어떻게 손을 써야 할지 모르는 붕괴 직전의 낡은 집 또는 고장 난 자동차로도 비유하였다. 고로 이 책의 주된 내용은 대한민국이 앓고 있는 질환 또는 고장의 증상과 원인, 처방이다.

이 책은 1987년 이후 30여 년 동안 대한민국을 지배해 온 철학과 가치, 제도와 정책의 모순을 지적하고, 새로운 조화와 균형을 잡을 방략을 담았다. 이를 보통 강령이라 하는데, 흔히 오케스트라 악보나 지휘에 비유한다. 원래 종합예술인 정치와 국정운영은 오케스트라 지휘와 흡사하다. 멋진 오케스트라 연주는 다양한 악기 연주자들이 공유하는 악보가 기본 바탕이다. 거기에 악기의 특성과 연주자의 기량, 그리고 그들이 어우러져 만들어내는 화음 등을 잘 이해하는 편곡자와 지휘자가 있어야 한다. 비유하자면 연주자들이 특정의 가치, 제도, 정책, 기관이라면 악보는 이들에게 어떤 통일성을 부여하는 강령이고, 편곡자와 지휘자는 정치 리더십이나 정당이다.

오케스트라 악보를 쓰거나 자동차나 집을 설계할 때, 무엇을 주요하게 고려해야 하는지는 아마 매뉴얼이나 교과서에 정리되어 있을 것이다. 그런데 내가 과문해서인지 정당의 강령이나 새로운 헌정체제의 골조를 어떻게 디자인해야 하는지를 알려주는 매뉴얼은 없다.

어떤 지점, 어떤 요소를 주요하게 살펴야 하는지조차도 제대로 정리되어 있지 않다. 직관적으로 국가를 책임지겠다는 정치결사의 강령은 자연환경(생명자원조건), 국제정치지형(지정학적 조건), 국내정치지형, 역사인식, 감정반응, 정신문화 등을 두루 살펴야 한다. 그뿐 아니라 가치배분의 3대 제도인 국가, 시장, 사회 및 습속의 특성도 살펴야 한다. 이 하나하나가 중요한 연구 주제들인데, 세분화 전문화된 학문체계는 이런 융·복합 현안을 잘 받아내지 못한다. 그러다 보니 잘 모르는 분야로 탐구여행을 너무 많이 떠나야 했다. 현대 민주주의 국가는 대체로 지중해(그리스, 로마, 히브리)문명이라는 토양에서 자라난 자유민주주의 원리에 따라 설계되어 있다. 개방도가 높은 시장과 경제는 자본주의 시장경제 질서와 미국이 주도적으로 만든 글로벌 스탠더드를 따르지 않을 수 없다. 하지만 사회와 습속은 철저히 국내산으로서 대중의 정신문화와 집단기억(역사인식), 감정반응, 가치관 등의 총체이다. 이는 민주적 절차와 제도, 광장의 집회, 시위와 SNS 등을 통해 국가의 법, 제도, 정책, 예산, 정치지형, 정치 리더십 등에 지대한 영향을 미친다. 습속이 낳은 법과 제도는 시장과 경제에 지대한 영향을 미친다. 이런 상호작용을 통해 선진국에서 잘 작동하는 법, 제도, 정책들이 한국에 이식되어서는 완전히 기형으로 바뀌고는 한다. 귤이 회수를 건너면 탱자가 된다는 귤화위지橘化爲枳 현상 말이다.

본문에서 자세히 얘기하겠지만 지금 대한민국은 억제되어야 할 것이 억제되지 못하고, 활성화 되어야 할 것이 활성화되지 못하고 있다. 부분적 개선이 전체적 퇴행으로 돌아오는 '합성의 오류'가 극심하다. 자유주의, 민주주의, 공화주의, 시장경제, 시민적 덕성, 정치 리더십 등 선진국에서는 잘 작동하는 조화와 균형 장치들이 제대로 작동하지 않기 때문이다. 이는 권력의 명실상부한 주인으로 등극한 대중의 사유체계를 지배하는 동양적, 조선적 습속과 서구 시민혁명의 산물인 민주공화국의 기본원리의 충돌에서 연유한다. 그 습속의 이름은 권력(성군)만능주의, 도덕(인격도야)만능주의, 가족주의, 연고주의, 민족주의, 지대추구, 독특한 위계서열 의식, 트라우마와 콤플렉스, 정사正邪, 화이華夷, 군자-소인의 이분법에 기초한 세계관 등이다. 하나하나가 간단히 할 수 있는 얘기가 아니다. 그래서 연구와 고민의 시간이 길어졌고, 집필 시간도 많이 늘어졌다. 한반도의 풍토와 지정학적 조건, 조선체제, 정신문화, 헌법, 법률(법 해석 포함), 시행령까지 종횡하면서 그 복잡다단한 구조와 연관을 살피다 보니, 마치 저사양低仕樣 컴퓨터로 거대한 프로그램을 돌리는 느낌이었다.

원래 강령적 고민은 수백, 수천 명의 전문가와 사업자, 관료와 (이들과 깊은 대화가 가능한 지력이 있는) 경세가와 항상 대중과 눈을 맞추고 있는 정치가들 간의 오랜 대화와 토론이 필요하다. 그런데 이게 변변치 않으니 결국 소대 병력으로 사단의 수비 범위를 커버하는 모양이 되었다. 고군분투하였지만 곳곳에 지적 구멍이 숭숭 뚫려 있다. 긴 숙성 과정을 거쳤지만 여전히 미진한 부분이 많다. 깔끔하게 정리되지 못하여 난삽한 부분은 그저 부끄러울 뿐이다. 2020년 이후 혹시 정치와 정당이 정상화되면 최소한 중대, 대대 병력으로 수비할 수 있을 것이다. 부디 그런 날이 빨리 오기를!

강령적 고민은 한두 명이 연구실에 처박혀 하는 게 아니다. 혼자할 수도 없고 혼자 해서도 안 된다. 지난 20년 동안 이 고민을 같이한 모임은 다음과 같다. 이 책은 이 모임들에서 나눈 고민과 토론의 결정체다.

첫째, 초심방(가칭)과 코리아포럼. 2003년에 결성되어 2007년 쯤 소멸하였다. 1980년대 초반 학번이 주축으로 동 세대에서 약간 먹어주는 학생운동가 출신들이 많았다. 당시 우리가 꾸던 꿈은 조만간 한국

정치의 중심으로 부상할 386, 486들을 이념·정책적으로 업그레이드 시켜, 한국 정치를 한 차원 발전시켜 보자는 것이었다. 그런데 모든 일이 그렇듯이 주요 인물의 실망스런 처신과 참신한 기획 등의 부재로 인해 각개약진하게 되었다. 그 때 나눈 고민과 토론들은 2007년 5월 출간된 『진보와 보수를 넘어』에 집약했다. 동지는 간 데 없는데, 혼신의 힘을 다해 깃발만 만든 격이다. 지금도 깃발(경세방략)에 큰 가치를 부여하지 않는 정치 풍토에서, 참으로 무익한 시도였다. 돌아보면 그 때 초심방이 정치권 언저리의 x86세대 몇 백 명을 조직하여 변화한 시대와 경세방략을 같이 고민하고, 이념정책적으로 향도까지 했다면 지금 청와대와 민주당에 넘쳐나는 이념적 화석들을 꽤 많이 줄일 수 있었을 텐데 하는 아쉬움이 있다

둘째, 사회디자인연구소. 2006년 가을에 출범하여 지금까지 유지되고 있다. 한국사회가 정책적으로 막힌 지점을 뚫어내는 것이 소명이다. 새로운 강령이나 새로운 헌정체제를 포함한 경세방략과 정치 콘텐츠를 생산, 확산하는 것이 주된 사업이라는 얘기이다. 한국에서 정치 콘텐츠의 고객들은 주로 정치인인데 대통령, 국회의원, 지자체장, 당 실력자와 그 후보들이다. 이들을 대리인으로 부리는 주권자 국민도 고객이다. 그런데 친일독재니 토착왜구니 운운하면서 구정물을 뿌려대고, 종북좌익이니 빨갱이니 하면서 빨간 물을 뿌려대어 상대에 대한 공포와 혐오를 조장하는 것이 주된 정치 전략인 풍토에서 싸움의 기술인 정치 컨설팅에 대한 수요는 많아도, 경세의 방략인 정책 컨설팅(?)에 대한 수요는 거의 없다. 가장 중요한 고객은 대통령과 그 후보들인데, 인연이 닿아 과외교사나 정책 자문 일을 잠깐잠깐해 봤지만 금전적 대가를 받아 본 적이 없다. 오히려 지자체장이나 그 후보들은 정책, 사업, 예산 등에 대한 지식과 지혜를 돈을 주고 도움을 받을 용의가 있어서, 풍찬노숙 과정에서 아사나 동사를 면하게

해주었다.

셋째, 7공화국 비전준비모임. 2014년 11월에 출범하였다. 7명 내외가 지금까지 근 5년에 걸쳐 한 달에 평균 2번 가량 경세방략을 주제로 토론을 해왔다. 이 모임의 요구에 따라 2016년 10월 9일 '7공화국이 온다'라는 제목으로 A4 85쪽 분량의 강령적 선언문(매니페스토) 초안을 썼다. 이것이 향후 3년 넘게 이어진 강령적 토론의 기초가 되었다. 이 모임의 요구와 독려와 토론이 이 책을 3년 넘게 숙성시키도록 만들었다고 해도 과언이 아니다.

넷째, 광화문 국정독서모임. 2013년 봄부터 격주로 6년 반을 하고 있다. 이름 그대로 독서를 통해 국정 전반에 대한 식견을 넓히는 것이 목적이다. 한 때는 10명이 넘었으나 지금은 초기 멤버 두세 명이 남고, 새로운 사람 몇 명이 가세하여 독서토론을 진행하고 있다. 독서모임을 하지 않았다면 알지도 못하였고, 결코 읽지도 않았을 책이 수십 권이다. 내 지적 지평을 넓히고, 고민을 숙성시키는 데 결정적인 도움을 주었다.

다섯째, 어슬렁 산행모임. 2012년 2월부터 한 달에 한 번 토요일에 산행을 한다. 산중 쉼터와 산행 후 식사 자리에서 긴 시국방담을 나눠 왔다. 모임의 조직자는 김기원 교수(방통대)인데 2014년 12월에 유명을 달리했다. 살아 계셨다면 이 책이 더 숙성되고, 더 깊어졌을 텐데 하는 아쉬움이 크다. 이 책을 내는 데 가장 직접적인 도움을 준 사디연, 7공모임, 국정독서모임, 어슬렁모임은 내가 주동적으로 만든 것이 아니다. 조직자들은 오래 전에 모임을 떠나거나 세상을 떠났다. 모든 모임들에서 나는 두 번째나 세 번째로 결합한 사람인데, 세월이 흐르다 보니 결국 내가 최고참, 가장 열성적인 참여자가 되어 버렸다. 이 책에 혹시 빼어난 통찰이 있다면 절반 이상은 친구 김진욱에게서 왔다. 광화문 국정독서모임과 어슬렁 산행모임을 같이 하면서 나에게 끊임없이 화두 내지 의문를 던져주었다. 그가 화두를 제시하면, 나는 그것을 받아 연구를 하고, 그 과정에서 새로운 통찰과 화두가 생기고 이를 나누는 방식이었다.

이 책은 총 3부로 되어 있다. 1부는 정치체제 디자인의 핵심 고려요소이고, 2부는 1987체제의 빛과 그늘이고, 3부는 새로운 발전체제의 디자인 시안이다. 그런데 이 책 2부와 3부 사이에는 대략 800쪽(단행본 기준) 넘는 분량의 글이 빠졌다. 바로 경제 비평이다. 사실 이 책의 1부와 2부가 합쳐져 제1권이 되면, 경제는 제2권과 제3권이 되고, 이 책의 3부는 제4권이 되어야 마땅하다. 그런데 여러 가지 사정으로 제2권과 제3권이 지체되면서, 제1권과 제4권을 한데 묶게 되었다. 1987체제, 즉 6공화국을 분석한 이상 7공화국 플랫폼의 골조 내지 정책기조를 조금이라도 얘기하지 않으면 너무 허전해 보이기 때문이다. 그래서 3부에서 얘기하는 주요 주장들의 근거는 아직 출간하지 못한 제2권과 제3권에 있는 경우가 많다.

이 책은 2014년 3월에 시작했다. 박근혜정부의 규제개혁 드라이버를 보면서 '저 문제 저렇게 처리할 문제가 아닌데…' 하는 문제의식으로 집필을 시작했다. 내가 볼 때는 규제는 호미나 괭이 정도로 파낼 수 있는 돌부리가 아니라 중장비와 폭약까지 동원해도 제거하기 힘든 큰 바위, 아니 큰 산의 노상 돌출부 같은 존재로 보였기 때문이다. 아니나 다를까 박근혜정부의 규제개혁이 무엇을 남겼는지 나는 알지 못한다. 집필 시작할 때는 국가규제 문제를 집중적으로 천착하여 2014년 말쯤 출간하려고 하였는데, 근원을 찾아 올라가다 보니 국가, 시장, 사회를 살피게 되고 한국(조선 포함)과 일본, 중국, 미국, 영국, 프랑스, 스위스, 러시아 등과 비교하게 되었다. 그러다 보니 원고가 너무 커지고 난삽해져 버렸다. 애초부터 학술서적이 아니라 정

치결사의 강령 초안과 배경 설명으로 생각했기에, 2016년 총선을 앞
둔 2015년 말 '7공화국의 플랫폼'이라는 제목의 책을 출간하려 했
다. 하지만 역시 품질이 나오지 않으니 미칠 노릇!

그러다가 두꺼운 단행본이 아니라 2016년 말 쯤 「7공화국이온다」
라는 소책자를 먼저 출간하려 하였다. 그런데 역시 기대한 품질이 나
오니 않으니…. 밀리고 밀리고 또 밀려서 결국 2019년 9~10월을 마
지노선으로 잡게 되었다. 그런데 예상치 않게 조국사태 등으로 광화
문광장 투쟁조직에 에너지를 쏟다 보니 최소 두 달을 또 까먹었다.
그러다 보니 결국 여기까지 와 버렸다. 임신 8~10개월 정도하면 낳
을 수 있을 줄 알았는데, 무려 6년을 뱃속에만 넣고 있다 보니 원고
가 초거대아가 되었다. 무엇보다도 분석과 종합의 대상이 하도 커서
부, 장, 절의 구성이 너무나 힘들었다. 도대체 몇 번을 뒤집어엎었는
지 모르겠다. 집필이 어려웠던 결정적인 이유는 바로 책의 토대, 기
둥, 대들보, 지붕 같은 골조를 잡기 어려웠기 때문이다.

돌아보면 2007년 『진보와 보수를 넘어』를 쓰고 나서 근 10년은 그
책의 수정보완, 각주에 머물렀다. 그런데 이번 책은 거의 13년 만에
그 틀을 완전히 벗어난 것 같다. 아마도 향후 10~20년은 이 책의 수
정과 보완, 각주를 쓰면서 보내야 할지 모르겠다. 시대의 혼미를 깨
치는 좋은 책을 쓰는 것은 그 어떤 것보다 중요한 내 소명이기 때문
이다.

얼마 전 아내가 물었다. 본인이 생각하는 가장 큰 강점이 뭐냐고?
나는 북극성, 나침반, 각도기를 가지고 인생이라는 배를 운항하는 것
이라고 하였다. 나와 연구소의 소명과 실제를 항시 견주어 보고, 나
라와 세계의 위치와 방향도 항시 의식한다고 자부하기 때문이다. 내
질감은 어디서 왔는지 나는 잘 모르겠지만, 분명한 것은 아내 서연희

와 크고작은 성원을 보내주신 많은 분들이 없었다면, 그 열악한 조건을 이겨내지 못했을 것이다. 이 책으로 인해 잃어버린 소중한 것들이 무엇인지 헤아려 본다. 위대한 생을 살다 가신 아버지와 장인어른의 생전 인터뷰에 기반한 자서전 등 굵직한 것만 헤아려도 열 손가락이 모자란다. 하기사 책이라는 것은 원래 생명을 갈아서 쓰는 것이라서, 쓰고 나서 생명과 건강을 잃지 않은 것만으로 엄청난 복을 받은 것이라고 할 수 있다. 이 책을 2014년 12월 20일 78세로 유명을 달리하신 아버지 故 김철수와 2014년 12월 7일 61세로 유명을 달리하신 도반 故 김기원 선생의 영전에 바치고 싶다.

2020년 신년 벽두에

서문

시대의 황혼

'미네르바의 부엉이는 황혼 무렵에야 난다.'

1820년에 출간된 헤겔의 『법철학』 서문에 나오는 유명한 문장이다. 미네르바의 부엉이는 근본적 성찰을, 황혼은 한 시대의 상식으로 군림해 온 가치, 제도, 정책의 모순이 터져 나오는 시기를 말한다.

나에게는 지금이 시대의 황혼이다. 문재인정부는 1980년대 민주화운동, 노동운동, 통일운동, 환경운동의 가치를 거칠게 밀어붙이면서 시대의 황혼을 선명하게 보여 주고 있다. 막대한 예산을 퍼부었음에도 20년 가까이 지속되는 초저출산, 매 5년마다 1%p씩 떨어지다가 이제는 잠재성장률에도 못 미치는 경제성장률, 중국의 거센 도전을 받고 있는 주력산업의 위기, 70년 각고의 노력으로 일으킨 원전산업의 고사 위기, 정치의 본말전도와 만연한 지대(rent)추구, 광장에서 일렁이는 정치적 공포, 증오, 혐오, 청년들의 '헬조선' '이생망' 한탄, 변화와 개혁 가능성에 대한 회의와 냉소, 비핵화는 물 건너 가고, 한미동맹은 껍데기만 남고, 미침내 김정은의 핵 공갈에 떨면서 목숨을 구걸해야 하는 불안하고 비루한 시대가 다가오는 느낌 등.

문재인정부가 체현하고 있는 정신과 방법의 본질을 아는 사람들에게는 이 시대는 황혼을 지나 짙은 어둠으로 질주하고 있다. 그런데 현실을 다르게 보는 사람들에게 문재인정부는 희망의 새아침을 여는 존재일 것이다. 이들은 박근혜 탄핵, 대통령선거, 지방선거를 거치면서 치명상을 입고 비틀거리는 이른바 '반민주, 반민중, 반민족, 반통일 세력'의 숨통을 끊어놓을 역사적 기회가 목전에 왔다고 믿는다. 역사와 현실에 대한 완전히 상반된 평가는 우리 사회를 총칼만 안 든 내전상태로 몰아넣었다. 분단도 모자라 대한민국은 적대하는 양 진영으로 완전히 갈라졌다. 한 국가 두 국민이다. 도대체 어쩌다가 대한민국이 이 모양이 되었는가? 남미의 혁명 영웅 시몬 볼리바르(1783~1830)는 47세에 결핵으로 죽기 한 달 전, 대통령과 총사령관 직을 사임하면서 편지에 이렇게 썼다.

나는 12년간 통치하면서 몇 가지 확신을 얻게 되었다. (…) 일신을 혁명에 바친 사람들은 바다에 쟁기질한 것이나 다름없다. (…) 이 나라는 필연적으로 고삐 풀린 대중의 손에 들어갔다가 그들도 모르는 사이에 시답잖은 폭군들 차지가 될 것이다. (…) 만약 어떤 국가가 원초적인 혼돈상태로 돌아가는 것이 가능하다면, 그것이 바로 남아메리카가 될 것이다.

볼리바르는 미국독립혁명, 프랑스대혁명과 19세기 프랑스, 스페인의 자유주의 사조에 감동, 감화 받은 시대의 아들이었다. 남미를 미국처럼 만들기 위해 스페인을 상대로 독립전쟁을 벌여 천신만고 끝에 승리하여, 남미의 북단부 대부분을 차지하는 그란콜롬비아GranColombia를 건설하고, 초대 대통령(1819~1825)이 되었다. 하지만 사후 1년도 안 되어 몇 개 국가로 분열되었다. 볼리바르 생전에 이미 격렬한 갈등과 뚜렷한 분열 조짐이 있었다. 그래서 죽기 직전

자신이 일생을 바쳐 한 일이 '바다에 한 쟁기질'이라고 한탄했던 것이다. 볼리바르는 그 이유를 알지 못하고 유명을 달리하였을 것이다. 니얼 퍼거슨(1964~)은 『시빌라이제이션』(원제; 『The Civilization: the West an the Rest』)에서 볼리바르의 위대한 꿈이 좌절된 이유로 북미보다 훨씬 심한 인종적 균열, 토지 소유 집중, 민주적 자치와 통치 경험 부재, 높은 문맹률, 인간의 정신을 맑게 하는 종교의 부재 등을 들었다. 볼리바르는 북미나 유럽에서 잘 자라는 근대적 제도라는 '귤'을 풍토가 전혀 다른 남미에 심었다가 '탱자'를 얻은 것이다.

볼리바르와 1980년대 운동권의 동병상련

볼리바르의 한탄이 나를 전율케 한 것은 베네수엘라 등 오늘날의 남미 현실이 말해 주듯이, 북미와 남미의 정신문화적 토양 내지 습속의 차이를 200년이 지나도록 극복하지 못하는 것 같았기 때문이다. 그런데 볼리바르의 한탄은 남의 일이 아니다. 1980년대 민주화운동가들과 노동운동가들 중 머리가 화석화되지 않은 사람들은 오래 전부터 볼리바르와 비슷한 느낌을 갖고 있었다. 특히 노동운동을 하러 남의 신분증을 위조하여 공장 위장취업까지 감행한 나 같은 사람들은, 지금의 노조행태와 노동현실을 보면서 청춘을 바친 운동이 바다에 한 쟁기질이었다는 느낌을 진즉에 받아 왔다. 문재인정부 출범 이후 이 느낌은 몇 백 배 더 강해졌다. 보편 이성과 상식으로는 도대체 이해가 안 되는 일련의 소동들인 김정은에 대한 호감과 열광, 북핵과 미사일 위협에 대한 둔감, 적폐청산-친일청산-반일캠페인, 조국수호-검찰 겁박 시위, 선거법과 공수처법 관련 몰상식과 무원칙 등은 정말로 당혹스러웠다. 국가경영 내지 민주주의의 기본과 원칙을 짓밟는 일련의 사건들인 탈원전, 최저임금, 공공부문, 비정규직 정책, 징용공 판결, 지소미아 파기, 한미동맹 훼손, 자폭적 군사양보(9.19

군사합의), 북한의 핵보유와 적화통일 의지에 대한 과소평가 등도 마찬가지였다. 그럼에도 놀라운 대통령 및 여당 지지율과 정권의 폭정과 실정에 비해 너무 저조한 야당 지지율은 정말로 경악스러웠다. 그것도 언론탄압이나 여론조사 조작의 결과가 아니기에 더더욱 깊은 탄식을 자아내게 하였다.

그런데 역사의 뒤안길을 산책하다 보니 귤화위지 현상에 당혹감을 느낀 세대는 우리만이 아닌 것 같았다. 1917년 러시아혁명과 1919년 3.1만세운동에 감동 감화 받아 혁명에 떨쳐나섰던 1920~30년대 공산주의 혁명가들과 1950년 전후하여 한라산과 지리산에서 빨치산투쟁을 하면서 대한민국을 지도상에서 지워 버리려고 한 이른바 '통일전사'들도 지금의 북한의 참상을 보면 비슷한 느낌을 받지 않을까? 적어도 이념과 이론을 신앙의 대상이 아니라 현실 검증과 성찰을 통해 폐기하거나, 진화시켜야 할 가설로 보는 사람이라면 그럴 것이다. 하지만 생각이 청춘시절에 멈추어 버린 사람들은 북한을 정신적 고향으로 삼는 '신념의 투사'가 되어, 지금도 미제와 일제에 맞서 독립투쟁을 벌일지도 모른다. 전두환을 재구속하고, 친일독재의 후예 자유한국당과 보수 박멸을 통한 민주화운동의 완성을 위해 지금도 열심히 투쟁할지도 모른다. 왼쪽에 이들이 있다면 오른쪽에는 1945년 이후 75년 동안 변함없이 빨갱이 박멸 투쟁을 벌이는 사람들도 있을 것이다. 좌우를 초월하여 이념의 화석들과 독선과 아집의 화신들을 보면서 인간이 원래 그런 건지, 한민족이 유독 심한 건지 의문을 품게 되었다. 그 답을 구하지는 못했지만 뭔가 고귀한 이상과 근대적 사상, 제도, 정치를 크게 왜곡하는 거대한 힘을 놓쳤다는 느낌을 받았다.

지금 돌아보니 1960년 4.19와 1980년 5.18의 자식들인 민주화운동가들은 우리 사회의 두터운 역사적 업보랄까, 갈라파고스나 다름없는 특이한 습속을 제대로 파악하지 못하였다. 사실 나도 한국이 유럽 미국은 말할 것도 없고, 중국 일본과도 매우 다른 사회라는 사실을 깨달은 지는 채 10년도 되지 않는다. 나의 20대 중반까지 북한은 머릿속에 없는 존재였다. 정권은 민주화운동을 북한과 연계하여 용공이니 좌경이니 하며 탄압을 해대니, 북한은 생각하기조차 싫은 존재였다. 이런 지적 공백과 전두환정권에 대한 분노가 '북한바로알기'와 남북한 연계 혁명전략(NLPDR)과 주체사상 선풍을 일으켰던 것이다. 역사, 인간, 습속에 대한 무지와 전두환정권에 대한 분노가 악령을 영접하게 만든 것이다. 하지만 1980년대 후반부터 20년은 소련, 동구, 중국, 북한의 민낯을 알려주는 정보가 홍수처럼 쏟아졌다. 보편 이성과 양심인들에게는 정치체제의 차이에 기인한 남북한의 엄청난 차이를 확인하며 성찰하고 분노하는 시간이었다. 그 이후 지금까지 10여 년은 북미와 남미 외에도, 동양과 서양의 차이도 의외로 크다는 것을 깨닫는 시간이자, 체제의 차이에도 조선–남한–북한을 관통하는 질긴 동질성을 확인하며 전율하는 시간이었다.

야만적이고 기괴하기 짝이 없는 북한을 뜯어보니 조선의 습속이 엄청나게 많이 남아 있다는 것을 발견했다. 그런데 대한민국 역시 두텁고도 질긴 조선적 습속 위에 서있는 국가였다. 돌아보니 1980년대 초에 나를 운동권 학생으로 만든 것도 사회주의나 휴머니즘이 아니라 조선 선비, 특히 성균관 유생들과 별로 다르지 않는 정신이었다. 그도 그럴 것이 지식인 사회는 행여 일본의 식민지배를 정당화한다는 비난을 들을까 두려워 조선의 오욕사, 잔혹사, 실패사, 망국사를 제대로 성찰하지 않았으니 질긴 조선적 습속을 알리가 없었다. 역사 해석도 자뻑과 자학을 오락가락했으니, 역사로부터 배운 것이 별로 없었다. 그뿐 아니라 지금 대한민국을 규율하는 자유, 민주, 공화, 정의, 평등, 법(치), 지방자치, 정당, 국가, 권력, 시장, 노동3권 등 헌법적 가치와 제도도 깊이 천착하지 않았다. 헌법적 가치와 제도라는 귤이 어떤 토양에서 자라난 것인지, 그 정신이 무엇인지를 알지 못하였다. 그러다 보니 '자유'는 반공과 규제완화로, '민주'는 반독재와 광장에서의 함성 지르기와 추종하기로, '평등'은 격차해소와 반신자유주의로, '권리'는 다다익선으로, '정의'는 친일청산, 적폐청산, 과거사 신원伸冤으로, '시장'은 약육강식의 정글로 등치되었다. 법은 보편 이성에 반하고, 현실과 동떨어져도 국회만 통과하면 되고, 공공은 전체를 생각하고 민간은 제 욕심만 밝히는 존재로 간주되었다. 동양적, 조선적 유산의 핵심인 전제적 권력에 대한 경계심은 없었다. 선거에서 이기기만 하면 국가가 운용하는 자리, 예산, 공공기관 등을 끼리끼리 나누어먹는 도적정치를 능사로 알았다. 볼리바르가 우려했던 시민적 덕성과 사회 습속이 저열할 때 찾아오는 중우정이나 폭민정 등 민주주의에 내재한 위험에 대한 경계심도 없었다. 복잡미묘한 경제고용, 외교안보 현실을 모르고 결정에 따른 책임을 지지도 않는 현대판 조선 사대부들인 사법관료와 강단 서생 등이 공공과 도덕이란 이름으로 선을 긋고 칼을 휘둘러 국가의 명운과 민생의 안녕에 치명적인 영향을 미치는 결정을 해댔다.

역사인식과 도덕성 프레임

나는 공공정책과 담론분석을 업으로 삼는다. 그래서 문재인정부와 민주당, 86세대 운동권, 친여 언론사와 시민단체의 중심인물, 그리고 '조국曺國대전' 시기 조국수호 논객들의 말과 행동을 유심히 살펴왔다. 결론부터 말하자면 문재인정부의 수구좌파적 행보는 주체사상이나 사회주의에서 오는 것이 아니라, 조선적 습속과 결합된 역사인식에서 나온다. 이들은 역사와 현실을 노동(프롤레타리아)-자본(부르주아지), 진보-보수, 좌파-우파, 사회주의-자본주의의 대결로 보는 것이 아니라, 조선 사대부들처럼 도덕적인 세력과 부도덕한 세력의 대결로 본다. 역사적 정통과 사통邪統의 대결로 본다. 전자는 독립운동과 민주화운동으로 고초를 겪고 곤궁하게 사는데 반해, 후자는 친일-독재-정경관언법 유착-재벌-지방토호세력으로 과거나 지금이나 떵떵거리며, 오직 일신의 영달을 위해 살았다고 본다. 이들은 3면이 바다인 한반도 땅에서 외침도, 내란도, 민란 위험도 없이 오랫동안 통치를 해온 조선 사대부들을 닮아서인지, 경세經世나 부국강병을 그리 중시하지 않는다. 망국 군주 고종보다 이완용 같은 배신자를 훨씬 증오한다. 이승만, 박정희가 창조한 정치적 경제적 성과는 그리 중시하지 않고, 소신과 지조를 지키다가 쓰러진 김구를 사표로 삼는다. 한 마디로 역사적 정통성正統性이나 도덕성이 바로선 정치세력이 권력을 쥐면 만사가 잘 풀린다고 생각한다. 세상의 악덕은 힘센 악당 때문이며, 의도가 좋으면 결과도 좋을 것으로 생각한다. 그러니 복잡미묘한 현실을 연구하지 않는다. 그래서 불평등, 양극화, 비정규직, 고용불안, 저임금은 재벌·대기업의 독과식 때문이며, 낮은 복지지출과 공공부문 규모는 김대중·노무현 정부가 무분별하게 수용한 신자유주의 작은정부 사조 때문이며, 원전은 음험한 원전마피아의 음모고, 남북의 긴장과 반목은 미일외세와 결탁한 수구냉전세력의 음모라고 생각한다. 문재인정부의 현실인식은 극히 유아적이고, 정책은 몹시 우악스러운 이유이다.

정통성은 과거사 해석으로 형성되거나 훼손되기에 반대파의 '흑역사'에는 눈을 부릅뜨지만, 현실과 미래의 도전에는 눈을 감는다. 역사에 대한 왜곡과 은폐, 조작은 기본이다. 그런 점에서 성리학에 찌든 조선 사대부나 북한 집권세력의 사고방식과 너무 닮았다. 조선 사대부는 성인의 도통을 이은 당파를, 민주화 세력은 민주화투쟁 주도세력을, 북한은 항일무장투쟁에 빛나는(?) 백두혈통을 '정正'으로 삼았다. 이들은 다른 세력을 '사邪'로 폄하하고, '정'이 '사'를 제압하면 모든 것이 해결된다고 믿는다. 우리 국민의 사고방식이나 습속 자체가 '정통성' 프레임으로 역사를 해석하는 데 익숙하기에 이런 유아적 사고방식이 위력을 발휘할 것이다. 아무튼 지향하는 체제는 달라도 역사와 현실 인식이 비슷하고, 정통성의 근원도 비슷하고, 주된 대립물(미국, 일본, 보수·기득권)도 비슷하니 주사파·사회주의자와 비슷해 뵈는 것이다. 보고 싶은 것만 보는 '확증편향 환자'들의 눈에는 방안에 들어와 있는 코끼리도 보이지 않는다. 역사적 정통성과 도덕성에 빛나는 문재인정부가 하는 모든 일은 선이요, 정의요, 개혁이다. 당연히 이를 반대하는 것은 수구·보수·기득권의 음험한 음모이다. 이들의 눈에는 대한민국은 온통 보수·기득권이 지배하는 나라이다. 문재인정부와 민주, 진보, 개혁 세력은 너무나 왜소한 존재이다. 인지부조화의 전형이다.

도덕과 부도덕 프레임은 '항일과 친일', '민주와 독재', '정의와 불의', '이타주의와 이기주의' 프레임으로 변주된다. 선악善惡, 정사正邪는 도덕과 부도덕 프레임의 단순화 버전이고, 그 조상은 군자君子와 소인小人 프레임이다. 문재인정부는 이 오랜 습속에 개혁과 수구·기득권·적폐 프레임을 얹으려 하였다. 노조는 99%와 1%(재벌 등) 프레임을 얹으려하고, 북한과 주사파와 낭만적 민족통일론자들은 민족과 외세, 평화와 전쟁, 민족화해협력과 냉전대결 대립 프레임을 얹으려 한다. 하나같이 어떤 정책이 국리민복에 보탬이 되냐를 묻는 것이 아니라 누가 도덕적이냐를 묻는다. 대한민국이 어디쯤 있고 어디로 가야 하느냐를 묻는 것이 아니라 누가 통치의 정당성, 즉 정통성이 있냐를 묻는다. 이 정통성의 근거는 어디까지나 과거사이다. 현재 당면한 국가적 현안 문제 해결 능력과 비전이 아니다.

자유한국당과 보수의 수수께끼

　국가경영의 기본과 원칙에 비추어 보면 문정부와 민주당에 비해 이명박근혜정부와 한나라당–새누리당–자유한국당의 악덕이 훨씬 적다. 정치경제적 기득권에 집착하는 무소신의 웰빙 보수라는 비난을 받지만, 그 이념과 행보는 국가경영의 기본과 원칙에 정면 반하지는 않는다. 한미동맹과 한일관계를 훼손하지도 않을 것이고, 9.19 군사합의 같은 것도 하지 않을 것이고, 김정은의 비핵화 약속도 덜컥 믿지 않을 것이고, 탈북 어부를 강제 송환하지는 않을 것이다. 탈원전으로 산업과 환경을 파괴하는 짓도 하지 않을 것이고, 진상규명한다면서 과거사를 파고 또 파고 하지도 않을 것이고, 최저임금·공공부문·비정규직·노조 정책도 확연히 다를 것이다. 적어도 문재인정부와 민주당보다는 자유민주주의, 법치주의, 시장경제, 해양문명(미국, 일본, 유럽)에 훨씬 친화적이다. 무엇보다도 청년시절에 민주주의나 사회정의를 위해 온 몸을 던져 본 사람이 별로 없어서 도덕적 오만과 독선이 없다. 그럼에도 그 과오나 악덕에 비해 너무 가혹한 징벌(문재인정부의 폭정과 실정에 비해 저조한 제1야당 지지율 등)을 받는 것은 왜일까? 이는 정치를 정사正邪 프레임으로 보는 조선적 습속을 빼놓고는 설명되지 않는다. 박근혜 대통령의 실정과 탄핵소추 과정에서 드러난 부도덕과 정권 핵심들의 기회주의 등은 통치의 정당성(정통성)이 자유한국당으로 대표되는 보수에 있지 않다는 확신을 널리 퍼뜨린 계기였다. 그런데 실은 이런 분석도 일면적이다. 지역에 따라 크게 차이가 나는 대통령 지지율은 지역민이 얻는 공직과 예산 등 특수이익에 대한 욕망과 개발연대에 뼈에 사무친 소외·피해의식이라는 공포의 관점에서도 보아야 진실에 좀 더 다가갈 수 있다. 거기에 2,30대, 특히 여성들이 예민하게 반응하는 혐오감과 추함도 덧씌워졌다. 요컨대 민주화운동의 세례를 받은 중장년은 유구한 습속인 정통성과 도덕성 프레임으로 세상을 보고, 호남은 개인적 지역적 손익을 중심으로 보고, 2,30대는 직감적 호불호 내지 매력과 혐오를 중심으로 보니 '묻지마 지지'와 '묻지마 혐오' 현상이 나타나는 것이다. 따라서 자유한국당으로 대표되는 보수가 도덕성(일신의 영달만을 위해 살아왔다는 이미지), 정통성, 혐오감, 비루함(기회주의)의 문제를 해결하지 못하면, 조선적, 유아적, 수구좌파적 정권의 폭정은 계속될 것이다.

이런 상황이 지속되면 한민족이 세운 역사상 최고, 최강의 국가인 대한민국도 볼리바르가 남미의 미래를 전망했듯이 권력이 고삐 풀린 대중의 손에 들어갔다가 정치를 예능 수준으로 떨어뜨리는 시답잖은 포퓰리스트나 무지몽매한 혼군의 손에 들어가는 것을 반복하면서, 22세기까지 갈지도 모른다. 그러면 중국, 일본과는 비교조차 할 수없는 3류 국가가 될 수밖에 없다.

나는 수백 년 뒤 역사가들이 지금 우리가 사는 시대를 이렇게 서술할까 두렵다. 남북한 공히 조선적 습속을 깨닫지 못한 채 근대 문명을 이식하여 반짝 성공을 거두고는 긴 지체와 퇴행, 극심한 갈등으로 좌초되어 버린 사회라고! 북한은 근대 일본문명의 가치를 모르고, 이를 거칠게 쓸어 버리자 기저基底에 깔려 있던 말기 조선문명이 일거에 부상했는데, 그 위에 근대 서구 문명 중 가장 후진 스탈린 시대 소련 사회주의 문명을 이식하는 바람에 세계적인 야만 국가를 건설했다고! 남한은 기저 조선 문명을 제대로 파내지 않는 등 정신문화적 기초공사를 소홀히 한 상태에서 일본, 영국, 미국 문명이라는 장대한 건축물을 올려 20세기에 기적을 만들었으나, 민주주의에 내재된 모순을 극복하지 못하고 4차산업혁명과 중국의 부상이라는 외적 환경에 적응하지 못하여, 21세기 들어 급속히 조로하여 2040~50년경에는 3류 국가로 전락했다고! 문재인정부와 민주당과 진보세력에 대해 서술한다면 자신의 반짝 성공을 가져온 동인과 행운을 모르고, 위대한 기적을 만든 정신과 방법을 파괴하는 데 여념이 없었다고 서술할 것이다. 그래서 이 파괴행위를 중국의 문혁시대의 파괴행위와 아프간 탈레반들의 바미안석불 파괴 행위와 비슷한 반열에 올려놓지 않을까 한다. 나는 이런 반역의 역사를 반전시키기 위해 이 책을 썼다.

차례

1부
만 칸의 낡은 집

1장 대한민국, 어디서부터
어떻게 손을 써야 하나?

체제의 문제인가, 사람의 문제인가?

이율곡은 1574년(선조 7년)에 올린 상소문(만언봉사)에서 어디서부터
어떻게 손을 써야 할지 모르는 당시 조선의 상황을 만 칸의 큰 낡은
집에 비유했다.

'만 칸의 큰 집을 오랫동안 수리하지 아니하여, 크게는 들보에서
작게는 서까래에 이르기까지 썩지 않은 것이 없는데 서로 떠받치며
지탱하여 근근이 하루하루를 보내고는 있지만, 동쪽을 수리하려 하
면 서쪽이 따라 기울고, 남쪽을 보수하려 하면 북쪽이 일그러져 무너
져버릴 형편이라, 여러 목수들이 둘러서서 구경만 하고 어떻게 손을
쓸지도 모르고 있습니다. 그대로 두고 수리를 하지 않는다면 날로 더
욱 썩어 문드러져 장차 붕괴되고 말 것입니다. 오늘날의 형세가 무엇
이 이것과 다릅니까.'

대한민국의 위기적 상황과 이를 타개해 보려는 사람들이 느끼는
난감함을 이보다 더 정확하게 묘사할 수는 없다. 어디서부터 어떻게

손을 써야 할지 알 수 없는 낡고 위태로운 집이 바로 지금의 대한민국이다.

합성의 오류

지금 대한민국은 고장 난 자동차이다. 털컥거리며 갈지자 운행을 되풀이하다가 이제는 역주행까지 하며 수많은 사람을 치어 죽이고 있다. 자동차의 부품과 부품, 기능과 기능이 조화와 균형을 잃었고 부품을 결합한 볼트 너트도 헐거워진 곳이 너무 많다. 도전과 개척, 기업가 정신 등 연료 공급이 막혀 엔진이라 할 수 있는 민간의 경제 활력은 꺼져 가는데, 차체에 해당하는 공공부문은 점점 비대해지고, 정의와 공정의 이름으로 국가 규제라는 브레이크도 점점 세지고 있다. 그러니 대통령, 국회의원, 정당 등 운전자 교체 정도로는 제대로 달릴 수 없다. 기존의 한국 정치는 고장 난 자동차의 운전석 쟁탈전이라고 해도 과언이 아니다. 용케도 운전석을 차지한 문재인정부는 역대 그 어떤 정부보다도 고장을 악화시키고 있다.

설상가상으로 자신이 모는 대한민국이라는 자동차가 어디쯤 있는지, 어디로 가야 하는지, 어디가 고장인지조차 모른다. 답답한 심정에 가속 페달과 브레이크 페달을 마구 밟아 대고, 핸들도 왼쪽 오른쪽으로 돌리며 제 분을 남 탓으로 돌리며 격노하고는 한다. 하지만 앞으로 가는지 뒤로 가는지조차도 모른다. 문재인정부에 의해 운전석에서 쫓겨난 직전 운전자인 박근혜정부를 비롯해서 김영삼·김대중·노무현·이명박 정부라는 운전자들도 고장을 직감하고 수리라도 해보려고 하였으나, 고장 원인을 제대로 파악하지 못하니 의욕적인 시도가 전혀 예상치 못한 결과를 초래하였다. 하지만 문재인정부처럼 대놓고 역주행을 하지는 않았다.

고장의 핵심은 대한민국의 정치, 경제, 사회, 정신문화 등을 규율해온 낡은 체제이다. 전체와 부분 간에, 환경·제도·사람 간에, 정책과 정책 간에, 가치와 가치 간에 극심한 충돌과 불균형이 일어나고 있다. 부분적 개선, 개량이 전체적인 퇴행 또는 고장으로 귀결되고, 특정 소수의 자유와 권리의 상향이 전체 다수의 자유와 권리의 하향으로 귀결된다. 이른바 '합성의 오류'(fallacy of composition)이다.

역대 정부들과 주요 정당들의 혼미와 무능은 기본적으로 낡은 체제에서 연유한다. 저지른 잘못에 비해 대중의 분노와 사법적 징벌이 너무나 가혹했던 박근혜 대통령 탄핵 사태도, 학습능력, 종합적 판단력, 사회역사적 통찰력 등 직무에 필요한 지력이 바닥인 문재인 후보의 당선 자체와 예견된 혼미와 폭정도, 대통령·국회의원과 그 후보들의 자질이 바닥을 모르고 추락하는 것도 역시 낡은 체제에서 연유한다. 그뿐 아니라 특수이익집단이 농간을 부린 꼼수 법안과 감정에 휘둘린 포퓰리즘 입법이 양산되고, 예산 좀도둑질이 성행하고, 불합리한 규제로 산업생태계가 질식하고, 공공부문 종사자들이 현대판 양반이 되고, 직장이 계급이 되고, 노조가 조폭이 되는 것도 다 낡은 체제에서 연유한다.

체제, 정치적으로 만들어진 구조

체제란 사람이나 국가의 생각과 행동을 제약하고, 유인하고, 정형화하는 정치적으로 만들어진 공고한 구조이다.[1] 체제, 즉 구조에 대한 고민은 사람(정치 리더십)이나 정책, 예산, 인사, 조직, 교육, 소통 방식 등을 이리저리 바꿔 보고, 참고 기다려도 간절한 변화와 개혁을 일으키는 데 명백한 한계가 있다는 자각으로부터 시작된다. 사람이나 국가의 생각과 행동을 제약하는 공고한 구조로 말하면 지리, 지

---

1) 체제는 제도나 시스템이라고도 하는데, 대체로 이보다는 더 크고 단단한 틀을 의미한다. 예컨대 자본주의, 자유민주주의, 사회주의는 '체제'와 붙여 쓰고 교육, 사법, 보건의료는 '제도'나 '시스템'과 붙여 쓴다. 하지만 고용은 '체제', '제도', '시스템'과도 붙여 쓴다.

형, 풍토, 식생, 수자원 등 자연환경과 지정학적 조건과 패권국이 주도적으로 만든 국제정치와 경제질서 등이 맨 앞에 올 것이다. 자연환경은 인력기술의 한계이자 생명자원조건이며, 지정학적 조건은 국가주권의 한계이다.

체제는 정치적으로 만들어진 구조이다. 문서화된 강제적 규범인 헌법 및 법률과 그 해석(법원의 판결과 헌재의 결정), 한미상호방위조약, 핵확산금지조약, 한일기본조약 등 국제조약과 그 이상의 규정력이 있는 국제정치·경제질서(브레튼우즈 체제, GATT체제, WTO체제와 중국의 경제적, 정치적 비상 등)가 바로 그 구조이다. 토크빌이 국가와 사회의 운명을 가르는 요인이라고 말한 습속習俗은 문서화되어 있지는 않지만 헌법, 법률, 국제조약과 정치지형(정치적 대립구도와 역관계)[2]의 어머니라고 할 수 있다. 습속은 역사인식(집단기억), 감정반응, 종교와 이념(세계관과 가치관), 생활양식, 정신문화의 총화이다. 체제가 건물이라면 그 토대에 해당하는 것은 자연환경, 그리고 지정학적 조건과 맞물린 국제정치·경제질서[3]이다. 지붕, 기둥, 외벽 등 골조에 해당되는 것은 가치 배분의 3대 장場인 사회·국가·시장과 이를 규율하는 습속과 정치지형, 강제적 규범인 법률(권력구조, 선거제도, 정당체제, 국회운영방식 등)과 법해석 등이다.

체제를 고민하지 않을 수 없게 만드는 것은 1987년 이후 대통령부터 국회의원, 지자체장, 장차관, 법관, 헌법재판관, 정당 대표 등을 숱하게 바꿔 보았고, 국회의원 물갈이도 그 어떤 나라보다 큰 폭으로

---

2) 현대 민주국가에서는 다수 국민의 열망(시대정신)과 이를 받아 안은 정치적 대립 구도와 정치세력 간의 역관계.

3) 조선 초에는 명, 17세기 이후에는 청 중심의 사대교린(평화)체제, 19세기말에는 영국과 러시아, 일본과 청나라의 대결구도, 해방 이후에는 동서 냉전 구도, 사회주의 세계체제 붕괴 이후에는 미국 중심 일극 질서 등. 개방경제체제 하에서는 세계적인 정치경제 사조와 통상질서의 영향을 크게 받기 마련이다.

해왔고, 몇 번씩이나 정권과 국회 권력도 교체해 봤고, 정부 예산도 폭발적으로 늘렸고, 공무원 보수와 연금, 신분보장은 세계 최고 수준으로 올렸지만 시대가 요구하는 변화와 개혁은 오히려 더 요원해지고 있기 때문이다.

체제에 대한 성찰은 그리 새로운 것이 아니다. "인간은 천사가 아니며 천사에게 정부를 맡길 수 없다"는 미국 4대 대통령 제임스 메디슨(1751~1836)의 말과 "절대 권력은 절대 부패한다"는 영국 정치인 존 달버그 액턴(1834~1902)의 말은 정치체제의 상식으로 되어 있다. 삼권분립과 법치주의 등 민주공화체제는 이런 통찰, 즉 권력을 휘두르는 사람의 인식과 윤리의 한계에 대한 통찰을 믿고 서 있다.

서유럽, 미국, 일본 등 선진 정치에 비해 저열하기 짝이 없는 한국 정치 행태는 일찍부터 체제의 관점에서 분석되어 왔다. 정치 부조리를 통탄하거나 고쳐 보려고 한 많은 정치인, 학자, 식자들은 일찍부터 권력구조(5년 단임 제왕적 대통령제)와 선거제도(결선투표 없는 대통령 직선제와 국회의원 소선거구제 상대다수득표제)와 독과점 정당체제와 당내 독재로 치닫는 정당 지배구조 등을 정치 부조리의 핵심 원흉으로 지목해왔다. 최근에는 문재인정부의 수구 좌파적 행태로 인해 역사인식과 이념, 국가권력의 위력을 실감하고 깊은 회의와 성찰이 일어나고 있다. 자유, 민주, 공화, 정의, 공정 등 헌법적 가치에 대한 고민도 심화되고 국제주의와 민족주의, 자유주의와 공화주의, 공동체주의와 사회주의 등 이념에 대한 고민도 심화되고 있다.

그럼에도 불구하고 정치 부조리 못지않게 많은 변화와 개혁의 실패와 좌절 경험을 안고 있는 경제고용 문제, 정신문화 문제 등에 대해서는 의외로 체제 또는 구조의 관점에서 조명되지 않는다. 원래 제도의 문제와 사람의 문제를 분별하기가 쉽지 않기 때문이다. 하지만 정권이 몇 번씩 바뀌고 역대 정권마다 노력을 한다고는 했지만, 해결되기는커녕 더 악화되는 부조리들, 예컨대 불평등, 양극화, 저신뢰, 소모적인 정치 갈등, 저출산, 정신문화적 퇴행 등은 이를 지탱하고 재생산하는 어떤 구조(체제)를 살펴보아야 한다. 물론 여전히 후진 인물이 문제의 원흉이라고 얘기하는 사람도 많다. 이들은 서로 자기가 대통령이나 국회의원이 되면, 혹은 노동, 여성, 청년, 전문가, 기업인, 풀뿌리 정치인 등의 의석 비중을 늘리면 한국 정치가 획기적으로 나아질 것이라고 말한다. 또 어떤 사람은 민주진보파가, 또 어떤 사람은 자유(보수)우파가 권력을 잡으면 정치가 획기적으로 나아질 것이라고 말한다. 하지만 말하는 자들도 듣는 국민들도 믿지 않는 눈치이지만, 이 같은 선동과 레토릭rhetoric은 선거가 다가오면 무한 반복된다. 그도 그럴 것이 사람이 일으키는 모든 변화는 궁극적으로 사람의 생각과 행동의 변화에 달려 있기에 모든 악덕은 사람의 문제로 보일 수 있기 때문이다. 사실 체제라는 것도 사람이 마음만 먹으면 얼마든지 뛰어넘을 수 있는 벽이요, 벗어나려면 벗어날 수 있는 길이다. 그래서 사람(생각)이 모든 것을 결정한다고 생각하기 쉽다.

하지만 자연환경이나 지정학적 조건이나 국제 정치경제 체제처럼 좀체 바꾸기 힘든 사람의 속성과 역사인식, 감정반응도 있다. 탁월한 성군, 성자, 학자의 모범과 설득 교양에 뭇 사람이 감동 감화하여 만사가 풀린다면 경제학, 정치학, 사회학, 교육학, 심리학, 뇌과학 등 인간과 사회와 국가와 정치의 동역학을 연구하는 학문들이 존재할수가 없다. 조선이 지배이념으로 내세운 주자학과 북한이 내세운 주체사상은 하나같이 사람(백성, 인민)의 마음, 사상, 의지 등을 강조하고, 통치자(왕, 양반사대부, 수령, 당원 등)의 인덕仁德을 중시했지만 처참한 실패 국가로 전락했다. 기본적으로 사람의 생각과 행동을 제약하고, 유도하고, 정형화하는 자연적, 심리적, 정치적 구조를 이해하지 못하였기 때문일 것이다.

사람의 생각과 행동 패턴 결정 요인과 관련하여 동서고금에서 오랜 철학적, 과학적, 정치적 논쟁이 있다. 중국의 경우 법가法家와 유가儒家의 논쟁이 대표적이다. 법가의 유가에 대한 비판의 핵심은 보통사람이라도 바르게 생각하고 행동하게 만드는 제도를 고민하지 않고, 인의예지仁義禮智를 다 갖춘 탁월한 성왕이 나와서 뭇 사람을 감동, 감화시켜 획기적인 변화를 기대하는 것은 연목구어요, 백년하청이라는 것이다. 그런 성왕은 오백 년이나 천 년 만에 하나 나올까말까 하고, 설사 나온다 하더라도 인간은 탁월한 윗사람의 모범과 설득, 교양으로 생각과 행동을 바꾸는 존재가 아니기 때문이다.

대중이 정치 외의 분야에서 체제(구조)에 대한 고민에 도달하려면 몇 백 년의 실패와 좌절이 더 필요할지도 모른다. 이 책의 집필 동기는 정치 리더십이 현능賢能하면 얼마든지 피할 수도 있는 그야말로 쓸데없는 시행착오도 줄이고, 실패와 좌절을 통한 국민 학습 기간을 조금이라도 단축하는 데 기여하고자 함이다.

분절된 담론이 놓치는 것들

물 한 방울에 온 우주가 담겨 있다는 말은 빈말이 아니다. 정말 많은 것이 밀접하게 연결되어 있다. 1987년 이후 국내적으로는 민주화, 자유화로 인해 세계적으로는 시장화, 세계화, 지식정보화, 중국의 경제적 웅비로 인해 사건과 사물의 연관성을 점점 더 높아갔다. 하지만 복잡다단한 연관을 살펴 조화와 균형을 잡고, 가치의 우선순위를 설정하여 사회를 향도해야 할 정치와 지식사회의 공심과 안목은 거의 높아지지 않았다. 분절적, 파편적, 일면적 사고도 지양되지 않았다. 원래부터 국제정치환경―자연환경―역사인식―감정반응―정신문화―

사상·이념이 밀접하게 연결되어 있고, 가치 배분의 3대 장인 국가-시장-사회도, 사람을 규율하는 환경-제도-정치 리더십도 마찬가지이다. 한국에서 공공정책을 말하는 사람 중에 산업-기업-기술-금융-부동산-세금-규제-정치-정부-공공기관-교육-복지-노동이 밀접하게 연결되어 있다는 것은 모르는 사람이 없다. 하지만 특정한 문제를 진단하고 대안을 도출할 때는 이들의 복잡다단한 연관을 전체적으로 살피는 경우는 드물다. 그래서 다양한 연관성을 가진 문제, 예컨대 경제, 고용, 공공, 교육, 복지문제 혹은 불평등, 양극화, 저출산, 고갈등 문제 등 우리 시대의 국가적 현안치고 그 원인과 해법이 제대로 밝혀진 게 별로 없다. 하지만 외교안보 문제나 기후변화 문제 등은 원인과 해법은 비교적 잘 안다. 대체로 제국을 경영해 보았고, 전쟁도 많이 치러 본 선진국 정부와 관련 분야 석학들이 오랫동안 연구해왔기 때문일 것이다. 그럼에도 국가의 이익과 인류문명의 관성으로 인해 해결이 쉽지 않지만.

한국은 보수(우파)도 진보(좌파)도 지리와 풍토-역사인식-감정반응 등의 관계를 잘 천착하지 않고, 당연히 잘 모른다. 특히 사람(정치 리더십)의 문제와 제도(체제)의 문제를 잘 분별하지 못한다. 문제를 세계적 보편성과 한국적 특수성의 관점에서 조망하지 않는다. 모든 문제를 사람의 문제, 그것도 정치적 경쟁 상대의 허물로 돌린다. 그러니 제도의 일종인 사회적 유인보상체계와 지배운영구조에 대한 고민과 토론이 들어올 지적 공간이 없다. 대한민국을 통합할 새로운 발전체제 내지 국가플랫폼이 필요하다는 생각도 들어올 공간이 없다.

내가 관찰한 한국 민주진보 노동세력은 노동은 좀 알아도, 이를 태우고 있는 자본(기업)과 시장은 너무 모른다. 문재인정부의 최저임금, 비정규직, 시간강사, 주 52시간 근무제, 공공부문 정책 등에서 보듯이 진보는 노동의 눈물과 노동권의 중요성도 잘 알고, 특별히 대중의 감정반응과 정신문화도 잘 안다. 하지만 글로벌화 된 시장에서 투자자와 소비자의 동역학을 몰라도 너무 모른다. 그뿐 아니라 산업, 기업, 금융, 경영, 기술도 모르고, 국가와 권력의 속성도 모른다. 문재인정부가 보여 준 외교안보 정책으로 미루어 보면, 북한과 대한민국의 70년 역사도 너무 모른다. 동서독 통일 과정과 조선 망국 과정과 대한민국 건국 당시의 열악한 조건도 마찬가지이다.

보수우파세력은 자본(기업)과 시장을 매우 잘 알고 국가도 제법 잘 알지만, 사회의 습속 혹은 정신문화에 의해 지배되는 민주 정치와 국가를 잘 모른다. 자유주의와 개인주의의 위대함은 잘 알지만 민주주의, 공화주의, 공동체주의는 잘 모른다. 한국 특유의 집단기억과 감정반응 등의 총체인 사회습속이 미개하다고 비난하고, 정치는 시장에서 무조건 손 뗄 것을 요구한다. 한 마디로 정치를 무시하거나 정치에 무지하다. 대중의 습속에 지배되는 정치와 국가를 무시하니, 자유민주주의와 자본주의 시장경제가 요구하는 지성과 덕성이 월등함에도 형편없는 진보에게 정치적으로 계속 패배하는 것이다.

보수와 진보를 초월하여 세계적 보편성과 한국적 특수성, 제도와 사람, 정치 리더십과 시민적 지성·덕성 내지 지배적인 정신문화의 문제 등이 구분되지 않으니 즉자적 처방만 난무한다. 온통 남 탓과 정권 탓이다. 반복되는 고질적인 문제조차도 정권만 바뀌면 해결할 수 있는 문제처럼 간주하는 지적 사기가 횡행한다. 진보 세력은 툭하면 재벌 탓, 부자 탓, 예산 탓, 복지 탓이다. 총선과 대선이 다가오면 너나 할 것 없이 남 탓과 정권 탓이 기승을 부리고, '종북좌익 빨갱이' 혹은 '친일매국 토착왜구' 척결, 노동강화, 여성친화, 청년주도, 규제완화, 지방분권 등이 만병통치약인 양 선전된다. 하지만 과거의 반복된 실패와 좌절에 대한 깊은 성찰과 반성은 찾아보기 어렵다. 이런 과정을 거쳐 집권을 하니 수많은 요인이 얽히고설킨 문제를 계속 피상적으로 진단하고 처방하여, 문제를 더 악화시킨다.

만 칸의 큰 낡은 집 대한민국을 재건축 수준으로 리모델링하려면 정치 리더십, 예산 외에도 체제의 관점에서 수많은 부조리를 살피고 각각에 맞는 단기, 중기, 장기 처방을 내놓을 수 있어야 한다. 사람 (정치 리더십)의 문제라면 공천이나 선거, 혹은 사법처리를 통해 해결할 수 있고, 법·제도·정책의 문제라면 이를 입법과 행정·사법 관료의 해석을 바로잡아 해결할 수있다. 하지만 습속의 문제라면 이를 만든 강고한 구조를 살펴 처방을 해야 한다.

습속은 법제도 외에도 자연환경, 지정학적 조건, 역사인식 등이 얽히고설켜서 만들어졌기에 해결이 간단치 않다. 하지만 해결이 난망한 것만은 아니다. 최소 5백 년을 내려온 질긴 남아선호사상은 제사 문화가 퇴조하고, 여성의 경제적, 사회적 지위가 상승하면서 봄눈 녹듯 녹아내렸다. 중국과 조선은 서양에 비해 진리 탐구와 과학기술 중시 문화가 취약하지만, 짧은 시간에 세계적인 제조업 강국의 반열에 올라섰다. 마찬가지로 대표적인 대한민국 병인 국가권력 과잉과 정치·경제·사회 주체간 힘의 불균형이 초래한 갑질 만연과 그에 따른 국가주의, 도덕주의, 정사이분법, 약탈주의(공짜 밝힘과 지대추구)도, 비생산적인 경쟁과 갈등도 그 킹핀을 뽑아내면 남아선호사상의 전철을 밟게 할 수도 있다.

새로운 정치의 출발점

선의와 의욕만 가지고 손대다가 폭삭 주저앉을 수도 있는 낡은 집을 재건축 수준으로 리모델링하려면, 낡은 집을 떠받치는 토대인 초석, 기둥, 들보, 서까래, 외벽 등의 연결구조와 각각이 떠받치는 하중과 부실 정도를 살펴 도출한 종합적이고 체계적이고 면밀한 계획이 필요하다. 이것이 우리 시대가 요구하는 새로운 발전체제요, 국가플랫폼이요, 경세방략이다. 21세기 대한민국을 책임질 정치집단의 국가비전이요, 정강정책이요, 사상이념이다. 새로운 정치는 바로 여기서 시작해야 한다.

지금 대한민국이 간절히 요구하는 새로운 정치는 기본과 원칙에 충실한 정치이다. 튼실한 공심과 숙성된 경세방략을 공유하는 사람들의 결사에 의한 정치이다. 문제의 세계적 보편성과 한국적 특수성을 구분하고, 사람의 문제(마음가짐, 사상이념, 역량 등)와 구조(체제, 제도, 정치지형 등)의 문제를 분별하여 지혜로운 해결책을 제시하고 이를 강력하게 구현할 수 있어야 한다. 이 관건은 갈라파고스를 방불케 하는 독특한 한국 현실을 천착하고, 87체제의 성과와 한계, 오류를 성찰하고, 동서고금의 정부·정당·정책·리더십의 공과를 살펴 숙성시킨 종합적이고, 체계적이고, 통일적이고, 구체적인 경세방략이다. 대한민국을 자유롭고 정의로운 나라, 경제적으로 성장 가능하고, 사회적으로 통합 가능하고, 환경·생태적으로 지속가능한 나라를 만들 수 있는 새로운 발전 체제이다. 이것이 있어야 정치혁신과 통합이 가능하고, 이를 바탕으로 문재인정권의 폭정을 준엄하게 심판할 수 있고, 대한민국을 제대로 전진시킬 수 있다. 그렇지 않으면 혁신도 어렵고 통합도 어렵고 심판도 어렵다. 분노한 민심과 문재인정권의 큰 실수로 심판이 되더라도, 지난 30여 년의 정치적 교착이 반복될 뿐이다. 대한민국은 고장 난 자동차 신세 내지 만 칸의 큰 낡은 집 신세를 면치 못한다.

비전2030과 국가플랫폼

참여정부가 내놓은 비전2030은 장기 재정 계획과 예산이 많이 소요되는 주요 정책간의 모순을 살펴 2005년부터 2030년까지 우리 삶의 개선 상을 주요 지표를 통해서 보여 준 것이다. 그런 점에서 비전

2030은 재정과 경제사회 지표의 동태적 변화를 컴퓨터 시뮬레이션 정도는 거친 정부의 정책 플랫폼이었다고 할 수 있다. 물론 국민은 삶이 팍팍하고 답답해서인지 관료적 정직성(근본 개혁에 대한 고민과 담대한 정치적 상상력 부재)과 보수성이 짙게 묻어 있는 비전2030을 받아들이지 않았다. 그런데 한국 역사상 이 정도의 시뮬레이션이라도 거쳐서 만든 정책 플랫폼은 없었다.

국가 개혁 혹은 개조의 비전과 전략이 체계화 된 것을 사회경제모델, 국가비전, 경세방략, 국가플랫폼 등으로 부른다. 한국 보수는 사회경제 구조의 큰 틀을 손보아야 한다는 생각 자체가 없기에 비전으로 제시하는 사회경제 모델이 없었다. 단지 좌파적 요소를 적출하면 좋은 나라가 된다고 생각한 듯하다. 반면에 한국 진보는 수입한 것이기는 하지만, 어쨌든 비전으로 제시한 사회경제 모델이 있었다. 그래서 사회경제 구조의 큰 틀을 손보아야 한다고 말한다. 이들이 가장 선호하는 모델은 북유럽 모델이거나 독일식 사회적(조정) 시장경제 모델이다.

결론 먼저 얘기하자면, 나는 이 모델들은 한국의 생명자원 조건 및 지정학적 조건과도 맞지 않고, 한국인의 정신문화와도 맞지 않고, 한국의 독특한 경제사회구조와도 맞지 않고, 세계화, 지식정보화, 과학기술혁명, 중국의 비상으로 집약하는 시대의 큰 흐름과도 맞지 않다고 생각한다.

그런 점에서 진보의 사회경제 모델 내지 경세방략은 한강의 기적을 창조하는 과정에서 생긴 짙은 그늘에 대한 분노와 혁파 의지는 높이 쳐줄 만하지만, 기본적으로 자기 전공의 한계에 갇힌 책상물림들의 몽상이라고 생각한다. 한 마디로 주제파악 착오, 시대착오, 방향 착오로 점철되어 있다.

국가 경영이나 국가 대개혁을 하겠다는 정치사회 세력이 국가플랫폼과 정당 플랫폼의 의미와 개발의 어려움을 모른다면, 이는 삼척동자가 거대한 덤프트럭 운전대를 잡고 인파가 붐비는 명동 길을 질주하는 것과 같다.

2장 자동차 플랫폼과 정당의 정강정책

무엇을 플랫폼이라 하나?

자동차의 기본 기능은 run(달리고), turn(돌고), stop(멈추고)이다. 이 기본기능을 담당하는 엔진, 미션, 차축, 바퀴, 핸들, 브레이크와 이를 엮는 강고한 철골 구조를 통틀어 차대(섀시) 혹은 플랫폼이라 한다. 기차역의 철로 주변, 즉 사람이 타고 내리고, 화물을 싣고 내리기 좋게 만들어 놓은 어떤 '단壇' 역시 플랫폼platform이라고 한다. 컴퓨터와 스마트폰이 등장하면서 윈도우, 리눅스, 아이폰, 안드로이드 같은 운영체제도 플랫폼이라고 한다. 최근 들어서는 생산자나 소비자가 모여들어 정보와 지식을 주고받고, 상거래를 하는 장마당(명석) 혹은 비즈니스 허브hub도 플랫폼이라고 한다.

자동차에서 차대(플랫폼)이 자동차의 본질적, 핵심적인 기능부라면 차체, 의장 등은 주변적인 기능부이다. 따라서 차대가 자동차의 정체성을 결정한다. 차대는 쉽사리 바꿀 수 없지만, 차체(body)나 의장 등은 얼마든지 바꿀 수 있다. 자동차 회사들은 하나의 플랫폼을 가지고서 겉모양(차체)을 바꿔서 완전히 다른 차를 제조한다. 과거 대우가 만든 티코(승용차), 다마스(승합차), 라보(트럭)는 외관은 완전히 달라도 플랫폼은 같았다.

정당과 사회단체의 사명, 즉 존재 이유(미션)와 포부(약속)를 체계적으로 서술한 정강정책도 플랫폼이라 한다. 국가플랫폼, 즉 국가운영 체제의 핵심인 이념(자유민주주의와 자본주의 시장경제)도, 국제조약과 국제 정치경제체제도, 헌법과 주요 제도·정책도 각각을 플랫폼이라 하거나, 전체를 플랫폼이라고 한다.

마차나 자동차의 차대, 기차역의 철로 주변, 정당의 정강정책, 정치체제와 헌법과 기본법, 제도와 정책 기조 중 어디에서 먼저 플랫폼이라는 단어를 사용했는지는 잘 모른다. 그럼에도 불구하고 이 모든 플랫폼들을 관통하는 개념은 개별 활동, 기능, 부품, 프로그램, 정책 등이 원활하게 돌아가도록 떠받쳐주는 기본 인프라라는 것이다. 사람으로 치면 척추 뼈와 골반 뼈 쯤 될까?

정당은 국가플랫폼 디자인 안을 포함한 경세방략을 집대성한 정강정책을 공유하는 결사이다. 언제부터 정당의 사명과 포부를 체계적으로 서술한 정강정책을 플랫폼으로 불렀는지 모르겠지만, 생각할수록 잘 지은 이름이다. 정강정책을 정책 매니페스토니, 정치노선이니, 경세방략이니, 국가 개조의 비전과 전략으로 부르는 것보다 플랫폼이라고 하는 것이 그 의미가 매우 정확하고 풍부하기 때문이다. 정치체제 내지 발전체제의 대전환이 필요한 시대에, 국가와 국민을 책임지겠다는 정당은 정강정책 안에 정치체제와 헌법 및 주요 법·제도와 정책 패러다임의 개혁 기조를 담아야 한다.

예컨대 21세기 대한민국이 특별히 살펴야 할 자연환경은 지구 온난화 및 기후변화이고, 지정학적 조건은 중국의 정치경제적 비상에 따른 미중 갈등일 것이다. 그런데 대전환의 시대가 아니라면, 선진국처럼 세금, 예산과 소소한 법, 제도, 정책과 인사만 고민하면 될 것이다. 정부 위에 정당이 존재하는 북한[4]이나 중국은 말할 것도 없고, 복수정당제도와 자유보통 선거제도를 체제의 근간으로 삼고 있는 한국, 미국, 유럽 등 자유민주주의 국가라 할지라도 정당 등 정치조직은 경세방략의 총화인 플랫폼을 가지고 있어야 한다. 이는 헌법과 주요 제도·정책 패러다임을 포함한 국가운영체제 디자인 안을 담고 있어야 한다. 중국 시진핑 국가주석 및 당총서기가 중국공산당 제19차 당대회(2017. 10. 18.)에서 무려 3시간 30분에 걸쳐 직접 읽은 '보고'가 그 전형이다. 그 주된 내용은 현재 중국이 처해 있는 정세에 대한 인식과 시진핑 집권 1기 동안 진행된 사업에 대한 평가를 기반으로 중국 특색의 사회주의가 새로운(新) 시대에 진입했기 때문에 당의 역사적 사명을 재설정하고 신시대 중국 특색의 사회주의를 제시하는 당위성을 강조하였다. '보고'는 8천만 명의 당원들이 다양한 회의체에 참여하여 만들었고, 향후에 받아 안아 실천할 중국공산당의 경세방략이 집약되어 있다. 그 목차는 이렇다.

> 1장 과거 5년의 업무 성과 평가, 2장 신시대 중국 공산당의 역사적 사명, 3장 신시대 중국 특색 사회주의 사상과 기본방침, 4장 샤오캉 사회 및 사회주의 현대화 국가 전면적 건설, 5장 신발전 이념 관철을 통한 현대화 경제체계 구축, 6장 사회주의 민주정치 발전, 7장 사회주의 문화 번영, 8장 민생수준 보장과 개선, 사회 거버넌스 강화와 혁신, 9장 생태문명체제 개혁 가속, 아름다운 중국 건설, 10장 중국 특색 강군 견지를 통한 국방과 군대 현대화, 11장 일국양제와 조국통일, 12장 평화발전 노선 견지를 통한 인류 운명공동체 구축, 13장 전면적 종엄치당을 통한 공산당 집정능력과 영도수

---

4) 북한은 의심할 여지가 없는 진리와 정의를 체현한 신적 존재, 즉 수령과 당이 있다고 보고, 이들이 국가를 전일적으로 지배해야 한다고 생각한다. 그래서 헌법 위에 노동당 규약이 있고, 그 위에 김일성과 김정일의 유일사상 10대 원칙이 있다.

준 제고

자동차 플랫폼을 개발할 때도 관통하는 어떤 철학, 가치(품질 특성의 우선순위)가 있고, 고려해야 할 제약조건이 있듯이 국가플랫폼, 정당플랫폼, 경세방략도 마찬가지이다. 이들은 철학, 가치, 비전, 정책이 유기적으로 통합된, 국정운영 계획의 밑그림이 된다. 이 플랫폼을 타고 5년, 10년, 20년을 달리면 눈앞에 펼쳐지는 미래상이 바로 비전이다. 중국공산당의 당대회 '보고'와 유럽의 주요 정당의 강령이 그 전형이다. 그런데 내가 아는 한, 한국에서는 이런 플랫폼을 가진 정당도, 정파도 없다. 한국에서 5년마다 나오는 대선 공약집에는 핵심 가치와 수많은 유권자 집단이 요구하는 정책이 총 망라되어 공약화되어 있지만 유기적 통일성을 찾기는 어렵다. 플랫폼은 개별 정책 전문가들 수백 명이 모여서 각자 주요하게 생각하는 가치와 정책을 취합하여 다듬는 방식으로는 만들어 낼 수 없기 때문이다.

자동차 플랫폼을 개발하는 과정에서 시장(소비자, 경쟁자, 법규 등)과 경영전략과 각 분야 기술자의 요구와 지식을 총화, 조정하여 기본 제품 개념을 잡고, 이를 기술자들을 지휘 감독하여 제품으로 구현하는 사람이 필요하다. 이런 일을 하는 사람이 바로 콘셉트 디자이너나 프로젝트 매니저(일명 PM)이라 부른다. 세계 최강의 자동차 회사인 일본 도요타 자동차는 세계 최강의 콘셉트 디자이너와 프로젝트 매니저을 보유하고 있다. 아니, 이들을 발굴하고 양성하는 체계적인 과정과 두터운 노하우를 가지고 있다. 도요타는 균형 잡힌 판단력과 학습능력과 소통능력이 있는 엔지니어를 뽑아서 근 20여 년에 걸쳐서 체계적으로 교육, 훈련을 시킨다. 차체 설계, 샤시 설계, 기본 설계(package design) 등 주요 설계 부서와 상품기획팀 등을 몇 년씩 거치도록 한다. 이렇게 양성된 PM은 시장, 기술, 경영으로부터 오는 수많은 요구를 적절히 거르고 절충하여, 품질과 성능 목표치를 설정하여 제품 설계와 개발에 반영한다.

정치인은 정책 콘셉트 디자이너다. 법과 제도, 정책과 예산 등이 유기적으로 결합된 플랫폼을 설계하고 개발하는 PM이기도 하다. 자동차 플랫폼 개발을 지휘하는 PM이 핵심 기능 부품을 책임진 수많은 엔지니어들과 고민과 지혜의 정수를 나눌 수 있는 대화가 되어야 하듯이, 정치인도 주요 분야의 전문가, 관료, 사업자들과 그래야 한다. 대화를 통해 각 분야의 깊은 고민을 이해하고, 축적된 지식과 지혜의 정수를 종합할 수 있어야 한다.

그런데 한국에서 정치를 하거나 정책에 관여하려고 하는 사람들 상당수는 독특한 한국 현실에서 잘 작동하는 플랫폼 디자인이 왜 필요한지, 얼마나 어려운지를 잘 모른다. 이런 사람들은 특수이익을 추구해 온 노동운동가 출신 정치인에게 고용·노동 관련 제도와 정책을 외주 주면 된다고 생각한다. 직업 관료들이 좋은 정책을 다 가지고 있다고 생각한다. 유럽이나 미국에서 유행하는 정책과 제도를 가져와서 적당히 수선만 하면 된다고 생각한다. 사실 이렇게 만든 정책이 실효성만 있다면 굳이 PM도 필요 없고, 새로운 국가운영체제 내지 국가플랫폼에 대한 고민도 필요 없다.

그런데 한국 현실은 좋은 정책 의도가 무참히 배신당하고 있다. 선진국에서 수입한 제도와 정책이 탱자가 되는 일이 비일비재하다. 자전거 프레임에 비싸고 튼튼한 자동차 바퀴를 끼워 오히려 성능이 더 떨어지는 양상, 멍청한 상사가 부지런을 떨면서 조직을 더 엉망으로 만드는 양상이 숱하게 일어난다. 부분적 개선이 전체적 퇴행으로 귀결되는 합성의 오류가 거의 모든 분야에서 일어난다. 문재인정부가 중시하는 가치와 정책이 대부분 이렇다.

국가·정당 플랫폼 디자인의 최대 난제

　새로운 국가운영체제 내지 국가·정당 플랫폼도 당면한 문제에 대한 규정(定義)과 원인 및 해법이다. 국민의 요구, 불만, 불안, 고통, 분노, 공포, 절망 등에 대한 공감과 응답이다. 따라서 최대 난제는 현실 또는 문제위기 규정이다. 우리 사회가 맞닥뜨린 문제·위기의 핵심, 본질, 구조를 파악하는 것이다. 그 다음은 결과, 증상, 현상과 원인, 구조를 파악하는 것이다. 동시에 해결할 수 있는 문제와 없는 문제, 해결하기 힘든 문제와 없는 문제를 구분하는 것이다. 그러므로 국가·정당 플랫폼이 던져야 할 첫 번째 질문은 '무엇이 국가와 국민이 당면한 진짜 (중요한) 문제이며, 무엇이 아닌가?'이다. 그런데 이게 답하기가 여간 어려운 문제가 아니다. 이는 기본적으로 인간(인류) 혹은 정치, 정부, 정당 등이 해결하거나 완충·회피할 수 있는 문제여야 하기 때문이다.

　또 하나의 난제는 문제·위기에 대한 규정과 원인 및 해법 자체가 사람에 따라 너무나 다르다는 것이다. 사람은 이념이나 이론이 만든 프레임(=편견)에 따라, 경험과 지식에 따라, 물질적 이해관계에 따라 세상을 너무나 다르게 본다. 게다가 문제·위기의 현상(증상)과 본질(구조)이 다른 경우도 많고, 원인과 결과도 난마처럼 얽혀 있기도 하고, 전자제품의 회로나 사람의 신체기관처럼 복잡한 상호 연관 구조로 인해 원인 파악 자체가 쉽지 않다. 해법 역시 장기적인 것과 단기적인 것, 구조적·근본적인 것과 표피적·지엽말단적인 것 등이 뒤얽혀 있다. 문제·위기의 성격과 구조 혹은 원인과 해법을 파악 못 하면 골대 비워 놓고 공(이슈) 따라 우르르 몰려다니며 싸우는 동네축구 양상이 벌어진다. 두더지잡기놀이식 해법이 수없이 구사된다. 앞을 때리면 뒤에서, 뒤를 때리면 앞에서 튀어나온다. 종종 문제의 본체가 아니라 그림자를 붙들고 용을 쓰기도 한다. 비정규직 문제와 사교육 문

제가 대표적이다. 본체는 정규직과 공교육 문제인데, 그림자인 비정
규직과 사교육 문제를 붙들고 용을 쓴다.

문제를 읽지 않고 쓴 답

정치노선도, 국가운영(헌정)체제도, 정당플랫폼도, 주요 정책·제도
패러다임도 기본적으로 '문제의 건축공학적 구조와 합리적 혁파·해
체 공법' 패키지다. 대한민국이 맞딱뜨린 문제의 증상·현상과 본질,
구조, 원인을 파악하여 문제 해결의 킹핀을 찾아내는 일이다. 그 방
략은 시민운동, 법안, 예산 등으로 구체화되는데, 결국에는 줄일 것
과 늘릴 것, 올릴 것과 내릴 것, 없앨 것과 만들 것, 일을 시킬 사람·
조직과 시키지 말아야 할 사람·조직, 연대할 친구와 싸워야 할 적 등
으로 간명하게 정리된다. 아니, 정리되어야 한다. 이는 가치의 우선
순위와 주객관적 역량 및 비용 타산을 필요로 한다.

사실 정치노선의 본질이자 정치세력의 정체성을 가늠하는 단 하나
의 질문이 있다면 그것은 '무엇을 위해, 누구와 싸우는가'이다. '무
엇'은 중시하는 가치와 쟁취하려는 목표이고, '누구'는 대립물이다.
이는 가치, 이념, 법·제도, 정책일 수도 있고, 권력(자)일 수도 있고,
이를 지지 옹호하는 정치·경제·사회 기득권 집단일 수도 있다. 단순
화하면 대한민국의 생존과 번영, 국민의 자유와 행복을 위해 바꿔야
하고 바꿀 수 있는 것과 바꾸기 위해 투쟁해야 할 대립물을 아는 것
이다. 시적으로 얘기하면 대한민국이 어디쯤 있고, 어디로 가야 할지
를 아는 것이다.

한국 정당의 강령은 읽는 사람도 거의 없고, 강령을 의식하는 정치
인이나 당원도 거의 없다. 그럼에도 그 정당 구성원 다수가 공유하는

생각과 정서를 집약적으로 표현하고 있다고 보아야 한다. 한국 주요 정당의 강령은 문제·위기 규정부터가 너무나 부실하다. 이것이 잘못되면 첫 단추를 잘못 끼운 옷처럼 후속이 줄줄이 헝클어진다. 정당강령과 국가플랫폼의 논리적 양대 기둥은 대한민국이 '어디쯤 있고(현실, 문제, 위기, 모순부조리 규정)' '어디로 가야 하는지(변화개혁의 가치, 방향, 목표, 비전, 전략)'이다. 전자가 문제라면 후자는 답인데, 하나같이 출발점인 '현실, 문제, 위기, 모순부조리 규정'이 완전히 헛다리 짚거나 너무나 일면적이다. 오만가지 증상과 불만, 요구를 나열해 놓았을 뿐이지 문제의 현상, 본질, 구조를 규명하기 위해 고민한 흔적이 거의 없다. 좋은 말 대잔치요, 모호한 말과 모순적인 말투성이이다. 당면한 국가적 위기에 대한 정곡을 찌르는 진단도 없고, 난마처럼 얽힌 모순부조리에 대한 종합적이고 체계적이고 심도 있는 진단도 대안도 없다. 한 마디로 한국 주요 정당의 강령은 문제를 읽지 않고 쓴 답인 셈이다. 그러니 정치인 및 정당의 행태가 앞뒤가 맞지 않고, 법제도정책은 자승자박에 자가당착이 다반사이다. 이는 강령만 후지게 만드는 데 그치지 않고, 헌법과 법률, 정책, 예산, 인사와 시민단체의 운동도 다 후지게 만든다. 문재인 대통령의 역사·현실 인식과 경제철학과 가치에 가장 근접하는 것은 정의당 강령이다. 문 대통령의 정책적 영혼은 정의당 강령이라고 해도 과언이 아니다. 정의당 강령 전문(2015. 3.)에는 '우리의 현실, 승자 독식의 불행한 대한민국'이라는 소제목하에 경제문제를 서술했다.

양극화와 불평등은 점점 극심해지고 있다. 개발 독재의 특권과 특혜가 키워낸 거대 재벌은 독식 성장을 계속해 왔다. (…) 신자유주의 세계화는 민영화, 유연화, 감세와 규제 완화를 밀어붙여 양극화를 더욱 극심하게 만들었다. 재벌과 국제 금융자본은 초국적 블록을 형성해 경제는 물론 사회 전영역을 지배하며 우리 사회를 승자 독식 사회로 폭력적으로 재편해 왔다. (⋯) 재벌·대기업의 나 홀로 성장은 계속되고 있으며, 대기업과 중소기업, 정규직과 비정규직 사이의 불평등은 심화되고 있다. 패자부활전은 사라지고 계층 상승의 사다리는 끊어졌다. (⋯) 승자 독식과 탐욕은 생태 파괴의 주범이다.(⋯) 원전은 핵폐기물을 비롯한 감당 불가능한 환경적 부담을 증대시키고 나아가 수습하기 어려운 재앙을 예고하고 있다. 세월호 참사는 성장 만능, 승자 독식 사회가 빚어낸 비극이다. (⋯) 이제 대한민국의 좌표를 사람 우선, 생명 우선으로 과감하게 바꾸는 전방위적인 혁신이 이뤄져야 한다.

더불어민주당 강령 전문에도 한국경제 문제에 대한 압축적 진단이 서술되어 있다.

대한민국은 (⋯) 국가 주도의 경제발전전략으로 압축성장을 이루었다. 그러나 정부·재벌·금융부문의 유착과 도덕적 해이로 인해 1997년 외환위기를 겪었다. 이후 한국은 국제통화기금의 구조조정 과정을 거쳐 경제위기를 극복했다. 그러나 세계적 추세였던 신자유주의의 영향으로 사회·경제적 양극화가 심화되는 부작용을 초래하였다. 특권과 기득권의 강화, 중산층의 붕괴와 서민경제의 파탄, 실업의 증가와 비정규직의 확대, 청년실업과 노인빈곤의 심화, 취약한 복지제도, 일자리는 물론 소득도 없는 성장 속에 저출산·고령화가 심화되고 국민들의 삶은 피폐해지고 불안해졌다. (⋯) 1987년의 정치민주화에도 불구하고 (⋯) 정치·경제·사회 부문의 권력집중구조는 민주주의의 기본 원리를 철저히 무시하고 권력기관의 중립성을 크게 훼손시키고, (⋯) 공정 경쟁의 원칙과 공정한 시장경제질서를 확립하지 못한 결과, 정경유착의 폐해가 발생하고, (…) 정부 및 국가기관에 대한 신뢰가 떨어지고 사회적 통합을 위한 공동체 의식이 사라지고 있다.

(2016. 827 강령)

문재인정부 출범 후 강령 전문은 약간 표현이 완곡해졌는데 그 내용은 다음과 같다. 이는 국정운영 5개년 계획에도 상당부분 반영되어 있다.

> 1987년 이후 열린 민주화시대는 절차적 민주주의의 성과에도 불구하고 엘리트 중심의 정치, 국가 중심의 국가 운영이라는 한계를 드러냈으며 (…) 국가주도의 경제발전전략으로 압축성장을 이루었다. 그 과정에서 재벌 중심의 경제구조가 고착화되었으며, 정경유착과 도덕적 해이로 1997년 외환위기의 어려움을 겪기도 했다. 또한 신자유주의 사조에 매몰된 성장신화는 재벌의 경제력 집중과 불공정한 경제구조로 연결되었으며, 사회·경제적 양극화가 심화되는 부작용을 초래하였다. 사유화된 국가권력과 무능한 정부에 대한 분노, 저성장과 경제적 불확실성 및 사회 불평등의 증대로 인한 차별과 격차 심화, 서민경제의 파탄과 중산층의 붕괴, 사회갈등의 분출과 불안한 생애 과정, 그리고 이로 인한 사회와 개인 모두의 불안 해소가 우리 사회의 과제이다.

(2018. 8. 25 이후 강령)

정의당과 더불어민주당 강령으로 보면 한국 경제 문제, 즉 불평등 양극화 일자리 저활력 저성장 저출산 문제의 핵심 원흉은 재벌과 1997년 외환위기와 신자유주의이다. 정의당은 한국 재벌은 '개발 독재의 특권과 특혜가 키워' 냈고, '독식 성장' '나 홀로 성장'을 계속했고, '재벌과 국제 금융자본은 경제는 물론 사회 전영역을 지배하며 우리 사회를 승자 독식 사회로 폭력적으로 재편해 왔다'고 본다. 더불어민주당은 2016. 827 강령에서는 1997년 외환위기의 원인을 '정부·재벌·금융부문의 유착과 도덕적 해이'에서 찾았고, 2018. 8. 25 강령에서는 압축성장 과정에서 재벌중심의 경제구조가 고착화되었다고 하면서, 역시 '정경유착과 도덕적 해이'에서 그 원인을 찾았다. 요컨대 재벌 등 경제 주체들의 불법과 부도덕을 외환위기의 원인으로 지목했다. 국정운영 5개년 계획 서두에 '정의는 국민의 분노와 불안의 극복, 적폐청산과 민생 개혁의 요구를 담아내는 핵심 가치이자 최우선의 시대적 과제'라는 언명은 이런 인식을 깔고 있다. 정의당, 더불어민주당은 공히 재벌과 신자유주의를 불평등, 양극화, 경제력 집중, 불공정, 무한경쟁과 승자독식 사회의 원흉으로 지목한다.

재벌의 경제적 성과 내지 경제력 집중 원인을 '개발독재의 특권과 특혜'에서 찾다 보니, 외환위기를 전후하여 수많은 재벌 그룹(대우, 한보, 기아자동차 등)들이 파산하거나 주인이 바뀐 현상을 제대로 설명할 수가 없다. 외환위기 이후 협력업체와 동반성장한 삼성, 현대자동차, LG, SK, 현대중공업 등의 탁월한 경영성과가 어디서 왔는지도 설명할 수가 없다. 재벌의 나 홀로 성장도 전혀 사실이 아니다. 그뿐아니라 최대한 많은 것을 시장에 맡기자는 신자유주의 이념과 국가의 방조나 보호 없이 만들어질 수 없는 특권·기득권 강화는 논리적으로도 모순이고, 실제로도 모순이다.

외환위기 이후 확실히 나 홀로 성장(신의 직장화)한 곳 내지 성과를 독식한 곳은 대체로 강력한 노조가 있거나, 독점 업역業域을 가졌거나, 국가예산에서 지불능력을 확보하는 공공부문과 국가규제로 높은 진입장벽을 가진 은행 등 규제산업이다. 이들은 시장경쟁의 승자가 결코 아니다. 정의당은 '배제와 폭력'을 일상화하는 강자로 재벌을 지목했는데, 삼성과 현대차 등 재벌의 성과는 대부분 글로벌 경쟁 시장에서 탁월한 수완으로 얻어진 것이다. 그런 점에서 '배제와 폭력'을 일상화하여 성과를 독식하는 강자는 가치생산 사슬의 핵심을 틀어쥐고 있는 노조이다.

강령의 현실인식은 단지 강령에만 머물러 있지 않는다. 권력자의 발언(지시 명령)으로, 공직인사로, 법제도, 정책, 예산 등으로 나타난다. 일종의 집권연합을 형성하고 있는 문재인정부와 정의당과 노동·진보 세력은 경제 문제·위기의 핵심을 신자유주의 과잉과 자본, 재벌·대기업, 건물주의 독과식과 갑질에서 찾는다. 당연히 예시한 두 당 강령의 문제 규정과 해답은 현실과 전혀 부합되지 않는다. 국민의당과 바른정당도 그리 다르지 않았다. 국민의당은 주된 대립물을 '부패 기득권층'으로 규정했고, 바른정당은 '권력 사유화와 계파·진영에 기댄 패권주의' '재벌 중심의 성장패러다임과 정경유착, 불공정거래, 특권층의 부정부패' 등으로 규정했다.

세계는 지금 저성장과 양극화가 심화되고 불확실성이 증대되는 문명사적 전환기를 맞이하고 있다. 그러나 현재 대한민국은 국민이 함께 일궈낸 성과를 부패 기득권층이 대대로 독점하는 불공정한 낡은 체제 속에 갇혀 있다.

(국민의당 강령 전문)

국내외 경제가 저성장 기조에서 벗어나지 못한 채 저출산·고령화와 양극화·불평등 심화로 국가의 활력이 떨어지고 있으며 (…) 한국정치는 권력의 사유화로 인해 국민주권의 원칙에서 멀어졌으며, 민생과 정책을 외면한 채 계파와 진영에 기댄 패권주의로 변질되었다. 재벌 중심의 성장 패러다임은 그 성공의 역사를 뒤로 한 채 정경유착과 불공정거래로 오히려 시장경제의 활력과 성장 잠재력을 훼손하고 있으며, 특권층의 부정부패는 국민 개개인의 삶의 희망과 공동체의 질서를 송두리째 무너뜨리고 있다.

(바른정당 강령 전문)

자유한국당은 강령에서 국가적 현안 문제에 대한 규정 자체가 없다. 사명(미션)만 압축적으로 서술하였다. 그런데 강령으로 표현하지 않았지만, 당의 주류인 '안보 보수'의 속내는 2010년대 들어 친북좌익 세력 내지 반反 대한민국 세력이 정치, 교육, 학술연구, 문화, 언론 분야 등을 착착 접수하고 있는 국면이라고 생각하는 것처럼 보인다. 박근혜 전 대통령은 그 주요 원인을 중고교생들에 대한 잘못된 (좌파적) 역사 교육에서 찾았던 것처럼 보인다. 그랬기에 2015년 가을에 국정 역사교과서로 격렬한 정쟁을 불러일으킨 것 아니겠는가?

정치적 대립구도를 서구 근대의 산물인 좌파 대 우파, 평등 대 자유, 진보 대 보수의 대결로 규정하게 되면 사회주의나 종족적 민족주의로 환원할 수 없는 한국(조선) 특유의 철학, 가치와 무지몽매가 초래한 폭정과 실정을 제대로 인식할 수도 질타할 수도 없다.

이렇듯 한국 정당과 지식사회는 의외로 우리 사회와 우리 정치가 당면한 문제·위기 연구에 너무 게으르다. 문제와 답이 선진국의 정치와 정부와 정책담론에 다 있다고 생각하기 때문이어서 그런지 모르겠다. 사실 역사적으로 한반도의 정치인, 관료, 지식인, 혁명가, 운동가들은 중국, 일본, 유럽, 미국 등 선진국이 자신들의 문제를 해결하기 위해 쓴 답(가치와 정책)을 추종하는 것이 주도권 장악에 용이했다. 그래서 '지금' '여기'의 문제·위기가 무엇인지 캐묻지 않았던 것 아닐까?

문제·위기 규정을 부실하게 하니 더불어민주당, 정의당으로 대표되는 진보는 신자유주의 및 재벌과 부도덕(친일과 정경유착)을 문제의 원흉이자 주된 대립물로 설정한다. 반대로 자유한국당으로 대표되는 보수는 주사파, 사회주의, 운동권 386 등을 문제의 원흉이자 주된 대립물로 설정한다. 진보는 스스로를 '민주진보개혁'으로 규정하고, 보수를 '수구보수 기득권'으로 규정한다. 한편 보수의 헤게모니를 노리는 분파들은 개혁보수, 새로운 보수, 정통보수라 자칭한다. 문제는 보수와 진보 혹은 좌파와 우파 앞에 어떤 수식어를 붙이더라도 그 구체적인 내용이 모호하다는 것이다. 그 내용이라는 것도 주로 국가와 시장과 노조에 대한 태도와 관련 되어 있다. 보수는 시장원리, 규제완화, 자기책임 원칙 등을 강조한다. 특별히 한국에서 보수와 진보를 가르는, 핵심적인 기준은 대한민국 역사와 북한 및 미국에 대한 인식과 태도이다. 그런데 북한과 미국에 대한 인식은 김대중·노무현 정부에서는 보수와 진보를 가르는 기준이 아니었다. 사실 좌파와 우파 대결로 정치적 대립관계를 해석하는 것이 비로소 적실성을 갖게 된 것은 문재인정부가, 서구에서는 거의 사멸한 구좌파 내지 수구좌파 노선을 거칠게 밀어붙였기 때문이다. 김대중, 노무현이 살아 있었다면 극력 반대했을 노선이다. 2020년 총선을 계기로 등장할 진보의 대권주자들은 김대중, 노무현으로 복귀할 가능성이 크다. 그런 점에서 좌우파 프레임은 좌파의 편향이 극대화된 문재인정부 3년에만 맞는 프레임일 것이다.

　좌우 대결 프레임으로는 한국사회가 당면한 치명적인 문제·위기들을 제대로 인식하지도 못하고, 해법 역시 제대로 도출할 수가 없다. 이렇게 되면 우파는 아무래도 유럽이나 미국 우파의 정체성을 표준으로 삼을 수밖에 없기에, 거기에 자신들의 가치와 정책을 무리하게 끼워 맞추려 들게 된다. 그렇게 되면 '지금' '여기' 대중(민초)들이 간절히 요구하는 가치, 예컨대 복지 등의 의제를 외면하기 십상이다. 결국 좌우 대결 프레임은 스스로 좌파라 자칭하지 않는 문재인정부와 민주당에 정치적으로 유리하다. 이들이 자유한국당으로 대표되는 우파를 공격하는 주무기는 과거사 시비에 근거한 '부패·기득권·기회주의'이고, 취약점은 경제민생 파탄 내지 총체적 무능이다. 그런데 이 취약점을 날카롭게 공격하지 않고 좌파로 공격하면 이를 색깔론으로 규정하고, 진절머리 나는 이념 시비는 제발 그만하자고 받아치면 되기 때문이다.

새로운 정치를 갈망하고, 새로운 발전체제를 디자인하고 싶은 사람들이 맨 먼저 해야 할 일은 '지금' '여기'의 문제를 정의하는 것이다. 문제 규정 내지 진단을 정확하게 한다고 해서 문제를 잘 해결할 수 있는 것은 아니지만, 문제 규정부터 너무 틀리거나 피상적이면 해결은 기대난망이기 때문이다. 가치·기능들의 조화와 균형은 단세포 생물부터 인간까지 모든 유기체의 생명 유지의 대전제이다. 무수히 많은 기능이 조화롭게, 유기적으로, 통일적으로 결합, 기능하지 않으면 인간은 걷지도 먹지도 말하지도 숨 쉬지도 못한다. 국가도, 정당도, 기업도 마찬가지이다.

국가적 현안문제 파악 방법론

망치를 들면 모든 것이 못의 문제로 보인다고 한다. 집에 비가 새고, 바람이 들고, 창문이 뒤틀리는 원인은 지반 침하, 기둥과 외벽의 균열, 부실한 못질 등 다양하지만 망치를 든 사람에게는 못질 부실만 크게 보인다. 인간은 아는 만큼 보고, 보고 싶은 것만 보는 경향이 있다. 주목하지 않으면 방안에 들어와 있는 코끼리가 있어도 보지 못한다. 자신이 중시하는 가치와 익숙한 개념(프레임)으로 세상을 인식한다. 가치와 제도의 조화와 균형을 잡아야 할 사명이 있는 정치는 망치를 든 사람의 오류나 코끼리 만지는 장님의 오류나 확증편향確證偏向(Confirmation bias)을 경계해야 한다. 사람들이 터뜨리는 불만과 언론이 다루는 이슈 나 설문조사를 통해 도출한 문제에 귀를 기울여야 하지만, 그 자체의 일면성과 편향성도 의심해야 한다. 문제를 인식하고 규정하는 주관과 개념을 의심해야 한다.

인간의 인식 특성과 한계, 특히 일면성과 편향성을 감안하면, 관점, 개념(언어), 가치 등에 따라 천차만별인 문제를 온전히 균형적으로 파악하는 어떤 방법론이 필요하다. 원래 과학적 사고의 출발은 대상(문제)을 중복 없이 쪼개되, 이를 모아놓으면 전체가 되도록 범주 구분을 하는 것이다. 영어로는 MECE, 즉 Mutually Exclusive and Collectively Exhaustive!

문제를 구분하는 범주와 개념은 정말 다양하다. 이들은 기본적으로 언어이고 사회적, 역사적으로 사용되는 맥락이 있기에, 주의력과 생각을 특정 방향으로 유도하고 구획한다. 길 거리에 나가 사람들에게 심각하고 절실한 요구, 불만을 얘기해 보라 하면 격차(불평등, 양극화), 일자리, 불공정, 저성장, 저출산, 평화통일, 권력자들의 부정비리 등을 빼놓을 사람이 별로 없을 것이다. 이상가뭄, 이상고온, 미세먼지, 지진 등이 닥치면 자연환경(환경생태) 문제를 중요한 문제로 인식하고, 남북간의 일촉즉발 긴장 상황이 발생하면 평화와 안보문제를 중요한 문제로 인식한다. 외교안보 전문가들은 국가와 국민이 '죽고 사는 문제'인 북핵 문제 등 외교안보 문제를 중시하고, 대부분의 국민들은 '먹고 사는 문제'인 경제고용 문제를 중시한다. 성 안(공공부문, 대기업, 규제산업과 그 정규직원)과 성 밖의 큰 격차를 실감하는 사람들과 우월적 지위를 가진 존재들에게 갑질을 심하게 당하는 사람들과 교육시험이나 국가규제 등을 통해 신분의 수직 상승을 꿈꾸는 사람들에게는 격차, 불평등, 양극화와 불공정만큼 심각한 문제가 없다.

외신을 열심히 챙겨 보는 사람은 선진국 언론과 정치가 크게 취급하는 문제를 중시한다. 기후변화, 4차산업혁명 등이 대표적이다. 1990년대 중반부터는 세계화, 디지털화, 지식정보화 등이 선진국 정당들이 강조하는 메가트렌드였다. 선진국의 지적 유행을 좇는 경향이 강한 한국 지식사회는 이 문제들을 한국의 주요한 문제로 간주하는 경향이 있다. 지금도 그럴 것이다.

갈등을 중심으로 문제를 대별할 수도 있다. 범주 구분 논리로 보면 인간과 자연, 인간과 기계(인공지능 등), 인간과 인간, 국가와 국가 간의 갈등이 전면에 온다. 자연환경은 인력·기술의 한계이고, 외국은 국가 주권의 한계로서 적응해야 할 환경의 일종이다. 하지만 기술 발전과 국력신장에 따라 국제관계와 자연환경을 크게 변화시킬 수도 있다.

인간과 인간의 관계에서 발생하는 문제는 가치·자원을 배분하는 핵심 제도(=장場)인 국가, 시장, 사회(공동체=커뮤니티)와 개인·가족을 중심으로 세분화 할 수 있다. 이를 통합하는 것이 정신문화와 사상이념이다. 그래서 정치, 경제, 사회, 문화라는 4분법을 사용하기도 하고 외교안보, 시장경제, 민주주의의 3분법으로 문제를 구분하기도 한다.

헌법적 가치와 헌법기관 및 제도를 중심으로 문제를 대별할 수도 있다. 헌법적 가치는 자유, 민주, 공화, 평등, 균등, 정의, 안전, 평화, 균형, 국민경제의 성장 및 안정 등이다. 헌법에서 주요하게 언급하는 기관이나 제도(권리와 의무, 권한과 책임의 주체)는 국회, 정부, 대통령, 행정부(국무총리와 국무위원, 국무회의, 행정각부, 감사원), 법원, 지방자치 등으로 헌법의 목차를 구성한다. 목차 항목은 아니지만 주요한 제도도 있다. 헌법, 조약, 법률, 법령, 대통령령, 국가, 공무원,

정당, 국군, 권력, 정치, 경제, 시장, 문화 등이다. 매우 중요한 헌법적 가치이지만 딱 한 번 만 언급되는 것이 공화[5], 정의[6], 시장[7]이다.

정치와 국가의 미션이 헌법적 가치의 구현이라면 이들의 훼손과 왜곡의 양상, 그리고 그 원인에 대해 천착해야 한다. 그러면 대체로 유럽, 미국, 일본, 중국 등과 확연히 다른 한국의 주요 제도, 즉 국가권력, 시장, 사회와 법률, 대통령령, 공무원, 정당, 지자체, 정치 등의 작동 메커니즘을 발견하게 된다. 가치의 훼손·왜곡은 문제의 증상이기도 하고 문제의 원인이기도 하다. 제도의 오작동도 마찬가지이다. 그래서 가치와 제도는 난마처럼 얽히게 된다. 그럴수록 우리가 중요하게 생각하는 국가적 현안 문제들은 가능하면 다른 국가와 비교해 보고, 그 문제의 과거와 현재의 양상을 비교해 보아야 한다. 요컨대 국제적으로 살피고, 역사적으로 살피고, 무엇이 왜 다른지를 따져보아야 한다. 이것이 정치적, 사회역사적 통찰력의 산실이다. 뒤에 다시 말하겠지만, 나는 헌법적 가치와 헌법기관과 주요 제도의 현주소를 깊게 천착하는 것보다 더 좋은, 대한민국의 국가적 현안을 종합적·체계적으로 정리하고 해법까지도 도출하는 더 좋은 방법을 알지 못한다.

문제를 해결한다는 것은 곧 생각(정신문화, 감정반응, 사상이념[8])과 행동을 바꾸고, 사회적 유인보상체계, 즉 권리와 의무, 혜택과 부담, 권한과 책임 관계, 게임 규칙 등을 바꾸고 정치·정당·정부와 기업 등의 지배운영구조와 리더십를 바꾸는 것을 의미한다. 이는 법령과 예

---

5) 헌법 제1조 1항 '대한민국은 민주공화국이다.'
6) 전문에 딱 한 번 언급된다. '정의·인도와 동포애로써 민족의 단결을 공고히 하고'
7) 헌법 119조 2항에서 딱 한 번 나온다. '국가는 (…) 시장의 지배와 경제력의 남용을 방지하며'
8) 사상이념은 국제관계, 자연환경, 국가, 시장, 사회라는 제도와 인간이 중시하는 가치, 정책, 리더십에 대한 일관성과 체계성이 있는 어떤 입장이다.

산과 인사(리더십) 등에 의해 뒷받침되는데, 법령의 핵심은 규제와 형벌이다. 따라서 국가적 현안은 생각(이념)-유인보상(인센티브)체계-지배운영(거버넌스)구조-리더십과 규제, 형벌, 예산, 인사 등을 중심으로 대별할 수도 있다.

국가적 현안 문제는 그 원인과 해법을 찾는 것은 말할 것도 없고, 분류하고 인식하는 것부터 어렵다. 그럼에도 문제를 인식하는 관점과 방법에 대한 고민이 필요한 것은 아주 중요한 것을 아예 인식조차 못할 수도 있기 때문이다. 흔히 많이 놓치는 문제가 인간과 자연, 인간과 기계간에 일어나는 갈등이다. 서구의 전통에 따라 국가와 시장의 관계를 중심으로 좌파와 우파를 구분하다 보니, 좌우파 공히 사회와 습속 문제를 놓치는 경향이 있다. 그뿐 아니라 국가와 습속은 자연환경, 지정학적 조건, 역사인식, 지배이념과 밀접하게 관련 되어 있는데 이 역시 놓치는 경향이 있다.

정치, 정책, 이슈의 장님 코끼리 만지기 현상을 탈피하기 위해서는, 다시 말해 중차대한 이슈를 놓치지 않기 위해서는 전체적인 이슈맵을 그려 보아야 한다. 동시에 문제의 곁가지가 아닌 본질과 핵심을 짚기 위해서는 문제를 원점에서 재규정해 보아야 한다. 근본으로 돌아가기(back to basic)는 과학기술뿐 아니라 국가플랫폼 디자인에서도 절실히 필요하다. 집도 초석, 기둥, 외벽, 대들보와 내벽, 지붕, 창문, 가구 등이 있고 사람의 뼈도 등뼈, 골반 뼈와 갈비뼈, 손발 뼈가 있듯이 경세방략도 토대와 기둥과 잔가지가 있는 법이다. 물론 모든 요소는 다 유기적으로 연결되어 있다.

세계적 보편성과 한국적 특수성

한국에서 정치적 정책적 문제 내지 국가적 위기를 논할 때 가장 결여되어 있는 지적 태도는 이름(개념)이든 양상(현상)이든 원인이든 해법이든 크게 보고, 다각도로 보고, 세밀하게도 살피는 태도, 즉 대관세찰大觀細察이다. 대관이란 사고의 시공간을 크게 확장해서 보는 것이다. 사고의 시간적 확장은 과거와 현재, 미래의 축선을 오르내리며 생각하는 것이고, 공간적 확장은 다른 문명권이나 다른 나라를 오가며 왜 이런 차이가 날까를 캐묻는 것이다. 통찰洞察(insight)은 주로 이런 태도, 즉 관점의 전환과 차이에 대한 의문에서 나온다. 세찰이란 환자를 보는 의사나 고장 난 기기를 고치는 엔지니어의 시각에서 문제의 실상, 구조, 연관 등을 살피는 것이다.

그런데 국가나 사회의 문제는 크게 보는 것, 즉 대관이 의외로 어렵다. 세분화, 전문화된 학과나 전공 체계는 세찰에 적합하고, 정부 조직은 기획이 아닌 실행에 적합하기 때문이다. 하지만 대관이 되지 않으면 제대로 된 질문을 던질 수 없다. 제대로 된 질문이 없는데 질문을 화두로 삼는 학과와 전공들이 제대로 된 답을 내놓을 리 만무하다.

국가적, 국민적 현안 문제에 대한 대관의 핵심은 세계적, 선진국적, 동양적 보편성과 한국적, 한반도적 특수성을 캐묻는 것이다. 동양으로 뭉뚱그려지는 중국, 일본, 한국의 차이도 살펴야 한국을 더 잘 이해할 수 있다. 국내 문제를 바라볼 때는 이것이 지역(서울, 수도권 등), 세대, 계층(조직노동, 고학력자, 여성)의 특수한 문제인지 국민들의 보편적인 문제인지를 따져야 한다.

크게 본다는 것은 사고의 시간적, 공간적 확장만을 의미하지 않는다. 정치와 국가의 본령, 체제와 제도의 원리 등 본질, 구조, 전제 조건 등을 조망하는 것이다. 국가와 국민 삶에 지대한 영향을 미치는 자연환경, 국제정치환경, 메가트렌드 등을 살피고 생산·분배구조(시장과 경제)와 지배운영구조(국가와 정치)를 살피고, 이를 통합하는 정신문화와 사상이념을 살피는 것이다. 대관세찰大觀細察과 실사구시實事求是가 있어야 통찰도 생기고 종합적, 균형적 인식에 도달할 수 있다.

문제를 분석하는 것은 그 본질, 원인, 구조, 연관을 밝혀 문제 해결 방안과 급소, 볼링으로 비유하자면 5번 핀처럼 하나를 넘어뜨리면 전체를 넘어뜨릴 수 있는 지점, 즉 킹핀을 파악하기 위함이다. 이를 위해서는 문제의 양상과 원인, 구조를 초석, 기둥, 지붕, 외벽, 창틀 등이 유기적으로 엮인 3차원 건축물처럼 그려내야 한다. 그런데 손에 잡히는 건축자재로도 집을 짓는 것이 어려운데, 추상적 개념과 사고력이 많이 필요한 정치, 경제, 사회적 문제·위기는 오죽하겠는가?

문제를 세계적 보편성과 한국적 특수성의 관점에서 조명한다는 것은 그 문제가 다른 나라에서는 어떻게 나타나고 어떻게 해결하는지, 한국은 무엇이 다른지, 왜 다른지, 해법은 어디가 같고 어디가 다른지를 캐묻는 것이다.

그런데 한국정치와 지식사회는 이것이 치명적으로 결여되어 있다. 그 결과 한국의 정치, 사회, 문화, 경제적 토양을 제대로 파악하지 않고 이식한 서구의 가치, 제도 상당수가 갈라파고스 제도 각 섬의 동식물처럼 제각각 특이하게 변해 버렸다. 어떤 것은 거의 괴물처럼 변했고, 상당수는 기형으로 되었고, 또 어떤 것은 세계적 경쟁력을 가진 상품과 서비스를 생산하기도 한다. 재벌체제와 한류가 대표적이다.

한국적 특수성과 이를 만든 토양을 알지 못하면 귤이 회수를 건너 탱자로 변하는 귤화위지橘化爲枳 현상이 다반사로 일어난다. 선진국 토양에서는 잘 작동하는 가치, 제도, 정책들이 한국에서는 전혀 다르게 작동한다. 헌법적 가치가 왜곡되고, 주요 제도와 기관들이 대체로 탱자가 되어 버린다. 나는 지금 한국사회의 근간인 민주주의와 시장경제 자체가 귤화위지 현상의 전형이라고 생각한다.

결론부터 말하면 이는 우리 사회가 법과 제도, 정책을 만들 때 한국적 특수성 파악, 즉 우리가 딛고 서있는 역사와 현실, 우리를 지배하는 정신문화, 우리가 당면한 위기 등을 대관세찰하지 않은 데에 그 원인이 있다.

한국사회는 성공적인 수입·모방·추격의 역사와 이를 주도한 해외 유학파의 득세에 힘입어 세계적 보편성, 즉 선진국의 문제의식과 해법에 대해서는 비교적 잘 안다. 하지만 한국적 특수성에 대해서는 의외로 잘 모른다. 선진국에서 학위를 받고 귀국하여 좋은 자리를 잡은 해외 유학파 지식인들의 지적 나태와 오랜 수입·모방의 역사 등으로 인해 문제와 해법을 세계적 보편성으로 환원해 버리기 때문이다. 예컨대 외국인 노동자 폭증, 과도한 산업용 로봇 사용, 과도한 대학 진학률과 고학력 청년 일자리난, 저출산 현상, 제조업 고용비중의 축소, 임금소득 격차 등은 세계적 보편성으로 해석하여, 어쩔 수 없는 것으로 여긴다. 반면에 공공부문 고용비중은 그 질적 차이를 덮어두고 한국은 OECD 평균(총고용의 21.3%)의 1/3(7.6%) 밖에 되지 않는다면서, OECD 평균의 절반이라도 가기 위해서 3%p(81만 명)을 늘려야 한다면서 공공양반 숫자를 폭발적으로 늘리려 한다. 황당하기 짝이 없지만, 문재인정부의 공공부문 일자리 81만 개 정책은 이렇게 만들어진 것이다.

많은 정책 담론들은 선진국 식자들이 부르짖는 세계화, 자유화, 지식정보화, 과학기술혁명, 기후변화, 중국의 웅비, 4차산업혁명, 뉴노멀 등을 주요한 환경 변화 요인으로 열거하고, 여기에 조응하는 가치와 제도, 정책의 변화를 역설한다. 전혀 쓸모없는 진단과 대안은 아니지만, 대체로 한국적 특수성을 천착하지 않았기에 적실성 있는 진단과 대안이 되지 못한다.

대한민국이 맞닥뜨린 문제·위기는 세계적 보편성과 한국적 특수성 외에도 지역, 부문, 계층, 성적 특수성도 캐물어 답을 구해야 한다. 한국은 인구의 절반이 사는 서울·수도권 거주자의 정치사회적 영향력이 너무나 강하기에 문제·위기가 전국적(보편적)인 것인지, 서울·수도권 거주자에게만 국한된 (특수한) 것인지도 캐물어야 한다. 그뿐 아니라 한국은 공무원, 조직노동, 교수 등의 정치사회적 영향력이 강한데 반해, 전체 국민의 이해와 요구를 대변해야 하는 정치가 제 역할을 못 하기에 문제가 철밥통을 가진 상위 계층의 특수한 문제인지, 전계층의 보편적인 문제인지도 따져보아야 한다. 일자리 문제, 고용불안 문제, 정규직과 비정규직 문제, 최저임금 문제, 부동산 문제, 주거 문제(반지하방과 옥탑방 문제) 등 많은 문제들은 서울·수도권만의 문제이거나, 공공부문 주변의 문제이거나, 과잉 대학진학률에서 파생한 문제이다.

1980년대 중반 북한의 이념적 영향으로 인해 한국사회를 식민지반봉건사회로 규정하려는 흐름이 있었다. 당연히 이에 반발하여 한국사회는 유럽, 미국, 일본 같은 자본주의 사회임을 강조하는 흐름이 있었다. 한국사회의 보편성에 대한 강조가 특수성에 대한 분석을 덮어 버린 것이다. 그런 점에서 무지막지하고 조야한 식민지반봉건사회론이 아직도 한국사회를 거시적, 역사적으로 보게 하는 지적 흐름을 왜곡, 차단시켜 버렸는지도 모른다.

내 눈에 비친 대한민국, 6.25 이후 최대 위기

사실 나는 1980년대 초부터 어떤 이론이나 이념으로 대한민국을 재단해 본 적이 없다. 당시 친구들과 동지들이 노동(프롤레타리아트)과 자본(부르주아지)의 대결로 역사와 현실을 재단하면서 러시아혁명을 추종하고 신식민지국가독점자본주의 타파를 외칠 때도, 더 많은 1980년대 동지들이 우리 민족과 미일 외세, 친일·친미사대, 파쇼독재 세력의 대결로 역사와 현실을 재단하면서 북한을 추종하고, 민족해방민중민주주의 혁명을 외칠 때도 나는 회의했다. 치열하게 운동을 해온 친구들의 확신에 찬 주장이었지만, 내가 견지한 이성과 상식의 필터를 통과하지 못하였다.

돌아보니 나는, 내가 인식하는 시대적 과제 내지 모순부조리의 정중앙을 향하여 화살을 쏴왔을 뿐이다. 당연히 모순부조리는 시간과 함께 변화한다. 착취자와 피착취자가 바뀌고, 억압자와 피억압자가 바뀌고, 적과 친구가 바뀌고, 주요한 문제와 주변적 문제가 바뀐다. 모순부조리와 주된 대립물이 바뀌니, 과녁의 방향이 180도 바뀌기도 하고 정중앙이 바뀌기도 한다. 그런데 노동-자본, 좌파-우파, 민족-외세, 항일민주-친일독재 대립 프레임은 잘 바뀌지 않는다. 모순부조리를 실사구시하지 않고, 보고 싶은 것만 보는 '확증편향 환자'들에게는 세상은 70년 전이나 30년 전이나 지금이나 별로 다르지 않다. 서초동과 여의도에서 조국수호 검찰개혁을 외치는 사람들의 상당수가 그렇다. 광화문에서 '빨갱이' '종북주사파' 척결을 외치는 사람들도 마찬가지이다.

그래서 나는 정책이나 이슈를 말할 때도, 정치선언문(매니페스토 manifesto)을 쓸 때도, 종합적 경세방략을 얘기할 때도, 먼저 문제=위기=모순부조리를 길게 서술하고, 그 원인과 해법을 얘기해 왔다. 당연히 매우 상식적인 논리 체계이다. 문제(괴로움)-원인-해법-비전은 불교의 기본원리인 고집멸도苦集滅道와 일치한다. 그런데 보수와 진보를 초월하여 세상을 간명하게 재단하는 사람들은 문제·위기를 길게 나열하는 것을 매우 지겨워한다.

진보에는 노동과 자본의 대결로 역사와 현실을 재단하는 사람들이 있는데, 이들은 아마 1848년에 출간된 『공산당선언』으로 위기에 대한 설명을 대신할 것이다. 진보의 주류는 도덕과 부도덕, 항일과 친일, 민주와 독재, 정의와 불의 프레임으로 세상을 재단한다. 이들은 경제·고용 문제에 관한 한 조선 선비만큼이나 문외한이다 보니, 노동조합이나 공공부문에 똬리를 튼 사람들이 경제담론을 주도한다. 이들은 불평등, 양극화, 일자리 문제의 원흉을 신자유주의 과잉과 재벌의 독과식 및 갑질에서 찾는다. 이런 인식이 지금 정의당과 민주당의 경제·고용 강령의 기조를 형성한다. 한편 보수의 주류는 좌파와 우파의 대결로 역사와 현실을 재단한다. 북한 전체주의, 수령독재체제와 남한 자유민주주의의 대결로 역사와 현실을 재단하는데, 결론은 '때려잡자 빨갱이, 주사파' '저지하자 적화(연방제)통일'이다. 아래는 통상적인 문제 분류법에 따른 나의 위기 서술이다. 이 힘들고 귀찮은 작업을 굳이 하는 것은 가치, 정책, 이슈파이팅의 동네축구 현상을 탈피하기 위해서이다. 내가 보는 문제(위기)는 이렇다.

대한민국은 한국전쟁 이후 수많은 위기를 겪었지만 지금처럼 국가의 생존과 번영, 국민의 자유와 행복이 뿌리째 흔드는 위기가 한꺼번에 밀어닥친 경우는 없었다. 생태환경 위기, 외교안보 위기, 민주주의 위기, 경제고용 위기, 지속가능성 위기, 사회통합 위기, 정신문화위기, 정치 위기, 변화와 개혁 가능성에 대한 체념과 절망 등 하나하나가 치명적인 위기들이 한꺼번에 밀어닥치기 때문이다.

생태환경 위기의 핵심은 전지구적 기후변화, 해수면 상승, 영구 동토층의 융해, 사막의 확장, 잦은 이상 고온과 저온, 더 잦아지고 강해지는 풍수해(가뭄, 홍수, 태풍 등), 바다−강−대지(토양)−대기의 오염(미세먼지 등), 생물의 대량 멸종, 자연자원 고갈 등으로 인류와 문명을 뿌리째 흔들고 있다. 산업혁명 이후 250년에 걸쳐 전 지구를 지배한 물질문명과 최근 30년 간 급격히 진행된 중국의 산업화 등에서 기인한다는 것은 의심할 여지가 없다. 그런데 문재인정부는 멀쩡한 숲을 태양광 패널로 덮고, 4대강 보洑를 부수고, 꼼수 공론화 절차에 근거한 반민주적이고 비이성적인 탈원전 정책으로 생태환경 위기에 역행하고, 미래 성장 동력을 재기불능으로 훼손하고 있다.

외교안보 위기의 핵심은 중국의 급부상과 거친 패권 전략에 따라 임진왜란, 일청전쟁, 일러전쟁, 분단과 전쟁으로 폭발한 한반도 특유의 지정학적 위험이 점증하고, 북한 핵미사일 위협은 해결의 기미가 보이지 않는데, 문재인정부는 외교안보의 기본과 원칙을 허물고 있다는 것이다. 한미동맹과 한일관계를 훼손하여 동맹국의 불신을 사고, 외교적 고립을 자초하고, 북한의 안보 위협이 해소되는 증거가 하나도 없는데 평화를 부르짖으며 안보를 허물고 있다. 이제 대한민국은 남한 주도 통일은 커녕, 노예(조공) 평화와 적화통일의 공포와 싸워야 할 판이다.

민주주의 위기의 핵심은 최저임금, 공공부문, 탈원전, 9.19군사합의 등은 선진국이라면 국민투표를 하거나 국회비준동의를 받을 만한 사안임에도 문재인정부는 최소한의 민주적 숙의 절차도 생략하고 거칠게 밀어붙였다. 그뿐 아니라 2017년 대선의 드루킹 댓글 조작 사건과 2018년 지방선거에서는 청와대와 경찰이 주도한 선거개입 혐의[9]는 사실로 밝혀지면, 탄핵을 당하고도 남을 중차대한 헌법과 법률 위반이다.

경제고용 위기의 핵심은 현재 먹거리(주력산업) 위기와 미래 먹거리(4차산업혁명 등 과학기술혁명의 낙오자) 위기의 중첩이다. 산업화를 주도했던 우리의 산업도시들이 미국 5대호 연안의 러스트벨트rust belt처럼 변해 가는 조짐이 완연한데, 문재인정부와 자칭 진보노동 세력이 밀어붙이는 가치, 제도, 정책은 하나같이 능력 있는 기업의 국내 투자와 고용을 주저하게 만들고, 청년 인재의 민간기업 취업과 창업을 기피하게 만든다. 가계나 국가에 축적된 금융자산은 부동산이나

---

9) 울산, 사천 등에서 선거 직전 야당 후보에 대한 경찰의 압수수색

저위험 저수익 자산으로 쏠리도록 몰아간다. 투자자와 창업자는 위험에 상응하는 보상을 제대로 받지 못하고, 실력 있는 인재는 제 자리를 찾지 못한다. 개인의 실력과 생산성이 아닌 소속 직장의 지불능력에 따라 사람의 등급과 팔자가 결정되는 직장 계급사회가 되면서 우수한 인재들의 탈 민간기업화가 가속되고 그 반대급부로 공공부문, 규제산업, 면허직업 쏠림이 일어난다. 이러한 현상은 우수한 국내기업들의 탈 한국 러시를 부채질한다. 창조, 도전, 개척의 기업가 정신을 몰아낸 자리에 한 번의 공무원 시험이나 정규직 전환 투쟁으로 평생을 가는 특권을 쟁취하는 지대추구 심리가 창궐한다. 문재인 정부는 이런 심리에 생명수를 쏟아 붓는 등 대한민국의 기적을 만든 거의 모든 가치, 제도, 문화를 파괴한다. 한미동맹, 한일관계, 국방력, 기업인 존중, 세계를 향한 도전과 개척정신, 억척스런 근로문화, 재정건전성 등. 오직 석유 수출 하나에 의존하여 허랑방탕하게 국부를 소진하다가, 석유 가격 하락으로 경제와 사회가 파탄이 난 베네수엘라처럼 반도체, 자동차 등 몇 개의 주력산업에 의존하다가 이들이 몰락하여 끔찍한 연옥이 대한민국을 덮치지 말라는 보장이 없다.

지속가능성 위기의 핵심은 인구구조(초저출산·고령화), 산업인력구조(주력산업의 노령화와 우수한 청년들의 민간기업 기피), 재정건전성(국가부채), 공적연금과 건강보험, 지방 소도시와 농촌 소멸 위기 등 다방면에서 일어난다. 국민연금과 공무원연금의 수익비(적게 내고 많이 받아가는 구조), 부문·계층별 소득점유율과 취업자의 소속·지위별 근로조건 격차, 출산율과 자살율 등 수많은 지표가 도대체 지속가능한 나라가 아니다. 기득권 현세대는 미래세대에게, 기득권 정규직은 비정규직에게, 기득권 공공은 민간에게, 기득권 갑은 을에게 자신들이 져야할 부담을 몰염치하게 떠넘긴 후과가 아닐 수 없다.

정신문화 위기는 그 중요도나 심각성에 비해 의외로 공론화가 되어 있지 않다. 정신문화 위기의 핵심은 시민적 덕성의 총체적 퇴행이다. 조선의 정신문화적 유산의 거센 부활이다. 민주주의국가에서 대중의 정신문화적 퇴행은 거의 모든 정치위기의 원인이자 결과이다. 조선의 정신문화적 유산인 권력 제일(만능)주의는 사적자치에 대한 무시이다. 도덕 제일(만능)주의는 실물, 실용, 실력에 대한 무시이다. 정사 이분법은 실제와도 맞지 않고 파괴적 정치 갈등의 양산 공장이다. 혈통주의(민족주의)는 친북, 반일로 나타나는데 문명국간 연대에 대한 기피이다. 가족주의, 연고주의는 보편이익과 실력주의에 대한 무시이다. 동시에 성 안과 성 밖의 격차를 확대한다. 약탈주의는 공짜추구 혹은 지대추구로 제 몫, 제 값, 제 자리 개념의 부재를 의미한다. 설마주의는 적국의 말과 선의에 기대어 명백한 위험에 대비하지 않는 어리석음의 극치이다.

근로 천시와 우물 안 개구리 수준의 국제적 안목도 빼놓을 수 없는 조선의 유산이다. 가장 심각한 것은 복잡미묘한 현실이나 실물을 모르고, 사투가 벌어지는 외교, 경제 현장을 모른 채 결정에 대한 책임도 지지 않는 자들인 법관, (규제, 처벌, 공직감사 담당) 행정관료, 교수, 시민단체 활동가들이 각자의 도덕이나 정의감으로 국가의 명운을 좌지우지하는 국가적 현안을 결정한다는 것이다. 대표적인 것이 김능환 대법관이 '건국하는 심정'으로 했다는 징용공 배상(위자료 1억 원) 판결이다. 이는 1965년 이후 한일관계의 근간을 허물어 버렸다. 이뿐 아니다. 선진국이라면 시장에서 사투를 벌이는 경영자(현대판 무인)의 고뇌와 판단을 존중하는데, 한국에서는 보편타당한 법리보다 온정과 여론에 크게 휘둘리는, 조선사대부에 가까운 법관들이 '경영상의 해고의 정당성'을 판단한다. 위기에 처한 기업의 정리해고 등 구조조정의 '정당성'도 판단하고, 기업 경영에 엄청난 영향을 주는 '통상임금' 산입범위도 결정한다. 세계적인 기형인 약탈적 노조에 대한 기업의 자위적 조치를 부당노동행위로 판정하여 기업 최고경영자에게 징역형을 선고한다. 긴급한 상황에 대한 대처행위인 의사의 응급조치의 적절성도 심의하여 의사를 처벌하기도 한다. 하지만 결정에 따른 엄청난 후폭풍, 즉 기업의 투자와 고용에 대한 몸 사리기와 의사들의 위급한 환자 기피로 인한 초저출산과 중환자 사망 등에 대해서는 책임지지 않는다.

경제와 고용에 엄청난 영향을 끼치는 결정을 현장이나 실물을 잘 모르고, 결정에 따른 책임도 지지 않는 자들이 도덕의 잣대로 재단하는 법관들과 시민단체의 행위는 여진족과 싸우는 장수들의 도덕성이나 사소한 허물을 문제 삼아 끌어내리던 선조시대 신료들과 같은 행위들과 다를 바 없다. 정유재란(1597년) 직후 이순신에게 부산진 공격 명령을 내려놓고는 이를 듣지 않자 파직시키고, 원균을 총사령관(삼도수군통제사)으로 삼아 무모한 공격을 감행케 했다가 조선 수군을 거의 궤멸시킨 선조의 행위와도 다를 바 없다.

조선의 정신문화적 유산은 현실을 모르면서 정의감만 충만한 정치인, 법관, 관료, 교수, 시민단체의 도덕, 정의 칼질에서만 부활한 것이 아니다. 파이 만들기가 아니라 나누기를 능사로 알고 창조, 개척, 해외진출이 아니라 국가의 품안에 들어가 누군가가 생산한 파이를 뜯어먹으면서 평생토록 호의호식하는 것을 능사로 여긴다. 자신의 기여, 실력, 위험 감수 없이 안정된 고용과 높은 소득을 원한다. 명백히 도둑놈 심보이자 공짜근성이다. 하지만 근로를 노비나 상놈이 하는 일이라고 생각한 조선 양반·사족에게는 체화되었고, 지금 공공부문과 조직노동에 온전히 계승되었다. 근로윤리, 직업윤리, 근무기강, 사회기강이 흐물흐물 녹아내리고 있다. 실력과 실질은 뒷전에 두고 허영과 허명을 좇는다. 도서 판매량, 신문 구독자수, 독서 인구, 스마트폰 효과, 포퓰리즘적 정책에 대한 환호의 저변 등을 종합하면 사람들의 생각이 전반적으로 짧아지고 얕아지고 단기적 이해관계에 민감하여, 조삼모사 하는 포퓰리스트의 먹잇감이 될 가능성이 높아졌다.

빼놓을 수 없는 정신문화 위기는 우물 안 개구리나 다름없는 국제적 안목이다. 아픈 역사와 냉엄한 현실에 눈을 감아 버린 탓이 크다. 아무튼 역사인식은 '자뻑'(자화자찬)과 자학을 오간다. 자신의 자강력과 고통부담 없이 북한과 미국의 선의와 '설마'에 기대어 평화를 기대한다. 기본과 원칙 견지시 야기되는 긴장과 불안이 무서워 임진왜란 직전의 조선 조정처럼 북한과 북핵의 위험 자체를 부정한다. 전쟁만은 피해야 한다는 문재인정권의 처신은 전쟁도 불사하겠다는 북한 김정은에게 무한 양보와 수모를 당하다가 결국에는 노예의 평화를 구걸할 수밖에 없다.

외교안보, 경제고용, 정신문화 위기 등이 심화되니 사회가 갈기갈기 찢어지지 않을 수가 없다. 사회는 파편화, 모래알화, 원자화 되어 간다. 문재인정부는 선진국은 말할 것도 없고, 개도국에서도 찾아보기 힘든 악질적 부조리인 공공의 양반화, 직장의 신분화, 정규직의 계급화, 노조의 조폭화를 방치하고, 동시에 최저임금 폭증, 정규직(영구직 강제와 비정규직 제로화), 친노조 정책 등을 통해 성 안과 성 밖의 격차를 키웠다. 원래 따뜻한 성 안은 더 따뜻하게 만들고, 추운 성 밖 사람들에게는 거적 하나 던져주다시피 하였다. 한국은 국가와 노조 등에 의해 보호되는 성 안이 온실이라면 성 밖은 시베리아 벌판이고, 성 안이 권리와 혜택의 낙원이라면 성 밖은 메마른 사막이다.

하지만 정치·정부와 지식권력자인 교수·지식인들과 사회권력자인 조직노동이 성 안팎 5,100만 국민의 처지와 조건을 알지 못하니, 약자들이 사용해야 할 땔감과 식량을 자신들만을 위해서 과도하게 소모한다. 흙수저 청년들은 기회와 희망의 사막에 내던져졌다. 성 밖

서민들은 일자리를 찾아 헤매다가 좌절하고 종종 일가족 동반자살로 달려간다. 희망과 활력이 넘쳤던 대한민국은 출산율 세계 최저에 자살율은 세계 최고인 나라가 되었다. 외환위기 직후 금 모으기 운동을 통해 보여 준 공동체 의식은 아득한 옛날 얘기가 되었다. 이제는 의심할 여지가 없는 각자도생의 모래알 사회가 되었다.

보수는 인간 사회는 원래 그렇다면서 자기 책임을 강조하고, 진보는 친일독재, 보수기득권, 재벌, 부정부패, 신자유주의, 분단체제 등을 주문呪文처럼 뇌까리면서 자기 책임은 한사코 부인하고 외부의 악당에게 책임을 돌린다. 도산에 몰린 기업이 인력 구조조정을 하려들면, 평소는 기업의 주인 행세를 하며 성과(순이익 30%) 배분을 요구하다가 갑자기 시키는 대로 일만 했기에 경영부실에 대한 책임이 전혀 없다고 강변하는 노조처럼.

철없는 자는 온통 남 탓, 보수 탓, 전 정권 탓을 하며 정권 사수와 보수 궤멸을 노래하고, 그 반대편에서는 정권탈환을 통한 백 배, 천 배 피의 복수를 결의한다. 현실을 아는 자는 초당적 협력과 중장기적인 치밀한 전략전술이 필요한 오래된 현안인 북핵문제, 규제개혁, 노동개혁, 공공개혁, 예산개혁, 연금개혁, 교육개혁, 저출산 문제 해결 등을 과연 할 수 있는 나라인지 회의한다. 필요하면 전쟁도 할 수 있는 나라인지 회의하다가 절망한다. 유력 정당들과 국회의원들이 자신의 기득권을 내려놓아야만 할 수 있는 선거제도 등 정치관계법 개혁도 할 수 있는 나라인지 회의하다가 절망한다. 어떻게 보면 정치에 대한 체념과 냉소만큼 심각한 위기는 없다.

모든 위기의 진원지

모든 위기의 진원지는 정치이다. 위기를 증폭하는 것도 정치이다. 국민이 주인인 민주국가에서 정치 위기는 대중의 정신문화에서 비롯된다. 현대 국가의 정치 행위는 기본적으로 강제적 규범인 법에 근거한다. 규제와 형벌이 법의 뼈대라면, 공무원은 근육이고, 예산은 혈액 같은 존재이다. 한국과 일본을 제외한 대부분의 선진국에서는 예산도 법으로 간주한다.[10] 법을 만드는 정신·방법과 정책을 만들고 예산을 편성하는 정신·방법이 다르지 않다. 법은 정책과 예산의 뼈대이다. 법이 부실하면 예산도 부실하게 되어 있다.

정당과 국회는 법안을 입안하고 심의하고 의결한다. 정부(국무회의)는 법안과 예산결산안을 국회에 제출하고, 행정명령을 만들고, 법원과 헌법재판소는 이를 해석한다. 그런데 이 모든 과정이 다 부실하다. 보편 이성과 상식에 부합하지 않는다.

상식적으로 법률이 바로 서면 대통령령도 바로서고, 검찰과 법원도 바로서고, 예산과 공무원도 바로 서고, 정당과 정부 공공기관도 바로선다. 대통령과 검찰, 경찰, 국정원 등 권력기관의 직권 오남용도 대부분 제어할 수 있다. 그뿐 아니라 시장을 왜곡하는 사익편향적 규제, 불합리한 세금, 도둑질과 낭비로 점철된 예산과 결산, 공공기관 낙하산 인사, 탈원전, 최저임금과 공공부문 폭증, 9.19 군사합의, 공영방송사의 사유화, 경찰의 선거 개입 등 문재인정부의 폭정은 말할 것도 없고, 역대 정부의 권력 오남용 행위도 거의 다 법률로써 제어할 수 있다. 대통령의 권한 중에서 법률로 제어할 수 없는 것은 그리 많지 않다. 그런 점에서 대한민국 위기의 원흉을 딱 하나만 꼽는다면, 그것은 보편 이성과 거리가 먼 법률이다. 하나 더 얘기한다면 이를 양산하는 구조이다. 즉 정당, 국회, 정치인(대통령, 국회의원, 지

---

10) 이를 예산 법률주의라고 한다. 예산서를 법률로 만들면 예산 집행에서 법률준수의무가 따른다. 예산서가 법률이 되면 국회의 결산심의는 법률 위반 여부를 점검하는 것이 되어 지금보다 훨씬 엄격해진다. 국회의 권한이 지금보다 훨씬 강해진다. 하지만 예산은 미래를 예측해서 편성하는 것이기 때문에, 예측이 보다 정확해야 하고, 돌발 상황이 발생하거나 예측 자체가 틀리면 국회가 이를 신속, 정확하게 변경시켜 주어야 한다. 현재 대한민국 국회 수준으로는 정부 마비 사태가 자주 벌어질 것이다.

자체장) 등을 규율하는 정치제도이다.

그런데 지금 대한민국에서는 문제가 생기면 적폐(前 정권), 대통령, 검찰, 관료, 재벌, 노조, 빨갱이, 토착왜구 혹은 도덕성이나 이념(사회주의나 신자유주의 등)을 원흉으로 지목한다. 하지만 이들을 천사로도 만들 수 있고, 악마로도 만들 수 있는 법제도를 거의 살피지 않는다. 시민단체는 법 내용을 묻지 않고 법안 발의 건수나 출석 일수로 의원의 의정활동을 평가한다. 그러니 현실과 법이 충돌하고, 법 이성과 법 감정이 충돌하고, 이 법과 저 법이 충돌한다. 그럼에도 부실한 법과 이를 양산하는 구조가 국가의 명운을 좌우하는 문제라는 인식조차 없다. 부실한 법을 양산해 놓고 법치주의의 이름으로 준법과 엄벌을 강조하니 법 해석 기관인 검찰, 법원, 헌재, 선관위의 위상만 점점 높아졌다. 정치의 부실함을 틈타 법과 현실을 잘 아는 특수이익집단이나 실무 집행자(관료, 당료, 관리직원 등)의 농간도 춤을 춘다. 이 귀결은 산업 생태계의 고사요, 경제의 질식사이다. 대한민국은 중증 만성질환자가 되었다.

연례행사처럼 매년 11월에는 예산 좀도둑질의 성공을 알리는 현수막이 길거리를 도배하고, 12월은 대체로 날치기나 야합에 의해 예산안을 통과시킨다. 은밀한 곳에서는 완전히 합법적인 예산 도둑질의 성공을 자축하는 불꽃축제가 열린다. 물론 보는 눈이 있는 자에게만 보이고, 듣는 귀가 있는 자에게만 들린다. 진짜 심각한 문제는 정치가 이를 자신들이 책임져야 할 문제로 여기지 않고, 끊임없이 엉뚱한 데로 책임을 호도한다는 것이다.

그 결과 이젠 국가 공공부문 종사자의 가렴주구와 특수 이익집단의 지대추구가 심각한 문세라는 의식조차 흐릿하다. 정치가 권력 그 자체를 목적으로 하여, 양당·양강 구도에서 가장 가성비 높은 승리전략인 지지층의 분노, 증오, 혐오를 동원하여 증폭시키면서, 열성 지지층은 온오프라인 광장에서 총칼만 안 든 내전을 벌인다. 역사와 전통을 자랑하는 조선식 '사화士禍정치'가 '적폐청산'이라는 이름으로 부활하면서 미래를 위한 개혁 담론이나 새로운 발전체제 관련 담론이 들어설 공간이 사라졌다. 정치와 정부와 공공이 최대의 낭비자, 약탈자, 억압자, 파괴자, 갈등 조장자가 되었다.

국가플랫폼 디자인의 주요 변수(개요)

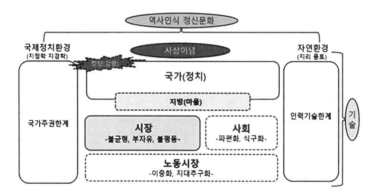

이것이 짧게나마 내가 정리한 대한민국의 치명적인 문제이다. 물론 주요한 문제들을 다 파악하지 못했을 것이고, 문제의 증상과 원인이 뒤섞여 있을 것이다. 하지만 정치가 가치의 우선순위를 설정하여 국가권력으로 조화와 균형을 잡는 예술이 맞는다면, 인간과 국가가 추구하는 주요한 가치와 갈등들을 파악하고 있어야 한다. 세분화, 전문화 된 전공이나 협소한 이해관계의 우물에 갇히지 말아야 한다. 정치공동체가 추구하는 가치와 이를 구현하는 제도, 정책, 사람의 문제를 구체적으로 살피고 종합해야 한다. 정치가 '가치의 권위적 배분'(authoritative allocation of values for the society)이 맞는다면[11], 가

---

11) 미국의 저명한 정치학자 데이비드 이스턴David Easton(1917.6.24~2014.7.19)의 유명한 정의이다. 가치의 권위적 배분은 국가권력에 의한 강제적, 일방적 가치할당이다.

치의 비권위적 배분제도, 즉 시장과 사회(공동체)를 알아야 한다. 한 마디로 정치, 경제, 사회, 문화 전반 혹은 외교안보 민주주의 시장경제 전반을 살펴야 한다. 가치분배제도는 수평적으로는 국가, 시장, 사회·공동체로 나누고 수직적으로는 중앙, 지방, 마을 소공동체(커뮤니티), 가족·개인으로 나눈다. 정치는 국가권력을 통해 구성원이 자유로이 할 수 있는 일과 할 수 없는 일을 일방적으로 정할 수 있고, 지시명령을 어길시 자유, 생명, 재산을 빼앗을 수 있기에 자신이 해야 할 일과 하지 말아야 할 일, 잘하는 일과 못 하는 일에 대한 고도의 분별력이 있어야 한다. 이런 분별력이 없는 전형이 문재인정권이다. 민간의 호주머니에 있으면 생산과 소비에 쓰일 돈을 세금으로 거둬들이는 것을 능사로 알고, 정부가 좋은 일자리 창출한다고 설치는 행태 때문이다. 정치노선이나 사상이념은 사람(개인 및 가족)과 3대 제도, 자연환경, 지정학적 조건, 역사인식, 감정반응을 총화한 경세방략이다. 나는 이를 그림으로 정식화해 보았다. 이는 국가적 현안 문제를 진단하고 대안을 도출할 때, 항상 염두에 두는 변수들이자, 정치적, 정책적 사고의 기본 틀이다.

국가플랫폼 디자인의 주요 변수(상세)

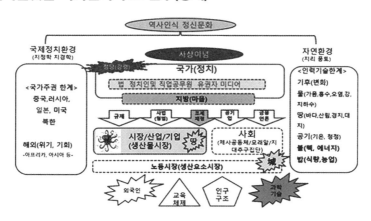

3장 국가플랫폼의 골조

가치 배분의 3가지 방식

인간이 유한한 가치자원을 분배하는 방식은 크게 3가지이다. 국가에서 권력에 의한 일방적, 강제적 배분(할당), 시장에서 계약(상호합의)에 의한 교환(상거래), 사회·공동체(community)에서의 공감·연민·사랑과 호혜성에 입각한 연대(증여와 답례)이다. 이는 '교환양식'을 중심으로 세계사를 설명하는, 일본의 사상가 가라타니 고진(1941~)의 지론이기도 하다. 행정학에서는 국가(state), 시장(market), 공동체(community)의 세 영역(Three Domains) 구분법[12]이 널리 쓰이는 모양이다. 국가, 시장, 공동체가 추구하는 핵심가치는 관심/요구(concern/voice)−교환(exchange)−사랑/충성(love/loyalty)으로 집약하였다. 그리고 이를 공공(public)−민간(private), 비영리(non−profit)−영리(profit), 공식(formal)−비공식(informal)으로 다시 구분하였다. 이는 인간의 사회관계, 즉 결합·협력 관계의 중심이다.

국가, 시장, 공동체는 제도(형식)이고 권력, 교환, 연대는 가치 배분

---

12) 「공공기관 지정 및 분류체계 개선방안」 50쪽, 박정수·윤태범·허경선, 한국조세연구원, 2010., Pestoff, 1992; Van de Donk, 2001 ; Brandsen, etal., 2005.

방식(내용)이다. 국가는 권력 행위를, 시장은 교환(상거래) 행위를 매개로 한 인간의 결합·협력체라면, 공동체(사회)는 그 외 나머지라고 할 수 있다. 국어사전은 공동체를 '운명이나 생활을 같이하는 조직체'로 정의하였다.

공동체는 좁게 보면 생물학적 본능(가족), 유전적 친화성(친인척, 민족, 인종), 우애와 공감(친구, 이웃, 마을, 향우, 동문), 취미(동호회), 교리(교회), 이익(직장 선후배, 노동조합, 협동조합 등), 정견과 이익(정당) 등을 매개로 형성된 사회관계망이다. 가족, 친구, 친인척부터 국가, 민족까지 다 포괄한다. 국가는 흔히 정치공동체나 역사(기억) 공동체로, 민족은 혈연·언어·역사 공동체라 부른다. 공동체는 정치공동체, 역사공동체, 마을공동체, 혈연공동체, 가족공동체 등 다양한데 국가나 시장과 다른 원리로 결합, 협력하는 사회적 관계망을 공동체 또는 사회·공동체라 부른다. 시장은 경제학이, 국가는 행정학과 정치학 등이 분석 대상으로 삼았으나, 사회는 어떤 학문이 분석 대상으로 삼았는지 모르겠다. 경제학, 행정학, 정치학 외에 사회학, 인류학, 역사학 등이 제각기 사회·공동체의 일부를 분석대상으로 삼았을 것 같은데 나로서는 잘 알 수가 없다. 아무튼 다양한 사회관계망을 분석한다고 해서 사회·공동체를 알 수 있는 것은 아니다. 인간의 뇌, 골격, 근육, 장기, 혈관, 세포 하나하나를 다 안다고 해도, 육체를 지배하는 정신을 알지 못하면 인간을 알 수 없는 것처럼.

가족을 제외한 모든 사회·공동체는 기본적으로 자발적이고 의식적인 결합·협력체이기에 관통하는 정신문화와 사상이념이 있다. 사회는 사회적 관계망일 뿐 아니라 정신문화와 사상이념이기도 하다. 사상이념이 그 나름의 이론과 체계를 가진 역사관, 세계관, 가치관의 총체라면 정신문화는 체계적이지는 못해도 분명히 실체가 있는 역사인식, 감정반응, 세계관과 가치관 등의 총체이다. 신관(초월신, 귀신,

조상신 등), 사생관, 인간관, 선악관, 존비귀천관 등을 가진 종교는 전통적으로 정신문화의 정수이다. 한국은 독특한 역사로 인해 한恨 트라우마[13] 콤플렉스[14] 등에 크게 휘둘리는 국가로 알려져 있다. 이런 감정반응은 전쟁, 학살, 노예, 학대, 이산, 기아 등 강렬한 집단기억과 역사인식의 산물이다. 정신문화는 토크빌이 국가와 민족의 운명을 결정하는 가장 중요한 요인이라고 말한 국민들의 도덕적, 지적 상태의 총체, 즉 국민의 습속(moeurs, mores) 내지 마음의 습관이다.

국가권력은 가치와 자원을 할당할 때 시장원리나 사회·공동체 원리가 아닌, 권력자(정치와 정부)의 철학, 가치, 이념, 판단에 따라 한다. 정치가 통할하고, 실제 권력을 행사하는 국가가 다른 두 제도와 다른 것은 '공공적'(public)이어야 한다는 것이다. '공공적'이라는 것은 '국민 전체의 이해와 요구를 최상위에 놓는다'는 것을 의미한다. 국가권력은 본질적으로 강제력(=폭력)이지만 저항을 줄이기 위해 도덕적, 종교적, 이념적, 지적 권위를 등에 업어야 하고 구성원들도 동의하는 집단기억 방식, 즉 역사(history)를 만들어 내야 한다. 그래야 피치자의 자발적 동의(순종)를 이끌어 낼 수 있기 때문이다.

시장의 핵심 특성은 거래 당사자들의 쌍방합의에 의한 영리 추구이며, 사회·공동체의 핵심 특성은 공식화, 정형화하기 어려운 사랑과 호혜적 연대이다. 시장은 상호 계약(합의)에 의해 교환이 이뤄지고, 사회·공동체는 부모 자식 관계가 대표하는 '일방성'과 각종 이익집단(협회 등)이 대표하는 '호혜성'이 다 있다. 가족과 문중, 협회와 조합으로 대표되는 사회·공동체에 존재하는 계약은 대체로 비공식적, 비정형적이며 암묵적이다. 단적으로 부모 자식 간에 계약서를 써서

---

13) trauma(영어) ; 과거 경험했던 위기, 공포와 비슷한 일이 발생했을 때 당시의 감정을 다시 느끼면서 심리적 불안을 겪는 증상.

14) 현실적인 행동이나 지각에 영향을 미치는 무의식의 감정적 관념으로 흔히 '강박관념' '열등감' '욕구불만'이라고 한다.

권리와 의무를 정하는 경우는 없다. 사회·공동체를 규율하는 것은 기본적으로 비공식적 도의, 예의, 염치, 체면 같은 것이다 '공식성(정형화)'은 국가와 시장이 공유하며, '비영리'는 국가와 커뮤니티가 공유한다.

시장과 사회·공동체의 가치·배분은 기본적으로 주체의 자유의지에 근거하지만, 국가권력에 의해 이뤄지는 배분은 그렇지 않다. 그러므로 주체(개인, 집단)의 자유를 확대 강화하는 것은 먼저 시장과 사회·공동체를 통해 가치·자원을 배분하고, 이것이 곤란한 경우 보충적으로, 또 비용과 편익을 타산한 위임 계약을 통해 다양한 층위의 국가기구에 의해 배분해야 한다. 이것이 정치경제 주체의 자유를 유지하고 확대, 강화하는 길이다. 이를 보충성 원칙이라고 하는데, 개인·가족—마을—지방—중앙연방—초국가적 기구 간에만 지켜지는 원칙이 아니라 시장 및 사회·공동체와 국가 간에도 지켜져야 하는 원칙이다.

국가, 시장, 사회·공동체와 지배운영구조가 컴퓨터 하드웨어라면 정치, 권력, 교환, 연대와 협력, 리더십과 유인보상체계, 사상문화 등은 소프트웨어에 해당한다. 하지만 컴퓨터 하드웨어와 소프트웨어처럼 뚜렷이 구별되는 존재는 아니다. 오히려 인간의 육체와 정신처럼 떼려야 뗄 수 없는 존재이다. 인체에 비유하자면 시장경제가 물질대사를 주도하는 장기, 혈액, 근육이라면, 법이 핵심인 국가는 뼈대이고, 사회·공동체와 가족·개인은 (장기, 근육, 뼈대, 혈관, 혈액을 구성하는) 세포와 물이고, 리더십과 정신문화는 신경정신 작용 내지 영혼이고, 사회적 유인보상체계는 이 모든 기관, 정신문화, 리더십을 움직이는 에너지 전달 시스템에 비유할 수 있지 않을까 한다. 지금 대한민국은 하나만 고장이 나도 수많은 질환이 생길 텐데, 주요 기관들이 모두 오작동하면서 수많은 합병증이 동시다발적으로 일어난다. 나를 알려면 남을 알아야 하듯이 대한민국의 3대 가치자원 분배제도의 특성과 작동하는 힘, 즉 권력, 부력, 지력, 매력, 도덕력(도덕적, 이념적 권위)의 특성을 알려면 대한민국과 조선, 일본, 중국, 러시아, 프랑스, 영국, 미국, 스위스 등과 비교해 보아야 한다. 동시에 권력이 아닌 다른 원리로 가치를 할당하고 갈등을 조정하는 시장, 사회, 개인의 자율책임 범위 등을 비교해 보아야 한다.

100~1000년을 묶어서 들여다볼 문제

가치·자원을 분배하는 3대 제도와 자연환경과 지정학적 조건은 한반도에 정착하여 수천 년을 살아온 한민족의 영혼을 짠 날줄과 씨줄들이다. 계통발생학적으로 보면, 사회·공동체가 인류와 함께 탄생했다면 국가는 그 다음이고, 시장이라는 자본주의 메커니즘은 맨 나중에 탄생했다. 하지만 단순 교환이나 거래는 유인원, 아니 파충류들도 한다. 사회·공동체의 연령이 몇 십만 년이라면, 국가는 몇 천 년이고, 자본주의 시장은 몇 백 년도 안 될 것이다. 특히 한국에서 시장이 의미 있는 가치·자원을 배분의 장으로 등장한 것은 길어야 120년, 짧으면 (1950년대 후반부터 따지면) 60년도 채 안 될 것이다. 자본주의 시장경제가 발달하기 전까지는 주로 국가와 사회가 자원 분배의 핵심 장이 되었다. 단적으로 남한과 북한의 기본 바탕(밑그림)이 되는 조선 사회는 국가와 사회라는 날줄과 씨줄로 짜여졌다. 그러므로 한국사회의 치명적인 모순부조리 ― 불평등, 양극화, 일자리, 저성장, 저출산, 고갈등(해방공간에서의 좌우갈등과 한국전쟁과 정전체제) ― 문제를 논하면서 그 역사가 60년밖에 안 된 시장만 집중 분석한다는 것은 난센스가 아닐 수 없다.

시장을 기준으로 조선과 21세기 대한민국을 비교하는 것은 거의 의미 없는 일이다. 어쩌면 이승만, 박정희 시대와 지금을 비교하는 것조차 의미가 없는 일인지도 모른다. 제도, 산업, 기술, 소비자, 개방화 정도가 너무 다르기 때문이다. 국가권력의 어마어마한 위상에 눈을 감고, 단지 정치 행태를 가지고 북한과 남한, 그리고 조선과 대한민국을 비교하는 것도 별 의미가 없을 것이다. 왕정과 민주공화정은 너무 다르기 때문이다.

하지만 각종 사회관계(因緣), 사고방식, 생활양식, 감정반응, 역사인식 등은 그렇지 않다. 이는 시장경제나 정치체제에 의해 간단히 주조되지 않는다. 오히려 시장경제나 정치체제가 종교나 습속에 큰 영향을 받는다. 혈연, 지연, 학연, 직연職緣, 종교연宗敎緣, 친구, 선후배, 장유長幼 등을 매개로 한 사회관계는 기본적으로 사회를 관통하는 정신문화의 자식이기도 하고 부모이기도 하다. 전근대사회에서는 주로 정신문화와 사상이념은 종교가 지탱하는데, 생산양식(생산력과 생산관계)이 바뀐다고 해서 쉽게 바뀌지는 않는다.

기원전 5세기(청동기 시대) 경의 석가와 공자, 기원후 1세기의 예수와 사도들, 7세기의 마호메트의 말씀이 시대를 초월하여 수많은 사람들의 정신문화를 지배하는 것을 보면 알 수 있다. 그런 점에서 종교, 사상, 문화는 마르크스의 주장과 달리 생산양식이 바뀌면 뒤따라 바뀌는 상부구조가 아니다. 국가와 사회를 관통하는 사상과 문화의 관점에서 북한과 남한, 조선과 남북한을 비교하면 상당한 동질성을 발견하게 된다. 실제 북한과 남한에서 오래 살아 본 사람(주로 외국인)들도 상당한 동질성을 토로한다. 한편, 지중해 문명권과 중국(중원, 조선, 베트남 등) 문명권의 이질성의 뿌리도 의외로 깊다고 한다.

제도경제학에 따르면 제도의 구체적인 내용은 1~10년을 묶어서, 헌법질서나 정치체제와 같은 공식적인 제도적 환경은 10~100년을 묶어서, 그리고 관습이나 가치관과 같은 비공식적인 제도적 환경은 100~1000년을 한데 묶어서 들여다 볼 문제라고 한다.

공공사무와 4개의 기둥

국가는 권력을 통해 개인·가족, 마을·지방, 사회·공동체, 시장·민간기업이 수행하기 힘든 공공사무公共事務를 처리하는 사람, 기능, 제도의 총체이다. 핵심 공공사무(공공재公共財)는 공동체를 외적이나 자연재앙으로부터 지키고(방위), 질서(법, 규제, 형벌, 치안)를 수립하고 유지하며, 사회간접자본(강둑, 저수지, 도로, 항만, 댐, 운하, 화폐 발행, 도량형 제정 등)을 건설·공급하며, 이를 위해 자원(세금, 자산, 인력 등)을 강제로 수취(수용, 징발, 징집)하는 것이다. 필요하면 공기업을 만들어 직접 재화와 서비스를 생산하기도 한다.

공공사무는 국가의 독점 품목이 아니다. 민간(시장과 사회·공동체)도 얼마든지 생산할 수 있다. 그래서 한국에서는 공기업이나 공공기관이 독점적으로 수행하는 일들을 대부분의 선진국에서는 민간기업이 한다. 당사자 간 분쟁을 해결할 때, 당사자 간 합의(사적자치)로 해결한다면 공공사무가 줄어들 수밖에 없다. 그런 점에서 19세기까지 결투문화가 있었던 유럽, 미국과 결투문화 자체가 없었던 중국, 한국의 국가의 관여, 개입 범위는 크게 차이가 나지 않을 수 없다.

만약 조선처럼 국가가 백성의 게으름과 부지런함과 부모에 대한 효행까지 조사하여 징치하고 포상하는 일까지를 공공사무로 설정하면 국가의 관여, 개입 범위는 엄청나게 늘어날 수밖에 없다. 북한처럼 전인민에게 혁명과 건설 혹은 남조선 해방과 조국통일에 복무하고, 이에 반대하는 행위를 엄히 처벌하겠다고 해도 마찬가지 현상이 일어날 것이다.

공공사무는 국가(중앙정부)와 지방자치단체(지방정부)가 나눠서 처리하기도 하고 입법부, 행정부, 사법부와 공기업이 나눠서 처리하기도 한다. 또한 공공사무도 주민이 주민총회를 통해 직접 처리할 수도 있고, 선출직 공직자나 직업공무원에 위임할 수도 있고, 이해관계자들의 합의기구에 위임할 수도 있고, 공공성과 전문성을 가진 전문가의 보좌를 받는 어떤 기구(한국으로 치면 공론화 위원회)에 위임하여 처리할 수도 있다. 종교단체와 언론과 정당은 공공사무는 말할 것도 없고 사적인 일에도 큰 영향을 미친다. 아무튼 공공사무는 정치공동체의 필요에 따라, 지배적인 정신문화와 통치이념에 따라, 공공사무를 필요로 하는 시민·주민·마을·기업·상공인조합 등의 요구와 힘에 따라 달라진다.

국가, 시장, 사회·공동체, 가족·개인은 나라(정치공동체)라는 큰 집의 지붕(공공사무)을 떠받치고 있는 4개의 기둥에 해당한다. 하지만 4개의 기둥이 지붕의 하중을 4분의 1씩 균분하는 것은 아니다. 적어도 남한과 북한은 국가가 압도적으로 많은 하중을 받아내고 있다. 반면에 미국, 스위스, 영국은 국가가 받는 하중은 한국보다 훨씬 작다. 같은 대통령제라 하더라도 공공사무가 연방의회(상원과 하원), 주정부, 지방정부(카운티, 타운 등), 시장, 사회·공동체(직능협회, 교회 등)에 분산 처리되는 미국 대통령의 영향력과 너무 많은 공공사무가 국가(중앙정부와 국회)에 의해 처리되는 한국 대통령의 영향력은 비교가 되지 않는다.

아무튼 지붕 자체가 무거우면 기둥들이 더 튼튼해야 한다. 지반, 기둥, 외벽, 지붕 등의 연결구조도 더 견고해야 한다. 외적의 침략, 대형 자연재난, 도적집단의 창궐, 통치집단의 높은 도덕적, 종교적 이상 등은 대체로 국가권력을 키운다. 국가권력으로 처리하는 일이 많아지면 시장원리나 사회연대원리 등이 막히면서, '사실상 귀족'

'놀고먹는 자리' '꽃보직' 등이 곳곳에 등장한다. 규제에 의해 위계와 서열이 생겨나면서 좋은 자리 차지하기 경쟁이 심해진다. 정신문화가 병영을 닮아간다. 공공사무는 나라별로, 시대별로 많이 다르다. 상식적으로 권력은 공동체의 존속을 위협하는 외침이나 큰 자연재해가 있을 때 강해진다. 또한 홉스적인 무질서(약육강식)도 권력이 정의를 구현해 줄 것을 요구한다. 이승만은 나라를 만경창파에 떠 있는 배에 비유했다.

> 나라의 신민臣民이 된 자는 상하귀천을 막론하고 화복禍福과 안위安危가 다 같이 그 나라에 달려 있는 바, 이는 비유하자면 만경창파萬頃蒼波에 배를 타고 있는 것과 같아서, 순풍에 물결이 고요할 때에는 돛을 달고 노질을 하는 일은 전적으로 사공들에게 맡겨두고 모든 선객船客들은 각각 제 뜻대로 물러가 잠도 자며 한가하게 구경도 하면서 자기 직분 외의 일에는 간섭할 필요가 없다. 그러나 만약 풍랑이 높게 일고 비바람이 크게 불어서 돛대가 부러지고 닻줄이 끊어져서 수많은 생명의 생사와 존망이 일순간에 달려 있다면, 그 안에 앉아있는 자들 중 어느 누가 정신을 차려 한마음으로 일어나서 돕기를 힘쓰지 않겠는가. 설령 전날에 서로 원망하고 미워하는 마음이 있었던 자라도 다 잊어버리고 일시에 협력하여 무사히 건너갈 생각만 할 것이다.
>
> (『**독립정신**』 29쪽, 이승만)

국가권력은 국민(인민, 백성)들이 사적 폭력 집단, 즉 도적집단, 종교집단, 경제집단, 토호세력의 착취와 억압이 심하다고 생각하면서 국가권력에 시정을 요구해도 강해진다. 즉 시장, 사회, 지방의 자치 능력 내지 자율책임에 대한 불신과 회의가 강하면 권력의 관여, 개입

영역은 확대 강화된다. 또한 인간 완성 또는 인간성 개조의 이상이 드높은 사상(성리학, 사회주의, 신정국가 등)도 권력의 관여, 개입 범위를 심화 확대한다. 이들은 대체로 개개인의 일상생활과 영혼에까지 손을 뻗치려 하기 때문이다. 권력이 개인의 일상생활과 영혼까지 규율하려고 하면, 다시 말해 도덕적, 종교적, 문화적 이상이 높으면 공공사무는 무한히 확장된다. 그리고 국가권력이든 경제권력이든 사회권력이든 모든 권력은 피치자나 을의 대항력이 약해도 강해진다.

요컨대 권력의 관여, 개입 범위는 외부로부터 안보위협, 내부로부터 반란위협, 자연재앙, 시장, 사회, 지방, 개인의 사적자치 역량, 권력 엘리트의 욕망, 공포, 이상, 이념 등에 의해 결정된다. 국가권력의 강제는 곧 피치자의 자유의 양도이기도 하다. 시장, 사회, 개인이라는 기둥이 약하면, 즉 민간과 지방의 사적자치역량 내지 자율조정 기능이 잘 작동하지 않는다고 생각하면 국가의 관여, 개입, 강제 영역이 늘어난다. 국가권력이나 지배 엘리트의 이상이 높아도, 다른 말로 하면 시장과 사회의 사적자치와 개인의 자치(자율책임)에 대한 불신이 높아도 그 관여, 개입, 강제 영역이 커진다. 국가권력의 관여, 개입, 강제 영역을 보충성 원칙 내지 최소개입주의(국가권력=필요악)에 따라 구획, 억제하는 정신과 문화가 튼실하지 않아도 커진다. 이는 지중해문명권과 중국·조선 문명권의 엄청난 차이이다.

공자·맹자·주자 사상도, 마르크스·레닌·김일성 사상도 기본적으로 민간의 사적 자치에 의해 만들어진 질서에 대한 불신을 깔고 있다. 당연히 해결사로서의 통치자(권력자)의 의와 덕과 인을 강조하는 사상으로 귀결될 수밖에 없다.

중국·조선 문명권을 통할한 주류 정치사상은 존 스튜어트 밀의 『자유론』으로 대표되는 지중해문명권의 정치사상과는 거리가 멀다. 『자유론』의 핵심 주장은 '자유의 기본 원칙'(one very simple principle)에 집약되어 있는데, 그것은 '사람은 각자 최대한의 자유를 누릴 수 있어야 한다. 단 다른 사람에게 해를 끼치게 될 때는 개인의 자유는 유보될 수밖에 없다'는 것이다. 요컨대 사람은 '타인에게 해를 끼치지 않는 한 최대한의 자유를 누릴 수 있어야 한다'는 것이다. 그런데 밀도 이 기본원칙은 "자유를 '누릴 만한' 사람, 즉 '정신적으로 성숙한 사람'에게만 적용된다"는 단서를 달았다. 미성년자와 미개사회에 사는 사람들에게는 이 기본원칙이 적용되지 않는다는 얘기이다. '자유의 원리는 인류가 자유롭고 평등한 토론을 통해 진보를 이룩할 수 있는 시대에나 성립되지, 그런 때에 이르지 못한 상태에서는 생각할 수 없는 것이다.' 이는 '선의의 독재'(good despotism)를 휘두르는 것이 정당하다는 것으로 해석할 수 있다. 언제 생겼는지 모르지만 일본 사회 저변에 깔려 있는 정신문화 내지 도덕률인 '남에게 폐를 끼치지 않아야 한다'는 의식도 자유론의 주장과 일맥상통한다.

유럽과 미국의 제3의 길

정치노선 내지 국가·정당 플랫폼의 핵심은 국가와 개인, 국가와 시장, 국가와 사회(커뮤니티), 시장과 사회의 관계에 대한 입장이다. 자유와 책임, 권리와 의무, 혜택과 부담 등을 설정하고 조정하는 원칙이다. 이에 대한 체계적인 사고가 자유주의, 민주주의, 공화주의, 사회주의, 무정부주의, 사회주의, 기든스의 제3의 길 등으로 정식화된다. 한 마디로 정치집단의 총 노선의 핵심은 국가─시장─사회─개인의 역할을 재설정하고 자유, 평등, 권리, 의무 등 핵심 가치 간의 관계를 재설정하는 것이다. 유한한 가치·자원을 분배하는 3개의 제도인 국가와 시장, 사회의 상호관계 내지 역할분담이라는 얘기이다. 이런 생각을 체계화한 것이 바로 사상이념이다.

1990년대 중반 이후 유럽, 미국의 좌파·리버럴 정치세력(영국노동당, 독일사민당, 미국민주당 등)이 주창한 제3의 길 노선의 정체성은 가치·자원 분배의 무게 중심에 있었다. 제3의 길 노선에 따르면, 제1의 길인 사회주의, 사민주의는 가치·자원 분배와 인간의 생애 위험 완충의 중심을 국가로 설정했는데 반해, 제2의 길인 신자유주의는 그 중심을 시장과 개인·가족으로 설정했다. 이렇게 진단한 제3의길은 국가와 시장 외에도 가족, 마을, 협회로 대표되는 사회=커뮤니티의 역할을 제고하겠다고 하였다.

앞선 두개의 길이 서로 균형을 이뤄야 하는 가치 중 어느 일방만 강조했다면, 제3의 길은 '기회와 책임' '혜택과 부담' '위험(공헌)과 이익' '권한과 책임'의 균형을 추구하겠다고 하였다. 국가−시장−사회−개인·가족의 자율(권한)과 책임도 균형을 이루게 하겠다는 것이다. 그래서 복지도 평등과 박애 정신에 기초하여 인심 좋게 퍼주는 것이 아니라 사회투자의 관점에서 늘릴 곳은 늘리고 줄일 곳은 줄이겠다고 하였다. 기회의 평등성 제고 차원에서 교육과 아동발달수당을 강조하고, 소비자 선택권과 복지 지출의 효율성 제고 차원에서 복지 바우처, 민간위탁 제도 등을 확대하려 하였다.

4장 한반도의 지정학과 자연환경

한반도의 자연조건

토크빌의 『아메리카의 민주주의1』의 제1부 제1장 제목이 '북아메리카의 외형'이다. 토크빌은 제1장에서 미국의 지형, 산맥, 평원, 강, 호수, 식생과 인디언 등에 대해 얘기했다. 제2장과 제3장은 그 공간에서 살아가는 인간, '영국계 아메리카 인들'에 대해 얘기했다.[15] 『아메리카의 민주주의1』의 핵심 화두는 자연환경과 종교와 습속(moeurs, mores)의 관계였다. 국어사전은 습속을 '습관이 된 풍속'으로 정의한다. 토크빌은 습속(moeurs, mores)을 마음의 습관(habits of heart)으로서 국민들의 도덕적, 지적 상태의 총체로 이해하였다. 습속은 사회 구성원들의 사고방식과 행동양식의 총체로서 세계관, 가치관, 역사인식, 감정반응(희로애락과 공포) 등 정신문화이다.

토크빌은 남미의 풍요로운 자연은 '사람을 미래에 대해 생각하게 하지 않고 현재에 집착'하게 만들었고, '남미는 감각의 영역으로 만들어졌다면 북미는 지성의 영역으로 만들어졌다'고 보았다.(『민주주

---

15) 제2장 영국계 아메리카 인들의 기원에 대해, 그리고 그 기원이 그들의 미래에 끼친 영향에 대해 제3장 영국계 아메리카인들의 사회 상태.

인간의 정신이나 문화는 손으로 만질 수도 없고 개념화하기도 어렵다. 그래서 물리적 실체가 있는 '육체'와 이를 둘러싼 제반 물리적, 경제적, 사회적 조건과 과거사에 대한 기억 등으로부터 유추한다. 한 사회의 동역학도 그 사회를 싸고 있는 자연지리적 조건과 역사현실 인식과 습속 등을 파악해야 알 수 있다.

자연조건의 핵심은 지리, 지형, 기후, 토질이다. 이 전체를 풍토라고 한다. 지리는 태양과 관계(위도), 주변 대륙 및 바다와 관계, 면적, 지형(산맥, 평원 등) 등을 말한다. 지정학地政學(geopolitics)은 국가의 지리적인 조건(위치, 산맥, 평원, 강 등)과 주변국과의 역사적 관계가 빚어낸 정치적, 경제적, 문화적 영향을 연구하는 학문이다.

한반도는 앞선 문명, 즉 물질적 문화적 생산력과 강한 군사력을 가진 정치체가 자리 잡기 쉬운 중국대륙과 일본열도 간 가교 역할을 하는 3면이 바다인 자루 모양의 땅이다. 면적은 일본 열도의 가장 큰 섬 혼슈와 비슷한 22만km²이다. 이는 누구나 다 아는 지정학적 조건의 핵심으로 기후, 지형, 토질, 식생과 더불어 한반도 거주민의 사고방식, 생활양식, 도덕과 법, 종교와 사상과 문화 등에 지대한 영향을 미쳐 왔다. 정치군사적 재앙(침략 전쟁 혹은 패권 각축 전장화)과 자연재앙(화산, 지진, 해일, 이상 저온, 이상 가뭄 등)도 한반도 거주민의 삶과 유전자 등에 지대한 영향을 미쳐 왔을 것이다.

이상저온, 가뭄, 병충해로 식량생산이 급감하여 인구의 10~20%가 기아로 사망한 경신대기근(1670~71년), 을병대기근(1695~96년)과 최소 수십 만 명의 아사자를 낸 북한대기근(1995~98년)은 자연의 변덕과 국가의 정치적, 경제적 무능이 결합하여 만들어낸 대재앙이다. 이런 대재앙이 구성원들의 뇌리에 각인시킨 트라우마는 한 사회의 정신문화와 각종 제도, 예컨대 성씨, 족보, 구휼 제도 등에 심대한 영향을 미치지 않을 수가 없다. 하지만 내가 과문해서인지 한국 역사학은 이를 그리 중요하게 취급하지 않는 것 같다.

지학사와 교학사에서 펴낸 고등학교 한국사 연표를 보면 17세기의 주요 사건은 인조반정(1623년), 이괄의 난(1624년), 정묘호란(1627년), 병자호란(1636년) 외에 벨테브레(1628년)와 하멜(1653년)의 제주도 표착, 대동법 실시(경기도 1608년, 호서지방 1659년), 상평통보 주조(1633년, 1678년), 안용복 독도에서 일본인 축출(1696년) 등이 명기되어 있다. 하지만 그야말로 초대형 사건인 경신대기근과 을병대기근 등은 전혀 언급되어 있지 않다. 연표뿐만 아니라 본문에도 서술되어 있지 않다. 만약 경신대기근, 을병대기근과 북한대기근 등을 파헤치면 한반도의 자연환경과 폐쇄적 자급자족경제의 위험성을 새롭게 인식시킬 것이다. 그뿐 아니라 현대판 주곡이라 할 수 있는 지금의 주력 산업인 반도체, 자동차, 조선, 석유화학, 휴대폰 등의 경쟁력 위기도 새롭게 인식시킬 것이다.

문학적 상상력이긴 하지만 한반도 특유의 자연환경과 지정학과 대기근의 충격과 공포는 한반도 거주민으로 하여금 미래에 대해 많이 생각하게 만들고, 나아가 현재 주어진 기회를 철저히 활용하도록 하는 억척·악착스러움 내지 강인함을 몸에 배게 하지 않았을까? 그런 점에서 토크빌 식으로 얘기하면 한국은 작황의 변덕에 따른 결핍과 외세나 권력의 강압(갑질)에 대한 공포로 만들어졌다고 할 수 있지 않을까?

수많은 문명의 종결자: 자연재앙과 전쟁

지구상에 나타났던 수많은 문명의 종결자는 자연재앙과 전쟁이었다. 자연재앙에는 지진, 화산, 해일, 가뭄 같은 불가항력적 것도 있지만, 산림 남벌 등 자연에 대한 과도한 착취로 인한 인재도 있다. 때

로는 천연두, 흑사병 등 전염병이 한 사회를 거의 절멸 상태로 몰아
가기도 하였다. 아리안 족, 훈 족, 게르만 족, 마자르 족, 바이킹 족,
투르크 족 등 민족의 대이동 혹은 활발한 해적활동에 따른 전쟁의 배
경에도 대체로 기후변화 등 환경생태 위기가 있다고 알려져 있다. 남
태평양 이스터 섬의 모아이 석상은 고립된 섬 생태계에서 환경파괴
(산림 남벌)의 비극을 웅변한다. 어찌 보면 이스터 섬의 비극은 환경
파괴에 대응을 못 하는 지구의 미래인지도 모른다.

지금 시대 인류가 맞닥뜨린 환경생태 위기를 꼽는다면, 무엇보다
도 대기 중 이산화탄소 농도 상승에 따른 전지구적 기후변화와 기상
이변이다. 이는 평균 기온 및 수온의 상승에 따른 극지방 빙하 해빙
[16], 시베리아 영구 동토층의 융해, 해수면 상승[17], 더 잦아지고 강해
지는 풍수해(가뭄, 홍수, 태풍 등), 잦은 이상 고온과 저온현상, 사막의
확장, 바다-강-대지(토양)-대기의 오염(미세먼지 등), 생물의 대량멸
종, 자연자원 고갈 등으로 인류와 문명의 유지와 존속을 위협한다.

기후변화 때문인지 아마존 등 산림 파괴 때문인지 바다 오염(플라
스틱과 유해물질 등) 때문인지 전자파 때문인지 그 원인은 정확하게 알
수 없지만, 생물종의 대량멸종 징후도 곳곳에서 관측되고 있다. 지
진, 화산, 해일, 전염병 등은 항상 있어 왔지만 전지구촌이 긴밀히
엮이면서 그 파장은 일파만파 더욱 커질 수밖에 없다.

한국의 경우 연평균 강수량은 2011년 1,622.6mm를 정점으
로 1,479.1mm(2012년), 1,162.9mm(2013년), 1,173.8mm(2014
년), 949.0mm(2015년), 1,272.5mm(2016년), 967.8mm(2017년),

---

16) 이로 인해 북극항로가 열리면 부산–유럽(로테르담) 항로가 수에즈 운하 경유 항로에 비해
약 8,300km가 단축된다고 한다.

17) 해양수산부 국립해양조사원 발표(2015.12.15)에 따르면 지난 40년간 약 10cm 상승한 것으
로 나타났다. 1년에 2.48mm다. 해수면이 1m 상승하면 부산지역 7개 해수욕장 모두가 물에 잠
기고, 영도 해안, 하단, 부산 신항, 다대항, 남항, 신평·장림공단, 녹산 산단 등 주요 항만과 산업
공단도 침수되는 상황이 발생한다고 한다.

1,386.9mm(2018년)를 기록하고 있다. 이것은 한반도 강우 대주기에 따른 현상인지 기후변화에 따른 현상인지는 명확하지 않으나 물 부족 현상에 대한 국가적 차원의 대비가 필요하다는 것은 명확하다. 4대강 보의 가치는 2010년대의 전반적인 강우량 감소와 강우의 계절적 집중으로 인한 피해 규모를 대폭 줄임으로써 입증되었다.

그런데 자연으로부터 오는 위기가 비단 가뭄과 홍수뿐일 리가 없다. 2017~18년에는 여름 찜통더위로, 2019년 봄에는 미세먼지로 몸살을 앓았다. 2015년 전후해서는 수많은 식물 수정의 매개체로 밝혀진 꿀벌의 급격한 감소로 식물종 대량 멸종위기가 우려되었다. 자연재앙은 인류(문명)의 가장 근원적인 위기이자, 세계 보편적 위기이다. 한반도 거주민에게는 핵심 생명 자원인 맑은 공기와 깨끗한 물, 부족함이 없는 식량, 에너지 조달 문제이다. 가뭄, 홍수, 해수 온도 및 해수면 상승과 지진, 해일, 홍수 등 자연재앙은 충격 완화 능력(외화자산, 재정력, 행정력 등)이 떨어지는 저개발 빈곤국가의 피해가 크다. 한반도의 자연환경의 위기는 산업혁명 이후 250년에 걸쳐 전 지구를 지배한 물질문명과 최근 30년 간 급격히 진행된 중국의 산업화 등에서 기인한다. 초국적, 초당적 대처가 필요한 일이지만 외교안보, 경제고용, 정치정부 위기 등 다른 문제들이 너무나 심각하기에 합당한 관심을 받지 못하고 있다.

환경파괴와 조선

19세기 조선은 농업생산력과 난방에너지의 원천이자 가뭄과 홍수를 막는 다목적 댐 구실을 하던 산림이 황폐한 나라였다. 20세기 초중반의 한반도 전역의 황폐한 산림(붉은 산)은 각종 통계, 외국인의 여행기, 중노년의 기억에 선명하게 아로새겨져 있다. 그래서 지금의 북한처럼 많지 않은 비에도 큰 홍수가 나고, 길지 않은 가뭄에도 가뭄 피해가 컸다. 이영훈 교수[18]는 19세기의 토지 생산성의 감소 등 물질적·문화적 피폐, 퇴행 현상의 원인을 17세기 중반 이후 18세기까지 근 150년간에 걸친 조선왕조의 긴 안정과 번영에 따른 꾸준한 인구증가와 온돌의 확산에 따른 난방, 취사용 벌목과 식량증산을 위한 산지(火田) 개간으로 인한 산림의 황폐화에서 찾는다.

이영훈은 조선왕조가 산림의 황폐라는 환경위기를 막지 못한 주요한 원인으로, 산림자원을 관리할 주체와 그들의 권리를 보호하는 제도를 만들지 못한 데서 찾는다. 산림을 사유재산으로 관리하는 주체가 결여된 가운데 산림 자원에 대한 사회적 수요가 증가하자 먼저 베는 사람이 임자가 되는 이른바 '공유지의 비극'이 전형적으로 연출되었기 때문이다. 하지만 당시 일본은 260여 개, 봉건영주가 다스리는 번이 있어서 공유지의 비극이 일어나지는 않았다.

산림의 황폐는 조그만 비에도 흙과 풍화작용을 받은 암반이 모래나 자갈(沙石)로 흘러내려 제언堤堰을 메우고 보洑를 무너뜨리게 했다. 산림의 황폐화에 따라 수리시설도 파괴되고, 수해도 잦아지면서, 18세기 후반부터 농업생산성의 점진적 감소 현상이 일어났고, 이것이 늘어난 인구와 충돌하면서 온갖 참상이 벌어졌다.

17~18세기 영국, 프랑스 등에서도 산림남벌 문제가 부각된 적은 있었다. 이들은 스칸디나비아 등에서 목재 수입, 석탄 연료 개발, 산림의 남벌을 막는 제도와 정책(사유재산권제도 인정) 등으로 해결했다고 알려져 있다. 하지만 조선의 위정자들은 연료 목木을 해외에서 수입할 생각도 없었고(돈도 없었겠지만), 새로운 난방 에너지를 개발하려고도 하지 않았고, 산림의 황폐화를 막는 실효성 있는 제도와 정책을 수립, 시행하지도 않았다. 양반 사족 및 관료들은 산림 황폐화와 토지생산성 감소로 인해 아비규환을 겪는 바닥 현실에 둔감했고, 시장

---

18) 〈조선왕조의 해체〉('조선 망국, 교훈을 얻자', 자유경제원 세미나), 이영훈, 2016. 8. 29.

경제와 재산권 등에도 무지했다. 대체로 도덕주의, 엄벌주의로 산림 황폐화를 막으려 했다.

21세기 한국에서 19세기 조선의 산림에 해당하는 것이 있다. 바로 기업가 정신과 세계를 무대로 개척과 도전을 시도하는 기백이다. 그런데 조선 말기처럼 지대의 성채 안에서 편하게 사는 정치 엘리트들, 행정·사법 관료들, 오로지 지리적 위치 때문에 학생 모집에 어려움을 겪지 않는 인서울(서울 소재) 대학 교수들, 조직 동원력이 있는 노조는 21세기 산림의 황폐화와 성 밖 사람들과 미래세대의 고통에 놀라울 정도로 둔감하다.

한반도의 지정학: 선진문명과 인접한 땅의 행운과 불운

한반도는 대략 4,5천 년 전 태동한 인류 4대 문명 중 단절이 없는 유일한 문명인 중국(중화)문명의 중심지에 인접해 있다. 문명은 사상, 문화, 제도, 상품, 기술, 언어, 개념의 총체이다. 동서고금을 막론하고 모든 선진문명들은 인접국에 발 빠른 수입·모방·재창조를 통한 빠른 발전의 기회(행운)도 주고 침략, 지배, 종속이라는 국가, 민족, 문명 파괴·소멸의 위기(불운)도 가져다준다. 한민족이 한반도에 세운 국가들(고조선, 삼국, 고려, 조선, 대한민국)은 중국, 일본, 미국으로 대표되는 선진문명을 발 빠르게 수입하여 빛나는 문명을 건설하기도 하고 침략을 당하거나 속국이 되기도 하였다. 이 과정에서 임진왜란, 청일전쟁, 러일전쟁, 한국전쟁이라는 패권 각축 전쟁을 겪었다.

중국대륙을 지배한 한, 당, 송, 원, 명, 청은 동아시아 패권국이자 당대 최고의 문명국의 하나였다. 이들에 인접한 것은 당연히 지정학적 행운이자 불운이다. 하지만 19세기 후반의 청과 1911년 출범한 중화민국과 1949년 출범한 중화인민공화국은 패권국도 선진문명의 중심국도 아니었다.

19세기 중반 일본은 영국, 프랑스, 독일과 미국이 주도적으로 창조한 근대 서구문명을 발 빠르게 수입·재창조하여, 청일전쟁, 러일전쟁을 거쳐, 동아시아 패권국이자 세계 열강국으로 우뚝 섰다. 이런 일본에 인접한 것 역시 지정학적 행운이자 불운이다.

일본은 태평양전쟁 패전에도 불구하고 빠르게 복구하여, 1968년부터 2010년까지 42년 동안 세계 2위의 경제대국으로 시장, 자본, 경험지식기술, 설비장비, 부품소재, 법제도정책의 공급처(수입처)로서 한국사회의 압축적 성장·발전에 강력한 동인이 되었다. 일본어는 한국인이 가장 배우기 쉬운 외국어이고, 일본의 역사적 축적에 대한 몰이해로 인해 '일본이 하는데 우리라고 못 할소냐!' 라는 자신감도 빼놓을 수 없는 대한민국의 발전 동력이었다.

20세기 중반부터는 2차대전을 통해 일본과 독일을 패망시키고, 미소냉전을 통해 소련까지 꺾은 현존 세계 패권국이자 최고 문명국인 미국과 밀착한 것은 오직 큰 행운이자 기회였다. 미국은 태평양 저편에 있지만 냉전시대 초입에는 한국의 지정학적 가치를 높이 샀다. 그 때문에 북한이 선봉에 서고, 중국과 소련이 뒷배를 봐준 삼국공조 침략(6.25전쟁)을 UN군을 조직하여 큰 희생을 무릅쓰며 격퇴하고 한미동맹으로 안보위협까지 줄여주었다. 미국은 대한민국에 자유민주주의와 자본주의 시장경제라는 현대 문명의 핵심 제도에 정당성을 부여해 주었다. GATT−브레튼우즈Bretton woods−IMF−WTO 체제 등 안정적인 금융·통상 환경(안전한 교역환경)도 제공해 주었다. 미국은 세계의 경찰국가로서 국지적 분쟁을 억제하고, 식량·에너지의 무기화를 막고, 해상 수송로의 안전도 보장해 주었다. 그뿐 아니라 일본과 더불어, 한국이 절실히 필요로 하는 시장, 자본, 기술도 제공해 주었다. 한편, 미국의 기독교계는 19세기 이후 한국에 기독교와 근대식 학교, 병원 등 선진문명을 가져다주었다.

대한민국은 중국·조선 문명을 바탕으로 하고 근대 일본문명을 가교로 하여, 미국과 유럽의 서구 근대문명을 수입하고 새롭게 창조하여 빛나는 성공을 거두었다. 북한은 친일청산의 기치로 근대 일본문명을 거칠게 걷어내자 기저를 형성하고 있던 말기 조선 문명이 부상하였고, 그 위를 서구문명의 변종인 소련(스탈린식 사회주의) 문명이 덮어 세계 최악의 야만 국가가 되었다. 그러므로 선진문명을 전향적으로 수입하고, 선진문명국과 연대하고, 개방을 통해 드넓은 지구촌의 분업과 협업 질서에 참여하여 인류공영에 기여하는 것이 대한민국과 한민족의 숙명이자 중흥의 길이라는 것은 상식이다.

600년의 지정학: 발칸반도의 1/3 크기 자루 모양의 땅

선진문명권에 인접한 국가나 민족은 거의 예외 없이 강제적 병합에 의한 정체성 말살 위기나 자발적 동화에 의한 정체성 상실 위기를 겪었다. 국가나 민족도 생명체인 이상 정체성(성姓씨, 언어, 종교, 문화, 체제 등) 상실 혹은 말살 위기를 겪게 되면 본능적으로 반발하기 마련이다. 정체성 말살의 원흉인 외세(원나라, 청나라, 일본, 북한)를 적대하고, 그 부역근친 세력(친원파, 친청파, 친일파, 친북파)를 청산하려하고, 자기 고유의 것에 집착하고, 자신의 문화와 혈통의 위대함과 우수함 등을 과시하게 되어 있다.

청나라가 중국을 지배한 이후 조선(1392~1910)과 베트남(레왕조, 前 1428~1527, 後 1533~1788)은 공히 중화 문명의 정통계승자인 '소중화'임을 과시하였다. 일본은 정체성 상실·말살 위기를 겪지는 않았으나, 중국대륙에서 상대적으로 먼 거리에 있어서 독립된 천하관天下觀을 가졌다. 일본이 7~8세기부터 유아독존적 사고를 가지게 된 것도 자연스런 일이다.

성경은 히브리 민족의 바빌론 포로생활(기원전 587~538)과 이후 사마리아(구 이스라엘 왕국 지역)의 이방 종교의 확산에 대한 자기방어기제의 발로로 등장했다. 단군신화는 원의 고려 지배·간섭 시대의 방어기제의 발로이고[19], 17~19세기 조선의 유교(성리학) 예법의 확산, 명의 연호(숭정 기원) 사용, 효종의 말로만 북벌소동, 만동묘 숭배 등은 명의 멸망과 청의 흥기에 따른 1637년 삼배구고두례三拜九叩頭禮(3번 무릎 꿇고 9번 머리를 조아림)라는 삼전도의 굴욕 등에 따른 자기방어(정신승리) 기제의 발로라고 할 수 있다.

> (1644년 명나라가 망한 이후에도) 조선은 군사 1만도 안 되는 가난한 나라가 군사력 300만 명, 세계 최강의 경제력을 자랑하는 청나라를 무력으로 정벌하겠다는 황당무계한 북벌론을 주장한다. 효종과 노론을 대표하는 성리학자 송시열이 북벌론의 주인공이었다. 북벌론은 실제로 북벌을 하겠다는 것이 아니라, 북벌을 외치면서 자신들의 기득권을 잃지 않기 위한 국내용 프로파간다였다. (…) 조선 지도부는 자신들을 명나라를 계승한 문명국으로 소중화의 나라를 자처했고, 자신들을 굴복시킨 청나라를 야만국, 즉 오랑캐로 적대했다. 조선의 국가 지도부는 겉으로는 청에게 복속했지만 단 한 번도 청을 인정하지 않았다. 조선의 국왕과 세자, 문무백관은 망해서 지구상에서 사라진 명나라 황제에게 200년이 넘도록 제사를 올리면서 청나라에 대한 복수심으로 이를 갈았다.

---

19) 단군신화는 원나라의 속국 시대인 1287년(고려 충렬왕 13년) 이승휴가 쓴 서사시 『제왕운기帝王韻紀』에 처음 등장한다. 신라·고구려·남옥저·북옥저·동부여·북부여·예와 맥이 모두 단군의 후손이고, 단군이 중국의 요임금과 같은 해에 고조선을 건국을 했다고 한다.

- ('문재인의 반일종족주의가 나라를 망치고 있다',
〈대한민국수호 비상국민회의 발제문〉, 김용삼, 2019. 8. 13.)

식민지조선에서 시작하여 현재까지 이어지는 다양한 형태의 국수주의와 전통문화 집착(일제시대 근대적 인쇄 설비가 들어오면서 성황을 이룬 족보 편찬 사업, 음력설 고수 등), 북한의 김일성 유일사상 사업과 강성대국 선언과 남한의 '반일종족주의적 민족주의 현상'도 일제 강점에 따른 정체성 상실 위기에 따른 자연스런 방어기제라고 할 수 있다. 여기에 1990년대 이후 한국 경제의 일취월장에 따라 과도하게 팽창한 자신감이 중첩되었다.

조선은 전쟁조차 해보지 못하고, 그것도 소중화(문명의 꽃)로 자부하며 화이질서 속에서 한 급 아래로 취급해 온 일본(왜놈)에 병합된 까닭에 민족적 자존심의 상처가 깊었는데, 경제가 발전하고 1인당 국민소득이 일본에 근접하면서 억눌러 온 반일감정이 폭발한 것이다. 문재인정부 들어 불에 기름을 부은 듯 활활 타오르는 반일 소동과 17~19세기 숭명반청(북벌) 소동은 오욕의 역사에 대한 객관화 및 성찰 부재의 산물이다. 또한 국가미래전략에 대한 망각의 산물이다. 정체성 말살 위기를 겪은 나라나 민족들이 자신들을 위대한 조상의 자손으로 자처하며, 배외주의排外主義, 국수주의國粹主義[20], 민족주의로 경도되는 것은 결코 놀라운 일이 아니다. 이는 백성이나 국민의 감정에도 부합될 뿐만 아니라 피치자(백성, 국민)들로 하여금 내부 가까운 곳의 모순부조리 보다는 외부 먼 곳의 모순부조리를 보게 만들어야 정치적 이득을 얻는 권력(정치기득권 집단)의 이해와 요구에 부합된다.

일본이 대륙으로 힘을 뻗치기 전 조선의 거의 유일한 안보 위협은 북쪽 중국대륙이나 만주로부터 오는 위협이었다. 그런데 15~19세기

---

20) 자기 나라의 고유한 역사·전통·정치·문화만을 가장 뛰어난 것으로 믿고, 다른 나라나 민족을 배척하는 극단적인 태도나 경향(네이버 국어사전)

는 5호16국 같은 혼란 없이 두 개의 왕조(명과 청)가 연이어 통치한데 다 조선은 이 두 왕조에 대해 철저히 사대를 함으로서 해결할 수 있었다. 한반도의 동쪽, 서쪽, 남쪽이 바다라는 것은 3면에서 외적이 오기 힘들다는 것을 의미한다. 백성 입장에서는 국가의 억압과 착취를 피해 달아나기 어렵다는 것을 의미한다. 한반도는 발칸 반도나 이탈리아 반도와 달리 15세기 이후 19세기 말까지는 주로 대륙과 연결된 부분을 통해서만 침략이나 교역이 일어났다. 특히 명·청시대(1368~1912)는 대륙으로부터 대규모 침략도 거의 없었고, 한반도 내의 정치체들끼리 생사를 건 전쟁도 없었다. 바다로부터 오는 침략도 걱정할 필요가 없고, 교역도 활발하지 않으면 사고방식을 비롯해서 생활문화, 정치체제, 법제도 등 다방면에서, 고립된 생태계의 상징인 '갈라파고스 제도'의 특징이 나타난다. 한반도는 북쪽으로만 출입이 가능한 일종의 '자루'였다고 해도 과언이 아니다. 조선과 대한민국의 독특함은 주로 여기서 기인한다. 흔히 일제 식민통치의 유산, 분단 체제의 유산, 1997년 외환위기의 후과라고 얘기되는 정신문화적 특징의 상당부분은 한반도의 자연환경과 지정학이 만들어낸 집단적 경험과 독특한 역사인식에서 발원한다. 그런데 이제 기업과 돈과 인재는 더 이상 이 자루에 갇히지 않는다. 조선의 백성들처럼 국가권력의 오만가지 갑질에 속수무책으로 당하고만 있지 않는다. 이는 전통적으로 국가권력 내지 국가갑질을 통해 많은 문제를 해결하려고 해온 민주당, 정의당 등 진보정치세력에게는 엄청난 환경 변화가 아닐 수 없다.

바다는 활용하기 나름이다. 발칸 반도, 이탈리아 반도, 북아프리카(튀니지 일대), 지금의 터키, 시리아, 레바논, 이스라엘 등 지중해 연변의 여러 민족들은 지중해를 바다의 고속도로로 삼아 교역도 하고 식민지 경영도 하고 대규모 해적 활동도 하였다. 기원전 10세기 이전부터 '바다 사람'으로 불리는 해양민족이 지중해 일대를 휩쓸고 다니며 이집트 고왕국을 위협하였다. 남해, 황해, 동해는 지중해에 비해 해양세력이 활동하기 현저히 힘든 바다는 아니었다. 그런데 무엇 때문인지 몰라도 한반도와 중국대륙의 정치체들은 이 바다를 적극적으로 활용하지 않았다. 당·송·원과 신라·고려와 달리 명·청과 조선은 동중국해, 황해, 남해를 적극적으로 활용하지 않았다. 오히려 바다로부터 오는 위협(침략, 도주 등)에 주목하여, 바다와 교역을 경계 내지 기피 대상으로 삼았던 것처럼 보인다. 하지만 일본은 숙명적으로 바다를 적극적으로 활용하지 않을 수 없었다.

7세기 백제 멸망시 왜 수군과 당나라 수군, 14세기 전후 왜구, 1592~98년 토요토미 히데요시의 일본군(임진왜란)을 제외하고는 한반도에 심대한 위협을 준, 바다를 건너온 군대는 없었다. 고려와 조선의 주된 군사적 위협은 북쪽으로부터 왔다. 따라서 북쪽의 정치체와 관계가 원만하기만 하면 안보문제를 상당부분 해결할 수 있었다. 이것이 조선이 명나라와 청나라에 대해 철저히 사대했던 이유이자, 조선이 무력이 대단히 취약했음에도 큰 외적外的 도전 없이 오래 갔던 핵심 이유 중의 하나일 것이다. 조선은 서울에 터를 잡은 중앙집권세력을 위협할 만한 대규모 반란도 거의 없었다. 내부 정치체 간의 치열한 부국강병(일본에서는 이를 식산흥업이라 하였다) 경쟁도 없었다. 이는 백성과 지식인 입장에서는 춘추전국시대 중국 백성들과 지식인(제자백가 등)들이 누린 선택권이나 거부권이 사실상 없었다는 것을 의미한다. 한 마디로 민생을 더 잘 보살피는 정치체나 자신의 말을 경청하는 정치체로의 이주, 탈주, 도피가 불가능했다는 얘기다. 조선 백성에게 더 불행한 것은 영토 지배 또는 왕조 폐절을 목적으로 하는 외세 침략도 임진왜란을 제외하고는 거의 없었다는 것이다. 인간은 자신의 행위를 이념이나 도덕으로 정당화하는 강고한 습성이 있다. 중국에 대한 사대 행위 역시 그래야 한다. 이를 정당화 하기 위해서는 국가나 민족의 위계와 서열을 정하고, 섬김과 배려의 의무나 존대와 하대의 원리를 개발하고 체화해야 한다. 또한 자신이 중국을 극진히 받들어 모시면, 자신보다 약하거나 못난 존재는 자신을 극진히 받들어 모실 것을 요구하게 되어 있다. 이것이 조선의 외교가 자폐적이고, 조선과 일본의 관계가 평탄치 않았던 주요한 이유 중의 하나이다. 어쩌면 중국의 횡포는 물에 새기듯하고 일본의 횡포는 돌에 새기듯하는 모습도 독특한 위계와 서열 의식의 발로인지도 모른다.

정치체 간의 경쟁 부재

니얼 퍼거슨에 따르면 14세기 유럽에는 대략 1,000곳의 국가 또는 정치체가 있었고, 200년 후 16세기에도 어느 정도 자주권(자치권 그 이상)을 가진 국가가 500개나 되었다고 한다. 니얼 퍼거슨은 그 이유를 지리적 조건에서 찾는다. 여러 방향으로 흐르는 강, 알프스나 피레네 같은 산맥, 독일과 폴란드의 빽빽한 숲과 늪지대 등이 그런 조건이다. 유럽은 1550년~1650년까지 평균 3분의 2 이상의 기간에 규모가 큰 12곳의 국가들은 어딘가와 전쟁을 벌였다. 1500년~1799년까지의 300년 동안 외국과 전쟁을 벌인 기간은 스페인이 81%, 영국이 53%, 프랑스가 52%에 달한다.(『시빌라이제이션』 88~89쪽, 니얼 퍼거슨, 21세기북스, 2011)

유럽, 중국, 일본 전국시대(1467년~1615년)처럼 여러 정치체 간의 생사를 건 군사적 경쟁이 지속되면 무기(과학기술), 병참, 징세, 징집, 상업과 물류 등 전쟁 수행 능력을 제고하는 기술과 제도가 발전하기 마련이다. 당연히 국가 무력의 바탕은 경제력과 인구와 행정력이다. 전쟁과 다음 전쟁의 간격이 크다면, 즉 전쟁이 간헐적이라면 무기, 식량, 병졸을 국가의 강권력에 의한 강탈 방식으로 조달하는 것이 나

을지도 모른다. 하지만 전쟁이 일상이 되면 아무리 무지몽매한 권력자라도 이를 시장(상인과 화폐)을 통해 조달하는 것이 훨씬 낫다는 것을 발견하게 될 것이다.

군사적 경쟁은 부, 지식기술, 정보, 상거래망을 가진 상공업 세력과 과학기술자를 우대하지 않을 수 없도록 만든다. 그뿐 아니라 세금과 병력을 공급하는 민중(상민, 노비 등) 세력의 발언권도 키우기 마련이다. 권력 갑질도 덜할 수밖에 없다. 그러나 조선은 이러한 경쟁(전쟁)이 거의 일어나지 않았다. 아니 왕조의 존망을 다투는 전쟁이 너무 드물었다.

영토와 인민에 대한 직접적인 지배 목적의 외세(중국 변방의 유목민)의 침략이 잦아도 상공업세력이나 지방세력의 발언권이 커진다. 그런데 조선이 당한 정묘호란(1627년)이나 병자호란(1636년)은 조선 왕조 자체의 철폐를 목적으로 하는 침략은 아니었다. 영토를 목적으로 한 유이한 침략은 임진왜란과 일제강점 정도일 것이다. 물론 남한 입장에서는 북한의 6.25 남침이 국가 자체를 소멸시키려는 침략 전쟁이었다.

분명한 것은 외세의 침략이나 정치체 간의 전쟁은 기존의 불합리한 위계, 억압, 배제와 차별의 질서(노비제도와 양반관료의 가렴주구)를 해체시키기 마련이다. 임진왜란 당시 노비들이 보인 반응과 유성룡의 면천법이 단적인 예이다. 1592년 임금 일행이 도주하자 노비들은 대궐에 난입해 형조와 장예원에 불을 지르고 일본군에 적극 가담했다. 선조 25년(1592) 5월 4일 개성까지 도주한 선조는 윤두수에게 "적병의 숫자가 얼마나 되는가? 절반은 우리나라 사람이라는데 사실인가?"(「선조실록」 25년 5월 4일)라고 물었을 만큼 노비들이 대거 일본군에 가담하였다. 1594년(선조 27년) 영의정 겸 도체찰사 류성룡은 노비들이 군공軍功을 세우면 양인으로 신분상승을 시켜주고, 공이 클 경우 양반 벼슬까지 주는 면천법免賤法을 제정했다. 공사 노비가 일본군의 머리 1급을 베어오면 면천免賤(천인에서 벗어남)시키고, 2급이면 우림위羽林衛(국왕 호위무사)에 제수하고, 3급이면 허통許通(벼슬을 줌)시키고, 4급이면 수문장守門將에 제수하는 것이었다.(「선조실록」 27년 5월 8일)

류성룡은 "이와 같이 하면 비록 끓는 물에 들어가고 불길을 밟더라도 전력을 다해 적을 무찔러 열흘도 채 못 가서 적의 수급이 쌓여 경관京觀(적의 시신을 쌓아놓은 탑)이 될 것입니다."('명군이 퇴각해 평양에 주둔한 뒤 군중軍中의 할 일에 대해 아뢴 서장', 『진사록』)라고 하였다. 그러자 실제로 노비들이 의병으로 몰려들기 시작했다.

숙종 때 신분제 완화와 북벌을 주창했던 윤휴는 1627년 정묘호란 때 평안도 안주성에서 발생한 사건에 대해 얘기했다. 감사 윤훤이 병사들에게 나가서 싸우자고 말하자 병사들은 서얼·상민·노비라고 써놓은 호패를 성 위에 쌓아놓고 '너희들(양반들)이나 나가서 싸우라'고 거부하는 바람에 군사가 궤멸되어 평안도와 황해도가 파멸되었다는 것이다.(「숙종실록」 4년 5월 11일)[21]

상식적으로 정치체 간의 전면 전쟁은 실력주의, 실용주의, 상무정신을 확산시킨다. 정치체 간의 전쟁은 국가(정치인과 관료)와 지배계급(양반·사족 등)에 의한 불합리한 배제·차별과 일방적인 수탈·강압을 오래 지속하기 어렵게 한다. 한 마디로 농민, 상인, 공인 등 생산계급의 비위를 맞추어 물질적 생산력을 높이고, 무력을 쥔 무사·기사·군인들의 지위와 생활을 뒷받침하여 국방력을 강화하지 않으면 안 되도록 몰아간다. 부국강병이 몸에 배도록 한다. 1960~90년대 대한민국의 산업화, 민주화는 남북간의 생사를 건 체제경쟁을 빼고는 설

---

21) 〈이덕일의 칼날 위의 歷史〉 7. 노비들의 분노 '양반들이나 나가 싸워라', 2014. 10. 07., http://www.sisapress.com/journal/article/140174.

명하기 어렵다. 박정희의 중화학공업화와 유신독재조차도 생사를 건 체제경쟁의 산물이다.

조선이 문인 중심의 성리학자 절대 우위의 국가로, 특히 하나의 철학, 즉 성리학 유일사상이 지배하는 국가로 장기 지속한 주된 이유도 지리적 조건에서 연유한다. 그뿐 아니라 한때는 인구의 40% 내외[22]를 노비로 만드는 등 내부 식민 체제를 오랫동안 유지할 수 있었던 이유도 역시 지리적 조건에서 연유한다. 양천차별, 서얼차별, 문벌차별, 관존민비, 사농공상의 독특한 차별체제를 오랫동안 유지할 수 있었던 이유도, 물질적 생산력과 무력(국방력)을 경시하고 도덕만 능주의 문약국가로 장기 지속한 이유도, 권력을 장기간 왕이 아닌 양반 신료와 지방사족이 행사한 이유도 마찬가지이다. 즉 크지도 작지도 않고, 산악지형이 많은 반도라는 지리적 조건이 조선 체제를 만든 핵심 요인이라는 것이다. 독특함을 넘어 기괴하기까지 한 북한체제도 인민이 쉽게 건너기 힘든 서해, 동해, 휴전선에서 연유한다. 압록강, 두만강을 사이에 둔 중국은 북한의 동맹국이기에 월경에 따른 위험은 작지 않고 이익은 크지 않다. 중국이 자유민주주의 문명국이었다면 북한체제가 이리도 오래 지속하기 힘들었을 것이다.

만약 한반도가 여러 민족과 정치체들이 각축, 공존할 수 있는 발칸반도만 한 크기였다면, 그 주변 바다가 지중해(에게 해)처럼 해양민족

---

22) 조선 숙종 16년(1690년) 대구부의 신분 구성을 보면 양반은 9.2%, 양인良人(평민) 53.7%, 노비 37%였다. 선조 39년(1606년)에 단성丹城(경남 산청) 지역은 노비가 64%, 광해군 1년(1609년) 울산 지역은 노비가 47%였다. 영조 5년(1729년) 대구부는 양반이 18.7%로 10% 정도 급증했다. 양인은 54.6%로 별로 변화가 없었지만, 노비는 26.6%로 10% 정도 줄었다. 이는 부를 축적한 백성들이 공명첩空名帖(이름을 비워놓은 관직 임명장)을 산다든지, 양반들에게 직첩職牒(벼슬 임명장)을 산다든지, 향리에게 돈을 주고 호적을 바꾼다든지 하는 방법들을 통해 양반 신분을 샀기 때문이다. 이는 당시 노비를 소유한 양반들이 노비로 데리고 있는 것보다는 (이 경우 열심히 생산활동을 할 이유가 없다) 양인으로 만들거나, 양반 호적에 집어넣어 생산력을 해방하여 소작료 등을 챙기는 것이 더 낫다는 판단을 했기 때문일 것이다. 이런 식으로 양반 숫자는 고종 31년(1894년) 갑오개혁으로 반상班常제도가 폐지될 때까지 지속적으로 늘어났다.('양반들이나 나가 싸워라', 이덕일.)

이 상행위나 해적행위를 하면서 활개 칠 수 있었다면, 여러 민족이 들어와 살면서 최소한 반도의 변방에서라도 강력한 자치체나 정치체가 등장했을 것이다. 그랬다면 이씨조선이나 김씨조선처럼 국가가 하나의 철학을 강요하고 무한 갑질을 하기가 힘들었을 것이다. 한반도와 부속도서에는 중앙·상층·관료 권력의 전일적 지배를 어렵게 만드는 지리적 장벽, 즉 중국의 넓은 땅이나 일본의 큰 섬이 없다. 만약 현재 서울시 세 배 정도 크기(1833.2 km²)인 제주도가 지금보다 10배나 20배(일본 큐슈 36,782km²)쯤 컸다면, 제주도를 중심으로 지방자치 분권 세력이 성장했을 가능성이 크다.

150년의 지정학: 네 마리 코끼리에 둘러싸인 개미

20세기 이후 한반도는 미국, 중국, 러시아, 일본이라는 강대국에 에워싸여 있다. 이들을 흔히 네 마리 코끼리나 고래로, 한국을 개미나 새우로 비유한다. 우리를 너무 비하하는 표현이긴 하지만, 우리의 처지를 직시하여 자강력과 외교력을 기르는 쪽으로 매진한다면, 표현이 그리 문제 될 것은 없다. 아무튼 대한민국은 2차대전 이후 미국이 통제해온 동중국해와 남중국해를 통해 석유, 식량, 자원을 들여오고 우리 수출품을 세계로 내보내면서 번영을 일궈냈다. 대한민국은 에너지와 식량을 자급하지 못한다. 자연재앙으로 인해 식량 생산이 급감하여 인구의 10~20%가 기아로 사망한 역사적 경험은 기후변화 시대, 산업기술 패러다임이 바뀌는 시대에 한민족의 생존과 번영의 길을 깊게 생각하게 만든다. 그 핵심은 대한민국도 북한도 세계인이 간절히 원하는 상품과 서비스를 생산, 판매하고 그에 소요되는 원자재, 에너지 등을 원활하게 조달할 수 있어야 생명과 자유와 자존을 지킬 수 있다는 것이다.

그런데 21세기 들어 대한민국의 생명선이나 다름없는 남중국해 및 동중국해가 중국의 동아시아 패권(바다 통제) 전략에 따라 갈등 수역으로 변모하고 있다. 황해는 중국이 아예 자신의 내해처럼 만들려고 하는 조짐이 역력하다. 설상가상으로 21세기 들어 대한민국의 생명과 자유와 자존의 원천인 산업경쟁력이 뿌리째 흔들리고, 탈원전으로 인해 에너지의 안정적인 공급도 위협받고 있다.

21세기 한반도는 자유민주주의와 담을 높게 쌓고 있지만, 세계적 인구·자원 대국이자 군사강국인 중국과 러시아의 정치경제적 위협하에 놓여 있다. 설상가상으로 대한민국은 중국과 러시아의 비호를 받으면서 핵을 움켜쥐고 강력한 인민 동원통제체제를 유지하면서, 조국통일까지 부르짖는 반문명 국가 북한의 위협하에 놓여 있다.

트럼프 정부가 출범을 계기로 미국의 중국에 대한 견제가 본격적으로 시작되고 있다. 대중국 정책에 관한한 미국 민주당과 공화당 간에 별로 이견이 없다고 알려져 있다. 미·중 무역전쟁으로 불거진 미·중 충돌은 장기적이고 구조적이다. 미국의 대한반도 정책인 북한·북핵 정책과 남한 정책은 미국의 세계전략의 하위 범주로 자리매김되고 있다. 남한은 경제적으로는 중국 수출에 크게 의존하고, 그 밖의 군사, 금융(망), 기술(표준), 에너지(수송망), 식량, 의약품 등 거의 모든 분야에서는 미국과 그 동맹국들에게 크게 의존한다.

21세기 들어 중국의 경제적, 군사적 웅비와 미국, 일본, 유럽 등 자유진영 문명국의 견제에 따라 한반도는 다시금 지정학적 위험이 부상하고 있다. 중국은 황해, 동중국해, 남중국해를 통제하려 한다. 대만을 흡수통일하고, 북한과 연대하여 한미동맹을 해체하고 미군을 철수시켜 궁극적으로 한반도를 자신의 영향권 아래에 두려고 한다. 그로 인해 70년 된 남북갈등과 더 오래된 이념, 이권, 지역 갈등(보수–진보, 반북–친북, 노동–자본, 영남–호남 갈등)에 더하여, 19세기말처럼 친미파와 친중파 갈등까지 생겨나고 있다. 청일전쟁, 러일전쟁,

한국전쟁의 악몽도 되살려내고 있다. 20세기 후반부터 세계화, 자유화, 민주화, 지식정보화에 이어 인공지능과 초연결로 대표되는 4차 산업혁명이 일어나고, 기후변화 등 문명사적 대전환이 일어나고 있다. 19세기 말처럼 21세기도 제 국가, 민족, 지역, 기업, 개인에게 거대한 위기와 기회의 시대이다. 한반도는 세계 정치경제적 지각변동의 진앙인 중국에 인접해 있어서 더 큰 위기와 더 큰 기회를 제공받고 있다.

5장 사회와 습속

사회와 문화

현대 자본주의 시장경제와 민주주의 정치를 분석하는 틀과 이론은 널리 공유되어 있다. 경제통계로 말한다면 한국은행경제통계시스템(ecos)에 5대 국민계정과 가계−기업, 노동−자본, 생산물시장−생산요소시장 등을 주요한 분석틀로 구축한 대단히 많은 통계가 있다. 국가 또는 선거, 세금, 예산 등에 대해서는 국제비교가 가능한 분석틀도 있다. 하지만 전근대사회의 역사적, 문화적 유산이 수두룩하게 살아 있는 사회와 습속 혹은 문화에 관한 한 국제적 비교를 용이하게 하는 분석틀도 없고, 이론도, 통계도 별로 없어 보인다. 국가권력의 이모 저모를 보여 주는 통계는 경제와는 비할 바 없이 적지만, 그래도 사회·공동체와는 비교할 수 없을 정도로 많다. 최근에는 공공부문 계정 등이 복마전처럼 여겨졌던 공공부문의 실체(인적, 재정적 규모 등)와 특성을 집약적으로 보여 준다.

하지만 국가의 핵심 기능인 법규제와 형벌 등은 통계도 별로 없지만, 있다 해도 한국이라는 국가의 국제적, 역사적 특성을 이해하기에는 역부족이다. 그럼에도 국가는 법령, 규제, 세금, 예산, 사법, 선거 등으로 실감한다. 이중에서 세금과 예산 관련된 행위(복지 지출 등)은 눈에 잘 띄며 주요한 경제 통계의 하나가 되었다. 하지만 법령이나 규제나 사법 등은 시장과 사회에 지대한 영향을 미치지만, 도시의 상하수도나 건물의 전기배선처럼 숨어 있기에 잘 보이지 않는다. 잘 보이는 것은 정치인의 언행과 국회 내 갈등일 뿐이다. 이에 대한 평론, 비판, 성토는 넘쳐난다.

그런데 개인적 친분, 공감, 연대, 배려, 신뢰, 신앙, 사랑, 권위 등에 기반을 둔 사회관계와 이를 규율하는 사고방식과 행동양식 등은 국가, 시장, 사회와 개인을 움직이는 중요한 요소임에도 공식화, 공개화 대상이 아니다. 계량화하기도 어렵고 통계의 대상도 아니다. 사회·공동체와 그 지배자인 습속, 즉 역사인식, 감정반응, 정신문화 등은 분명히 실재함에도 그 형태나 특성을 파악하기 힘든 존재다. 어떻게 보면 국가보다 더 깊은 곳에 잠복해 있다. 그래서 공공정책담론에서 중요하게 고려되지 않았던 것이 아닐까? 내가 아는 한 시장원리를 강조하는 시장보수치고 사회와 습속이 미국과 어떻게 다른지, 시장구조가 미국과 어떻게 다른지를 깊게 천착한 사람을 거의 본 적이 없다.

국가 또는 정부의 거의 모든 행위는 원칙적으로 다 공식화, 공개화 대상이다. 시장경제는 일상적으로 체험하며 무수히 많은 통계가 있다. 그래서 사회는 대체로 문화로 등치되고 좀체 바꾸기 힘든, 그래서 적응해야 할 환경으로 설정하는 경향이 있다. 사회를 논할 때 난감한 것은 국가나 시장과 달리 그 실체 자체가 애매하다는 것이다. 내가 과문해서인지 사회는 비교연구 방법론도 별로 없는 것처럼 보인다. 그러니 일정한 시간과 공간 속에서 존재하는 사회의 특성을 예리하게 포착하여 비교하는 것은 어렵다. 그 특성이 왜 나타났는가를 규명하는 것은 더 어렵다. 실은 규명해도 검증이 불가능하다. 확실한 것은 사회의 특성은 역사적으로 형성되며 지리, 풍토, 전쟁, 기근 등 혹독한 역사적 경험과 정치체제와 종교 등에 큰 영향을 받는다는 것이다.

사회社會(society), 공동체共同體(community), 문화文化는 개념이 엇비슷할 뿐 아니라 모호하고, 신축적이다. 『민족문화대백과사전』은 사회를 '개인의 사고와 행동을 구조화시킨 집단. 인간의 공동생활을 위한 구성체'로 정의한다. 『두산백과사전』은 '일정한 경계가 설정된 영토에서 종교·가치관·규범·언어·문화 등을 상호 공유하고 특정한 제도와 조직을 형성하여 질서를 유지하고 성적 관계를 통하여 성원을 재생산하면서 존속하는 인간집단'으로 정의한다. 《위키백과》는 '정치, 문화, 제도적으로 독자성을 지닌 공통의 관심과 신념, 이해에 기반한 다인多人의 개인적 집합, 결사체'로 '소규모의 가족에서부터 직장과 학교, 전체사회 및 그 일부인 정치, 경제, 시민, 노동, 문화 사회 등'을 지칭한다고 되어 있다.

사회와 비슷한 말로 공동체(community)가 있는데, 이는 '특정한 사회적 공간에서 공통의 가치와 유사한 정체성을 가진 사람들의 집단' 또는 '공통의 생활공간에서 상호작용하며, 유대감을 공유하는 집단'(『민족문화대백과사전』)으로 정의한다. 사전적 정의를 종합하면 사회·공동체는 가치관, 규범, 문화, 제도 등에 의해 사고와 행동이 구조화, 정형화, 패턴화된 인간집단이라고 할 수 있다. 그러므로 사회를 말한다는 것은 곧 구조화, 정형화, 패턴화된 사고와 행동, 즉 정신과 문화를 말하는 것이다. 사회는 문화와 붙여 쓸 때가 많다. 그런데 문화는 사람에 따라 그 개념 내지 내포가 천차만별이다. 넓게 보면 사고방식과 생활양식의 총체이고, 좁게 보면 문학, 예술, 놀이(레포츠 포함) 정도이다.

문화는 인간이 풍토, 재난, 국제관계 등에 적응하여 생존하고 번성하려는 요구와 인간의 삶과 행동에 어떤 의미를 부여하려는 요구가 결합되어 만들어졌을 것이다. 그러므로 문화는 지배적인 가치관과 세계관, 종교, 풍토, 재난, 국제관계 등과 긴 세월에 걸친 상호작용의 산물이라고 할 수 있다. 문화를 좁게 보든, 넓게 보든, 국가나 시장에 의해 간단히 주조되는 것이 아니라는 것은 확실하다. 문화는 국가권력, 즉 법, 규제, 형벌, 예산, 정책에 뿌리를 내리지 않았고 시장, 산업, 기업, 등에도 뿌리를 내리지도 않았다. 문화는 긴 역사성을 가진 사고방식과 행동양식 혹은 다양한 인간관계 내지 인간의 상호 작용 속에 뿌리를 내리고 있다.

컴퓨터에 비유하면 사회는 하드웨어이고, 문화는 소프트웨어이다. 사람에 비유하면 사회는 육체이고, 문화는 정신이다. 정신은 도덕, 종교, 사상, 이념, 정서, 관습, 제도의 총체이다. 정신이 뿌리 내린 곳이 육체이듯이 문화가 뿌리 내린 곳은 사회이다. 육체와 정신을 기계적으로 분리하는 것이 어렵듯이 사회와 문화도 마찬가지이다.

유럽, 미국, 일본 등은 중국이나 한국에 비해 중앙권력의 간섭이 상대적으로 약한 상황에서, 마을 주민이나 상공인들이 자유, 자조, 자치적 공동체를 형성해 왔다. 그래서 이런 사회관계를 지칭하는 개념어가 있다. 영국과 미국에서는 커뮤니티로, 프랑스에서는 꼬뮌, 독일과 스위스에서는 게마인데 등으로 표현하는데, 주로 마을 단위의 공동체를 의미한다. 그러나 한국에서는 이런 사회관계를 지칭하는 단어가 모호하다. 대체로 마을, 부락, 촌락, 조합 등으로 부른다. 일본은 메이지 시대에 이런 결합 관계를 '인간교제(후쿠자와 유키치)' 또는 '사회'라 불렀다. 그런데 한국에서 '사회'는 너무나 신축자재한 개념이다. 때로는 고조선에서 대한민국까지를 포괄하는 역사공동체나 민족공동체를 의미하기도 한다. '한국사회'라는 말의 내포는 애국가 가사에 나오는 초역사적 혈연공동체인 '동해물과 백두산이 마르고 닳도록' 영속해야 하는 '우리나라'와 같을 때도 있고, 인간이 맺고 있는 사회관계 중에서 국가나 시장을 매개로 하지 않은 나머지 인간관계(사회·공동체)를 지칭하기도 한다.

나도 종종 혼용하는데, 이 장에서 사용하는 사회는 주로 커뮤니티 내지 사회·공동체를 지칭한다. 가장 기본적인 사회·공동체는 혈연공동체(가족, 종족)와 지연공동체(이웃, 마을)다. 지방=지역은 국가와 마을의 중간지대이고, 정당은 정치와 시장 및 사회·공동체의 중간지대이다. 한국어는 국가와 사회·공동체를 지칭하는 별도의 개념어가 필요한 듯하다.

사회와 문화는 정치체제나 시장경제에 의해 금방 주조되는 것이 아니기에, 최소 수백 년의 역사를 이야기하지 않을 수 없다. 그런데 비교 관찰 시간이 긴 만큼 실체 자체가 변화하고, 동일한 대상이라 하더라도 관점에 따라 너무나 다르게 보인다.

한국사회와 문화에 지대한 영향을 미치고 있는 조선 사회의 특성을 이야기하는 것도 여간 난감한 일이 아니다. 조선은 겉(표방하는 이념과 제도)과 속(실제 작동)이 다르고, 무려 518년 동안 지속된 만큼 초기, 중기, 후기가 다르다. 그러니 빛이든 그늘이든 특성이든 얘기하기 정말 어렵다. 그럼에도 불구하고 조선을 천착하지 않을 수 없는 것은 엄청나게 두텁고 질긴 정신문화적, 사상이념적 유산이 여전히 살아 있기 때문이다. 뒤에 자세히 말하겠지만 지금 문재인정부를 끌어가는 이념은 주체사상이나 사회주의나 북유럽 사민주의가 아니다. 도덕적 잣대와 권력이라는 수단으로 경제에 엄청난 충격을 주는 결정을 마구 쏟아내고, 중국과 북한의 위협과 폭언에 대해서는 놀라울 정도로 둔감하거나 관대하고, 일본에 대해서는 정반대의 태도를 보이는 등 실물과 괴리된 도덕주의, 문명보다 민족에 경도된 민족주의, 명백한 (북핵) 위험에 눈감는 설마주의, 권력이라는 수단에 기대어 많은 문제를 해결하려는 국가주의 등은 기본적으로 조선에서 왔다. 조선을 알지 못하면 우리가 갈망하는 자유민주주의와 시장경제라는 선진문명을 꽃피울 수 없다.

김기원과 동독

시장과 사회에 대한 국가의 강력한 통제를 근간으로 삼은 사회주의 또는 사회민주주의가 진보(좌파)의 부동의 이념으로 등장한 이후, 진보와 보수 혹은 좌파와 우파의 정책적 논쟁의 중심에는 국가와 시장의 관계가 있었다. 즉 국가와 시장 어느 쪽이 어떤 가치·자원을 어떻게 배분할 것인가였다. '사회'는 개념화하기 어려워서인지 '문화'로 포괄해 버렸다. 사실 신자유주의의 구현자인 마가렛 대처 수상조차 "사회 따위란 없다. 오직 남자와 여자인 개인이 있을 뿐"이라며, 국가와 시장과 개인이라는 요소만으로 제도와 정책을 설계하려 했다. 김기원(1953~2014)도 진보(좌파)의 정체성을 국가의 책임 영역을 넓히는 데서, 보수(우파)의 정체성은 시장의 책임 영역을 넓히는 데서 찾았다. 국가와 시장의 상대적 양을 기준으로 진보(좌파)와 보수(우파)를 나눈 것이다. 그런 점에서 '제3의 길' 노선은 삼각형의 다른 꼭지점(가치)을 찾았다고 할 수 있다. 그것이 바로 국가와 시장을 지양한 공동체이다. 김기원의 말이다.

'진보↔보수'란 경제활동을 조절하는 시장과 국가의 상대적 양에 관한 구분이고, '개혁↔수구'란 시장과 국가의 질의 문제이다. 복지가 국가의 상대적 비중을 키우는 진보를 의미한다면, 경제민주화는 시장과 국가의 질을 향상시키는 개혁에 해당하는 셈이다. 시장과 국가의 질을 높이려면 재벌 총수의 황제경영과 재벌그룹의 국민경제 독재를 바로잡아야 한다. 나라 통치를 재벌이 함부로 주물러서도 곤란하다. 황제총수의 부패·무능이나 재벌그룹의 중소기업 억압 및 국정농단이 공정한 시장질서의 수립을 가로막기 때문이다. 따라서 경제민주화에는 당연히 재벌개혁이 들어간다. 아울러 경제민주화에는 노동시장 개혁도 빠뜨려선 안 된다. 거대기업 정규직과 비정규직(및 중소기업 근로자) 사이의 부당한 차별을 해소하는 게 바로 여기에 포함된다.

– 〈경제민주화 낱말풀이〉, 김기원, 한겨레신문, 2012.9.5.
http://www.hani.co.kr/arti/opinion/column/550331.html

김기원은 진보(좌파)의 정체성을 사회적 약자를 돕기 위해 국가를 통해 세금을 더 거두어 복지지출을 확대하는 것에서 찾았다. 이것이 극단으로 흐르면 국가가 경제활동을 주관하는 사회주의가 된다고 하였다. 반면에 보수(우파)의 정체성은, 보수(우파)들은 별로 인정하지는 않겠지만, 국가의 활동을 사회적 강자의 재산과 생명을 지키는 일로만 제한하고, 세금과 복지지출을 최소화하는 데서 찾았다. 이것이 극단으로 가면 시장만능주의가 된다고 하였다. 이런 관점으로 본다면 공기업 민영화, 규제 완화, 정부 규모 축소 등은 보수(우파)적 가치로 된다. 이렇게 본다면 김대중정부는 강경한 보수(우파)정부라고 불러도 손색이 없다. 반면에 남북관계(햇볕정책)를 중심으로 보면 진보(좌파) 정부라고 불러도 손색이 없다.

김기원의 진보(좌파)와 보수(우파)에 대한 규정은 진보(좌파) 교수의 보수(우파)에 대한 이념적 편견을 보여 준다. 그럼에도 김기원은 정치 세력의 성격을 구분할 때, 진보와 보수라는 X축 외에도 개혁(합리, 상식)과 수구라는 Y축도 필요함을 역설하였다. 즉 국가와 시장의 관리, 운영상의 질적 차이라는 기준을 도입한 것이다. 김기원은 수구를 비합리, 몰상식, 부도덕, 야만, 기득권의 체현자로, 개혁은 합리, 상식,

도덕, 문명의 체현자로 이해하였다. 이는 한국사회의 갈등을 보는 매우 중요한 프레임인데 의외로 널리 확산되지는 않았다. 김기원의 눈으로 보면 문재인정부는 수구진보(좌파)이고, 박근혜정부는 수구보수(우파) 정부로 보이지 않을까?

김기원은 개혁과 수구의 축을 주장하긴 했지만, 그 차이가 어디서 연유하는지는 천착하지 않았다. 김기원은 2013년에 연구년을 맞이하여 독일에 가서 직업윤리 등 문화영역의 중요성을 절감하였다.

저는 여기 독일에서 동독과 북한을 비교하면서 문화 문제의 중요성에도 눈뜨게 되었습니다. 둘 다 일당독재하의 계획경제체제라 할지라도 문화가 서로 너무 달랐습니다. 동독에서는 종교의 자유가 보장되고, 누드 해변이 서독보다 더 많고, 정치범에 대한 육체적 고문이 행해지지 않았습니다. 가정에서 여성들의 권리는 서독 여성보다 더 강했다는 이야기를 동독 출신 여성에게 직접 들은 바도 있습니다.

— 김기원 교수 유고집, 『개혁적 진보의 메아리』 62~63쪽

그는 동독 시절 악명 높은 슈타지 책임자를 수십 년 간 역임한 에리히 밀케 얘기를 했다.

그를 통일 이후 처벌하려고 했으나, 그가 1931년에 공산당원으로서 경찰에 총격을 가한 죄밖에 찾을 수 없었답니다. (…) 이후락처럼 부정축재를 하지도 않았고, 소련 KGB의 베리야처럼 무고한 인물들을 불법적으로 처형하지도 않았습니다.

— 김기원 교수 유고집, 『개혁적 진보의 메아리』 62~63쪽

일본 항복 이후 A급 전범인 도조 히데키의 개인적인 부정비리를 찾으려고 노력한 맥아더 사령부도 비슷한 결론에 도달했다고 한다. 김기원이 병으로 갑작스럽게 유명을 달리하지 않았다면, 문화적 차이의 구조와 뿌리를 한층 깊이 파고들어갔을 것이다. 연구와 고민을 꽤 많이 공유해 온 도반으로서 여간 아쉽지 않다.

이승만과 조선

사회와 습속은 건축 자재에 비유할 수 있다. 국가와 시장은 이 건축 자재를 자르거나 구워서 만든 기둥이나 벽이다. 푸석푸석한 모래알로 만든 벽과 진흙을 구워 만든 벽돌벽과 나무를 잘라 만든 벽이 다르듯이, 사회와 습속이 다르면 겉모양은 비슷해도 벽의 내구성은 크게 달라진다. 일찍이 이승만(1875~1965)은 한성감옥(1899. 1~1904. 7)에 갇혀 저술한 『독립정신』(1904. 6)에서, 백성의 수준과 악한 풍속의 문제를 매우 중요하게 제기하였다.

> 모든 정치제도는 언제나 그 나라 백성의 수준에 달려 있다. 백성의 수준은 보지 않고 남의 정치제도와의 구별만 보고는 (…) 아무것을 하더라도 관계가 없다고 한다면, 이는 (…) 동양천지에서 용납 받지 못할 죄인이 될 것이다. 대저 굽어 자란 가지는 졸지에 펴지 못하고, 앉아 자란 아이는 하루에 멀리 가지 못하나니 백성의 수준도 이와 같다. 몇 천 년, 몇 백 년을 전제와 압제 아래에서 굳어져 의례히 그것을 받을 것으로 여기는데, 만일 사람을 평등하게 대접하라고 한다면 윗사람도 이를 변괴로 알겠지만, 아랫사람들이 도리어 더욱 큰 변괴로 알 것이다.
>
> (『독립정신』 173쪽)

나라의 압제는 두 가지 있다. 첫째, 윗사람의 압제는 의례히 정치상 권리로부터 생기는 것이지만, 아래 백성의 압제는 풍속에서 생겨나는 것으로, 이 풍속을 거스르고는 윗사람이 아무리 잘하려고 해도 마침내 행할 수가 없다…. 윗사람의 압제보다 아래의 악한 풍속의 압제가 더욱 크다.

(『독립정신』 174쪽)

(조선은) 몇 천 년을 두고 내려오며 (…) 병이 들어 손끝 발끝을 까딱할 수 없는 전신불수가 되어 있기 때문에, 졸지에 남이 백여 년 이래 연구하여 진보시켜온 새 법을 억지로 행하고자 한다면 어찌 충돌이 나지 않고 큰 변고가 없을 것이라 하겠는가.

(『독립정신』 175쪽)

(서양 사람들과 달리) 동양 사람들은 여러 천년을 전하여 내려오면서 병들고 썩은 것이 속속들이 배어들어 웬만한 학문이나 교육의 힘으로 갑자기 그 근본원인을 제거하기는 어렵다….. 오랜 풍속에 결박당해 있는 민심을 풀어주어야만 비로소 고질이 된 구습을 깨뜨리고 차차 자신의 생각으로 좋고 나쁜 것을 구분하여 택할 줄 알게 될 것이다. (…) 결박당해 있는 그 정신을 풀지 못함으로써 옛 풍속의 압제 속에서 자유하지 못하고 몸만 자유를 얻으려 한다면, 이는 결단코 될 수 없는 일이다.

(『독립정신』 177~178쪽)

(1인 군주의 전제정치가 아니라) 헌법 정치를 채택하는 것이 그리 어렵지도 아니하고 또한 그 긴급함이 이렇듯 절박하지만, 이것도 우리 대한 백성들의 수준이 지금과 같아서는 결코 급히 하지 못

할 것이다. 대저 서양의 여러 나라들은 설립된 지가 다 동양처럼 오래 않기 때문에 사람들의 마음(精神)이 악한 풍속에 물든 것이 과히 깊지 않았지만, 동양 사람들은 여러 천 년을 전하여 내려오면서 병들고 썩은 것이 속속들이 배어들어 웬만한 학문이나 교육의 힘으로 갑자기 그 근본 원인을 제거하기는 어렵다. (…) '자유하는 도道'로써 오랜 풍속에 결박당해 있는 민심을 풀어주어야만 비로소 고질이 된 구습을 깨뜨리고 차차 자신의 생각으로 좋고 나쁜 것을 구분하여 택할 줄 알게 될 것이다.

(『독립정신』 177쪽)

이렇듯 이승만은 제도와 더불어 백성의 마음, 즉 백성의 정신精神 문제를 심각하게 거론했는데, 의외로 이런 문제의식은 한국사회에 널리 공유되지 않았다. 심지어 이승만을 숭모하는 사람들조차도!

무엇이 사회와 습속을 결정하는지는 모른다. 그럼에도 확실한 것은 이들이 국가·권력이나 시장·기업의 머리끝부터 발끝까지, 솜털부터 골수에까지 퍼져서 한국 특유의 부조리를 만들어 낸다는 것이다. 또 하나 확실한 것은 우리가 분노하고 아파하는 많은 부조리, 즉 불평등, 양극화, 소모적 경쟁과 갈등, 만연한 갑질, 국가주의, 지대추구 등을 외환위기 이후 직후 물밀듯이 밀려온 신자유주의나 박정희 개발독재의 유산, 일본식민통치 잔재, 이승만의 친일청산 실패 등에 돌리는 것은 매우 피상적, 일면적 진단이라는 것이다.

외환위기 이후 글로벌스탠더드라면서 밀어붙인 대표적인 개혁 과제들인 노동개혁(노동유연성 제고), 공공개혁(공기업 민영화 등 공공부문 축소), 재벌개혁(기업지배구조 개선), 금융개혁, 규제개혁(규제완화), 교육개혁(대학설립 자율화와 특수목적고 확대, 학생인권 강화 등)이 의도와 전혀 다른 결과를 초래한 것은 기본적으로 한국 특유의 사회와 습속도 제대로 천착하지 않았고, 국가–시장–사회–개인의 상호관계도 제대로 천착하지 않았고, 이를 둘러싼 풍토와 지정학적 조건도 간과했기 때문이다.

사회 특성을 파악하는 열쇠: 중간집단

사회는 기본적으로 사회적 관계망이다. 국가나 시장과 다른 원리로 결합, 협력하는 인간집단으로, 사회·공동체, 중간집단, 커뮤니티, 소사이어티 등으로 불린다. 가족은 사회의 최소 단위고, 국가는 최대 단위이다. 국가는 정치공동체나 역사공동체로도 불린다. 가족과 국가 사이에는 다양한 중간집단이 있다. 여기에는 가족과 확대된 가족인 종족宗族도 있고, 이웃과 마을과 지방정치체(자치체)도 있고 종교단체, 상공업협회, 노동조합, 시민단체, 동호회, 동문회 등도 있다. 근대 이후 탄생한 노동조합과 그보다 연원이 훨씬 오래된 협동조합은 시장의 영향을 크게 받고, 지방정치체와 정당은 국가권력의 영향을 크게 받는다. 중간집단은 그 성격이 무엇이든 일종의 성城이다. 성 안과 성 밖을 가르는 이념적, 법적, 문화적 성벽에 한 사회의 주요한 특징이 숨어 있다.

가족은 인간이 태어나서 처음으로 우리와 남(타인)을 구분하고 공감·사랑·연대의 공동체의식을 배우고, 위계와 서열을 배우고, 자율과 책임과 규율을 배우는 단위이다. 동서고금을 막론하고 가족은 비용과 편익을 따져서 체결한 계약관계가 아니다. 따라서 가족의 범위는 사회와 문화에 큰 영향을 미친다. 만약 국가와 사회를 가족의 확장으로 보게 되면, 사회관계 전반에서 비용편익(제 값, 제 몫 등)을 따지는 자유계약 관념이 약화되는 대신에 도리, 예의, 온정, 자제, 염치 같은 덕목이 강조될 수밖에 없다.

그러나 신과 인간의 계약에서 구원을 찾는 문화권은 많은 사회관계를 신과 인간의 계약에 포함시킨다. 서로 사랑과 존경을 주고받는 계약관계(결혼서약)인 부부관계는 말할 것도 없고, 계약이 성립하지 않는 부모자식 관계도 사랑과 효를 주고받아야 한다는 의무를 신과 인간의 계약 속에 포함시키면 되기 때문이다. 신과 인간의 계약관계의 연장으로 왕(가이샤)과 귀족, 왕과 인민의 관계와 가족 관계까지 포괄할 수 있다.

사회의 특성은 핵가족과 국가 사이에 존재하는 중간집단의 성격에 숨어 있다. 중간집단은 물리적 실체가 있는데, 여기에는 가문, 종족宗族, 문중 등으로 불리는 한국 특유의 제사·혈연 공동체도 있고, 세계 보편적인 지연공동체인 마을공동체도 있고, 유럽과 일본 등에서 발달한 상공업자 조합도 있고, 지방정치체도 있다. 여기에 한국사회의 주요한 특징이 있다.

가족공동체와 더불어 인간의 가장 원초적인 공동체는 이웃 및 마을공동체이다. 조선의 핵심 연대협력 단위인 대가족과 문중은 기본적으로 혈연공동체요, 제사공동체였다. 공통의 조상에서 연유하는 생득적인 혈연이 공동체의 안(우리)과 밖(남)을 가르는 주요한 기준이었다. 제사공동체는 경제적 이익 증진은 부차적이고 도덕적, 종교적 의식 수행이 주된 것이다. 제사의식은 조상에게 감사의 예를 올려 조상의 음덕을 기대하는, 일종의 조상신을 섬기는 종교의식이다. 상식적으로 인간의 연대·협력은 정치적 경제적 이익증진 활동과 공동의 사회적 위험에 대한 공제共濟 활동을 통해 확인되고 강화된다. 손에 잡히는 물질적 이익을 가져오는 상부상조 활동이 적으면 공동체의 연대협동이 강할 수가 없다.

인간이 대가족(씨족)이나 종족, 문중 등 혈연 중심으로 결집하면 지역적, 직업적, 계급적 동질성(이해관계)에 기초한 결집이 잘 일어나지 않거나 매우 취약할 수밖에 없다. 물론 대가족과 문중은 제사가 본업이라 할지라도, 공동체인 이상 오늘날 보험·복지 기능과 교육 기능(서당, 서원, 향교)은 어느 정도 수행하였을 것이다. 하지만 제사·혈연 공동체의 속성상 물질적 생산력을 증대시키는 활동, 즉 마을과 지역의 사회간접자본 건설과 문중 구성원의 소득을 증대시키는 활동이 활발할 수가 없었다.

중국, 일본에 비해 상당한 시간과 비용을 소모한 제사의식과 씨족, 종족, 문중 중심 결집은 조선 사회의 핵심적 특징 중의 하나이다. 이는 기본적으로 1636년 병자호란 이후 19세기 말까지 동아시아의 장기간의 평화체제로 인해 방위력을 중시하지 않아도 되었고, 17세기 이후 사회 깊숙이 뿌리내린 주자학 이념이 근로와 상업을 천시하는 등 물질적 욕망을 억눌렀기 때문이 아닐까 한다. 폐쇄적 농업공동체를 오래도록 유지하려면 지배층의 물질적 욕망을 강하게 억누르지 않으면 안 된다.

한반도는 왜구나 여진족의 소규모 도적질이 아니라 수·당·요처럼, 또 고구려·백제·신라의 각축전처럼 왕조를 없애고, 백성과 영토를 직접 지배하려는 침략전쟁은 임진왜란 정도이다.

동서고금을 막론하고 전쟁은 무력과 부를 중시하게 만들고, 무력과 부를 만들어내는 상공업과 기술을 중시하게 하고, 실용주의적 문화를 확산시킨다. 또한 백성의 불만을 무마하거나 효과적으로 동원하기 위해 공공서비스도 개선하도록 만든다. 조선의 유교(주자학) 근본주의, 사대주의, 문약, 상공업 천시, 생산노동 천시, 반상차별과 양천차별과 서얼차별, 과다한 노비, 사농공상 위계, 공사를 망라한 충효의 강요 등 한국의 갈라파고스적 특징은 기본적으로 15~19세기 조선이 누린 동아시아의 장기간 평화체제의 산물이다.

인간의 결합·협력의 목적은 무력이나 물질적 생산력을 높이는 세속적인 것일 수도 있고, 신이나 조상을 섬기는 초월적인 것, 즉 제사의식이나 종교의식 수행일 수도 있다. 수많은 정치체(국가)간의 전란이 잦은 문명권은 정치체의 생존과 이를 뒷받침하는 부국강병이 최상위 가치일 수밖에 없다. 필요한 생명, 생활 자원을 자급자족 방식으로 조달하는 문명권과 상업과 교역을 통해 조달하는 문명권의 사회관계와 문화도 다를 수밖에 없다. 요컨대 한 사회의 특징은 중간집단과 상하존귀를 가르는 가치관에 집약되어 나타나긴 하지만, 이 뿌리는 전쟁(생존), 분업과 협업, 상업(경제), 종교(질서와 도덕의 원천)일 것이다.

정치체 간에 생사를 건 각축전이 심해지면 아무래도 무력이나 물질적 생산력을 높이는 것이 중심이 될 수밖에 없다. 군사적 전쟁은 동원과 통제뿐 아니라 분업과 협업의 발전도 요구한다. 따라서 계약문화와 상업도 발달하고, 재산권 개념도 일찍부터 확립될 가능성이 높다. 유럽이나 일본은 수백 개의 정치체간에 치른 많은 전쟁으로 인해 무력과 생산력 향상 등 실용적·세속적인 목적이 사회질서를 관통하는 중심가치로 되면서 직업·직역과 분업·협업을 중심으로 사회·공동체가 형성되었다. 일본의 마을은 평등한 신분의 농민들이 집단적으로 거주하였다. 영주의 성 주변(城下마을, 조카마치)에는 대대손손 특정 직업·직역을 이어가는 가문들과 사무라이들이 모여 살았다. 한편, 공동체의 존망을 건 전쟁은 후천적으로 획득되거나 실천으로 검증된 실력(성과)을 중시하지 않을 수 없게 만든다. 실용주의, 실력주의, 상무정신이 국가와 사회·공동체를 관통하는 정신문화로 만든다.

『백범일지』가 말해주는 조선 마을의 속살

조선 후기 성씨들이 혼거하며 반목하는 마을의 한 단면은 1876년생 김구 임시정부 주석이 쓴『백범일지』에 나타난다. 19세기 후반 황해도 해주 일대의 반상 차별 양상과 마을의 극심한 갈등, 그리고 이를 벗어나기 위한 몸부림(과거 급제 집착)이 생생하게 기록되어 있다.

우리 조상이 텃골로 들어오던 시기는 조선시대의 전성기로 양반과 상민의 계급 차별이 엄밀하였던 시기이다. 우리 조상들은 멸문의 화를 면하기 위하여 김자점의 족속임을 숨기고 일부러 상놈 노릇을 하였다. 양반의 문화생활을 접어두고 농사짓고 임야를 개척하며 생계를 유지하다 보니 완전히 '판에 박힌 상놈'이 되었다. (…) 우리 조상은 지금까지 텃골 주위에서 살고 있는 진주 강씨, 덕수 이씨 등 토착 양반들에게 천대와 압제를 대대로 받았다. 우리 집안의 처녀가 강씨, 이씨 문중으로 출가하는 것은 영광이지만 두 문중의 처녀가 우리 집안으로 시집오는 것은 보지 못했으니 이것은 혼인의 천대요, 강씨 이씨들은 대대로 방장(지금의 면장)을 하지만 우리 김가는 존위(방장의 명령에 따라 세금 거두는 자리) 외에는 한 걸음도 나아갈 수 없으니 이것은 취직, 즉 정치적 압제이다. 강·이씨들은 양반의 권세로 우리 집안의 토지를 강점하고 금전을 강탈한 후 농노로 사용하였으니 이것은 경제적 압박이다. 강·이씨들은 비록 머리 땋은 어린아이라도 7,80세 되는 우리 집안 노인을 만나면 '이랬나' '저랬나' '이리 하게' '저리 하게' 하며 낮춤말을 쓰는 반면, 우리 집안 노인들은 갓 성인(관례를 치러 상투를 튼 15~20세 남자)이 된 아이에게도 반드시 높임말을 사용하였으니 이것은 언어의 천대이다.

― 『백범일지』 22쪽, 도진순 주해, 돌베게

이런 멸시, 천대, 차별에 대한 반발이 신분상승의 합법적 통로인

과거시험으로 사회적 에너지를 몰아갔다. 『백범일지』에는 김구가 10대 후반에 과거시험을 보러 갔다가 늙은 선비들이 걸과(무조건 합격시켜 달라고 애걸)하는 모습과 김구의 대리시험 제안에 선생과 주변 사람들이 더 감동하면서 협조하는 장면이 나온다. 당시에는 과거시험의 본말이 완전히 전도되었다는 것을 의미한다.

> 과거장에는 노소귀천이 없이 무질서한 것이 내려오는 풍습이라 한다. 또 볼 만한 것은 늙은 선비들이 걸과乞科하는 모습이었다. 관풍각을 향하여 새끼줄망 구멍 사이로 머리를 들이밀고 "소생의 성명은 아무개 이옵는데 먼 시골에 살면서 과거 때마다 참석하여 금년 칠십 살입니다. 요다음 다시 과거에는 참석하지는 못하겠습니다. 초시라도 한 번 합격하면 죽어도 여한이 없습니다"며 진정하는 것이다. 어떤 이는 큰소리로 외치고, 어떤 이는 목 놓아 우니 비굴하기도 하고 가엾기도 하였다(중략) 나는 선생님께 늙은 선비들이 걸과하는 모습을 말씀 드린 후 "이번에 제가 아니라 아버님 명의로 과거 답안지를 작성하여 주시면 좋겠습니다. 저는 앞으로도 기회가 많지 않겠습니까?" 하고 부탁하자 선생님은 내 말에 감동하여 흔쾌히 수락하셨다. 이런 대화를 들은 어떤 접장 한 분이 "네 글씨가 나만은 못할 터. 네 아버님 답안지의 글씨는 내가 써 주마. 너는 후일 과거 공부를 더 해서 직접 짓고 쓰도록 해라" 하고 거들어 주신다. 나는 "예, 고맙습니다"며 감사하였다.
>
> (『백범일지』 36~37쪽)

김구의 얘기는 마을에 존재하는 갈등이 결국 국가가 과거시험, 즉 벼슬을 기준으로 매긴 등급(위계와 서열)에서 연유한다는 것을 말해 준다. 한국이 다른 나라와 달랐던 것은 대부분의 나라는 영주, 귀족,

사제 계급은 대체로 소수이고, 이들의 특권의 원천은 대체로 (장자) 세습이었다. 그러니 국가 주관 시험 잘 본다고 해도 신분이 바뀌지는 않았다. 하지만 유럽이나 일본이나 중국의 평민들은 상공업을 통해 부자가 될 수 있었다. 이는 (지방이나 국경에 갇히지 않는) 큰 시장, 활발한 교역, 재산권 보호, 부의 축적을 가능하게 하는 화폐와 신용제도, 인간의 물질적 욕망을 긍정하는 문화 등이 뒷받침됐기 때문일 것이다.

조선 사회의 기초 단위인 마을을 반목과 질시, 균열과 갈등으로 가득 차게 만듦으로서 사회 전반의 신뢰와 연대를 떨어뜨린 요인을 열거하면 다음과 같다.

첫째, 조선의 마을(촌락)은 경제 공동체나 방위 공동체적 성격이 약했다. 조선의 마을은 유럽, 중국, 일본의 마을과 달리 신분이 비슷한 사람(성씨)들이 동고동락하는 단위가 아니라 신분이 다른 성씨들이 섞여 살았다. 양반·사족들은 수많은 '차별'로 점철된 유교적 '예'를 근거로, 이웃 성씨들(상민과 천민)을 하대했다. 조선은 조상의 벼슬을 근거로 씨족(제사 공동체)의 등급이 나뉘어져서 한 마을에서 같이 섞여 살았다. 양반 족속은 나머지 족속에 비해 더 많은 의무나 부담을 지지 않았다. 오히려 서원에 등록하거나 향회를 통해 지방관을 움직여 병역, 부역, 세금 관련 의무와 부담을 회피하거나 축소하였다. 그러니 세금, 군역, 부역이 상민에게 집중되었다.

다시 말해 마을의 지배자인 양반·사족들은 마을을 풍요롭게 하는 공용 인프라, 즉 공공재(도로, 다리, 둑방, 저수지 등) 건설에는 별 관심이 없고, 과거 준비 등을 빌미로 군역, 부역은 회피하고 지방관과 결탁하여 납세 등의 의무부담은 회피하였다. 그러면서도 '향약(조목)'과 '향회' 등을 통해 각종 유교적 교리와 예법으로 백성을 계도, 교화하려 하였다. 지방의 유력 양반 성씨들은 주민의 물질생활에는 도움을 주지 않으면서 군역, 부역 면제 같은 특권·특혜만 누리고, 높은 학식과 예법 등을 근거로 낮은 신분의 이웃 주민을 멸시하거나 하대하였으니 양반 성씨와 나머지가 사이가 좋을 리가 없다. 이것이 현대 일본이나 유럽과 달리 한국에 공동체문화가 취약한 이유이다. 국가권력의 교체기(인민공화국, 대한민국)인 1945~53년에 얼굴을 맞대고 산 이웃(성씨)끼리 학살과 보복을 주고받은 참극은 수백 년 동안 축적된 멸시와 천대가 만든 원한을 빼놓고는 설명되지 않는다.

둘째, 조선은 정치적, 사회적 우대와 차별의 기준은 생득적 신분이었는데 그 핵심은 조상의 벼슬(신분)이었다. 무력에 의한 역성혁명의 주역들이나 세조 쿠데타의 주역들이 정치 무대에서 사라진 조선 중기 이후부터는 유학적 소양을 묻는 과거와 천거 등을 통해 벼슬이 주어졌다. 단지 먼 조상의 벼슬을 근거로 상민과 노비를 하대하거나 무시하고, 공적 의무와 부담은 회피하고, 향약 등을 통해 통제의 고삐를 쥐고 흔드니 마을 사람들끼리 사이가 좋을 리가 없었다.

조선의 양반·사족은 유럽이나 일본의 영주, 사무라이와 달리 장자에게만 그 작위를 상속하지는 않았다. 부계 호적에 오른 자손들에게 다 상속하였다. 조선의 가문은 일본과 달리 어떤 가업을 대대손손 이어가는 경제공동체(분업 단위)가 아니었기 때문이다. 그리고 호적에 오르는 일은 실제 혈연이 있어야만 가능한 것도 아니다. 양자 외에도 다양한 변칙적 방법이 있다. 또한 대가족 구성원 중의 한 명이 벼슬에 오르면 본인과 자손들은 자동으로 지체 높은 양반·사족으로 상승한다. 그래서 온 집안(문중)이 합심단결하여 똑똑한 한 명의 과거 급제에 목을 맨 것이다.

넷째, 조선은 특이하게도 양반·사족이 상공업에 종사하는 것은 말할 것도 없고, 농업에 종사하는 것조차 백안시하였다. 그렇기에 찢어지게 가난한 양반·사족이 많이 나오게 되어 있었다. 이들 가난한 양반·사족의 호적이 어떻게 활용될지는 불을 보듯 뻔하다. 조선은 이래 저래 족보상 양반·사족이 늘어날 수밖에 없었던 것이다. 김, 이, 박이 한국 성씨의 45% 가량을 차지한 이유는 차별과 배제의 설움에 몸서리치던 상민, 천민들이 양반 호적에 새치기해 들어가기 위한 몸부림 때문이 아닐까?

일본의 가문과 한국의 가문

적어도 에도시대(1603년) 이후부터 일본 사회는 가문을 대대손손 특정 직업이나 직역을 이어가는 가업 경영체로 보았다. 가문은 260개 독립국가나 마찬가지였던 번의 방위력(무력)이나 생산력 증대를 위한 특화된 분업 단위(경영체)였다. 하지만 한국에서의 대가족과 문중은 경영체가 아니라 제사공동체였다.

일본도 영주(다이묘)—사무라이—평민 등 혈통에 근거한 신분의 존비귀천은 있었다. 하지만, 각 가문들은 대대손손 이어가는 가업이 있었다. 가문은 특정 가업(직역, 즉 통역, 의사, 도공, 사무라이 등)을 책임지고 수행하는 경영체였다. 특정 가업을 이어가는 가문들은 복수였고 서로 경쟁하였다. 대를 이은 가업승계와 가문들 간의 경쟁 과정에서 가업 관련 노하우가 축적되지 않을 수가 없다. 그래서 성씨로 대표되는 가문은 유지했지만, 부계 혈통 자체를 중시하지는 않았다. 이는 일본의 활발한 서양자壻養子(데릴사위) 문화에서 나타난다.

사실 가업이 부계혈통으로 수백 년 승계가 되려면 10대가 넘도록 집안에 아들이 있고, 그 아들이 가업을 승계할 의사와 능력이 있어야 하는데 이는 거의 불가능한 일이다. 그래서 서양자 제도가 필요했던 것이다. 일본에서는 아들이 없거나 가업승계에 부적합하면 양자를 들인 후 딸과 결혼시킨다. 한편, 아들도 딸도 없으면, 많은 경우 딸을 양녀로 데려오고, 그 딸의 서양자를 구해서 가업을 승계시켰다.

일본 수상을 역임했던 이토 히로부미(본성은 하야시), 고이즈미 준이치로, 기시 노부스케, 사토 에이사쿠도, 일본 최초의 노벨상 수상자인 유카와 히데키(오가와라)도 서양자 제도와 관련이 있다.

일제시대 일본이 조선의 민법을 개정하면서 서양자 제도를 허용하자 조선 유림과 양반가들이 격렬하게 반대하였다고 한다. 이렇듯 조선 사회에서도 양자제도는 있었지만, 양자는 어디까지나 성씨도 가깝고 혈연도 가까운 친족의 아들이었다. 부계 혈연을 중시한 조선(중·후기)에서는, 양자를 들이는 목적은 거의 조상에게 제사를 지낼 피붙이를 들이는 것이었기 때문이다.

가문을 제사공동체가 아니라 가업경영체로 본 것은 일본뿐 아니라 로마나 게르만도 비슷했던 것으로 보인다. 특히 게르만은 성씨 자체가 직업을 의미하는 경우가 많다고 알려져 있다. 양자제도가 활성화된 사회는 대체로 가문(대가족)을 특정 직업을 대대손손 이어가는 경영체 내지 기업체로 인식한다. 이렇게 되면 혈통(유전자)보다는 실력이 중시될 수밖에 없다. 한국, 중국, 일본 및 독일(게르만) 사회에서 가문의 성격이 다른 이유이고, 일본과 독일에서는 가족 기업의 상속세가 낮은 이유이다.

사회의 특성을 파악하는 열쇠: 질서와 지배 엘리트

인간은 생물학적 생존과 번영, 사회적 조화와 안정을 위해서도 개인의 자유와 행복을 위해서도 인간의 결합·협력체와 이를 규율하는 질서(규범)가 필요하다. 질서는 도덕, 이념, 법, 제도, 문화 등의 총체로서 핵심은 세계관과 가치관이다.

전근대사회에서의 질서는 종교에 집약되어 있다. 종교는 신(초월신,

귀신, 조상신 등) 관념에 입각하여 우주만물의 탄생과 작동원리, 인간 (사회)과 문명의 시원을 설명하고, 삶과 죽음, 선한 것과 악한 것, 옳은 것(正)과 그른 것(邪), 존귀한 것과 천한 것, 행복과 불행, 구원(상)과 징벌 등에 대한 기준을 제시한다. 종교는 수많은 사회관계(부모와 자식, 남편과 아내, 이웃 등)에 질서(당위, 권리, 의무 등)를 부여하고, 인간의 생로병사는 물론, 자연현상에 대해서도 어떤 의미를 부여하여 사회의 가치관과 행동 규범을 정해 왔다. 지금도 정신문화에 대한 종교의 영향은 지대하지만 전근대 사회에서는 더더욱 결정적이었다. 그렇기에 종교를 빼놓고 사회·공동체와 이를 지배하는 정신문화를 얘기할 수 없다. 사실 조선을 지배한 유교도 조상과 자신과 후손을 하나로 엮는, 조상신을 섬기는 종교라고 보아야 한다. 종교는 인간의 실존적·사회적 욕망, 공포, 이상의 총화이다. 세계관, 인간관, 역사관, 가치관 혹은 정신문화와 사상이념의 원류이다. 이로서 인간의 내면과 외면을 규율해 왔다.

인간과 사회를 규율해 온 세계관은 인간, 세계, 역사, 자연에 대한 나름의 인식을 담고 있다. 이를 토대로 내외內外(우리와 남), 피아彼我(적과 우리), 원인과 결과를 구분하고 과거(원인)와 현재(결과)를 설명한다.

가치관은 지배와 피지배, 즉 상하上下(위계), 선후先後(서열), 존비尊卑, 귀천貴賤, 우열優劣 경중輕重 등을 가르는 기준이다. 또한 정사正邪, 선악善惡, 예禮와 무례無禮, 의義와 리利, 행복幸福과 불행不幸, 영혼의 구원과 징벌, 성속聖俗 등을 가르는 기준이기도 하다. 그러므로 한 사회 또는 국가의 특성을 알려면, 그 사회를 관통하는 규범의 핵심인 가치관을 천착해야 한다. 가치관 속에 한 사회 내지 정신문화가 집약되어 있다. 특히 전근대사회의 특성은 지배(엘리트)층과 피지배층을 가르는 기준 속에 집약되어 있다.

조선 사회를 규율한 질서(규범)의 근간은 '예'라고 해도 과언이 아니다. 일상생활에서 '예'는 주자학, 특히 주자가례에 의해 체계화되고 공고화되었다. 주자학에 의해 예가 만들어졌다기보다는, 이미 존재하던 것을 주자학을 통해 체계화, 정당화했다고 보아야 한다.

정도전이 쓴 『조선경국전』에서 정식화한 조선 사회의 핵심 운영원리는 '인仁과 덕德'과 '예禮'이다. 인과 덕은 마음가짐이지만, 예는 겉으로 드러나는 행동거지를 통해 확인되기에 예가 조선 사회를 규율했다고 보아야 한다. 정도전에게 예는 질서秩序이고, 이는 순서順序를 가리키는 것이었다.

> 예禮에 관한 설명이 많지만 그 핵심은 '秩序질서'에 지나지 않는다. (…) 임금은 높고 신하는 낮은 것이며, 임금은 명령하고 신하는 집행하는 것이다. 그러므로 아침에 임금과 신하가 모여서 인사를 나누는 것은 대위大位를 바르게 하고 백관을 통솔하는 것이니, 이것이 조정의 질서이다. 나라의 제사는 정성이 가장 중요한 것으로, 사람이 정성을 다하여 위로 신神을 감동시켜야 한다. 그러므로 사시四時로 제사를 지내어 조상을 섬기고 신명神明을 즐겁게 하는 것이 제향祭享의 질서이다.
> - 『조선경국전』 98쪽, 정도전 저, 한영우 역

한영우는 조선경국전의 '예전禮典'을 이렇게 요약했다.

> 원래 예라는 것은 '순서'를 지키는 것을 말한다. 즉 높고 낮은 것을 따지는 상하질서를 말한다. 그 질서가 필요한 곳은 외교, 관직, 제사, 달력, 연향宴享, 의복, 음악, 학교, 인재등용 등이다. 중국과 우리나라 사이, 임금과 신하 사이에도 높고 낮음을 지켜서 서

로 만나는 질서가 있어야 하고, 제사를 모시는 귀신도 높고 낮음이 있어서 차등이 있어야 하고 (…) 의복 등에도 상하의 차이가 있다. 학교도 성균관, 부학部學, 향교 등의 차이를 두어 인재를 길러야 하고, 인재등용도 선사選士, 준사俊士, 진사進士 등의 차이가 있고, 관혼상제에도 상하와 남녀의 차이를 두어 의식을 집행해야 한다.

– 『조선경국전』 20쪽, 정도전 저, 한영우 역

조선의 예는 왕부터 천민까지 모든 사람의 행동을 규율하고, 심지어 국제관계와 산 자와 죽은 자(조상)까지 규율하지만, 인仁과 덕德은 주로 극소수 왕과 관리와 지배 엘리트(양반·사족)만 규율한다. 게다가 인과 덕은 어떤 정신이나 태도로서 구체적인 규범과 거리가 다소 멀다. 하지만 예를 질서로 해석하고, 질서를 순서, 차등, 차별, 형식, 절차로 해석하면 매우 구체적인 규범이 되어 일상생활, 아니 일거수 일투족을 촘촘하게 규율할 수 있다. 물론 이는 외침이나 반란을 걱정할 필요가 없는 자급자족적인 농업사회가 아니면 오래 지속될 수 없는 질서이다.

조선에서 예의 지침이 된 『주례周禮』[23]에는 주나라의 8가지 형벌(팔형)이 명기되어 있다.[24] 처벌 대상은 불효不孝, 불목不睦(화목하지 않음), 불인不婣(여자 쪽 친속에게 소홀함), 부제不弟(스승과 윗사람에게 불경), 불임不任(친구들에게 신뢰를 받지 못함), 불휼不恤(군주나 나라의 재난을 수수방관함), 조언造言(허황된 말을 만들어 사람들을 미혹함), 난민亂民(백성을 혼란시킴) 등이다.

예는 자기절제에 기반을 두고 있어야 하기에 스스로 염치, 눈치, 인정人情, 온정溫情, 버르장머리, 도의, 도리 등을 의식하도록 만들어

---

23) 주가周家의 예법이자 주공周公이 지은 책.

24) 不孝之刑 不睦之刑 不婣之刑 不弟之刑 不任之刑 不恤之刑 造言之刑 亂民之刑

야 한다. 하지만 이것이 제대로 되지 않으리라는 것은 불문가지인 까닭에 예는 형을 통해서 강제될 수밖에 없다.

법과 도덕의 구분이 모호하고, 예禮와 형刑이 결합하면 불법이 아니라 부도덕도 처벌 대상이 된다. 하지만 형으로 강제하는 것을 바람직하지 않은 것으로 여겼기에, 결국 지배 엘리트층에는 명예형을, 피지배층은 가혹한 물리적 형벌을 적용하였다. 즉 동일한 죄를 지어도 양반사대부에게는 인仁 덕德 예禮의 이름으로 명예형이나 솜방망이 처벌을 하고, 일반 백성은 가혹한 형벌로 다스렸다는 것이 통설이다. 동서고금을 막론하고 이상이 높으면 표리부동한 사회나 이율배반 사회가 될 수밖에 없다. 위선과 거짓이 횡행할 수밖에 없다.

조선 양반·사족, 일본 영주·사무라이, 유럽 귀족·기사의 차이

정치공동체의 질서는 누가 무엇을 근거로 지배층(왕족, 귀족, 사제, 영주, 사무라이, 양반·사족 등)이 되고, 반대로 피지배층이 되는지에 집약되어 있다. 지배층의 권리(특권)와 의무(기능, 역할, 책임)가 동전의 앞면이라면, 평민, 상민, 농민, 농노, 천민, 노비 등으로 불리는 피지배(생산)계층의 권리와 의무는 동전의 뒷면이다. 지배 엘리트층이 직접 생산을 하지 않는 한 이들이 필요로 하는 것은 노예·노비, 농노나 농민의 부역과 지대 등을 통하여 조달하지 않을 수 없기 때문이다.

그런 점에서 지배층과 피지배층을 가르는 성벽(경계) 내지 지배 엘리트층의 정체성(자격요건)에 한 사회의 핵심적인 특징이 집약되어 있다. 마르티나 도이힐러Martina Deuchler(1935년~, 취리히)가 「친족 연구」를 통해 해명하려고 한 것은 바로 지배 엘리트층의 특성이었다.

'조선의 지배 엘리트는 어떻게 자신들의 정체성을 구축하고 지배권에 대한 주장을 정당화했나? 어떤 식으로 자신들과 타 집단 사이의 경계를 긋고 유지했나? 국가에 대한 그들의 입장은 어떠했나?

(왕조가 바뀌는 과정에서) 지배 엘리트층은 어떻게 새롭게 재구성되었나?(동질성과 연속성이 어떠했나?) 문화와 권력의 관계는 어떠했나?' 등이다.(「친족 연구」 20쪽) 그녀는 이 문제를 역사학자들이 지금까지 거의 다루지 않았다고 하였다.

지배 엘리트의 특성은 그 물질적 토대, 신분의 경계, 자신들의 존귀함과 지배권의 이데올로기적 근거에 집약되어 있다. 유럽의 귀족기사와 일본의 영주·사무라이는 전쟁이 터지면 약간 명이라도 무장집단을 이끌고 참전을 한다는 것이 그 의무이자 특권의 근거였다. 그런데 조선의 지배 엘리트층은 자신의 신분의 존귀함 내지 지배권(치인治人)을 완성된 인간, 즉 수기修己나 극기克己에 성공한 인간에서 찾았다. 수기는 곧 자신의 몸과 마음을 닦아 나쁜 욕망을 절제하는 것으로 이해되었다. 물질적 토대는 자기 소유의 토지와 노비 또는 세금(조용조)에 기반한 녹봉을 통해서 조달했다.

조선의 지배 엘리트들은 도덕철학을 익혀 몸과 마음을 다스릴 수 있는 군자, 즉 완성된 인간을 지향하였다. 그리고 완성된 인간이 뭇 백성을 다스려야 한다고 생각했다. 더불어서 조선의 지배 엘리트들은 혈통(종족, 문중)을 중심으로 결집했고, 혈통을 근거로 큰 벽을 쌓았다. 조선의 지배 엘리트는 양반 가문 출신으로서 무력이나 부력이 아니라 수기에 성공한, 인의예지仁義禮智의 체현자라고 강변하고 권력을 독점하였다. 수기 여부를 검증, 확인하는 것은 대체로 국가공인(과거) 시험이나 선비들의 평판이었다. 겉으로는 누구나 학문과 인격을 도야하면 군자나 성현의 반열에 올라갈 수 있는 것처럼 보였지만 구조적으로 지극히 좁은 문이었고, 그나마 소수 양반, 그것도 유력 문벌 가문에게만 허용되었다. 설상가상인 것은 권력에서 배제된 양반이나 상민이 상업이나 공업을 통해 부를 쌓고 인간적 욕망을 발산하는 통로를 사실상 틀어막았다는 사실이다. 그렇다고 농토나 영토를 개척하려고 노력하지도 않았다. 이것이 조선의 지배 엘리트와 정신문화의 큰 특징이다.

그런 점에서 조선의 지배 엘리트(양반·사족)은 지연공동체의 방위, 치안, 재판 등 공공재 생산을 근거로 지배권을 행사하는 일본의 영주·사무라이나 영국의 귀족·신사(gentry)와 확연히 달랐다. 도덕(종교) 철학과 도덕(종교) 행위로 백성을 감동·감화시키고, 교육으로 백성을 교화하는 중세의 사제나 수도사에 가까웠다고 보아야 한다. 그런데 유럽 수도사와 달리 세속의 일을 다루는 권력자(관리)가 되어 백성을 인덕과 예와 법(형)으로 다스리는 것을 군자의 도리이자 인간 완성으로 보았다.

일본과 중세 유럽 지배 엘리트의 지배권과 특권의 근거는 본질적으로 무력이었다. 반면에 조선은 무력을 백안시하고 문력(학문과 인품 등)을 숭상하였다. 유대 사회와 중세 유럽은 신과 인간의 매개자를 자처하는 사제(제사장)가 종교적 권위를 가지고 있었다. 일본은 천황이 일종의 사제(대리인) 역할을 하였다. 하지만 조선에서는 그런 사제가 없었다.

지배 엘리트 신분을 혈통으로 세습하는지, 아니면 시험이나 수양이나 돈 등을 통해 획득, 매수하는지 등도 사회의 특성에 지대한 영향을 미친다. 조선의 양반·사족 신분은 혈통으로 승계, 확산되었다. 혈통은 족보로 확인되었다. 하지만 장자상속은 아니었다. 그러니 쉽게 늘어날 소지가 있었다. 하지만 관직이나 과거 합격자는 그만큼 늘어날 리 없으니, 관직을 가지지 못한 양반·사족들은 지역에서 향약이나 향회 등을 통해 백성을 계도하며, 과거 등을 통해 중앙정계 진출을 노리지 않을 수 없었다.('윤휴의 마을공화국', 백승종, 경향신문 2019.03.06)

조선과 한국의 갈라파고스적 특징

조선과 한국의 특수성 내지 갈라파고스적 특성은 다음과 같다.

첫째, 사회의 핵심 연대단위(중간집단)가 조상(중시조)을 공유하는 혈족·친족공동체, 즉 가문·문중이었다. 이 목적은 조상에 대한 제사 의례를 수행하면서 친족끼리 상부상조하는 것이었다. 가문, 문중 등 으로 결집한 지배 엘리트층(양반·사족)은 무력, 부력, 기술력, 관리력 (통치기술) 등이 뛰어난 존재도 아니었고 그것을 중시하지도 않았다. 그렇다고 해서 초월신의 권위를 등에 업은 직업 사제도 아니었다. 대 체로 도덕적, 지적으로 높은 경지에 오른 완성된 인간(군자)임을 표방 했고, 이를 근거로 국가와 백성을 다스리려 하였다. 경천애인敬天愛 人, 수기치인修己治人 내지 수신제가치국평천하修身齊家治國平天下가 삶의 최상위 미션이었다. 물질적 욕망을 억누르고 '예'로서 일거수 일투족을 압박하여 인간이 도달하기가 힘든 경지(군자)에 도달하려고 하니 위선은 필연이었다.

둘째, 동시대 유럽, 일본, 중국에 비해, 경제(생산판매) 공동체인 상 공업자(동업자) 조합이 취약했다. 벼농사의 특성상 품앗이 등이 절실 했기에 농사를 짓는 과정에서는 마을 차원의 협력이 이루어졌고, 이 것이 그나마 마을의 취약한 공동체성을 지켜주었다.

셋째, 조선의 마을은 공동체성이 없거나 취약했다. 조선의 이웃· 마을·촌락은 평등한 신분의 생산자, 즉 평민·상민·양인들이 모여 사 는 생산·생활 공동체가 아니었다. 상이한 신분이 혼거하면서 반목과 질시가 극심했다. 이는 김구의 『백범일지』 등 많은 기록과 노인들의 기억이나 증언이 웅변해준다. 이영훈은 '촌락에서 상이한 신분의 혼 거는 다른 나라에서 쉽게 찾을 수 없는, 조선왕조 고유의 역사적 특 질'(『한국형 시장경제체제』 386쪽, 이영훈 외, 서울대학교출판문화원, 2014)

이라고 하였다.

넷째, 유럽, 일본과 달리 세습 영주·귀족이 지배하는 '지방'이 없었다. 조선시대에도 응집력 있는 중간매개 집단이 아예 없거나 빈약한 '모래알처럼 원자화된 사회'였는데, 분단과 전쟁으로 인한 대규모 피난민(이산), 이농(도시화), 잦은 이사, 이웃과 교류 없이 지낼 수 있는 아파트 거주의 보편화 등에 따라 전통적인 관계망(공동체)은 산산이 쪼개졌다.

다섯째, 조선의 질서와 예 관념이 특이했다. 조선의 지배 엘리트들은 가치, 직업, 인간, 제 민족과 국가 등 수많은 존재를 상하上下·위계位階, 선후先後·서열序列, 존비尊卑·귀천貴賤·우열優劣을 갈랐다. 또한 선악善惡, 정사正邪, 공사公私, 의義와 리利, 양인良人과 천인賤人, 군자와 소인, 청류淸流와 탁류濁流, 본업本業과 말업末業, 예禮와 비례非禮 혹은 무례無禮 등도 갈랐다. 이는 내외(우리와 남), 피아彼我, 화이華夷 등을 가른 기준으로 삼았다.

조선의 지배 엘리트들은 인간을 양인과 천인으로 갈랐다. 이는 조선 중기를 거치면서 슬그머니 비공식적으로 양반과 상민으로 바뀌었다. 아마 양반 내에서도 조상–가문–혈통을 근거로, 또 상민 내에서도 혈통을 근거로 다양한 위계와 서열이 만들어졌을 것이다. 권력투쟁 과정에서는 정적을 소인으로 자기(패)를 군자로 규정했다. 유한한 권력 자원(관직)과 상속 자원(토지)을 둘러싼 경쟁을 줄이기 위해 어머니의 신분에 따라 적자와 서자·얼자로 나누었다. 여성의 자유(재혼 등)와 권리(재산권 등)도 점점 축소하였다.

조선의 지배 엘리트들의 상하上下, 존비尊卑, 양천良賤, 정사正邪, 본말本末 등과 같은 이분법은 여기서 그치지 않았다. 모든 민족을 중화(문명)와 오랑캐(야만)로, 학문을 정학正學과 사학邪學으로 나누었다. 그뿐 아니라 남녀 성에도 투사되어 남존여비, 여필종부 관념을 낳았다. 직업의 세계에 투사되어 노심자(정신노동자)와 노력자(육체노동자)로 나누고, 본업(농업)과 말업(상업)을 나누고, 양역良役과 천역賤役을 나눴다. 이러니 사농공상의 위계서열과 관존민비 관념이 생겨나지 않을 수가 없다. 주인과 노비의 관계도 임금과 신하의 관계처럼 해석하려 하고, 중국(명청)과 조선의 관계는 황제(부)와 제후(자식)의 관계처럼 해석하려 하였다.

통치 방식도 유가의 예치·덕치가 정도正道가 되고, 법가의 형치·법치는 사도邪道로 간주했다. 부국강병이 패도覇道[25]로 간주되니 숭문천무崇文賤武 관념이 생겨나고, 상무정신이나 자주국방 관념이 뿌리를 내리기 힘들었다. 자신의 주권을 자신의 힘(무력)으로 지키는 것이 아니라 중화(사대) 질서 내지 자신들만 고집하는 국제 도덕률에 의존, 호소하려 하였다. 아마 조선만큼 많은 것을 위계서열, 존비귀천, 정正과 사邪 또는 비非, 본本과 말末 등으로 세세하게 구분한 문명도 없을 것이다. 게다가 우리(內)와 남(外)을 나누는 혈통의 성벽을 높고 견고하게 쌓은 문명은 조선 외에는 거의 없을 것이다. 실제로 조선만큼 친인척 관계를 구분하는 명사가 발달한 문명이 없다고 알려져 있다.

조선은 구체적인 형식, 절차, 순서, 위계, 서열 등으로 외화되기 마련인 '예禮'로써 세상을 규율하려고 하였다. 따라서 엄격한 신정국가처럼 도덕의 최소한이 법이 된 것이 아니라 도덕의 대부분이 법이 되었고, 법은 형을 동반하였다. 법은 인간(백성)의 언행을 바르게 하기 위한 도덕적 이상의 표현이었다. 물론 그 뒤에는 형벌이 있었다. 이렇게 되면 해석자나 집행자에 의해 법과 형벌이 신축자재한, 이현령비현령식의 인치사회가 될 수밖에 없다. 이런 사회에서는 법과 형벌을 주무르는 통치자는 신(하늘)의 대리자이거나, 불세출의 천재요,

---

25) 1. 인의仁義를 가볍게 여기고 무력이나 권모술수로써 공리功利만을 꾀하는 일. 2. [북한어] 권세를 믿고 제멋대로 몹시 난폭하게 하는 행동.

학식과 덕망이 높은 위인이 되어야 한다. 아니, 그렇다고 강변하고 이견을 억눌러야 한다. 조선의 왕과 북한의 수령이 그 전형이다. 조선의 질서관 내지 가치관에는 실용, 실질, 실력이 설 자리가 너무나 좁았다. 반대로 이념이나 도덕으로 너무나 많은 것을 규율하고 재단하려 하였다. 이 모든 것은 외침(안보) 위협, 반란(민란) 위협, 백성의 도주 우려가 없는 사회, 즉 권력(지배 엘리트)의 무한 갑질이 가능한 폐쇄적 농경사회의 특성이라고 보아야 한다. 나는 이것을 조선의 갈라파고스적 특징 가운데 대표적인 하나로 규정한다.

여섯째, 조선은 지독한 일원사회였다. 인간의 생명, 자유, 행복에 대한 욕망은 대개 권력, 무력, 부력(경제력)과 지적 권위, 종교적·도덕적 권위와 특권을 공고하게 해주는 특수신분(계급) 획득과 세습으로 향한다. 권력이나 부력 등이 없을 때 심한 멸시, 천대, 핍박을 받는다면 이 욕망은 더욱 간절해지기 마련이다. 예컨대 조상의 혈통이나 작위에 따라 우대와 차별을 심하게 한다면, 더 좋은 조상(족보)를 가지기 위해 필사적으로 노력할 수밖에 없다. 다원화되어 있고, 혈통에 근거한 차별을 부인하는 현대 국가는 다양한 '봉우리'와 '사다리'가 있다. 오르지 못한다고 해서 멸시, 천대, 핍박을 받는 일은 별로 없다. 하지만 조선은 당대의 유럽, 중국, 일본에 비해 극단적으로 일원화(단극화)된 사회였다. 오로지 봉우리가 하나뿐이었기 때문이다. 일본은 천황이라는 종교적 권위(봉우리), 쇼군이라는 큰 봉우리와 260여 개 번의 봉건영주 및 가신 사무라이라는 작은 봉우리가 있었다. 하지만 조선은 권력 외의 다른 봉우리가 없었다. 그나마 권력의 지리적 중심은 하나(서울)였다. 권력에 접근할 수 있는 자격은 문인, 그것도 도덕철학자(유학자)뿐이었다. 무인이나 상인이나 기술자는 권력의 정점으로 올라갈 수 없었다.

수기치인 혹은 수신제가치국평천하 사상은 대부분의 나라에서는 분리되어 있는 종교적·지적·도덕적 권위와 정치권력을 일체화시켰다. 조선은 왕통(권력)과 궤를 달리하는 도통(지적도덕적 권위)을 세우려는 노력은 있었지만, 권력이 가치·자원(부, 가문의 격 등)을 좌지우지하였기에 도통에 누구를 올리느냐(문묘 종사 논쟁)가 치열한 권력 다툼의 소재였다. 이렇듯 조선은 종교적·지적·도덕적 권위와 정치권력이 분리되지 않았기에 더 일원화된 사회였다.

요컨대 조선은 무력(무인), 부력(상인), 지력(학자), 교력(사제), 덕력으로서 올라갈 수 있는 사다리 내지 봉우리가 없었다. 이 점이 여간 특이한 것이 아니다. 게다가 법적으로 권력 사다리 타기 경쟁 참여자격인 과거 응시자격은 노비나 역적의 자손만 아니면 주어졌다. 법과 현실이 따로 놀긴 했지만 혈통을 근거로 한 법적 배제와 차별이 약했기에 오히려 과거시험을 통한 권력 사다리타기 경쟁에 더 많은 사람이 참여하였고, 참여자의 숫자에 비례하여 경쟁은 더 치열해졌다. 차라리 법으로 극소수만 과거라는 사다리타기 경쟁에 뛰어들도록 했다면, 신분상승 에너지가 무력이나 부력이나 지력을 증진하는 쪽으로 경도되었을지도 모른다. 설상가상인 것은 조선은 권력으로부터 소외되면 심한 멸시, 천대, 핍박, 착취를 당했다는 사실이다.

지구상에서 자기장이 유달리 센 곳이 있다. 강한 자성을 띤 암석으로 된 산이나 거대한 바위가 있는 곳이다. 이 주변에서는 나침반이 제대로 작동하지 않는다고 한다. 이처럼 한반도는 국가권력이라는 자기장(영향력)이 너무나 강한 땅이다. 중국, 러시아, 일본, 미국이라는 외세의 자기장(영향력)도 강한 땅이다. 국가권력과 외세의 영향력이 상호(상승)작용을 하여 유럽, 미국, 일본, 중국에서는 볼 수 없는 특이한 현상이 많이 일어난다. 조선의 성리학 유일체제와 북한 김일성 유일체제, 즉 사상이념으로 온 사회를 일색화 하려는 시도, 인간의 일상생활과 영혼까지 지배하려는 시도가 그 특이한 현상 중의 하나이다.

조선의 갈라파고스적 특징을 만든 것은 추측컨대 대규모 외침이나 반란 걱정이 거의 없는 지정학적 조건과 중국대륙을 지배한 안정되고 통일된 왕조(명과 청), 폐쇄적 농업경제와 잘 조응하는 독특한 질서(예) 관념과 유교 도덕의 체현자인 권력이 있다. 이 독특한 권력을 둘러싼 경쟁을 줄이기 위해 상민, 서얼, 사문난적(후손)도 배제하고, 이런저런 명분으로 지방(민)도 배제하였다. 그래서 조선시대 상당한 기간 동안 관북(함경도)과 서북(평안도) 지방민이 차별 혹은 멸시천대를 많이 받았다고 알려져 있다. 이는 1811년 홍경래 난의 주요한 배경이 되었다. 이는 일제시대에는 독립운동 진영에서도 안창호로 대표되는 서북파와 명문 양반집안 출신들이 즐비한 기호파의 대립으로 이어졌다. 1980년대 이후에는 영남과 호남의 대립, 즉 지역주의로 부활했다. 21세기에는 진보와 보수의 진영논리로 부활했다. 이 진영논리는 서로를 척결, 궤멸, 청산해야 할 악惡이자 사邪로 본다.

조선시대부터 지금까지 지역차별 또는 지역주의의 중심에는 한정된 권력 내지 이를 휘두르는 고위공직(대통령, 장관, 국회의원 등) 쟁탈전이 있다. 이 권력은 상대편에게 빼앗기면 자기 가문, 자기 지역, 자기 진영 사람들이 떼로 죽거나 갇히거나, 재산과 명예를 다 빼앗길 수 있는 치명적인 것이다.

조선의 지독한 피폐와 망국을 초래한 근원적인 악덕은 부(물질적 생산력)와 땀 흘려 부를 창조하는 근로(농업, 상업, 공업 등) 자체를 천시하고, 상응하는 대가를 치르지 않고, 권력이나 도덕으로 남의 재산을 빼앗거나 경제적 자유에 대한 억압(국가의 대가를 치르지 않는 의무, 부담 부과)을 당연시하는 풍조다. 또 하나는 홉스적 세계인 국제관계조차 힘이 뒷받침하지 않는 '도의'로써 규율하려 했다는 것이다.

부실한 직업윤리의 뿌리

사람은 원래 끈끈한 관계망(덩어리)의 일원이 되면 진중해진다. 관계망은 사회적 연대망이기도 하고, 반사회적 일탈을 제지하는 감시망이기도 하다. 이는 자유롭게 혹은 제 멋대로 움직이려는 사람의 발목도 잡지만, 동시에 도덕적 일탈도 제지하고, 각종 경제적·사회적 폭력(갑질)로부터 보호도 해준다.

인간의 공공의식이나 윤리의식의 모태는 오랫동안 알고 지내면서 지켜보고 도움을 주고받는 사회적 관계망이다. 가족 없이 홀로 혈혈단신으로 살아온 사람과 가족의 보호 속에서 살아온 사람의 심성은 많이 다르다고 알려져 있다. 그처럼 각자도생의 정신으로 살아온 한국 자영업자와 수백 년 된 상인조합이나 의사, 변호사협회의 회원으로 살아온 유럽 자영업자 및 전문자격사의 심성과 직업윤리는 다를 것이다. 마찬가지로 한 지역에서 몇 대에 걸쳐서 살면서, 조상의 평판과 자랄 때 모습까지 아는 이웃 간의 행동거지와 어디서 뭐 하는 사람(집안)인지도 모르고, 사회적 평판도 전혀 알 길이 없는 아파트 이웃의 행동거지는 다를 것이다. 한국사회 특유의 저신뢰(고불신), 개인·가족 이기주의, 기회주의, 한탕주의, 과도한 쏠림 등은 모래알처럼 원자화된 사회와 밀접한 관련이 있다.

직업윤리는 기본적으로 해당 직업 종사자들이 수백 년 간에 걸쳐 축적한 경험과 지혜의 총화이다. 직업 종사자 집단의 자정노력과 사회적 신뢰를 획득하여 장기적으로 번영하려는 윤리행동 강령이자 상도의이다. 직업윤리는 동업자들이 수백 년 간에 걸쳐 교류하고, 자조하고, 연대해 온 역사에 뿌리를 박고 있다.

직업윤리는 직업 종사자들을 내면에서도 규율하고 끼리끼리도 감시하는 장치이다. 직업윤리든 기업윤리든 행위 주체를 감시하는 눈과 일탈행위를 징벌하는 철퇴가 있어야 강건해지는 법이다. 따라서 모든 것을 다 지켜보는 전지전능한 신이 존재하든지, 아니면 동업자들의 상호 감시의 눈길이 있든지, 그도 아니면 여론이나 국민(소비자)들이 감시, 징벌자가 되어 주어야 강건해진다.

직업윤리는 직업적 산출물을 안정적으로 판매할 수 있는 시장(관급시장이든 자유시장이든)과 재산권 보호 제도 및 문화가 없으면 재생산되기 어렵다. 지방 아전 등 권력자들이 상인이나 공인의 재산을 정당한 대가 없이 빼앗아 간다면, 자기 것은 빼앗기지 않고, 오히려 남의 것은 빼앗을 수 있는 힘을 가진 높은 권력서열로 올라가는 데 진력하게 되어 있다. 직업적 성취를 통해서 자신의 삶을 개선하려 하지 않는다. 단적으로 북한에서는 시장경제가 확산되기 전까지는 당 고위 간부가 최고 선망의 대상이었고, 지금도 꽤 선망의 대상이다. 조선에서는 과거에 붙어서 관리가 되는 것이 개인적 로망이자 가문의 로망이었다.

직업윤리는 직업적 소명에 충실한 태도이기에, 권한을 행사하거나 자리를 맡을 능력, 소명, 책임을 치열하게 캐묻는다. 따라서 이것이 현저히 부족하다면 그 자리를 고사하는 태도로 나타난다. 그런데 한국에서 선망의 직장이나 직업은 위험과 책임은 없고, 권한은 크고, 일은 널널하고, 급여는 높은 일종의 귀족 같은 자리이다. 이는 생사를 다투는 경쟁이 없는 한국의 정부조직이나 군대조직에 많다. 이런 조직에서는 위계서열상 가장 밑에 있는 사람이 가장 바쁘고, 유능하지만 위로 올라가면 점점 무능해진다. 반면에 승진 경쟁은 치열하다.

한국 공직사회는 6급만 되어도, 혹은 부하가 한두 명 만 되어도 스스로 일하지 않고 아랫사람 부리는 것을 정상으로 생각한다. 억대 연봉자가 부지기수인 KBS 등 공기업은 놀고먹는 자들이 부지기수이다. 하지만 양심의 가책을 느끼는 사람은 별로 없다고 알려져 있다. 협력업체에 1억 원 주고 일 시키면 될 것을, KBS가 자체적으로 수행하면 그 몇 배는 든다는 것이 정설이다. 직업윤리나 근로윤리가 시퍼렇게 서 있는 사회라면 기회를 준다고 덥석 공직을 하려 하지 않는다. 장관 자리도 대통령(후보) 자리도 준다고 덥석 받지 않는다. 그런데 내가 지난 14년 동안 여의도와 광화문 인근에서 만난 공직자(대통령 후보 포함) 치고, 자신이 그 준엄한 자리를 맡아 수행할 준비가 되어 있는지, 자질과 능력이 있는지를 진지하게 캐묻는 사람을 본 적이 없다. 자신이 받아 안은 준엄한 과제와 자신의 준비, 자격, 소명, 능력을 견주어 보는 양심, 바로 직업윤리나 근로윤리가 있다면 링컨처럼 수시로 우울증이 엄습할 가능성이 크다. 계약에 따라 근무시간에 한눈팔지 않고 성실하게 일하는 것을 의미하는 근로윤리는 직업윤리의 기초이다. 근로윤리의 실종은 단지 1987년 이후 강성한 노조운동이 홀로 만든 것이 아니다. 이는 조선에서 내려오는 폐습의 하나이자 공직사회에 가장 강고하게 남아 있는 폐습이다.

한국은 권한(자리)과 연봉에 상응하는 공헌을 묻는 문화가 완벽하게 증발해 버렸기에, 자신은 연봉 1억 원 이상을 받고 놀면서, 일은 부하들과 외주 용역회사에 다 시키고도 양심의 가책을 전혀 느끼지 못하는 사람이 부지기수이다. 지대추구를 당연시하게 만든다. 이렇듯 대한민국 민주주의와 시장경제는 너무나 기본적인 것을 결여하고 있다.

인간의 반사회적인 충동을 제어하고, 윤리적 사고와 행동을 유도하는 기제는 내면세계를 규율하는 종교와 가족이 있다. 그리고 이해관계자(소비자, 협력업체, 경쟁자, 내부 직원 등) 간의 선택권 및 거부권의 대등성이 있고, 최후의 보루가 상벌에 형평성이 유지되는 법이다. 그런데 유럽은 수백 년 동안 인간의 내면세계(정신)를 규율하던 건전한 종교(루터 교, 청교도 등)가 있었고, 이해관계자 간의 힘의 균형이 흐르는 시장도 있었고, 세금도 내고 무기를 들고 싸우는 시민의 지위가 한참 위로 올라갈 수밖에 없는 국가의 명운을 건 큰 전쟁도 있었고, 시민혁명도 있었다. 그런데 조선은 이 모든 것이 거의 결여되었다. 그나마 수기치인, 극기복례, 충효 같은 유교 이념은 있었는데 이것이 현대화하지 못한 채 그 존재 자체가 거의 소멸단계에 와 있다. 그 결과 우리의 정신과 문화는 진공상태가 되고 말았다. 근로윤리, 직업윤리, 상도의 등이 다 부실해지지 않을 수 없었다.

6장 국가와 권력

대한민국 헌법에서 국가, 정부, 권력

국가는 관점이나 개념에 따라 너무나 다른 얼굴을 하고 있다. 대한민국 헌법에서 '권력'은 딱 한 번(제1조2항[26]) 언급되는데, '국가'는 73번 언급된다. '권력'은 영토 내에서 작동하는 최고의 합법적 강제력이다. '권력'은 국가의 본질적 기능인 공적 강제력에 초점을 맞춘 것이고, 국가는 그 외관, 즉 사람과 제도에 초점을 맞춘 것이다. 그런 점에서 권력과 국가의 관계는 구분이 쉬운 컴퓨터 소프트웨어와 하드웨어, 전력과 발전소 및 송배전 설비 관계라기보다는 서로 분리하기 힘든 인간의 정신과 육체관계와 비슷하다.

국가의 권능은 국토와 국민에 한하기에 경제의 세계화, 자유화, 디지털화 등에 따라 국경의 장벽이 낮아지면서 그 권능이 약화되는 측면이 있다. 블록체인 기술 등에 의한 전자화폐의 등장은 이를 더욱 가속화시킨다.

국가는 인적으로는 선출직·정무직 공무원, 직업 공무원, 공공기관 임직원이고 조직적으로는 국군, 입법부, 행정부, 사법부, 지방자치단

---

26) ②대한민국의 주권은 국민에게 있고, 모든 권력은 국민으로부터 나온다.

체 등으로 대별한다. 국가의 주요 제도 단위는 헌법에 명기되어 있는 데, 국군, 공무원, 정당(총강), 국회(제3장), 정부(제4장), 법원(제5장), 헌법재판소(제6장), 선거관리위원회(제7장), 지방자치단체(제8장)이 그들이다. 이는 국가사무처리 조직(행정, 입법, 사법 등), 지방사무처리 조직(지자체), 특별행정기관, 중앙 및 지방의 공공기관(공기업, 준정부 기관, 기타 공공기관), 특수법인(한국은행, 금감원) 등으로 대별하기도 한다. 정당은 선출직 공직자를 지망하거나, 이를 지지 성원하는 사람들의 (가치와 이념을 공유하는) 자발적 결사로서 국가와 시장 및 사회를 연결하는 조직이다. 그런데 한국에서는 정당 운영비의 대부분은 국고 보조로 조달하기에 사실상 공공부문이라고 보아야 한다.

권력은 누군가의 자유·권리·안전을 위해 누군가에게 책임·의무·부담을 지우고, 자유와 권리를 제한할 수 있는 공적인 강제력(폭력)이다. 따라서 권력도 폭력인 이상, 당사자 간의 자발적 합의나 거래, 즉 사적자치에 앞서는 것은 바람직하지 않다. 이것이 바로 보충성 원칙이다.

정치는 국가권력이라는 수단을 통해 구성원(국민이나 기업)이 자유로이 할 수 있는 일과 할 수 없는 일을 일방적으로 정할 수 있는 유일한 존재이다. 국가·권력은 공공성을 명분으로 상대의 동의 없이 일방적 지시명령을 내릴 수 있고, 이를 어기면 자유, 재산, 생명을 빼앗을 수 있다. 그러므로 국가·권력의 특성은 GDP 대비 재정(세입세출) 규모 따위가 아니라, 무엇을 어떻게 강제 하느냐에 달려 있다. 바꿔 말하면 무엇을 시장, 사회, 가족, 개인 등 사적 자치나 지방 자치에 맡겼느냐에 달려 있다. 경제 분석틀에서 주목하는 국민계정(산업연관표 등), 세금, 예산, 공공기관과 공공부문의 수입지출, 인적규모, 기관 숫자 등은 국가·권력의 특성의 한 단면만 말해 준다.

한국의 국가·권력 내지 지배운영 구조의 핵심적인 특징 중의 하나는 국가의 시장, 사회, 개인에 대한 촘촘한 통제다. 이는 개인, 민간 기업, 지방의 자위, 자율책임(자치) 영역을 그만큼 좁게 설정해 놓았다는 것을 의미한다. 따라서 지방 차원에서 제도와 정책 실험이 곤란하니 시행착오와 피드백(교정)을 통한 정책 품질 향상이 어렵다. 반면에 모든 정책과 규제는 각자 처지와 조건이 다른 지역, 산업, 개인에게 일률적으로 강제되기에 그 후폭풍(갈등)이 유난히 거세다.

시장, 사회, 개인에 대한 촘촘한 통제는 곧 시장과 기업에 강제하는 금지, 제한 규제가 매우 많다는 것을 의미한다. 또한 행정관료와 사법관료(검찰과 법원)가 개인이나 기업을 쥐락펴락할 수 있게 만드는 이현령비현령 조항과 형사처벌 조항도 많다. 국내총생산 대비 정부 수입은 적은 편이지만 복지 예산 등 의무 지출은 적고, 경제 예산 등 재량 지출은 많다. 정부 재량 예산에 목을 맨 곳이 많기에 예산 역시 시장을 지배하는 강력한 지렛대로 작용한다. 한국은 국가주도 경제발전의 유산이 두터워서 OECD 주요국에 비해 특별히 비대한 공기업을 운영하고 있다. 에너지, 토지주택, 도로, 철도, 항만, 댐, 상하수도는 공기업이 사실상 독점한다. 정부의 규제, 예산과 기금, 공기업 등을 통해 상품 서비스시장과 노동시장은 말할 것도 없고 교육, 금융, 의료, 국방, SOC 건설, 국토·도시계획, R&D, 언론방송, 공공정책담론에도 지대한 영향을 미친다.

하지만 입법자(정치인)와 집행자(공무원), 검찰(검사)과 법원(법관) 등을 보편 이성과 양심에서 멀어지지 않게 만드는 견제와 균형장치(임용, 평가, 퇴출, 교육훈련 제도 등)는 부실하다. 선진국에서 잘 작동하는 행위나 성과를 평가하여 준엄한 책임을 묻는 장치(선거제도 등)도 부실하다. 공직윤리나 직업윤리를 튼실하게 하는 내면적 견제감시 장치도 취약하다. 오히려 전현직이 하나의 기득권 공동체, 이른바 마피아가 되어 이를 훼손하는 경우가 많다.

대한민국 헌법에서 국가는 딱 두 개의 조항(헌법 제5조와 제69조)[27]을 제외하고는 정부(Government)를 의미한다. 그런데 헌법에서 무려 25번[28]이 언급되고, 제4장의 목차인 '정부'는 실제 행정부(Public Administration 또는 the Executive Branch)를 가리킨다.

헌법 제4장 제1절은 '대통령', 제2절은 '행정부'로 되어 있다. '행정부'는 '제1관 국무총리와 국무위원' '제2관 국무회의' '제3관 행정각부' '제4관 감사원'으로 구성되어 있다.

헌법 제5조와 제69조에서 말하는 국가는 역사, 언어, 문화, 국토를 공유하는 시대를 초월한 정치공동체를 뜻한다. 애국가 가사에 나오는 '동해물과 백두산이 마르고 닳도록 하느님이 보우하시는' '우리나라'는 고조선부터 남북한을 다 망라한다. 좁게 잡아도 '대한민국 정치공동체'를 의미한다. 여기서 우리나라는 최고 존엄이요, 신성불가침(sacred and inviolable)한 존재이다. 국가보안법의 국가는 정부가 아니라 대한민국 공동체 그 자체일 것이다.

국가와 내포가 비슷한 말로 정부(Government)와 공공부문(Public sector)이 있다. 그런데 한국에서는 공공부문을 공기업 등 공공기관으로 아주 협소하게 해석한다. 국제적으로 통용되는 '공공부문'의 정의는 '정부단위와 정부단위에 의해 소유되거나 지배(통제)되는 모든 제도단위'이다.(2008SNA) 즉 정부(Government)에다가 공기업 등 공공기관과 규제, 예산, 인사권 등에 의해 통제되는 기관(제도)까지 추가한 개념이다. 그래서 공공부문은 일반정부(General government)와 공기업으로 대별한다.

국가와 공공부문은 동일한 사물을 초점과 관점을 달리하여 본 것

---

27) 헌법 제5조(국군)②항 '국군은 국가의 안전보장' 제69조(대통령 취임선서) '나는 헌법을 준수하고 국가를 보위하며 조국의 평화적 통일'에서 말하는 국가는 애국가 가사의 '우리나라'와 내포가 같다.

28) 전문의 대한민국임시정부, 제62조의 정부위원 3번, 제4장 제2절의 행정부를 빼면 20번.

이다. 한국에서 공공부문이라는 말은 구체적 기능보다는 인적, 재정적 규모와 수지를 분석할 때 주로 사용한다. 그나마 정부를 뺀 공공기관만 분석대상으로 하는 경우가 많다. 공공부문이라는 개념은 시야를 좁히고 왜곡할 수 있다. 정치는 국가·권력의 통합統轄, 즉 총괄지휘, 감독기능이다.

동서양의 법 관념

권력은 곧 공적 강제력으로, 법法에 의해 뒷받침된다. 법은 '국가의 강제력을 수반하는 사회규범'으로 '법률, 명령, 조례, 규칙을 통칭한다'고 사전적으로 정의된다. 사회규범은 윤리, 도덕, 관습, 문화의 총체이고 강제적 사회규범이 바로 법이다. 국가의 강제력은 규제規制(regulation)와 형벌이 양대 기둥이다. 규제는 국가가 개인, 기업, 민간, 시장, 사회에 강제하는 기준으로 '국민의 자유와 권리를 제한하거나 의무와 책임을 부과하는 것'이다. 법의 모태인 사회규범은 풍토, 지정학, 집단기억, 종교, 지배집단의 이념, 정치적 역학관계 등이 길고도 복잡한 상호작용을 거쳐 형성되었을 것이다.

대한민국 체제를 알아야 1987체제를 알 수 있듯이, 한 사회를 관통하는 사회규범을 알아야 법을 알 수 있고, 법을 알아야 그 구현자 내지 수호자인 국가·권력의 특성을 알 수 있다. 동양과 서양은 법(law) 관념이 다르다. 김연 교수에 따르면 법의 원 한자는 법灋이다. 글자의 중심에 해태(해치獬豸)가 있는데, 해태는 시비是非와 선악善惡과 죄인을 판단하여 안다는 상상의 동물이다. 중국과 조선의 법은 왕의 이름으로 죄와 형刑을 명시하여 백성으로 하여금 죄를 짓지 못하게 하는 것이었다. 물론 죄는 살인, 도둑질 등 인류 보편적인 것도 있지만 그 시대 통치자의 취향, 목적, 이상을 담은 도덕, 윤리, 예를 어기는 것도 주요하게 포함되어 있었을 것이다.

김연(경북대 법전원 교수)에 따르면 서양에서 법을 뜻하는 단어는 영어는 law, 독일어는 Recht, 프랑스어는 droit, 라틴어는 Lex인데 대체로 바른 것, 옳은 것이라는 의미를 갖고 있다. 김연 교수는 서양과 동양의 법 관념의 차이를 이렇게 설명했다.

> 서양에서 법은 바른 것이고 옳은 것이므로 그 법을 지키는 것은 나에게 이익이 된다. 만약 법을 지키지 않는다면 나에게도 손해가 될 뿐 아니라 다른 사람에게도 손해를 끼치는 것이다. 그래서 나의 잘못뿐 아니라 남이 잘못하면 이를 바로바로 시정시키는 인식이 사회 밑바탕에서부터 깔려 있다. 고발정신은 아주 자연스러운 것이다. 그러나 한국에서의 법은 (…) 나를 속박하고 불편하게 하는 것이므로, 지키지 않을 수 있으면 지키지 않는 것이 좋다. (…) 법을 어기는 것은 자연스러운 것이고, 어쩌다 적발되면 '운이 없어 그런 것'이므로 동정을 받는다.

서양에서 법은 우주만물을 통할하는 신의 말씀(logos)이거나 만유인력의 법칙처럼 신이 만든 보편타당한 질서로서, 인간의 이성을 통해 이해하고 발견하는 것이다. 또한 서양의 법은 신과 인간, 왕과 귀족, 중앙과 지방, 지방과 마을, 국가와 개인이 상호 합의한 계약, 즉 룰(rule)이기도 하다. 따라서 법은 옳은 것이고, 바른 것이고, 함부로 만들어서도 어겨서도 안 되는 것이다.

영국, 미국 등 불문법(판례법) 국가에서는 의회뿐 아니라 판사도 판례를 통해 법을 만든다고 한다. 이는 판사가 필요한 많은 정보와 지식을 모을 수 있는 권위와 권한이 있고, 이를 바탕으로 자신의 지혜와 양심을 투입하여, (개인적 성향이나 감정 이입을 자제하고) 보편타당한 판결을 해왔다고 믿기 때문일 것이다. 당연히 영국, 미국 등에서 판사는 한국처럼 사회 경험은 전무하지만, 사법고시나 변호사 시험을 통과한, 필기시험에 뛰어난 20대가 아니다. 한국 법원은 필요한 정보와 지식을 모을 수 있는 권위도 권한도 없다. 한국에서는 사건 관련 정보와 지식을 많이 모으고 축적할 수 있는 존재는 검찰이다.

중국 법가의 비조鼻祖 상앙(기원전 395년?~338년)의 법은 왕의 이름으로 선포한 강제적 규범이다. 일방적 포고이지만 어기면 가혹한 징벌이 따른다. 보편타당한 질서라는 개념도, 상호합의한 계약이라는 개념도 없다. 단적으로 상앙이 법의 엄격함과 실행의지를 백성들에게 각인시키기 위해 연출한 이벤트는 진나라 수도 함양성의 대로 한복판에 세워놓은 나무 기둥을 불과 몇 백 보 떨어진 성문 쪽으로 옮겨 놓으면 십금 또는 백금을 주겠다는 포고를 하고 그대로 지키는 것이었다.

명나라 법(대명률[29])을 주요하게 참고하여 만든 『조선경국전』은 형벌을 다섯 종류(태형, 장형, 도형, 유형, 사형)로, 주요 범죄는 열 종류(십악)로 구분했다. 십악+惡에는 임금에 대한 죄(謀反) 외에 3종, 부모에 대한 죄(불효) 외 2종, 사람의 생명에 대한 죄(부도不道), 관에 대한 민의 죄(내란內亂), 스승이나 벗에 대한 죄, 부부와 남녀간의 죄(불의不義)가 포함되어 있다. 『조선경국전』은 국가 형벌로 다스려야 할 범죄행위를 열거해 놓았는데, 여기에는 도둑질, 뇌물수수, 군령 위반 등 오늘날의 기준으로 봐도 처벌의 대상이 되는 범죄행위도 있지만, 제사를 소홀히 하는 자, 복식服食)을 어기는 자, 싸움하는 자, 혼인을 음탕하게 하는 자(조강지처를 버린 자) 등 도덕을 어긴 행위도 있

---

29) 당률의 형벌체계를 수정한 것이 주요한 특징. 당률의 경우 태笞·장杖·도徒·유流·사死의 오형을 규정. 사형死刑은 교絞형, 참斬형으로 대별. 대명률은 오형 외에 자자刺字형 추가. 사형에는 능지처사凌遲處死형 추가.(《네이버 지식백과》'대명률大明律'『두산백과』)

다.(『조선경국전』 22쪽)

이렇듯 중국과 조선에서 법은 우주만물을 통합하는 보편타당한 질서가 아니었다. 구약성경과 신약성경을 관통하는, 자유의지를 가진 인간(이스라엘 민족)과 야훼 신 사이의 (권리와 의무가 발생하는) 계약도 아니었다. 하늘이나 성현의 이름으로 왕이 선포한 희망사항(도덕적 이상)이거나 왕에 대한 희망사항이었기에 왕이나 백성을 옭아매는 것이 많았다. 백성을 교화, 계도하거나 동원, 통제하기 위해 통치자가 얼마든지 선포하고, 바꿀 수도 있고, 어기면 엄한 형벌을 가하는 강제적 사회규범이 바로 법이었다.

서양의 법 관념은 수많은 독립된 정치체와 경제 주체들이 각자 비용과 편익을 타산하여 계약을 하고 거래를 하면서, 수틀리면 결투나 전쟁도 불사하고, 때로는 이해당사자가 공정하다고 여기는 판관(제3자)에게 가서 분쟁을 해결해온 지중해(그리스·로마·히브리)문명의 산물이다. 또 하나 우주만물을 관장하며 진리, 진실, 정의의 판관인 초월신이 있다는 관념의 산물이다.

그래서 영국이나 미국에서 법률가는 자연과학자처럼, 인간과 사회를 규율하는 신이 만든 질서 내지 법칙을 발견하고 해석하는 특별한 사람이었다. 17~18세기에는 프랑스는 기사 가문 출신으로 영지가 있는 전통 대검帶劍 귀족과 법률가 출신 신흥 법복法服 귀족이 귀족의 양대 산맥을 이루었다. 법률가는 지성과 품성이 높은 경지에 오른 원로나 귀족으로 대우받았다. 1830년 초에 미국을 둘러본 토크빌도 미국의 대법원 종신 판사를 사실상의 귀족으로 보았다. 그래서 민주주의를 군주정, 귀족정(대의정), 민주정의 혼합으로 보는 것이다.

하지만 한국과 일본에서는 서양의 법률가를 율사나 변호사라 부른다. 국어사전에서 변호辯護는 '1. 남의 이익을 위하여 변명하고 감싸서 도와줌. 2. 〈법률〉 법정에서, 검사의 공격으로부터 피고인의 이익을 옹호하는 일'로 정의되어 있다. 신이 만든 질서를 발견하고 해석하는 사람이라는 이미지가 없다.

조선에서 재판은 유학적 소양을 쌓아 과거시험을 통과하고 부임한 사또, 이른바 원님이 하였다. 그렇다 하더라도 죄와 형을 잘 아는 사람이 필요했기에, 이들을 율관律官이라 불렀다. 율관은 율과律科에 급제해야 하는데, 1등은 종8품계, 2등은 정9품계, 3등은 종9품계를 받았다. 율관은 종6품까지만 오를 수 있었기에 주로 중인들이 응시했다고 한다.(《네이버지식백과》 '율관律官', 『한국고전용어사전』, 2001. 3. 30., 세종대왕기념사업회) 조선의 율관은 사회적 지위가 그리 높지 않았던 것이다.

흔히 서양이 법의 지배(rule of law)를 지향했다면, 동양의 법가는 법에 의한 지배(rule by law)를 지향했다고 한다. 전자는 권력 위에 법이 존재하고, 후자는 권력 아래 법이 존재한다. 하지만 가장 근본적인 차이는 'of'와 'by' 혹은 '위'와 '아래'의 차이가 아니라 'law'의 개념이 현저히 달랐다는 것이다. 서양은 'law'를 만유인력의 법칙처럼 우주만물을 통할하는 보편 질서나 당사자 간의 합의(계약)로 보았다. 하지만, 동양의 법가는 법을 천명을 받은 성현, 성왕이 무도한 인간을 징치하여 사회를 조화와 안정을 가져오는 형벌로 보았다. 다시 말해 형벌이 범법자의 지위고하, 처지조건을 가리지 않고 엄격히 집행되는 것을 법치로 생각했다고 할 수 있다. 피도 눈물도 없는 형벌을 시행하는 것을 법치로 생각했기에 기원전 206년 한고조 유방이 진나라의 수도 함양에 입성한 후 민심수습책으로 약법삼장約法三章을 선포했던 것이다. 사기에 의하면, 유방은 가혹한 진나라의 법을 비방했다가 온 집안이 몰살당한 이야기와 이를 화제로 삼았다는 이유만으로도 또다시 죽음을 당한 이야기 등을 하면서 진나라법은 딱 세 개만 남기고 모두 폐기한다고 약속했다. 그것은 살인자는 사형,

상해를 입힌자와 도적질한 자에게 벌을 준다는 것이다.

> 부로父老(고을의 어른)들과 약속한다. 법은 세 장만 둔다. 살인
> 한 자는 사형에 처하고, 사람에게 상해를 입힌 자 및 도적질한 자는
> 벌한다.(與父老約 法三章耳 殺人者死 傷人及盜抵罪)

조선도 인치仁治, 예치禮治, 덕치德治를 이상으로 삼았다. 법치는
사실상 형치刑治로 간주하여 바람직하지 못한 패도覇道정치로 여겼
다. 그런데 인仁, 예禮, 덕德은 너무나 높은 이상이기에 위선과 거짓
이 동반될 수밖에 없다. 그뿐 아니라 애매모호하기까지 하기에 권력
자가 맘대로 하는 인치나 관치로 귀결되기 십상이다. 하지만 권력에
서 소외된 이른바 재야 정치세력들은 인, 예, 덕을 무기로 삼아 권력
을 공격하는 도덕정치를 구사하는 것이 효과적이다. 일종의 차도살
인借刀殺人이기 때문이다.

유럽, 미국과 한국의 법 관념의 차이는 좀체 좁혀지지 않고 있다.
한국은 여전히 법을 만드는 데 신중하지 않고, 필요한 경험과 지혜
를 총화하려 하지도 않는다. 그러니 법을 존중하지도 않고 준수하려
고 노력하지도 않고, 부당하게 느껴지면 변칙, 편법을 통해 빠져나가
려고 한다. 법치주의를 자유민주주의나 공화주의의 핵심 지주로 여
기는 것은 법을 보편타당한 사회규범이거나 당사자끼리 합의한 사회
규범으로 봤기 때문이다. 법을 왕이나 국회가 멋대로 만든 강제규범
으로 봤다면, 법에 의한 통치(법치주의)를 결코 숭상하지 않았을 것이
다. 그런 점에서 동양 사회가 공유하고, 한국민의 뇌리에 깊숙이 박
혀 있는 법 관념은 한국 민주주의와 법치주의의 취약한 기반을 말해
준다. 부실한 법규제가 양산되는 주된 이유는 권력구조, 선거제도,
정당체제, 국회운영 등 정치관계법에 있지만 중국-조선-대한민국

이 공유하는 법 관념도 **빼놓을** 수 없다.

법치法治와 예치禮治

조선의 설계자로 평가되는 정도전은 공자를 인용하여 형벌에 지나치게 의존하는 것은 옳지 않다고 보고, 어디까지나 인정의 보조수단에 머물러야 한다는 것을 강조했다. 공자도 말하기를 "정政과 형刑을 가지고 다스리면, 백성들이 죄를 짓지 않지만 염치를 잃게 되고, 덕德과 예禮를 가지고 다스리면 백성들이 부끄러움을 알고 사람이 바르게 된다"고 했다.(『조선경국전』 21쪽, 정도전)

여기서 말하는 형刑이 바로 법인데, 이는 동양의 법 관념을 전형적으로 보여 준다. 한국의 웬만한 법령에 국가 형벌 조항이 들어 있는 것은 이런 법 관념의 산물인지도 모른다. 그런데 동서고금을 막론하고 그 어떤 사회도 표방하는 법과 도덕으로 돌아가지 않는다. 마찬가지로 조선도 『조선경국전』의 이상대로 돌아가는 사회였을 리 없다.

특히 예는 스스로 염치와 부끄러움을 알아야 성립한다. 공자가 길가에 똥을 싸는 놈은 호되게 꾸짖었으나, 길 한가운데 똥을 싸는 놈은 부끄러움을 도통 모르는 놈이라고 꾸짖어서 가르칠 가치가 없다면서 피해 간 일화는 유명하다.

염치와 부끄러움은 지중해를 낀 서양처럼 종교, 문화, 언어가 전혀 다르며 상업과 유목을 위해 자주 이동하는 민족들이 자주 조우하면서 전쟁도 하고 교역도 하는 환경에서는 중시될 수 없는 가치다. 한 마디로 지중해, 중동문명권에서는 예치와 덕치는 어림없는 얘기이다. 예는 기본적으로 평화롭고, 교류 이동도 적은 자급자족적 정주 농경사회에서나 중시되는 가치이다. 그래서 조선이 세계에서 예를 가장 강조하는 사회가 되었는지 모른다. 그만큼 예의범절이 바로 선 사회였다는 것이 아니라, 서양적 법치에서도 멀고 상앙적 법치(형치)에서 먼 사회였다는 얘기이다.

대한민국 법과 법 관념에는 여전히 형치 전통과 예치 전통이 강하게 남아 있는 것처럼 보인다. 형치 전통은 대부분의 한국 법에 들어가 있는 국가 형벌 조항이 웅변한다. 이는 중국과 조선의 법 관념의 산물이기도 하고, 식민통치-정전체제-개발독재의 정치적 필요이기도 하다. 1987년 이후 민주화가 진전되었지만 국가 형벌 조항은 줄어들기는커녕 오히려 더 늘어났다. 특히 기업 대표이사(CEO)로 하여금 교도소 담장 위를 걷는 기분을 느끼게 만드는 형사처벌 조항이 점점 늘어났고, 문재인정부 들어서는 실제 적용하는 사례도 늘어나고 있다. 업무상 배임, 근로기준법(최저임금과 주 52시간 근무제, 성희롱 등) 위반, 노동조합법 위반(부당노동행위 등), 산업안전보건법 및 화학물질관리법 위반, 공정거래법과 하도급법 위반 등이 대표적이다.

2019년 11월 13일, 전국경제인연합회 산하 한국경제연구원이 경제 관련 법령 285개를 전수조사한 결과 경제 관련 형사처벌 항목(10월말 현재)은 2,657개로 20년 전인 1999년(1,868개)보다 42% 증가했다. 형사처벌 항목의 83%(2,205개)는 범죄를 저지른 직원뿐 아니라 법인과 대표이사가 함께 처벌받는다. 형사처벌 항목 중 징역형 등 인신구속형의 비율도 89%였다.[30]

---

30) 'CEO되면 2205개 처벌조항 예비 범법자 되는 셈', 동아일보, 2019.11.14. http://www.donga.com/news/Main/article/all/20191114/98348599/1

종업원 위법 행위 시 법인 및 기업인이 동시에 처벌받는 양벌 규정 자료: 한국경제연구원		형벌
근로 기준법	법정근로시간(주52시간), 임산부 보호 위반	2년 이하 징역 또는 2000만 원 이하 벌금
	성차별	500만 원 이하 벌금
산업안전 보건법	재해 발생 시 작업 중지 규정 위반	5년 이하 징역 또는 5000만 원 이하 벌금
	산업재해 현장 훼손	1년 이하 징역 또는 1000만 원 이하 벌금
화학물질 관리법	유해화학물질 취급 기준 위반	3년 이하 징역 또는 5000만 원 이하 벌금
화학물질 평가법	화학물질 사용 기업 담당자가 연간 100kg 이상 신규 화학물질 미등록 시	5년 이하 징역 또는 1년 이하 벌금
자본시장과 금융투자업에 관한 법률	주식 미공개 정보를 직접 활용하거나 악의로 제3자에게 공유해 시세 차익을 얻는 경우	1년 이상 유기징역 또는 위반 행위로 얻은 이익의 3배 이상 5배 이하의 벌금
주식회사 등 외부감사에 관한 법률	회계법인 소속 공인회계사가 감사보고서 기재 사항을 누락한 경우	10년 이하 징역 또는 위반 행위액 2배 이상 5배 이하 벌금

그런데 CEO들을 공포에 떨게 하는 것은 형사처벌 항목이 20년 전에 비해 42%나 늘어나서가 아니다. 기본적으로 문재인정부과 집권연합세력을 형성하는 정치인, 직업관료(법원과 검찰, 국세청 등), 강단 교수, 시민단체 등이 기업에 대한 이해나 존중도 없기 때문이다.

저명한 진보 사회학자 김동춘은 이렇게 말했다. "한국의 대기업에 축적된 거대한 부는 매년 수만 명, 수십만 명의 생명과 건강을 희생시키고 얻는 것이라 해도 과언이 아니다."『대한민국 어디로』165쪽)

2009년의 쌍용차 파업과 용산 참사, 2014년 세월호 참사, 삼성전자 노동자들의 백혈병 사망사건 등의 원인은 거의 같다. 자본을 귀하게 여기고 노동을 천하게 여기며, 사람의 생명이나 안전보다는 이윤을 앞세운 대기업의 논리와 위세에 공권력이 쉽게 무너졌기 때문이다. 매년 천여 명이 산재로 사망하고 수백 명이 과로사로 사망해도 그 죽음의 행진이 계속되는 이유는 한국의 가장 힘 있는 세력과 공권력이 사람을 앞 순위에 놓지 않았기 때문이다.(『대한민국 어디로』164쪽)

대한민국의 모순부조리 구조를 파악하지 못하니 근거도 없이 큰 부를 일군 존재의 탐욕이나 악덕을 그 원흉으로 지목하고 정부를 그 해결사로 간주한다. 진보는 재벌·대기업을 불평등, 양극화, 고용불안, 비정규직, 저임금의 원흉으로 간주하고, 허물이 발견되면 엄단을 부르짖고, 이들과 비슷한 사고방식을 가진 판검사 등의 사법관료들이 여기에 호응한다. 검찰, 법관, 변호사들 입장에서는 돈 많은 CEO에 대한 형사처벌 조항이 많은 것이 그리 나쁠 것이 없다.

국회의원과 관료들도 법을 만들면, 너무나 당연하게 법 위반자에게 재산형(벌금형)과 자유형(징역형)을 병기한다. 이는 시대의 변화에 따라 법조항 개정을 통해 벌금을 올리기 곤란하다 보니, 결국 별로 고칠 필요가 없는 자유형이 핵심 형벌이 된 것이다. 예치 전통은 애매모호한 법조항과 허술한 계약서 속에 살아 있다. 극단적인 경우를 생각하지 않는 것이다.

법 이상과 현실의 괴리

문명의 중심지 중원에서 가까운 한반도 국가들은 중국의 법을 통째로 수입하여 법의 근간으로 삼았다. 신라시대는 당나라 법을, 고려시대는 송나라와 원나라 법을, 조선시대는 명나라 법을 수입하였고, 근대 이후에는 일본, 독일, 미국 등 선진국 법을 통째로 수입하여 법의 근간으로 삼았다. 하지만 법조문의 단어(개념) 하나, 문장 하나에 녹아들어 있는 법 원산지의 역사, 문화, 고민 등을 이해하기가 쉬울 리 없다.

게다가 조선, 일제, 이승만-박정희-전두환 시대는 물론이고, 1987년 이후에도 대통령과 행정관료들은 불편한 법치보다는 편리한 인치

(관치)를 선호해 왔다. 힘센 존재들은 대체로 로비, 변칙, 편법 등으로 문제를 해결해 왔기에 법과 규제가 정교할 수가 없었다. 그 결과 법 따로, 현실 따로, 계약서 따로 실제 따로 노는 현상이 오래 지속되었다.

법과 현실의 괴리는 아예 무시하거나, 변칙과 편법으로 해결하거나, 정부와 법원에 대한 로비로 해결해오다 보니 법 품질에 대해서는 그리 신경 쓰지 않았다. 그러니 정부관료와 국회의원들은 법에 도덕적 이상을 잔뜩 밀어 넣었다. 이런 관행은 사용자와 근로자 관계 등 수많은 경제사회 주체를 규율하는 규제에 많이 남아 있다.

상식적으로 법 이상이 높을수록 법은 현실과 멀어지기 마련이고, 변칙과 편법이 일상이 된다. 법과 현실의 괴리를 전형적으로 보여 주는 것이 근로기준법 등 노동관계법이다. 근로기준법의 경우 세계적으로 진보적 사조가 넘쳐나던 1950년대 일본과 독일로부터 수입하였기에, 애초부터 노동의 권리(기업 및 국가의 의무 수준)가 대단히 높았다. 법과 현실이 엄청나게 괴리되어 있었으나 별로 개의치 않았다. 기업주들도 지킬 생각도 없었고, 국가도 엄격히 강제할 생각이 없었기 때문이다.

이것이 1970년 11월 13일 전태일이 "근로기준법을 지켜라!"고 절규하면서 분신을 감행한 이유이다. 사실 전태일 현상은 세계노동운동사에서 비슷한 예를 찾아보기 어렵다. 일반적으로 대부분의 나라의 노동운동은 자조와 연대를 통해 힘을 키워 법을 제개정하거나 단체협약을 체결하여 근로조건 향상을 도모하려 한다. 그런데 법에 높은 이상이나 당위를 잔뜩 집어 넣은 한국에서는 전태일처럼 법을 지킬 것을 요구하고(처음에는 노동청에 진정을 했다), 지키지 않으면 엄벌을 요구하는 것이 가장 효과적인 노동운동 방법이다. 바로 이런 행태와 문화로부터 국가주의, 도덕주의가 자라난다. 검찰공화국도 이런 토양에 뿌리를 박고 있다.

1987년 이후 민주화가 진행되면서, 불법이나 변칙편법이 숨쉴 공간이 빠르게 사라져갔다. 근로자의 권리, 이익에 대한 정보, 지식이 늘어나고, 행정기관과 사법기관도 법대로 단속, 처벌을 할 것을 요구받았다. 하지만 법과 현실의 엄청난 괴리를 해소하는 입법 능력은 별로 향상되지 않았다. 그래서 민주화가 진전되면서, 온갖 희망사항을 열거해 놓은 법은 권리나 의무의 확인 소송과 법원의 판결을 통해 오랜 관행을 따르던 사람과 기업에게 큰 충격을 주고는 한다. 통상임금 관련 소송이나 최저임금 관련 주휴수당 제도 등이 그런 것이다. 경제나 시장을 규율하는 상법도 마찬가지였다.

> 우리의 시장구조, 기업구조, 기업경영 방식이 미국과 영국, 독일, 심지어 일본과 같지 않은데 우리는 이들의 상법을 거의 그대로 도입해 사용하며 시장의 규율을 관리하려 해왔다. 그 결과 편법과 탈법이 일상화되었으며, 심지어 누가 더 편법과 탈법을 잘하느냐에 따라 경쟁력이 정해지는 사회가 되었다. 재벌그룹이 우리 경제와 사회를 사실상 지배하고 있는데도 회사 관련 규정이 담긴 우리나라 상법에는 재벌이라는 개념이 아예 없다. 유럽 대륙에서 발전한 이 법은 우리나라식의 재벌을 염두에 둘 수 없었기 때문이다. 지금 우리는 재벌에 대한 규제를 공정거래법에 의거해 규정한다. 그 결과 무리와 왜곡이 생기게 되고 실효성을 확보하기 어렵다.
>
> (『생존의 경제학』 142쪽, 조윤제, 한울, 2017)

지난 60년간의 경제발전 과정에서 우리나라의 상법, 조세법, 금융관련 법, 공정거래법을 엄격히 적용했을 때 살아남을 수 있는 재벌은 과연 얼마나 되었을까? 지금도 과거 회계장부, 거래행위에 대해 법의 잣대를 엄격히 들이대 조사하면 아마도 법정에 서는 것으로부터 완전히 자유로울 기업인은 별로 없을 것이다. 이처럼 뒤지면 반드시 나온다는 인식은 여전히 기업인들로 하여금 정권에 줄을 대고 로비력을 확보해 이른바 보험을 들게 하는 현실을 만들고 있다.

(『생존의 경제학』 143쪽, 조윤제, 한울, 2017)

인간사회는 법 이상이 너무 높고, 당위가 많을수록 현실과 멀어지기 마련이다. 한국사회는 그 동안 법과 현실의 괴리를 변칙, 편법으로 완충하고, 국가는 적당히 눈감아주다가 간혹 선별, 표적 단속으로 '군기'를 잡았다

법 이상은 높고, 애매모호한 이현령비현령 조항이 많으면 선별적인 단속과 처벌을 할 수밖에 없다. 단속과 처벌의 시기와 대상(표적)은 권력의 재량이다. 법이 애매모호하면 해석 및 집행권을 쥔 국가(행정부처, 검찰, 법원 등)의 재량이 커진다. 이 권한은 민간(개인과 기업)을 잘 되게 하는 권한이 아니라, 주로 안 되게 하는 권한이다. 국민은 자신이 유리할 때는 법 준수를 부르짖고, 불리하면 '악법은 어겨서 깨뜨려야 한다'고 나서거나 아니면 변칙, 편법, 로비 등을 통해서 법의 맹점을 뚫으려 한다.

법 이상이 높으면, 법을 만들고, 집행하고, 해석하는 정치와 관료의 힘이 커지지 않을 수 없다. 자의적으로 행사되는 예측 불허의 국가·권력에게는 누구나 촉각을 곤두세워야 한다. 가진 것이 많은 사람들 일수록 권력에 대해서는 불가근 불가원의 예술행위(?)를 해야 한다. 자칫 권력에 너무 가까이 다가가면 2016년 말 대한민국을 뒤흔들었던 박근혜–최순실–이재용 추문, 이른바 국정농단 사건이 생기는 것이다. 국정원 특수활동비처럼 국가·권력이 대충 눈감아주던 변칙,

편법을 반칙, 불법으로 간주하면 수많은 사람이 범죄자로 되는 대란이 일어난다. 법과 현실의 간극과 법 조항의 애매모호함은 변칙, 편법이 들어설 공간이자, 행정사법 관료에 대한 로비의 이유이자, 공직 비리의 마르지 않는 샘이자, (권력을 놓치면 직권남용이나 직무유기 등으로 보복을 당하기에) 결사적으로 권력을 지켜야 하는 이유다.

계약·법 사회와 권력·도덕 사회

인간의 결합·협력의 근거는 기본적으로는 생물학적 본능(가족과 종족)이다. 그와 더불어 종교적, 도덕적 권위(하늘, 신, 성인, 성현)에서 오는 당위(천륜, 도리)일 수도 있고, 비용편익을 타산한 계약(거래)일 수도 있다. 상식적으로 상업·교역을 통해 생명 자원을 조달하게 되면, 계약(거래) 문화가 발달할 수밖에 없다. 가족을 제외한 다양한 사회관계(중간집단)가 비용과 편익을 따져 체결한 계약 관계라는 관념이 강하면 정직, 진실, 약속 엄수가 핵심 덕목이 된다. 개인, 가족, 기업, 마을, 지방의 자유 또는 권리이익 극대화가 중심가치로 되고, 보충성 원칙[31]이 거의 모든 사회관계(계약)를 관통한다.

사회·공동체의 결합·협력과 구성원의 권리·의무의 근거가 독립된 주체 간의 비용편익(이해타산)을 따져 체결한 계약인지, 아니면 하늘, 신, 황제, 성왕, 성인, 성현의 지엄한 명령인지가 국가와 사회의 특성에 지대한 영향을 미친다.

모든 계약은 당사자 간 합의(약속)와 그에 따른 책임을 전제로 한다. 따라서 압도적으로 우월한 힘을 가진 존재는 노예계약이라면 몰라도, 체결 당사자 간에 권리와 의무가 발생하는 계약은 잘 맺지 않으려 한다. 계약은 물리적, 문화적 거리가 비교적 먼 관계, 즉 언어,

---

31) 263쪽 보충성의 원리는 공동체의 종적 질서 구성원리. 자조와 자율의 원리. 연대성의 원리는 횡적 질서를 구성하는 원리. 한 마디로 자유와 평등. 구성원 간의 상호 자유 존중의 원칙, 권리 의무 평등의 원칙, 동고동락, 고통의 공평 분담의 원칙

종교, 문화, 인종, 민족, 혈연, 지연 등이 다른 사람들 간의 (거래) 관계를 규율할 때 절실히 필요하다. 폐쇄적 농경사회라서 지근거리에 살면서 서로 상거래를 하지 않는 관계라면 계약이 발달할 수가 없다.

중국과 조선은 압도적으로 우월한 힘을 가진 왕과 지배집단이 있었다. 폐쇄적 농업 기반 사회로 상업(교역)이 그리 활발하지 않았다. 농업의 특성상 조밀하게 살았다. 언어, 종교, 문화의 동질성도 비교적 높았다. 따라서 계약보다는 자제, 염치, 눈치, 인정, 온정, 배려, 왕따 등으로도 관계를 규율할 수 있었던 것이다.

지중해(에게 해), 발칸(그리스) 반도와 이탈리아 반도, 알프스와 피레네 산맥, 대평원, 라인 강, 다뉴브 강으로 특징 지워지는 유럽의 지리, 풍토, 민족 구성은 중국이나 중동(이라크와 이란)에는 일찍이 등장했던, 강력한 중앙권력을 허용하지 않았다. 지중해문명은 그리스 이래 지중해 연변의 수많은 독립된 정치체(폴리스)간 전쟁이나 교역(상거래=상호합의)으로 갈등을 해결하고 가치를 분배해 온 역사와 문화를 가지고 있다. 따라서 사회계약설이 나오기 훨씬 이전부터, 많은 사회관계를 계약관계로 본 것처럼 보인다. 그리스의 상거래 문화와 성경을 관통하는 신과 인간의 계약 사상으로 미루어, 서양은 사회계약 개념이 나오기 한참 이전부터 왕과 귀족, 왕과 교회, 왕과 자치도시, 영주-기사(귀족)-농민, 연방과 지방 등 제반 사회관계를 계약 관계로 본 것처럼 보인다. 그래서 유럽 왕실과 귀족은 조선 양반과 달리 전쟁이 터지면 앞장서서 싸우는 것을 지극히 당연시한 것처럼 보인다. 그것이 암묵적인 사회계약으로 되어 있었기 때문이다.

지중해문명은 자유정신과 광범위한 사적 자치에 입각한 계약과 상거래(교역, 무역)와 다양한 지역과 민족을 규율할 수 있는 보편타당한 법 관념을 낳았다. 자유정신은 남에게 피해만 주지 않으면, 내가 하고 싶은 대로 다하는 것이고, 자치정신은 우리끼리 알아서 할 테니

제3자는 개입하지 말라는 것이다. 비록 국가라 할지라도!!

하지만 동양문명의 원류인 중국(중원)문명은 진제국의 통일 이후부터 강력한 중앙권력이 있었기 때문에 제반 사회관계를 거래(계약) 관계로 본 흔적이 별로 없다. 진제국의 중원통일 전에 존재했던 춘추전국시대를 풍미한 제후국들도 그리 다르지 않았던 것처럼 보인다. 자유정신이 중심 가치로 되지 않으면 계약이나 보충성원칙이 들어설 자리가 없다.

'보충성의 원칙'은 개인과 지방(자치단체)과 국가의 관계에 있어서 문제 해결에 가장 가까이에 있는 당사자 또는 하부단위가 주도권을 쥐고 문제를 해결하여야 한다는 원리다. 국가·권력 혹은 상부 단위는, 개인, 마을, 지방 등 하위 단위 필요하다고 인정하는 영역에만 개입하라는 것이다. 한 마디로 하부가 위임한 것만 상부에서 처리하고, 하부가 위임하지 않는 것은 상부가 개입하면 안 된다는 원칙이다. 보충성 원칙은 자유정신의 발현으로 개인, 가족, 마을, 지방, 주州의 자유를 지키는 원칙이다. 보충성 원칙은 연방·중앙 정부와 주·지방 정부와 타운·마을(기초 자치단위) 간의 사회계약이라는 개념을 전제로 한다.

그런데 보충성원칙은 국가(중앙정부)와 지방정부와 마을 간의 관계도 관통하고, 국가와 개인 관계도, 국가와 시장 및 사회·공동체 관계도 관통한다. 개인 또는 개인이 결정, 통제가 쉬운 하부단위 우선 원칙이 관통하는 것이다. 보충성원칙은 모든 것을 책임지는(조정·통제하는) 전제적 국가·권력이 없어도 개인이나 하부(자치) 단위가 자율적으로 자유, 자치가 동반하는 갈등과 혼란을 제어할 수 있고, 공동체의 물리적 생존·번영과 사회적 조화·안정과 행복을 달성할 수 있다는 믿음이 튼실하게 뿌리 내리고 있어야 한다.

중국과 조선으로 대표되는 동양의 정신문화에는 자유자치 정신에 입각한 계약과 보충성 원칙보다는 공동체의 질서, 조화, 통합, 안정, 안전을 담보하는 좋은 통치(선정)가 정치철학의 근간이 되었다. 이로부터 천명사상이 나오고, 무질서를 가져올 수 있는 자유자치보다는 조화와 안정을 가져올 수 있는 도의, 도덕(인, 의, 예, 덕), 선정과 염치, 눈치, 온정, 배려, 복종 등이 강조되었다. 사회의 운영원리가 도덕과 권력이 되면 관찰, 의문, 의심과 비판적 토론 위에 서 있기 마련인 이성, 과학, 진리라는 개념도 흐릿할 수밖에 없다.

중국과 달리 상업을 천시한 조선은 계약 개념이 중국보다 훨씬 취약했던 것으로 보인다. 반면에 중국 고대 성왕(요순우탕)이나 세종의 맥을 잇는 훌륭한 통치자와 정부에 의한 통치 개념이 강했다. 북한이 주창하는 '위대한 어버이 수령과 자애롭고 세심한 어머니 당'은 국가에 대한 바람의 정수이다.

서양 사회는 많은 사회관계가 상호 합의한 계약과 보편 이성의 표현인 법으로 규율된다. 당사자의 정직, 약속 엄수가 중요한 덕목이 되고, 약속 미이행시 충격 분산완화 장치로써 보험과 당사자가 동의하는 분쟁해결 장치(재판 제도) 등이 발달한다. 또한 자유의지에 대한 존중과 전제적 국가·권력에 대한 의심이 기저에 흐른다. 따라서 국가와 시장사회 관계도, 국가(중앙)-지방-마을-개인의 관계도 보충성 원칙에 따라 권한과 책임, 권리와 의무 등이 정해진다.

결투와 용병 현상

법과 계약 중심의 서양 사회는 도덕권력 중심의 동양 사회에 비해 상대적으로 분권화된 사회이자, 사적자치 영역이 큰 사회이다. 서양에서 19세기 중반까지 존재했던 결투문화가 단적인 예이다. 당사자 간 약속(계약)의 무게도 동양과 확연히 다르다. 거짓말과 거짓 증언에 대한 혐오의 강도도 확연히 다르다.

디즈니 만화 영화(인어공주)에 나오는 인어공주와 마녀 간에도 계약이 체결되어 있었기에, 분노한 인어공주 아버지 '바다의 신' 의 번개 공격을 계약서로 막아낼 수 있었다. 나는 1990년 중반, 번개 공격을 계약서로 막아내는 장면을 보았는데 오랫동안 이해가 되지 않았다. 이런 법 관념 내지 계약문화가 신과 인간의 약속인 성경(구약, 신약)을 낳았다. 모세 십계명에서는 거짓 증언을 부모 불공경, 살인, 간음, 도둑질, 남의 소유물 탐냄과 같은 반열의 죄로 규정하였다. 하지만 동양에서는 거짓말이나 거짓 증언이 심각한 악덕이었던 경우는 별로 없었던 것으로 안다.

아무튼 약속(계약)과 정직을 엄청나게 중시하는 관념 내지 문화는 목숨과 돈을 바꾸는 용병제도를 낳고, 상호 합의한 규칙 및 심판 입회하에 당자자끼리 합의하에 생사를 다투는 살인조차 합법화하는 결투문화를 낳았다. 쌍방이 합의하에 '결투' 를 통해 갈등을 해결하는 문화는 미국과 유럽에서는 19세기까지 존재했다.

미국의 10달러 지폐의 인물인 알렉산더 해밀턴(1804년), 러시아의 시인 푸슈킨(1837년), 프랑스의 천재 수학자 갈루아(1832년), 독일의 사상가 라살레(1864년) 등은 다 결투로 인해 사망하였다. 프랑스의 경우 1626년에 결투를 불법화하였지만 잘 지켜지지 않았다. 해밀턴은 당시 연방 재무장관이었고, 결투 신청자 에런 버는 토머스 제퍼슨과 대통령 자리를 놓고 격돌하여 낙선한 후 연방 부통령을 하고 있었다. 그런데 당시 수도였던 뉴욕 주는 법으로 결투를 금지하였기에 강 건너 뉴저지 주로 가서 결투를 벌였다.

지금도 서양에서는 아이나 어른이나 싸움이 붙으면 주위 사람들은 말리기는커녕 한쪽이 항복할 때까지 구경하며 응원만 한다고 한다. 이는 안창호가 1902년 미국에 갔을 때 목격하고 크게 놀랐던 일이다. 미국 사람들이 싸움—조선 사람끼리 상투 잡고 싸웠단다—을 사인 간의 갈등 해결 수단, 즉 결투로 보았기 때문에 말리지 않은 것이다. 하지만 우리는 싸움은 일단 말려야 하는 것으로 되어 있고, 어른이 개입하는 것을 당연하게 여긴다. 서양의 결투 문화는 국가·권력이 사인 간의 갈등에 깊이 개입하지 않는 전통, 즉 광대한 사적자치를 용인하는 사상적, 문화적 뿌리가 깊다는 징표이다. 하지만 내가 과문해서인지 중국, 한국, 일본에서는 무술인들끼리 목숨을 건 '대련'은 있었을지 몰라도, 치정이나 모욕에 따른 상호 극심한 증오를 해결하기 위해 쌍방이 합의하여 '결투'를 했다는 얘기를 들어본 적이 없다.

상식적으로 당사자들끼리 어떤 규칙에 합의하여 갈등을 해결하는 것이 곤란하면 진실, 정의와 형벌을 독점한 국가(관)에 고소고발하여, 아니 무고라도 하여 국가 형벌권으로 응징할 수밖에 없다.

용병계약이 성립하기 위해서는 목숨과 돈을 주고받는 계약에 대한 신뢰는 물론(스위스 용병), 목숨에 대한 대가(급료) 지불수단이 있어야 한다. 이는 용병이 죽어도 그 계약이 이행되기 위해서는 용병 사후에도 이 계약을 받아 안을 용병이 소속된 어떤 공동체가 있어야 한다. 또한 지불수단이 가볍고, 필요하면 얼마든지 곡식이나 가축으로 바꿀 수 있어야 한다. 물론 계약 불이행시 가혹한 응징을 당한다는 믿음(사회문화) 및 응징 수단이 있어야 한다. 그뿐 아니라 용병이 임무 수행 후, 용병을 고용한 사람의 재산이나 권좌를 찬탈하지 않는다는 믿음도 필요하다. 사실 용병을 사서 쟁취한 권력이 도전세력이 없는 절대권력이라면 용병대장이 권좌를 차지하려고 할 것이다. 그런데 지중해권(유럽)의 권력은 절대권력은 아니었다. 서로 각축하는 수많은 정치체들의 하나였을 뿐이다.

그러나 중국의 황제나 고려·조선의 왕은 주변에 위협할 만한 권력이 없는, 일종의 절대권력이었다. 그런 점에서 용병 현상은 광대한 지역을 다스리는 절대권력이 없었다는 것을 의미한다. 용병을 살 수 있는 '부'를 가진 존재의 정치적 위상이 무력을 가진 존재의 그것보다 더 높았다는 얘기이다. 부와 무력을 교환할 수 있을 정도로 신뢰성 있는 지불수단(화폐· 은·금)과 계약문화도 있었다. 무력(권력)이 부를 지배하는 것이 아니라 부가 무력을 지배했다고 보아야 한다.

많은 사회관계가 권력과 도덕(염치, 인정, 온정 등)에 의해 규율되어 온 동양 사회는 자유의지를 불신하기에 국가·권력에 대한 기대어 조화·안정을 얻으려 하였다. 국가·권력이 정의롭고, 현능하고, 자애로운 존재가 될 수 있고, 권력자는 인과 덕과 예를 체현한 천재·성인·성군·군자가 되어야 한다고 생각한다. 사회의 운영원리상 그렇게 강변해야 한다. 이런 사회는 필연적으로 권력 과잉 의존 사회, 중앙집권 사회, 위계서열 사회가 된다. 이런 토양이었기에 개인주의, 자유주의가 아니라 국가주의, 공동체주의, 도덕주의가 깊게 뿌리를 내릴 수 있었던 것이다. 과거 조선, 지금의 북한(북조선)과 중국이 그 전형이다.

대한민국도 이런 동양적 전통을 상당 정도 가지고 있다. 군사부일체 운운한 조선과 북한처럼 제반 사회관계를 가족관계의 연장으로 보게 되면, 인간적 도리, 도의, 인의仁義, 예의禮儀[32], 온정, 염치, 자제, 조화, 안정, 선정(좋은 통치) 등이 핵심적인 덕목으로 부상할 수밖에 없다. 헌법 전문에 명기된 '자유와 권리에 따르는 책임과 의무' 같은 '거래형평' 관념도 사회에 깊게 뿌리내리기 어렵다. 개인, 가족, 기업, 마을, 지방의 자유가 중심 가치가 되면 자위自衛, 자조自助, 자치自治, 자율(책임), 계약, 정직 같은 덕목이 핵심 덕목으로 부상한다. 자조에 기초한 연대 조직(협회, 소사이어티)도 발달하고, 위험을 분산·완충하기 위한 보험제도도 발달한다. 권력의 약탈적, 억압적 성격이 특별히 약했고, 종교나 도덕으로 사회를 촘촘히 규율하려 하

---

32) 존경의 뜻을 표하기 위하여 예로써 나타내는 말투나 몸가짐.

지 않은 스코틀랜드에서 상업, 무역, 계약, 보험이 발달하고 개인주의, 자유주의[33] 사상이 튼실하게 뿌리내린 이유다.

인간 완성에 대한 믿음

전근대사회의 특성을 결정하는 큰 변수 중의 하나는 신에 대한 관념과 제정일치祭政一致 혹은 정교일치政敎一致 여부이다.

야훼와 알라로 불리는 우주만물의 창조자·주관자인 유일신이자 인격신을 믿는 기독교와 이슬람 문화권은 도덕적 종교적 권위와 세속적 정치권력이 분리되어 있다. 왕이든 제사장이든 학자든 그가 인간인 이상 지적, 윤리적으로 한없이 부족하다는 관념이 있다. 단적으로 성경은 사울 왕, 다윗 왕, 솔로몬 왕 등 한 때 신으로부터 권능과 축복을 받았던 왕들의 허물과 타락을 얘기한다. 이스라엘 민족의 조상인 아브라함의 아들인 이삭과 그 부인 리브가의 자식에 대한 편애─이삭은 먼저 나온 쌍둥이 '에서'를 편애하고, 리브가는 뒤에 나온 쌍둥이 야곱을 편애했다─와 장자 축복 가로채기도 서술한다. 이렇듯 성경에 집약된 히브리의 인간관은 인간완성(무한도야) 가능성을 부정한다.

유대, 그리스, 로마, 북유럽, 중동 등 서양의 신들은, 동양의 하늘(天)과 달리 인간의 형상을 띠고, 인간의 감정(희로애락 등)을 그대로 가지고 있다. 하지만 인간과 달리 죽지 않고, 인간보다 월등한 힘을 가지고 있을 뿐이다. 올림푸스 산에 모여 산다는 그리스의 신들은 인간적 욕망과 결점을 그대로 가지고 있다. 신조차 인간적 욕망과 결점을 가지고 있는데, 인간은 말할 필요가 없다. 따라서 권력자의 지성과 덕성의 완성을 믿지 않고, 여기에 의존하기보다는 권력자를 규율

---

33) '자유주의는 일단 자유에 대한 믿음이라고 정의될 수 있지만, 수많은 자유주의자들이 동의하는 것은 딱 여기까지이다. 그 다음부터는 모든 것이 논쟁의 영역이다.'(『보수의 재구성』 77쪽, 박형준·권기돈)

하는 법과 제도에 의존하여 그 악덕을 제어하려 한다. 인간인 권력자가 지적, 도덕적으로 완전하지 않고 법은 보편 이성을 구현한다는 전제 위에 삼권분립과 법치주의 등 민주주의·공화주의 원리가 서있다.

그러나 도덕과 권력 중심의 동양 사회는 서양의 신이 하는 많은 역할을 현실의 권력, 즉 인간 권력자(성왕, 성인, 군자 등)가 해야 한다. 그러니 권력자는 인간의 욕망과 결점을 극복해야 한다. 아니 극복할 것을 요구받고, 극복한 것처럼 위선을 떨어야 한다. 높은 도덕적 이상과 다스리기 힘든 인간적 욕망의 간극은 조선과 북한이 전형적으로 보여 주었듯이 위선과 거짓, 정보와 사상의 통제로 메울 수밖에 없다.

일본은 기독교나 이슬람교가 믿는 신 개념도 없었고, 대부분의 시기에 일본 천황은 중국의 천자보다는 유럽의 교황과 비슷했다. 중국의 천자는 신해혁명으로 공화국이 들어설 때까지 '하늘로부터 천명을 받은 최고 권력자'의 지위에서 내려오지 않았으나, 일본 천황은 중국 천자 같은 지위에도 잠깐 있었지만, 대부분의 시기에는 권력과 무관한 제사장[34] 같은 존재였다. 일본은 가마쿠라 막부(1185년~1333년)→무로마치 막부(1336년~1573년)→토쿠가와 막부(1603년~1868년, 에도 시대)로 이어지면서 대체로 막부의 쇼군이 권력의 중심이었고 천황은 종교적, 의례적 존재였다. 1443년 일본을 방문한 신숙주가 쓴 『해동제국기』에 일본 국왕은 쇼군이고, 천황은 국정과 무관한 존재로 이름만 기록하였다.

프러시아 헌법을 모방한 메이지 헌법에 의해 전제군주 반열에 올랐고[35] 2차대전 전에는 살아 있는 신처럼 여겨지기도 했지만, 실제

---

34) 기독교에서는 제사장은 땅의 일을 하나님께 고하여 속죄를 비는 존재이고, 왕은 세상을 다스리는 존재이고, 선지자는 하나님의 소리를 땅에 전하는 존재이다. 선지자는 오늘로 치면 인간과 우주의 원리를 탐구하는 지식인이나 과학자가 아닐까 한다.

35) 천황에게 국가원수, 외교권, 계엄권, 입법권, 의회의 개폐와 해산권, 사법권과 육해군 통수

정치권력을 행사한 적은 없다. 일본 천황가가 유례없이 긴 연속성을 가지게 된 것은 권력을 가지지도 않았고, 가져도 행사하지 않는 일종의 상징적 원수(사실상 제사장) 같은 존재였기 때문이었을 것이다. 그러니 권력을 탐하는 쇼군이나 유력 다이묘가 찬탈할 만한 가치가 없었다고 보아야 한다. 특이한 것은 일본의 최고 권력자인 쇼군도 '용비어천가' 식 신성으로 자신의 권위를 정당화하지 않았다는 사실이다. 학식과 덕망이 높은 존재도 아니요, 위인으로 자처하지도 않았다. 종교적, 도덕적, 사상적, 지적 권위도 없는 가장 힘센 다이묘였을 뿐이다.

중국과 조선의 최고신은 '천(天)'이었다. 주나라 사람들이 숭배한 '천'은 우주 삼라만상을 창조한 조물주, 천지자연의 법칙을 운행하고 인간사를 제어하는 규제자, 천벌을 내리는 불가항력적 존재요, 덕 있는 사람에게 천명을 내리는 절대신이었다. 천자는 천명을 받고, 이를 구현하는 존재이다. 그런 점에서 도덕적·종교적 권위와 세속적 정치권력이 일체화된 존재였다.

조선의 왕은 천자의 신하(제후)로 자처하여, 형식적으로는 천자의 책봉을 받았다. 하지만 내적으로는 천자처럼 천명[36]을 받아 수행하는 존재로 여겨졌다. 성현은 기독교식으로 말하면 신의 뜻을 전하는 선지자 같은 존재였기에, 왕이 존숭하고 경청하면 되는 존재였다.

아무튼 왕을 하늘의 뜻을 잘 받드는 전설적 성왕에 근접시키기 위해, 조선은 그 어떤 문화권에서 찾아보기 힘든 다양하고 치밀한 제도적 장치를 만들었는데 세자책봉제도, 경연제도, 언관제도, 상소제도,

---

권을 부여했다.

36) 천명사상: 우주 만물을 지배하는 하늘의 명령에 따라 땅위의 성현이 나라를 통치한다는 정치사상으로 유교에서 나와 제자백가의 논의를 거쳐 정치원리가 되었다.천명은 운명과 같은 뜻으로 쓰였다. 『논어』에 '오십에 천명을 안다(五十而知天命)' '우리를 아는 것은 하늘인가' 라는 말을 비롯하여 '사람의 할 일을 다하고 천명을 기다린다(盡人事而待天命)' 는 말이 있다. (《네이버 지식백과》 천명 [天命], 『두산백과』)

사관제도, 실록제도 등이 대표적이다. 인간은 자신의 일탈 충동을 법(규제와 형벌)과 계약 같은 외적 규율과 양심, 소명의식, 윤리도덕 같은 내적(자기) 규율로 억누른다.

인간은 전지전능한 초월신이 내려다보고 있으면, 초월신의 눈을 의식한다. 초월신이 없으면 남(뭇 사람들)의 눈(평판)을 의식한다. 소속 집단의 요구, 기대, 질투 등을 항시 의식해야 한다. 이것이 염치요, 눈치이다. 사물의 개별적 특징보다 전체와의 관계나 조화를 먼저 살피는 것은 동양인의 유전적 특징인지, 초월신이 없는 폐쇄적 농경 사회의 정신문화적 특징인지는 알 수 없다. 아무튼 중국과 조선으로 대표되는 동양인은 서양인에 비해 공동체의 눈이나 도덕감정을 강하게 의식한다는 것은 확실하다. 외적 규율 장치가 없는 최고 권력자를 규율하기 위해 역사신이라도 만들어야 한다. 이것이 왕의 일거수일투족을 감시하고 기록하는 사관의 역할이었다. 『조선왕조실록』이 탄생한 이유이다.

이 모든 것이 실패할 경우에 대비한 역성혁명론도 있었다. 마이클 브린은 조선왕에 대해서 "인간적 욕망을 억눌러 완성된 인간이 되도록 몰아갔다. 미쳐 버릴 정도로 혹독하게 단련하였다"고 말했다.

하지만 조선의 신료들은 왕이 예와 인과 덕을 겸비한 전설적 성왕이 되는 것이 가능하다고 믿지는 않았을 것이다. 조정 대신들(언관 포함)은 성왕이나 성군의 이름으로 모든 권력을 왕에게 집중시키고, 성군의 이름으로 왕을 옭아매고 실제 권력은 자신들이 휘둘렀다고 보아야 한다. 이들은 항시 왕의 이름(어명)으로 정치적 경쟁상대를 누르고, 자신들의 사리사욕을 채웠다. 그런데 이 현실의 왕(연산군 등)은 성왕의 이름으로 만든, 예법의 감옥에서 탈출하기도 하였다. 그러면 (중종)반정 등으로 왕을 죽이고, 만만한 왕을 세워 권력을 휘두르고, 왕은 왕대로 때론 (조광조 같은) 도학 근본주의자들을 내세워 조정 중신들을 탄핵하기도 하고, 그것이 과하면 도학 근본주의자들을 탄핵하기도 하였다. 그런데 대부분의 왕들은 신료들과 양반사대부들의 눈치를 보면서 허수아비 성왕으로 처신하다가, 간혹 전제적 군주 권력을 행사하였다. 그럼에도 조선의 실질적인 지배층인 양반사대부 집단 전체의 이해관계를 건드리지는 못했다. 이는 조선 중기 이후 망할 때까지 지속된 빈약한 재정과 상비군이 말해 준다.

조선은 문묘를 만들어 도통道統도 세웠다. 1407년(태종 7년) 한양에 성균관 문묘를 완성하여 대성전에 공자와 4성聖(안자, 증자, 자사, 맹자)을 모시고, 그 밑에 공문 10철(공자 문하의 10명의 제자들인 안회, 민자건, 염백우, 중궁, 재아, 자공, 염유, 자로, 자유, 자하)을 배향하였다. 시간이 가면서 나중에는 송나라의 대유학자(정호, 정이, 주희 등 송조 6현)와 고려·조선의 대유학자(동방 18현)들도 도통에 밀어 넣었다. 도통은 중세의 교황과는 다른 존재였다. 대체로 이미 죽은 훌륭한 스승들의 계보였다고 할 수 있다. 이렇듯 조선은 왕도, 신하도, 재야 선비까지 모두 인덕과 학식을 높이 쌓아 하늘의 명과 성현의 가르침을 따라 – 성왕과 군자(선비)가 되어 백성을 다스려야 한다고 생각했다.

도덕적·종교적·사상적 권위와 세속적 정치권력이 일체화되면, 그것도 인간 완성이 가능하다고 믿고, 이를 현실적 목표로 두면 필연적으로 지배 엘리트층의 위선, 사기, 비판 억압, 정보지식 통제 등이 따를 수밖에 없다. 수령이 불세출의 위인(군사적 천재이자 자애로운 어버이)임을 강조하는 북한이 그 전형이다. 마오쩌둥과 스탈린 체제도 그랬다. 조선은 말과 행동을 통제하는 '예'로, 북한은 공산주의 도덕으로 온 사회를 규율하려 했기에 자유에 대한 억압이 극심할 수밖에 없었다.

지방정치체와 큰손 부재

국가(중앙권력, 지배 엘리트)와 지방권력(지배 엘리트)의 상호관계, 즉 각각의 권한(역할)과 책임(의무)도 국가와 사회의 특성에 큰 영향을 미친다. 물론 이는 정치학, 행정학, 역사학의 오래된 연구 주제이다.

중국 진시황이 틀을 잡은 군현제(중앙집권체제)와 중세 유럽 및 일본(에도시대) 등이 채택한 봉건제(지방자치 분권체제)가 그 전형이다. 봉건제(지방자치 분권체제)는 국가(중앙) 지배 엘리트의 관점에서 보면 지방민에 대한 대리 통치체제요, 일정한 자치권을 가진 지방 정치체들 간의 공공서비스 품질(식산흥업) 경쟁을 유도하는 체제이다. 또한 주민과 정치권력간의 간극을 좁혀 지방권력이 주민의 이해와 요구에 민감해지도록 만드는 체제이다. 그런 점에서 현대 민주주의와 공화주의로 쉽게 전화가 가능한 체제이기도 하다.

하지만 관점을 달리해서 보면, 지방자치 분권체제는 봉건영주 등 지방 엘리트들의 사적 지배체제요, 상시적으로 국가(중앙)에 대한 지방정치세력의 반란 위험을 안고 있는 체제요, 지방정치세력 간 과도한 갈등(전쟁) 위험이 상존한 체제다. 따라서 지방정치세력을 통제할 중앙의 무력, 부력, 사상이념적 권위 등이 없다면, 또 지방정치세력이 분리독립할 유인을 억제하는, 발달된 시장(분업-협업-교역) 시스템이 없다면 채택하기 곤란한 체제이다.

이는 전근대사회의 특성뿐만 아니라 현대 민주공화국의 정치, 경제(시장), 사회, 문화의 특성에도 지대한 영향을 미친다. 스위스, 미국, 영국 등 중앙권력이 지방으로 잘 분산된 나라는 시장 시스템과 사회·공동체가 자원을 배분하고 갈등을 조정하는 데 큰 역할을 한다.

최윤재는 공공선택이론(public choice theory)[37] 내지 국가지배운영구

---

37) 공공선택이론(public choice theory)은 '비시장(non-market)적 의사결정에 관한 경제학적

조(중앙집권과 지방분권) 관점에서 조선과 대한민국의 흥망성쇠를 설명하였다. 그뿐 아니라 17~20세기 조선과 일본, 유럽의 엇갈린 운명도, 21세기 들어 중국과 대한민국의 발전 격차도 설명하였다. 그는 조선과 일본, 유럽의 엇갈린 운명은 잘 작동하지 않는 중앙집권제와 잘 작동한 지방분권제에서 찾았고, 공산당 일당독재 하에서 고도성장하는 중국과 민주주의 하에서 소모적 갈등과 정치적 혼미가 계속되는 대한민국도 잘 작동하는 독재와 잘 작동하지 않는 민주주의에서 찾았다.

즉 제도가 (일반적인 진화 발전 추세에서) 앞섰다고 해서 사회가 발전하는 것은 아니라는 얘기이다. 일반적으로 지방분권과 봉건제(세습 영주와 가신)에 비해 중앙집권과 직업관료제가 선진적인 제도이다. 또한 일당 독재에 비해 민주주의(복수정당제와 공명선거를 통한 평화적 정권교체 등)가 선진적인 제도이다. 하지만 잘 작동하지 않는 중앙집권-관료제도 있고, 잘 작동하지 않는 민주주의도 있다. 최윤재는 『큰손과 좀도둑의 정치경제학』(나무와숲, 2002)에서 '한국 정치경제의 허약성'의 핵심 이유로 '큰손 부재-좀도둑 기승'을 들었다. 조선 사회의 흥망성쇠도 당시의 문명(기술) 수준에 비해 지나치게 앞선 중앙집권적 관료제(군현제)의 짧은 작동(태종, 세종 시대)과 긴 오작동에서 찾았다.

큰손은 곧 큰도둑인데 사익과 공익, 즉 개인적 이익과 공동체 전체(국가, 봉토, 정당, 기업 등)의 이익이 거의 일치하는 존재이다. 나라 전체를 가산家産으로 물려받는 왕, 봉토를 가산으로 물려받는 봉건영주(제후), 권좌를 뺏길 위험이 없어서 자신의 중장기적 구상대로 나라를 끌고가는 독재자(중국공산당이나 박정희 등), 1987년 당시 통일민주당의 김영삼이나 평화민주당의 김대중처럼 당을 완전히 장악한 총

연구'라고 정의된다.

재 등을 농반진반으로 부르는 말이다. 최윤재가 한국 정치경제의 허약성을 말하기 위해 주로 분석한 큰손은 왕이나 봉건영주 등 관할 영역(정치체)의 주인으로서, 그 구성원(백성, 주민)들이 필요로 하는 제도적, 물리적 공공재를 공급하는 존재이다. 이들이 공급하는 공공재는 안보, 치안, 재산권, 공정한 법과 재판제도, 직업윤리, 도량형, 도로, 교량, 저수지, 상하수도 등이다.

최윤재는 큰손과 좀도둑의 차이를 이렇게 설명했다.

> 좀도둑은 천 원짜리 물건을 훔치면서 만 원짜리 유리창을 깨는 식의 일을 밥 먹듯 하여 사회에 피해를 준다. 유리창은 남의 것이기에 서슴없이 깨는 것이다(중략) 그러나 큰 도둑은 다르다. 집을 통째로 뺏을 수 있는 큰 도둑은 자기 것이 될 유리창을 함부로 깨지 않는다. 달리 비유하자면, 양치기는 자기 양을 굶겨 죽이든 잡아먹든 마음대로 할 수 있지만, 바로 자신의 이익을 위해 수고롭게도 양을 먹이고 돌본다. 마찬가지다. 한 사회를 힘으로 완전히 장악해 마음만 먹으면 모든 것을 빼앗아 갈 수 있는 아주 큰 도둑은, 양을 키우듯 스스로 사회의 안전과 번영을 지키게 된다. 사회가 잘살아야 그 주인인 자신도 그만큼 잘살게 되기 때문이다. 양치기가 늑대를 쫓아내듯 큰 도둑은 좀도둑을 막고 도둑질을 독차지하는데, 이때도 함부로 빼앗아 가는 것은 되도록 삼간다. (큰도둑은) 스스로 앞장서서 자신의 주머닛돈을 털어 치안, 소방, 도로건설과 같은 공공재를 대기도 한다. 공공재를 대는 책임을 자청하고 나서서 사회를 다스리는 것, 그것이 바로 큰도둑의 본업이다. 중국 춘추전국시대에 '公(공)'은 곧 제후를 가리키는 말이었다.
>
> (『큰손과 좀도둑의 정치경제학』 73~74쪽)

입만 열면 국리민복이나 신민(백성, 주민)을 들먹이며 이타주의의 화신으로 자처하는 큰손을 큰도둑과 그리 다르지 않게 보는 것은, 큰 이기심(私益)과 이타심(公益)이 일치한다는 장자나 한비자의 통찰과 부합한다. 일찍이 장자는 "작은 도둑은 잡히고 큰 도둑은 제후가 된다"고 하였다.

> 민주적으로 공공선택을 하는 재주가 크게 모자랄 때에는 공공선택을 포기한 채 모래알처럼 흩어져 사는 것보다는, 힘센 자가 앞장서서 혼자 공공선택 결정을 내리고 이를 힘으로 밀어붙이는 것이 오히려 효율성을 높인다….자유주의자 존 스튜어트 밀은 대의정부를 주장했던 사람이지만, 역사발전 초기 단계에서만큼은 대의 정부보다 오히려 절대군주제가 더 알맞다고 주장한 바 있다…물론 군주가 착한 독재자라 전제하고 하는 이야기다.
>
> (『큰손과 좀도둑의 정치경제학』 73쪽)

수천 년 동안 거의 모든 문화권에서 왕이 존재했던 것은 이 방식 외에는 공동체가 필요로 하는 공공재를 공급할 방법이 마땅치 않았기 때문이다.

> 큰 도둑이 백성을 먹여 살리는 것이나, 양치기가 양을 기르는 것이나 다들 자신을 위해서다. 하지만 겉으로 드러나는 모습은 이타주의와 별 차이가 없다. 아담스미스가 경쟁시장에서 보이지 않는 손을 발견했듯이, 큰 도둑이 자신의 이익을 밝히는 과정에서 남 좋은 일을 하게 되는 것을 올슨은 또 다른(시장이 아닌-필자 주) '보이지 않는 손'의 작용이라고 부르기도 했다. 큰 도둑이 나타나 나라를 세우고 왕 노릇을 하는 곳에서 대개 사회는 안정되고 경제는

성장했으며, 나아가 문명도 발달했다. 가장 중요한 이유는 정부가 생겨나 공공재가 불완전하나마 비로소 생겨나기 때문이다.

(『큰손과 좀도둑의 정치경제학』 76쪽)

최윤재가 제안하는 프레임(안경)으로 한국사회를 바라보면 온통 '천 원짜리 물건을 훔치기 위해 만 원짜리 유리창을 깨는' 좀도둑 천지이다. 좀도둑의 선두에는 국가의 중추기능을 틀어쥐고 있으면서도 국민 전체의 이익을 뒤로하고, 자신들의 단기적이고 협소한 이익을 추구하는 정치인, 정당, 공무원, 국회 등이 있다.

따지고 보면 지금 한국사회는 공공적 역할을 전제로 특별한 법적 보호를 받거나 특권, 특혜를 제공받는 거의 모든 존재들이 좀도둑으로 변모했다. 노조와 농협은 집단이기주의 내지 지대추구의 화신처럼 되었다. 정당은 출마자 카르텔처럼 되고, 대학은 학생이 아니라 교수를 위해 청춘들을 붙잡아 놓고 쓸모없는 지식과 학위를 제공하는 곳이자 거대한 고시·공시 준비장처럼 되었다. 군인은 군복 입은 직업 공무원이 되고, 직업 공무원은 안정된 직장과 후한 연금, 적은 책임에 많은 권한을 휘두르는 팔자 좋은 직장인처럼 되고, 국회의원은 연봉 1억 몇 천짜리 계약직 공무원처럼 되었다.

이는 근원적으로 '다수 지배 체제'인 '민주주의'의 작동 조건을 제대로 살피지 않은 탓이다. '다수의 이익'을 위해서는 '다수의 현명한 결정'을 유도하는, 소수의 공인(큰도둑)이 건강하고 튼실해야 한다는 사실을 잊었다는 얘기이다.

최윤재는 '봉건제는 대리인이 아닌 주인(봉건영주)이 직접 다스리는 체제인 만큼 지배층의 주인의식이 굳건하며, 힘이 한 갈래인 중앙집권적 관료제에 비해 봉건제는 여러 갈래로 나뉜 힘을 바탕으로 견제와 균형을 자생적으로 발전시킨다'(79쪽)고 했고, '봉건제는 원래 관료제보다는 뒤떨어진 제도로, 중앙권력이 그만큼 세지 못하여, 또는 넓은 영토를 다스릴 능력을 제대로 갖추지 못하여 왕과 지방 봉건영주들 사이에 동맹관계를 맺는 데 그친 느슨한 체제다'(81쪽)고 했다.

회사의 경우 감독이 쉬우면 본사 직영으로, 감독이 어려우면 독립채산으로 운영하는 것이 보통이다. 자동차 정비업은 정비를 엉터리로 해도 잡아내기 쉽지 않기 때문에 프랜차이즈 형태로 운영되며, 연료만 파는 주유소는 영업내용이 단순하기 때문에 본사직영으로 운영되는 것이 일반적이다. 또 일 년 농사로 끝나는 논밭은 소작을 주는 경우가 많지만, 장기 투자가 필요한 과수원은 대개 주인이 직접 농사 짓는데, 대리인은 장기 투자를 제대로 하지 않기 때문이다. 논밭의 경우에도 대리인은 장기적인 토질개량에 힘쓰지 않는다. 때문에 농사를 짓더라도 노예제로는 생산성 향상이 거의 없으며, 소작제는 이보다 다소 낫지만 만족스럽지 않고, 자영농이 돼야 비로소 생산성 향상이 눈에 띄게 나타나는 것이다. 우리나라 재지 양반의 경우 16, 17세기까지는 노비를 이용한 직영지 경영이 큰 비중을 차지했는데, 18세기에 농업의 집약화가 진전되면서 비효율의 문제가 커졌다. 이에 따라 18세기 무렵부터 양반들은 소작 부치는 지주로, 직영지의 노동력이던 노비들은 영세하지만 독립한 소농으로 바뀌어 갔다.(83쪽)

한국과 중국의 민주주의와 시장경제의 문제는 대리인 감독기술이 충분히 발달하지 못한 상태에서 관료제(군현제)라는 본사 직영체제를 수백 년 동안 고집하였다는 것이다.

중앙정부가 강할 때는 관료제가 좋을 수 있지만, 중앙정부가 약해지면 관료는 흔히 작은손 또는 좀도둑이 되어 부패를 일삼는다. 이렇게 되면 나라는 더욱 약해지고 특히 지방 단위에서는 공공재 공급이 어려워진다. 반면 봉건제에서는 나라가 쪼개진 상태이기 때문에 나라 전체로 보아서는 대규모 공공재 공급이 상대적으로 어렵고, 이에 따라 경제성장이 더디게 이루어진다. 그러나 나름대로 독립된 주인인 봉건영주는 자신의 영지에 대해서는 (그 안에서는 자신이 큰 손이므로) 공공재를 적극 만들어 대며, 중앙정부가 약하다고 해서 부패할 일도 없다. 자기 것을 새삼 훔칠 일이 없기 때문이다.

(『큰손과 좀도둑의 정치경제학』 84쪽)

관료제(군현제)에서 나라의 주인은 왕이고, 공공재를 대는 책임도 왕에게 있다. 왕이 큰 손 노릇을 제대로 한다면 넓은 지역에 공공재를 대기 때문에 나라 발전에 많은 도움을 줄 수 있다. 서유럽과 일본에서 조각나 있던 봉건사회가 근대국가로 통합되면서 나라가 발전한 것은 이 때문이다. 그러나 이런 나라들의 관료제는 중앙집권제이긴 하지만 그 안에 봉건적인 전통을 강하게 이어받은 것이었다.

(『큰손과 좀도둑의 정치경제학』 84쪽)

조선의 태종, 세종, 세조 때처럼 왕과 재상 등 중앙 관료가 제 역할을 한다면, 중앙집권 관료제(군현제)는 급속한 발전의 동력이 된다. 원래 중앙집권적 관료제(군현제)는 조선의 태종, 세종, 세조 통치 시기처럼 왕과 재상 등 국가(중앙)권력의 지성과 덕성이 뛰어나면 유럽, 일본 등에 보편적이던 지방자치분권적 봉건제보다 훨씬 경제사회 발전이 빠르다. 예컨대 1983년 이토 준타로 등 일본 도쿄대 연구진이 편찬한 『과학사기술사사전』에 따르면 1400~1450년 사이의 세계 과학기술사의 주요 업적을 국가별로 분류하면 한국 21건, 중국 4건, 일본 0건, 동아시아 이외 전지역(유럽, 중동 포함) 19건이다. 박현모에 따르면 한국의 주요 업적의 대부분은 세종 재위 기간(1418~1450)에 만들어졌다.

하지만 국가(중앙)권력이 혼미무능하면, 즉 왕이 혼미하거나 허수아비이고 실권을 도둑이 되기 십상인 양반·사족이나 세도가들이 쥐게 되면, 벼슬을 돈 주고 산 지방관과 (지역민에 대한 책임성이 없는) 아전과 재지 양반·사족의 결탁에 의한 가렴주구가 극심할 수밖에 없다. 세습 봉건영주에게 백성(영민)은 '나의 백성'이지만, 시험을 통해 임용되거나 연줄이나 돈으로 벼슬을 산 관료(지방관)에게는 '왕의 백성'이기 때문이다.

특수이익(사익)을 위해 보편이익(공익)을, 단기적 이익을 위해 중장기적 이익을 희생시키는 충동을 제도나 리더십을 통해서 제어하지 못하면, 백성에 대한 가렴주구를 넘어 자연(환경)과 미래세대에 대한 약탈(부담 전가)로 나아가게 되어 있다. 이 참상이 19세기 말 조선 사회를 살펴본 외국인들의 얘기(조선 여행기) 속에 넘쳐난다. 그런데 지금 대한민국의 핵심 모순부조리도 과거 조선과 다르지 않다.

한국형 규제; 1987체제의 최대 병폐

권력의 핵심은 법과 공적 강제력이고, 법의 핵심은 규제와 형벌이다. 규제는 국민의 자유와 권리(재산권, 경제적 자유권 등)에 대한 제한 또는 의무 부과를 의미한다. 부실한 법은 부적절한 규제와 형평성을 잃은 형벌이고, 부적절한 규제란 과다하고, 경직되고, 사익(기득권) 편향적인 규제를 말한다.

한국은 규제를 매우 협소하게 해석하고, 규제의 패악을 과소평가한다. 부적절한 규제와 세계화, 자유화, 민주화, 지식정보화에 힘입어 사익을 좇아 역동적으로 움직이는 경제사회주체의 모순이 1987체제의 핵심 병폐(만성질환)의 원인이라는 것도 잘 인식하지 못한다. 또한 법규제 개혁이 엄청나게 어려운 문제지만 국운을 가른다는 사실도, 규제의 주범이 법률이기에 이를 만들고 고치는 정치(인), 정당, 국회의 책임이 압도적으로 크다는 사실도 잘 인식하지 못한다.

규제, 법, 국회, 정치로 향해야 할 분노가 출구를 찾지 못하자, 엉뚱하게도 대한민국 모순부조리와 관련하여 큰 책임이 없는 재벌·대기업, 직업공무원, (정체를 알 수없는) 신자유주의 사조와 주사파·386 운동권·빨갱이·민주노총 등에 대한 성토로 과도하게 쏠린다.

한국은 규제를 매우 협소하게 해석한다. 행정규제기본법(제2조)에서 행정규제란 '국가나 지방자치단체가 행정 목적을 실현하기 위하여 국민의 권리를 제한하거나 의무를 부과하는 것'으로 정의하고, 법 시행령 제2조에서는 행정규제의 구체적 범위를 적시해 놓았는데, 그것은 법률사항을 제외한 대통령령 이하를 규제로 간주했다. 행정부로서는 당연한 일이다. 그럼에도 규제의 본체이자 골조인 법률이 시시비비 대상에서 빠져 버린 것은 분명하다. 물론 국회는 법률을 제 개정하면서 대체로 정부의 청부 입법인 경우가 많기에 많은 재량권을 행정부와 대통령령에 위임해 왔다. 그러니 부적절한 규제의 상당수는 대통령이 결심하면 고칠 수 있긴 하다. 하지만 현능한 대통령이 나와서 대통령령 이하의 규제를 손본다면, 그 동안 규제 이익(지대)을 챙겨온 많은 이익집단들은 국회에 로비해서 법률로서 자신들의 기득권을 지키려 할 것이다.

한국형 규제, 즉 과다하고 경직되고 사익편향적인 규제 모태는 동양(중국문명), 조선, 대한민국이 공유하는 질긴 습속(정신문화 등)과 1963체제(국가주도 발전체제) 및 1987체제의 유산인 헌법 및 법률, 그리고 1987년 이후 형성된 (민주진보의 공세, 보수 수세의) 정치지형이다.

규제를 국가가 개인, 기업, 민간, 시장, 사회에 강제하는 어떤 기준이라고 본다면, 한국은 다른 선진국에 비해 규제가 많아야 하고 많을 수밖에 없다. 기본적으로 시장의 불균형이 심하고 사회·공동체는 모래알인데, 조직된 이익집단(노조, 협회 등)들은 지대추구적이고(보편적인 룰이나 공정한 시장가격을 추구하지 않고), 사회안전망 취약 등의 이유로, 우월적 존재들의 갑질이나 혁신적 생산자들의 영역 침범에 우는 '을' 들이 국가의 보호를 원하기 때문이다.

그래서 규제개혁의 대원칙으로 오랫동안 '명시적으로 금지되지 않는 것은 다 허용된다' 는 네거티브 원칙(negative rule)을 이구동성으로 부르짖어 왔지만, 현실정치는 혁신적 공급자의 영역 침범이든, 우월적 지위를 가진 존재의 갑질이든 아무튼 피해자들이 피눈물을 흘리면 그 원칙을 견지하기가 쉽지 않다. 다시 말해서 한국사회 특유의 극렬한 저항수단이라 할 수 있는 목숨을 건 단식농성, 고공(점거)농성, 분신자살과 영정을 앞세운 시위는 논리가 어떻든 강력한 힘을 가진다.

보수와 진보도, 공무원과 언론도 사건, 사고가 생기면, 그 위험이나 참상에만 주목하여 비용 생각 하지 않고, 강한 규제(높은 표준)로 민간사업자를 옭아매는 방식으로 대응해 왔다. 이렇게 만들어진 규제는 지방의 자율성도 별로 없다. 사람, 기업, 지역의 처지, 조건이 천차만별인 5천만 대국에서 전국적, 일률적 규제가 가해지면, '악' 소리가 나는 곳이 부지기수일 수밖에 없다. 이것이 규제가 암으로 원수로 손톱 밑 가시로 인식되는 이유 중의 하나이다.

규제의 양산공장, 헌법과 습속

1987년 헌법에는 국가의 보장[38]이 총 24번, 보호가 총 13번(정당, 모

---

38) 보장 대상은 '공무원의 신분과 정치적 중립성' (제7조) '복수정당제' (제8조) '불가침의 기

성, 여자 및 연소자 근로 등), 보호·육성이 2번, 육성이 3번[39], 창달이 2번(민족문화), 진흥이 1번(평생교육), 계도 1번(건전한 소비행위) 규제·조정이 2번(119조 경제, 125조 대외무역) 언급된다.

보호대상은 헌법 제2조 재외국민, 제8조 정당, 제22조 저작자·발명가·과학기술자와 예술가의 권리, 제32조 여자의 근로와 연소자의 근로, 제34조 신체장애자 및 질병·노령 기타의 사유로 생활능력이 없는 국민, 제36조 모성과 국민보건, 제120조 국토와 자원이용이다. 보호·육성 대상은 헌법 제123조의 농업 및 어업과 중소기업이며, 육성대상은 제123조의 지역경제 농·어민과 중소기업의 자조조직과 대외무역(제125조)이다. 대외무역은 규제·조정 대상이기도 하다.

보장대상은 '공무원의 신분과 정치적 중립성'(제7조) '복수정당제'(제8조) '불가침의 기본적 인권'(제10조) '국민의 재산권'(제23조) '교육의 자주성·전문성·정치적 중립성 및 대학의 자율성'(제31조) '적정임금'(제32조)이며, 특별히 '안전보장'이 10번 언급된다.

국가의 보호·육성책임과 의무가 많은 것은 '주식회사 한국'이라는 소리를 들을 정도로 국가의 계획, 개입, 지시, 명령 등으로 한강의 기적을 이룩한 탓이 크겠지만, 근원적으로 성리학이 통할한 조선 왕조 이래 국가의 보호, 육성, 계도, 창달 책임을 요구하는 한국민의 혈관에 면면히 흐르는 어떤 사상이 뇌리에 깊숙이 박혀 있기 때문이

본적 인권'(제10조) '국민의 재산권'(제23조) '교육의 자주성·전문성·정치적 중립성 및 대학의 자율성'(제31조) '적정임금'(제32조) 제8조 ①정당의 설립은 자유이며, 복수정당제는 보장된다. 안전보장도 10번 나온다.

39) 제123조 ①국가는 농업 및 어업을 보호·육성하기 위하여 농어촌종합개발과 그 지원 등 필요한 계획을 수립·시행하여야 한다. ②국가는 지역간의 균형 있는 발전을 위하여 지역경제를 육성할 의무를 진다. ③국가는 중소기업을 보호·육성하여야 한다. ④국가는 농수산물의 수급균형과 유통구조의 개선에 노력하여 가격안정을 도모함으로써 농·어민의 이익을 보호한다. ⑤국가는 농·어민과 중소기업의 자조조직을 육성하여야 하며, 그 자율적 활동과 발전을 보장한다.
제124조 국가는 건전한 소비행위를 계도하고 생산품의 품질향상을 촉구하기 위한 소비자보호운동을 법률이 정하는 바에 의하여 보장한다.
제125조 국가는 대외무역을 육성하며, 이를 규제·조정할 수 있다.

다. 국가의 규제와 간섭이 엄청나게 많은 것은 기본적으로 정보의 비대칭성, 상호 선택권·거부권의 비대칭성 등으로 인해 시장의 갑질(약탈과 강압)이 심하고, 사회·공동체는 전반적으로 모래알인데 몇몇 큰 덩어리(노조, 협회 등 조직된 이익집단)들은 거의 예외 없이 단기적이고 협소한 이익(지대)을 추구하기에, 다수 대중들이 국가의 보호, 보장, 보증, 개입, 간섭 등을 원하기 때문이다. 경제주체이건, 조직된 이익집단이건 자신의 이익이나 이념을 유지 또는 방어하거나 쟁취하기 위해서 점점 더 강하게 국가의 법·제도·정책과 예산에 매달리고 있다. 여기에는 현실을 무시한 높은 이상뿐 아니라 기득권 집단의 욕망과 꼼수가 반영되어 있다.

서양 사회는 계약·상업·개방·분권·수평·법치의 사회라 한다면, 동양 사회는 권력·농업·폐쇄·중앙집권·수직·인치 혹은 형치 사회이다. 규제는 높은 이상, 선한 마음 등을 가졌다고 자부하는 권력자(정치인, 관료 등)의 일방적 명령, 포고에 바탕을 두고 있다. 따라서 한국에서 적지 않은 법과 규제들이 사람이나 기업이 지키기 힘든 도덕적 의무와 이상을 담고 있다. 법에 권력자의 포부, 이상, 희망, 선심도 잔뜩 집어넣었다. 담당 관료의 면피와 권한 확대 꼼수도 들어가지 않을 리가 없다. 법 이상과 현실의 간극을 기업은 위선과 변칙, 편법과 로비로, 관료는 적당한 봐주기로 때워 왔다. 세월호 참사로 인해 이런 적폐가 낱낱이 드러났지만 개선된 것은 없다. 그 실체가 모호한 진실, 진상규명과 정치적 책임 공방으로 제도개혁 에너지를 거의 소진시켜 버렸기 때문이다.

한편, 법을 집행자(행정부)가 주로 만들어 왔기에 전통적으로 행정재량권을 크게 부여해 왔다. 국회는 1987년 이전에는 통법부였고, 그 이후에는 행정부의 법안 청부업자거나 정부가 차려온 밥상(법률, 예산, 정책 등)을 앞에 두고 반찬 투정, 맛 투정을 하는 역할을 주로 해왔기에 입법부가 아니었다.

지금도 언론에 크게 보도되는 사고가 나면 그 사고현장(선박, 버스, 회사, 목욕탕 등)의 책임자는 물론 말단 관리자—2018년 제천화재 참사 현장에서 일한 세신사와 건물 관리인, 화재 진압을 위해 투입된 소방관, 세월호 참사 당시 출동한 해경 경비정(123) 정장— 등이 직무 소홀로 처벌을 받는 경우가 많다. 법과 복무규정에 도덕적 의무와 이상을 잔뜩 담아놓았기에, 현장인력은 이를 제대로 집행하지 않았거나 어기는 경우가 많기 때문이다. 따라서 현장인력의 생각(가치의 우선순위)과 직무능력(교육훈련)과 설비·장비 등을 좌지우지하는 법·규제와 예산·인사를 결정하고, 준수 여부 감독책임이 있는 국가(행정부)나 법령 제개정자(국회와 대통령)의 책임을 묻는 경우는 드물다. 다만 세월호 참사 같은 초대형 사건이 일어나면 약간의 심층취재가 시작되어 법령의 부실이나 책임을 묻고는 하는데, 이 역시 지극히 피상적인 진단에 근거하여 정략적 공격의 재료로 사용된다.

1987체제 주도세력의 시장 인식

1987체제 주도세력의 시장기업과 규제에 대한 인식 자체가 공공부문을 키우고, 국가규제를 늘리고, 단속처벌을 강화하려는 강한 충동을 내장하고 있다. 항시 규제완화를 우려와 불신 가득한 눈으로 바라보고 있다가, 졸속과 과속을 증명하는 구체적 사례들이 확인되면 격렬하게 성토하면서 규제강화를 요구한다. 자본주의 사회에서는 대부분의 악덕은 시장이나 돈을 매개로 민간(기업과 사람)의 탐욕에서 생겨난다. 그래서 문재인정부와 민주당, 정의당 등은 전통적으로 민간(개인과 기업)의 효율, 이윤, 탐욕과 공공, 생명, 안전을 대립시켜 왔다. 규제개혁을 아예 규제완화로 읽는다. 사실 우리가 겪은 초대형 정책 사고는 대개 무분별한 규제완화 또는 부적절한 규제와 관련이 있다. 대학진학률을 세계 최고수준으로 끌어올리고, 부실 대학을 양산한 1995년의 5.30 교육자율화(대학 설립 자율화), 외환위기의 도화선이 된 외환금융 자율화, 아파트값 폭등을 초래한 아파트 분양가 자율화, 카드 대란을 초래한 신용카드 현금서비스 자율화, 2008년 미국발 금융위기를 초래한 부실 규제가 대표적이다.

문제를 무분별한 규제완화로 규정하면 기존 규제의 유지, 강화가 답이 되고 문제를 부적절한 규제로 규정하면 규제개혁 또는 적절한 규제가 답이 된다. 문재인 대통령은 규제완화를 기업주의 돈벌이와 자본의 이윤추구를 돕고 생명, 안전, 공존, 공공성 등을 침해한다고 보는 듯하다. 세월호 참사도 규제완화의 산물로 해석한다.

정부는 규제완화라는 명분으로 기업주의 돈벌이와 자본의 이윤 추구에 앞장서고 있습니다. 이런 식의 규제완화 정책하에서는 철도 와 항공도 위험하다는 우려가 높습니다. 모든 규제완화가 선은 아 닙니다. 인권 관련 규제, 생명과 안전을 위한 규제, 공정한 시장을 위한 규제를 완화하는 것은 오히려 악입니다. 이명박정부에서 박근 혜정부로 이어진 국정기조는 생명·안전·공존 등 사람의 가치를 극 단적으로 무시해 왔습니다. 그 결과 우리 사회는 인권이 위협받고 인명이 경시되는 위험한 지경에 처했습니다. '우현'으로만 기울어 온 이명박·박근혜 정부의 국정운영 기조 때문입니다.

(문재인 특별성명, 2014년 5월 20일)

이명박정부에서 시작한 부자감세 7년이 되었습니다. 지금 그 결 과는 어떻습니까? 재벌·대기업 금고만 채우고 국민의 지갑은 텅 비 었습니다. 대기업들에게 세금 깎아주고 규제 풀어서 장사 잘하게 해주면 결국은 낙수효과로 서민들에게도 혜택이 돌아온다고 한 것이 부자감세고 줄푸세입니다. 과연 혜택이 돌아왔습니까? 대기업 규제완화의 결과는 더 처참합니다. 커피숍, 빵집, 치킨집, 떡볶이집까지 우리 골목상권이 다 무너졌습니다. 반면에 대기업 사내보유금은 540조입니다. 서민들이 모은 돈을 모두 대기업이 가져갔습니다. 그것도 모자라 담뱃세를 인상하고 연말정산으로 서민의 지갑을 털었습니다. 그러면서도 복지는 후퇴시키려 합니다.

(문재인 국회교섭단체 대표연설문, 2015년 4월 9일)

이런 인식을 가지고 있으니 참사가 수습되고 여론의 관심이 지나고 나면 민간 사업자(해운업자, 은행, 병의원 등)의 의무와 부담은 강화되고, 관련 공무원 조직과 권한, 예산은 늘어난다. 강하고 촘촘한 규제와 신설되는 공무원 조직 및 공공기관으로 인해 잃은 것은 없고, 오직 얻을 것만 있는 관료가 어떻게 행동하겠는가?

한국은 행위자(기업과 사람)들이 유달리 창의적이고 기민하고 억척(악착)스럽다고 알려져 있다. 이 역시 한국인의 유전적, 문화적 특성인 측면도 있을 것이다. 그런데 그보다 더 결정적인 것은 공공부문이 크고, 국가규제가 많고, 독과점 업역業域도 많고 도전해 볼 엄두가 안 날 만큼 우월한 지위를 가진 존재(재벌 등)가 지배하는 영역이 많기 때문일 것이다. 자유롭게 사업을 펼칠 영역이나 창의와 열정을 발휘할 영역이 좁기에, 기회의 문이 열리면 대체로 과당 경쟁이 일어난다. 그 과정에서 변칙과 편법이 다반사가 되고, 한국인 특유의 창의와 억척은 규제의 빈틈을 날카롭게 치고 들어온다. 요컨대 다른 곳이 거의 다 막혀 있기에 작은 빈틈(기회의 창)이 주어지면 엄청난 러시(쏠림) 현상이 일어나는 것이다.

한국형 규제의 깊은 뿌리

규제개혁은 규제의 실체와 뿌리(이해관계) 파악에서 시작된다. 박근혜정부가 규제개혁 드라이브를 시작하던 시점인 2014년 3월 '규제정보포털'에 등록된 규제는 총 15,269건(2013년 12월 말 기준)이었다. 국토교통부 2,442건, 해양수산부 1,492건, 보건복지부 1,203건, 산업통상자원부 1,191건, 금융위원회 1,096건, 농림축산식품부 920건, 환경부 849건, 공정거래위원회 482건, 교육부 471건, 식품의약품 안전처 455건 등이다. 성격별로 분류하면 기준설정 3,186건, 금지 1,213건, 허가 828건, 신고의무 749건, 승인 597건 등이었다. 이 규제는 박근혜정부의 규제개혁 캠페인에 힘입어서인지 그 2년 뒤인 2015년 말 기준으로는 총 14,688건으로 소폭 줄었다.

하지만 규제는 원래 숫자가 중요한 것은 아니다. 100개의 작은 규제보다 단 1개의 규제가 더 파괴적인 영향력을 끼칠 수 있기 때문이다. 김대중정부에서 규제를 거의 절반으로 줄였다지만, 기업들은 거의 실감을 못 하는 것이 그 때문이다. 부처별 규제 총량 통계는 2016년까지는 규제정보포털(https://www.better.go.kr)에 집계되어 있었는데 지금은 사라졌다. 그런데 부처별 규제 총량 순위는 달라지지 않았을 것이다. 부처 자체를 쪼갠다면 몰라도!

국토교통부 규제가 많은 이유는 충분히 짐작할 수 있다. 많은 인구가 복작대는 좁은 땅(국토)을 관리하고, 사람 차량 항공기가 오가는 길(도로, 철도, 항공로)을 관리하고, 하천을 관리하기 때문이다. 높은 인구밀도는 환경을 훼손하거나 국토를 난개발할 가능성을 높인다. 당연히 상수원, 자연녹지, 절대농지 등 토지의 용도를 엄격하게 규제할 필요가 있다. 특히 한국은 인구와 시설의 밀집으로 인해, 모든 행위나 시설의 외부 효과가 크다. 이는 돼지나 닭 농장에서 나오는 축산폐수로 인한 악취, 학교 인근에 자리 잡은 환락가나 러브호텔로 인한 갈등, 흉측한 난개발 현장 등을 생각해 보면 알 수 있다. 게다가 한국의 수도권 과밀과 집중은 그 어떤 선진국과도 비교할 수 없을 정도로 심하기에 다른 나라에서는 찾아보기 힘든 온갖 특단의 규제(조치)들을 낳았다. 수도권 규제, 지역균형발전 규제가 그것이다. 분단 현실은 군사시설을 보호하고, 군 작전을 용이하게 하기 위한 여러 가지 규제를 낳았다. 연평균 35%씩 성장하며 미래 먹거리 중의 하나라고 하는 민간용 무인항공기(드론) 관련 규제도 한국과 중국이 같을 수가 없다. 서울에서 드론 한 대를 띄우려면 국군 기무사령부·국토교통부(서울지방항공청)·국방부에서 각각 허가를 받아야 한다. 중국도 '공항 반경 5㎞ 이내 군사 기지나 정부 시설은 비행제한구역'이긴 마찬가지이지만, 중국은 광활한 국토에서 이런 제한구역은 점에 불과하다. 하지만 한국은 휴전선에서 너무 가까운 거리에 주요 군사·정부 시설이 있고, 좁은 수도권에 2,500만 명의 인구가 밀집되어 있으니 드론 관련 규제가 촘촘할 수밖에 없다.

바다, 섬, 선박, 항로, 어장, 수산자원을 관리하는 해양수산부의 규제가 국토교통부만큼 많은 이유도 비슷하다. 해양환경보호, 수산자원보호(남획 방지 등), 해난사고방지, 영세 해양수산사업자보호 등 공공적 목적으로 행위와 시설과 통행수단(선박 등)을 규제할 필요성이 있기 때문이다. 보건복지, 농림수산식품, 환경 관련 규제는 어느 나라나 많다.

산업통상자원부 규제는 수많은 산업과 기술에 관한 표준, 진입 규제, 행위 규제 등을 담아야 하니 많을 수밖에 없다. 금융위원회 규제는 어느 나라나 많다. 한국은 특별히 금융규제의 빈틈을 찌르는 크고 작은 금융사고 경험-1997년 외환위기, 2002년 신용카드 사태, 2010년 저축은행사태- 등이 많다. 금융 공급자나 금융 소비자나 다 빚(신용)을 필요로 하는 존재인데, 서로 갚을 능력(건전성)이 충분하다고

속이려는 충동이 강하다. 하지만 지금도 정보의 비대칭성에 따른 크고 작은 금융사고(불완전판매 등)가 끊이지 않는다. 금융기관 임직원들도 다양한 변칙, 반칙 충동을 가지고 있다. 하지만 한국은 선진국에 비해 민간협회의 자율규제나 내부자 고발이 잘 일어나지 않기에 금융위원회나 금융감독원 등 공공기관에 의한 규제, 단속, 처벌이 더 많이 필요할 수밖에 없다. 보건의료 규제가 많은 것은 기본적으로 정보의 비대칭성이 심하고, 또 외부효과(전염병 환자의 확산)가 크기 때문이다. 게다가 민간자본으로 육성된 의사와 병원 등 보건의료 사업자들은 강력한 이윤추구 충동을 갖고 있다.

공정거래위원회의 규제가 많은 것은 이해관계자 간의 힘 차이가 크고, 힘센 존재의 횡포를 견제, 완충하는 다른 기제, 특히 '을'(하청이나 프랜차이즈 가맹점 등)들의 대항력이 약하기 때문이다. 그러면 규제는 많아지고 촘촘해질 수밖에 없다. 한국 특유의 경제적, 사회적 양극화도 수많은 규제를 낳았다. 지자체 조례 형태로 쏟아져 나오는 대형마트나 SSM 규제(입점 지역, 영업시간 규제 등), 지역기업 우대(비지역기업 차별 규제), 사회적 기업이나 협동조합 지원 규제, 중소기업 적합업종 규제 등이 그것이다. 개인이나 기업의 과도한 탐욕으로 인한 일탈행위를 자체 윤리로 제어하지 않으면, 또한 사업자·전문가 협회나 시장의 경쟁자, 소비자, 투자자, 평가자들이 자율적으로 제어하지 못하면, 결국 국가를 불러들이는 수밖에 없다. 개인들 간의 폭력과 사기가 난무하는데, 주변 이웃이 이를 제대로 조정하지 못하면 경찰을 부를 수밖에 없는 것과 마찬가지 이치이다.

한국은 국가의 개입(금지, 제한, 보호, 육성, 진흥) 영역이 너무나 광대무변하다. 선진국이라면 개인, 기업(시장), 지방, 커뮤니티의 자율책임에 맡길 것을 국가가 다양한 방식으로 개입한다. 모든 정책과 규제는 각자 처지와 조건이 다른 지역, 산업, 개인에게 일률적으로 강제되기에 그 후폭풍이 거셀 수밖에 없다.

　국가 규제와 공공부문 확대의 명분은 을, 소비자, 근로자, 세입자, 농어업, 소상공인, 골목상권 등 약자(?) 보호다. 이는 강자 내지 사업자의 행위 규제와 약자에 대한 국가의 특혜적 지원(진흥, 육성)을 의미한다. 약자 스스로 자신을 보호할 능력이 없다고 보고, 소비자에게 피해를 입힐 사업자의 시장 진입을 원천 봉쇄하는 수많은 국가 규제를 양산한다. 이 규제는 지방, 산업, 업종 차원에서 변형, 완충할 여지도 별로 없다. 최저임금 규제, 근로시간(52시간 상한) 규제, 비정규직 규제, 금융 규제, 지방자치 규제 등이 대표적이다. 일률적으로 최저임금을 대폭 인상하고 주 52시간 근무제를 채택해 놓고는 부작용이 생기면 사안별로 국민세금(일자리 안정자금)으로 완충하거나 규제 예외, 처벌 유예 방식으로 규제의 패악을 완충해 왔다.

　한국은 국가(중앙-지방-관료)가 하는 일을 미국, 유럽 등은 개인, 기업, 지방정부, 시장과 사회(협회와 조합)가 자율책임하에 한다. 시장, 사회, 지방(마을)이 자조와 연대에 의해 수행할 일을 한국에서는 정부의 육성, 진흥, 촉진용 예산과 수많은 보호 규제에 의해 수행한다. 한국은 국가법령과 자치법규나 관료의 재량으로 자격, 행위(상품), 가격 등을 규제하는데, 선진국은 이를 시장의 판단에 맡기거나 공공성, 전문성, 중립성을 구현한 어떤 위원회에 맡기거나 민간자율 규제 기구(협회) 등에 맡긴다. 그만 한 권한과 책임도 있고, 정보와 지식도 있고, 직업윤리와 공공적 마인드도 있으며, 행여 있을지도 모르는 부정비리를 견제, 감시, 응징하는 장치도 튼실하기 때문이다. 지방(지역)별로 처지나 조건이 많이 다름에도 불구하고, 이를 완충할 수 있는 재량권은 별로 없다. 지방 차원에서 정책 실험이 곤란하기에, 시행착오의 공유를 통한 정책의 품질향상도 기대하기 어렵다

　한국의 시장·산업 생태계는 역사적, 구조적으로 수요-공급-가격

원리 내지 상호선택권과 거부권의 균형이 형성되기 힘든 곳이 많다. 바로 이 지점으로 인해 국가 개입(규제)의 당위가 발생한다. 한국은 특유의 지리, 인구 조건과 산업발전의 역사로 인해 유럽, 미국, 일본에 비해 수요나 공급이 독과점화 되어 있는 산업(업종)이 많다. 국가 독점기업(공기업)도 많고, 민간 독과점 산업도 많고, 규제 산업과 국가가 부여하는 면허 직업도 많다. 금융, 교육, 방송, 통신, 보건의료 분야 등에서는 시장참여자 자격, 팔 수 있는 상품과 없는 상품, 각종 행위와 가격(요금) 등을 국가가 촘촘하게 규제한다. 이것이 규제의 산실이자 규제개혁 원성이 자자한 이유이다.

한국의 수많은 시장, 산업, 업종에는 정의·공정과 약자 보호(억강부약)를 명분으로 국가 규제가 밀고 들어와 거의 가두리 양식장화하고 있다. 시장에는 사전事前적 포지티브 규제가 너무 많고, 사후적 감시와 징벌은 너무 부실하다.

사업자 자격 규제(진입장벽), 업역 규제(배타적 업역 보장), 상품과 가격 규제 등이 심하다. 대부분의 규제는 조직된 이익집단의 이권(기득권 보호)과 관료의 이권(면피, 갑질, 퇴임 후 자리)에 복무한다. 절차와 규정 위주의 금융감독과 정부감사는 새로운(창의적인) 시도를 과감하게 하는 사람이 불이익을 받을 확률을 높인다. 복지부동하는 자, 면피를 최우선 가치로 두고 일하는 자를 승리자로 만든다. 약자들을 보호하는 규제는 너무 적고, 공공부문, 전문직업, 면허직업 등 강자들을 보호하는 규제는 너무 많다. 그로 인해 건설 일용직, 식당 아줌마, 이른바 3D산업 등 사회적 약자들의 노동시장에는 외국인 노동자들이 넘쳐난다. 한국은 부적절한 규제로 인해 신자유주의적 악덕과 사회주의적 악덕이 병존한다. 무차별 개방(농업과 식당아줌마와 건설 막노동 시장 등)과 극단적 폐쇄(전문직)가 병존하고, 극심한 경쟁과 극심한 보호가 병존한다.

한국형 규제의 전형, 공직선거법과 선행학습금지법

한국에서 사생결단의 사다리타기 경쟁이 벌어지는 대표적인 분야가 입시와 선거(양당의 공천 경쟁 포함)이다. 기업 간의 경쟁도 치열하지만 제로섬 경쟁은 아니다. 하지만 입시와 선거 경쟁은 기본적으로 제로섬이다. 한 명이 기회를 얻으면 다른 사람은 기회를 잃는다. 승자와 패자의 운명이 하늘과 땅 차이이다. 그래서 온갖 반칙, 변칙이 다 동원된다. 당연히 부정출발 방지(출발선의 평등), 수단과 방법의 제한 등 공정경쟁에 대한 요구가 들끓는다. 바로 여기서 한국 특유의 규제가 만들어진다. 즉 승자의 패자의 현격한 격차, 제로섬 경쟁, 공정경쟁에 대한 요구가 입시와 선거 관련 규제의 양산공장이다. 그런데 이런 갈라파고스적 규제들은 아예 규제로 간주하지도 않는다.

공직선거법에 들어 있는 규제의 핵심은 선거운동 기간과 주체 및 수단·방법 제한이다. 관통하는 핵심가치는 공정경쟁과 정당한 정당 활동 보장이다. 금권, 관권, 과열, 혼탁 선거 방지라는 가치도 있다. 현행 선거법은 공식 선거운동 기간(대선 23일, 총선 및 지방선거 14일) 외에는 선거운동을 금하고 있다. 이 짧은 기간 외에 선거운동을 하면 선거운동기간위반죄(제254조)로 처벌받는다. 그런데 선거운동은 '당선되게 하거나 되지 못하게 하기 위한 행위'이다. 그런데 우리가 일상적으로 하는 정책과 정당과 정치인에 대한 지지나 반대는 선거운동과 구분이 모호하다. 지지나 반대 활동은 집회나 결사를 동반하고, 각종 소셜미디어, 전화, 출판물, TV나 신문 같은 기성매체 등이 활용된다. 이런 것들은 또 선거운동의 유력한 수단과 방법이다. 그래서 복잡한 규제가 만들어진다. 한편, 정당 활동은 선거운동과 무관할수가 없는데, 그렇다고 정당 활동을 촘촘하게 규제할 수는 없다. 하지만 정당 활동을 위장한 선거운동을 폭넓게 허용하면, 정당의 기득권자(권력자)와 비기득권자간에, 정당 후보와 비정당 후보(무소속)간의 차이가 너무 커져 버린다. 공정경쟁의 이름으로 또 복잡한 규제가 만들어진다. 공직선거법은 선거가 가까워지면, 마치 비상계엄령처럼 표현의 자유와 집회·결사의 자유를 전방위적으로 억누른다. 선거일 전 180일부터는 '선거에 영향을 미치게 하기 위한 행위'를 포괄적으로 더 엄격하게 금하고 있다.

당연히 정치적 기본권을 지나치게 억압한다는 비판을 의식하여 선거운동을 정의한 제58조에 단서 조항(제1항)을 두어, '선거에 관한 단순한 의견의 개진 및 의사의 표시' '입후보와 선거운동을 위한 준비 행위' '통상적인 정당 활동과 정당의 후보자 추천에 관한 단순한 지지·반대의 의견개진 및 의사표시'는 선거운동으로 보지 않는다고 명시하였다. 그러나 무엇이 '선거에 관한 단순한 의견개진 및 의사표시'인지, 금지되는 선거운동과 허용되는 '통상적인 정당 활동'을 어떻게 구분할지는 애매모호하다. 무릇 규칙이 애매모호하면 위반 여부에 대한 판단권과 고발권, 처벌권을 쥔 선관위, 검찰, 법원이라는 관료 권력의 재량이 커지게 되어 있다. 이들의 자의적 판단에 의해 표현의 자유, 집회·결사의 자유가 휘둘리게 되어있다. 선관위의 수없는 가위질과 대못질의 핵심 근거는 공직선거법 '제254조(선거운동기간위반죄)'이다.

어떻게 보면 이 법에 근거하여 대한민국은 상시적 선관위 계엄령 하에 있다고 해도 과언이 아니다. 이 계엄령은 제도권 정당은 대충 비껴가지만, 종종 유력 정당의 활동에 대해서도 가위질과 대못질을 하고는 한다. 하지만 주로는 비정당 시민사회와 인터넷 공간을 억압한다. 선거운동 주체, 수단·방법 관련 규제는 주로 공식 선거운동 기간에만 국한되며, 선거비용 보전(선거공영제)의 토대를 형성한다. 선거운동 기간 관련 규제는 공식 선거운동 기간을 제외한 나머지 모든 날을 대상으로 하기에 정치적 자유를 폭넓게 옭아맨다. 인지도가 낮은 정치 신인의 권리를 억압하여, 공정의 이름으로 오히려 심각한 불공정 경쟁을 초래한다. 선거운동기간위반죄는 오직 일본과 한국에만 있는 규제이다. 이는 유력 정당들과 현역 의원들의 정치적 기득권 과보호, 잠재적 경쟁자 발목잡기, 시민의 단순 구경꾼화(정치참여 배제) 꼼수도 잠복해 있다. 또한 돈선거, 관권선거, 흑색선전, 야당 탄압이 난무하고 시민사회의 자율적 정화기능이 작동하지 않던 시대의 악몽과 공포가 흐르고 있다.

박근혜 대통령이 2014년 3월 10일 청와대 수석비서관 회의를 통해 쓸데없는 규제와 전쟁을 선포한 바로 그 다음날인 11일에 박근혜 대통령, 정홍원 국무총리, 서남수 교육부장관의 이름으로 일명 '선행학습금지법'을 공포했다. 정식 명칭은 '공교육 정상화 촉진 및 선행교육 규제에 관한 특별법'(법률 제12395호)이다. 이 법안은 오로지 한국에만 있는 전형적인 갈라파고스 규제인데, 정부 규제정보포털에는 규제로 등록되지 않았다.

시행령에서는 '교육과정을 벗어난 문제를 출제하면 학교에 지원하는 예산을 줄이고, 대입 논술면접에서 고교 수준을 넘어선 내용을 출제하는 대학은 정부 재정지원을 받을 수 없고 입학 정원을 10% 줄이며, 선행교육을 실시하거나 선행문제를 출제한 교사는 징계를 받는다'는 것이 골자이다. 법령은 온통 지도·감독·금지·심사·징계 등 규제로 점철되어 있다. 법안의 '제정 이유'를 살펴보면, 교육 관련 규제들이 쏟아져 나오는 구조와 원리를 알 수 있다.

사교육을 통한 선행학습은 학교의 수업시간에 공정한 경쟁이 이루어지지 못하게 하고, (중략) 사교육 경험을 전제로 한 학교수업 실시, 교육과정을 벗어난 범위와 수준에서의 시험출제, 대입 전형의 논술·적성·구술시험 등에서 고교 교육과정의 내용을 벗어난 시험출제 등으로 선행학습이 조장되고 있는 실정인바, 학교에서 이루어지고 있는 선행교육을 규제하고 (…) 공교육 정상화를 실현하기 위하여 이 법을 제정.

법안은 교육 관련된 학생과 학부모, 사회와 시장의 고통과 불만을 '공정한 경쟁' 문제로 좁혀 버렸다. 그렇지 않아도 교육과정, 교원 등을 '공정성'의 이름으로 국가 규제로 촘촘하게 통제하고, 이것이 학생, 학부모의 요구와 충돌하면서 사교육이 기승을 부리게 되었는데, 또 '공정성'의 이름(선행학습금지법)으로 교육현장에서 약간씩 완충, 회피할 수 있는 여지를 없애 버린 것이다. 공교육기관에서는 수준별, 맞춤형 교육은 더더욱 힘들게 되었기 때문이다.

이 법안은 입시경쟁이 사람의 명운을 좌우하는 상황에서 수준과 능력이 천차만별인 학생에게 맞춤형 교육을 하려는 의욕적인 학교와 교사가 금을 밟을 가능성이 많다. 반면에 무사안일한 학교와 교사는 무탈하게 되어 있다. 이래도 월급이 나오고 저래도 월급이 나오며, 정년도 보장되고, 학생은 계속 배정해 주는 시스템이기 때문에 더하다. 악화가 양화를 구축하게 되어 있다. 물론 지적한 맹점, 허점은 시행령에 수많은 예외 조항을 두어서 한 마디로 시행령을 누더기로 만들어서 어느 정도 보완은 할 수가 있을 것이다. 그만큼 관료의 권능은 더 커질 것이고, 퇴직 교육부 관료에 대한 수요는 더 늘어날 것이다. 선행학습금지법만큼 '쓰레기 법'과 '쓸데없는 규제'가 뭔지를 전형적으로 보여 주는 법은 없다. 동시에 한국 정치·정당·정부와 시민단체의 지적 수준을 적나라하게 보여 주는 법이 바로 이 법이다.

규제는 정치와 국회의 문제

한국 경제, 사회, 지리, 문화적 특징과 책임 부처의 업무의 성격만

훑어봐도 규제개혁이 결코 만만한 일이 아님을 알 수 있다. 거의 모든 정치인과 정당들이 정치, 정당 개혁을 입에 달고 살아도 뿌리 깊은 역사, 문화, 제도와 유권자의 투표성향으로 인해 정치·정당 개혁이 잘 안 되는 것처럼, 한국형 규제도 마찬가지이다.

규제의 의미든 규제 폐지의 후폭풍이든 이를 가장 잘 아는 집단은 역시 관료사회이다. 그런데 관료의 본분은 자기 책임영역 하나는 확실히 수비하는 것이다. 그런데 과잉규제로 인한 패악(부작용)은 '생태계 전체의 고사'로 비교적 천천히 나타나기에 담당자에게 책임을 묻는 사람은 없다. 하지만 과소규제 혹은 규제완화로 인한 패악은 폭발적으로 분출하기에 책임을 추궁당한다. 외환위기, 신용카드 사태, 세월호 참사가 그 기념비이다.

게다가 한국 정치는 기업이나 사회나 개개인으로 하여금 지뢰밭을 걸어가게 해놓고서 지뢰(대형 정책사고)가 터지면, 대개 관료(담당 공무원)에게 책임을 묻는다. 부정비리를 찾아내려는 먼지털기식 감사가 뜨고, 검찰의 표적수사가 들어온다.

정치가 냉철하게 비용 대비 편익을 분석하지 않고, 가치(산업) 생태계 전반을 보는 눈이 없고, 사후적으로 문제가 터지면 담당 관료만 '조지려' 들면, 관료는 '잔디 마당의 잡초를 제거'하라는 법령에 대해서는 마당 전체를 아예 시멘트로 발라 버린다. 그리고는 화분 크기만한 구멍 몇 개를 뚫는 방식으로 대응하게 되어 있다. 아무리 착한 관료를 갖다 놔도 결국에는 이렇게 행동할 수밖에 없다.

사고방지와 감독 책임 면피를 중시하는 직업 관료와 규제의 존재 또는 부존재로 지대를 수취하는 이익집단의 이해관계가 완벽히 일치하는 지점은, 문제를 일으킬 만한 신규사업자의 참여 또는 도전을 원천봉쇄하는 사전적 규제를 만드는 것이다. 관료 입장에서는 규제를 늘리고, 기준을 올리고, 처벌을 강화하는 것은 너무나 쉬운 일이다.

그로 인해 민간사업자는 엄청난 고통과 불이익을 당해도, 시장생태계가 규제에 감겨 죽어도 관료는 아무런 고통과 불이익이 없다. 임금이 깎이는 것도, 연금이 깎이는 것도, 구조조정의 칼바람이 부는 것도 아니다. 실은 관례나 규정에 없는 어떤 일을 하면 감사에 걸릴 거리가 많아질 수밖에 없기에, 일을 가능한 하지 않는 것이 만수무강하는 길이다. 특히 규정이나 전례가 없는 새로운 일은 감사에 걸릴 일이 더 많기에 가능하면 하지 말도록 몰아간다. 그런 점에서 민주·진보·노동의 규제관은 관료로서는 너무나 구미에 맞는 생각이다. 산업 생태계가 고사할지라도 그것은 관료의 책임은 아니기 때문이다.

관료는 기본적으로 규제 친화적이다. 최근에는 소비자보호라는 명목의 인증제도와 기관을 우후죽순 만들고 있다. 금융, 교육, 보건의료, 연안해운, 교통, 통신, 제조업 등 모든 분야에 걸쳐서 자격(공인), 시설, 장비, 인력, 고용임금 조건(정년, 연금, 5대보험, 해고요건) 등이 점점 강화, 상향된다. 대체로 소비자는 스스로 자신을 보호할 능력이 없으니 국가가 독점 관리하는 인증제도를 만들고, 공급자(상품서비스)의 질을 관리해 주어야 한다는 것이다. 이는 공무원의 이해관계와 전적으로 일치한다.

법·규제에서 공공성이 퇴조하면서 어떤 분야는 지나치게 촘촘하게 틀어막고, 또 어떤 분야는 자유화의 이름으로 시장이나 민간 사업자들의 단기적 이익에 철저히 복무한다. 한국에서 규제개혁이 어려운 것은 정치가 비용 대비 편익, 위험 대비 이익을 타산하여 법·규제를 만들고 고치려는 의사도 능력도 없기 때문이다. 국회는 이 책임을 대통령과 정부에 떠넘기고, 대통령과 정부는 말단 책임자와 피규제자(사업자)에게 돌려왔다. 그러므로 규제개혁은 넓은 시야, 정확한 실물 지식, 튼실한 공심을 가지고, 국가·시장·사회·지방 등을 조망하면서 각각이 잘 작동 가능하도록 국가의 철수와 개입을 적절히 구사할 수

있는 정치에 달려 있다. 사실 남한과 북한의 명운을 가른 것도, 선진
국과 한국사회의 결정적인 차이도 법·규제의 질이다.

7장 시장과 경제

한국 시장구조의 특성

　사회와 습속, 국가와 권력, 법과 규제에 비해 시장과 경제는 일상
에서 체험한다. 그래서 국내외 수많은 경제학자, 경제분석가, 경제
관료, 경제기자, 기업인들이 경제 현안이나 이슈를 분석하고 전망한
다. 그런데 이 책은 경제 현안이나 이슈 자체보다는 이들을 싸고 있
는 골조와 다툼이 이뤄지고 있는 무대, 즉 체제를 분석하는 것이 목
적이다. 문재인정부의 경제정책은 별도의 책에서 다루려고 한다. 여
기서는 시장과 경제에 강한 영향력을 미치지만, 별로 주목하지 않는
몇 가지 요소만 언급할까 한다. 한국 시장과 경제의 가장 주요한 특
징은 엄청나게 개방된 자본주의 시장경제이면서도, 정치와 국가·권
력의 영향력이 강한 '국가주의 시장경제' 라는 것이다. OECD국가는
말할 것도 없고, 중국에 비해서도 시장경제의 기본 중의 기본인 장사
와 이윤, 부·재산과 격차, 자유와 경쟁, 기업과 생산성, 규제와 공공
등에 대한 인식이 의외로 전근대적이라는 것이다. 그래서 한국의 시
장과 경제에 대한 이해를 한 차원 높이려면, 경제학자들이나 경제 분
석가들이 거의 건드리지 않는 사회와 습속, 국가와 권력, 법과 규제

에 대한 천착이 필요하다고 생각한다. 그래서 앞 장에서 길게 언급했던 것이다.

대한민국은 조선 유교체제, 식민통치, 분단·전쟁과 정전체제, 국가주도 경제발전체제로 이어지는 독특한 역사로 인해, 국가·권력과 공공부문의 영향력은 상업무역계약(광대한 사적자치 영역)과 지방자치분권의 전통이 강한 대부분의 OECD국가들(유럽, 미국, 일본, 영연방, 멕시코, 칠레 등)과는 비교할 수가 없을 정도로 크다. 단적으로 한국의 생산물 시장과 생산요소(노동, 금융, 부동산) 시장은 그 어떤 나라보다도 국가의 규제와 간섭이 심하다. 노동시장, 금융시장과 에너지(전기, 가스, 석유 등)산업, 보건의료산업, 토목건설(주택SOC)산업, 교육, 농업, 국방, R&D, 방송통신, 공공정책 분야 등은 국가 규제(행정 각부), 정책, 예산과 법원, 공기업, 공공기관에 의해 좌지우지된다. 대학과 방송통신과 공공정책연구 분야 역시 국가에 의해 좌지우지된다. 그러니 사회의 향도이자 목탁인 언론과 지식사회도 눈치 보기와 몸 사리기를 하지 않을 수 없다. 국세청 세무조사는 오래 전부터 잘 알려진 기업 징벌 수단이었다. 그래서 기업에 대한 세무조사 면제가 무슨 특혜처럼 여겨져 왔다.

한국에서 시장을 얘기하면 반사적으로 떠올리는 불평등과 불균형의 뿌리는 너무나 깊다. 이것이야말로 세계적 보편성과 한국적 특수성부터 살펴야 할 일이다. 그 다음 원인과 구조 분석이 필요하다. 한국과 달리 유럽, 영연방(오스트레일리아, 뉴질랜드 등), 북미, 일본, 중국의 시장은 공급자도 많고(독과점 업역이 상대적으로 적고) 수요자도 많다. 사회주의 중국조차도 시장 관련된 규제는 상대적으로 적다. 휴전선에 의해 대륙과 단절된 한국은 지리, 언어, 문화적으로 사실상 섬나라다. 일본보다 훨씬 작고 폐쇄적인 섬나라이다. 게다가 한국은 지대 할당 방식의 산업발전 전략으로 인해 수요자와 공급자 자체가 적다. 지리, 인구적 조건과 산업발전의 역사로 인해 수요와 공급이 독과점화 되어 있는 산업(업종)이 많다.

한국에서 재벌·대기업과 중소협력업체의 힘의 격차, 다시 말해 상호 선택권 및 거부권의 불균형이 심한 것은 국가주도로 수출대기업이 먼저 성립한 다음, 이들의 부품 국산화 내지 조달처 다변화 전략에 따라 중소협력업체가 생겨났기 때문이다. 지금은 좀 덜하지만 한국 중소기업은 오랫동안 재벌·대기업(납품이나 대기업 종합상사)을 통하지 않으면 해외시장으로 진출하기 힘들었다. 그러니 원청 대기업과 하청 중소기업의 힘(교섭력)의 격차가 클 수밖에 없었다. 바로 이런 이유들 때문에 헌법에 중소기업 보호 조항이 들어가고, 시장(거래와 계약)에 대한 국가 간섭과 통제가 많은 것이다.

한국에서 시장이 잘 작동하는 영역, 즉 경쟁과 거래가 자유롭고 공정한 영역 내지 상호 대항력의 균형이 잡힌 영역은 의외로 적다. 이곳은 격차는 클지언정 우월적 지위의 오남용(지대추구) 현상이 잘 일어나지 않는다. 하지만 독과점, 국가규제 등으로 인해 시장이 잘 작동하지 않는 영역에서는 대체로 먹이사슬 구조가 형성되어 있는 만큼 갑질이 횡행한다. 노동시장과 금융시장이 대표적이다.

한국에서 시장의 불균형에 대한 전통적인 해법은 국가의 더 많고 더 현명한 간섭, 조정, 통제, 보호였다. 불균형, 불공정, 불공평, 갑질 등을 약자의 힘을 강화하여 해결하는 방식은 뒷전에 두고, 약자에 대한 국가의 더 많은 보호, 배려, 간섭, 통제로 해결하려고 해왔다. 하지만 국가의 핵심적인 개입, 조정, 통제 수단인 규제, 감독, 사법, 예산, 금융, 공기업, 공직인사 등은 정치의 부실(독과점, 혼미, 무능)로 인해 별로 공공적이지도 않고, 유능하지도 않았다. 그 때문에 부동산지대, 국가지대, 시장지대와 노동지대가 점점 더 악성으로 변해 갔다.

신약성경과 조선경국전의 장사에 대한 인식

1세기에 기록된 신약성경과 14세기 말에 기록된 정도전의 조선경국전의 장사와 이윤에 대한 생각을 비교해 보면 지중해문명(그리스·로마-기독교 문명)과 조선 문명의 정신문화적 차이를 극명하게 보여 준다. 조선경국전의 사고방식은 21세기 대한민국에서도 여전히 위세를 떨치고 있다. 특히 박근혜 대통령 탄핵 촛불시위를 계기로 조선경국전적 사고가 득세하면서, 서구에서 수입한 근대 문명적 사고와 격렬하게 충돌하고 있다. 신약성경 누가복음 19장(우리말 성경) 내용이다.

12 예수께서 말씀하셨습니다. "어떤 귀족이 왕위를 받아 오려고 먼 나라로 떠나게 됐다."

13 그래서 열 명의 종을 불러 10므나를 주면서 말했다. "내가 돌아올 때까지 이 돈으로 장사를 하라."

16 첫 번째 종이 와서 말했다. "주인님, 주인님이 주신 1므나로 10므나를 벌었습니다."

17 그 주인이 대답했다. "잘했다! 내 착한 종아! 네가 작은 일에 충성했으니 열 개의 마을을 다스리는 권세를 주겠다."

18 두 번째 종이 와서 말했다. "주인님, 주인님이 주신 1므나로 5므나를 벌었습니다."

19 그 주인이 대답했다. "네게는 다섯 개의 마을을 다스리는 권세를 주겠다."

20 그러자 다른 종이 와서 말했다. "주인님, 주인님이 주신 1므나가 여기 있습니다. 제가 이것을 천에 싸서 잘 보관해 두었습니다."

22 그 주인이 대답했다. "이 악한 종아!" (중략)

24 그러고 나서 옆에 서 있는 사람들에게 말했다. "이 1므나를 빼앗아 10므나 가진 종에게 주어라."

25 그들이 말했다. "하지만 주인님, 그는 벌써 10므나나 갖고 있습니다."

26 그가 대답했다. "내가 너희에게 말한다. 가진 사람마다 더 많이 받을 것이고 아무것도 가지지 않은 사람은 그 있는 것마저 빼앗길 것이다."

조선경국전의 '11. 공상세工商稅' 항목은 공업과 상업에 대한 정도전과 조선 성리학자들의 인식을 보여 준다. 이것이 조선 쇠락의 제1원인이라고 해도 과언이 아닌 농본억상農本抑商 사상의 실체이다.

11. 공상세工商稅(공장세와 상업세)

선왕先王이 공세工稅와 상세商稅를 제정한 것은 말작末作(상업)을 억제하여 본실本實(농업)에 돌아가게 하기 위한 것이었다. 이전에는 공상工商에 관한 제도가 없어서 백성들 가운데서 게으르고 놀기 좋아하는 자들이 모두 수공업과 상업에 종사하였기 때문에 농사를 짓는 백성이 날로 줄어들었으며, 말작이 발달하고 본실이 피폐하였다. 이것은 염려하지 않을 수 없다.

(『조선경국전』 84쪽)

이에 따라 건국 초부터 시장개설을 금지하고 상인에게 통행증을 발행하여 상업활동을 억제하였다. 게다가 안보상 이유로 일본이나 중국 쪽에서 올 침략군을 경계하여 도로 확장에도 별 열의가 없었다. 이는 박지원이 『북학의』에서 토로한 불만이다.

'5. 농잠農桑'에서는 백성의 부지런함과 게으름을 조사하여 게으른 자를 징계해야 한다는 조선 특유의 확장적 도덕주의 혹은 사생활 내지 사적자치영역에 대한 무한개입주의(국가주의)적 사고방식의 한 단면을 볼 수 있다.

---

5. 농잠農桑(농사와 양잠)은 의식衣食의 근본으로서 왕도정치의 첫째가 되는 것이다. 우리나라에서는 중앙에 사농司農, 지방에 권농관勸農官을 두어 백성의 부지런함과 게으름을 조사케 하여 부지런한 자를 장려하고, 게으른 자를 징계하였다.

(『조선경국전』 74쪽)

조선의 상인과 상업에 대한 인식은 1410년(태종 10년) 사간원의 간부 유백순의 상소에서도 확인할 수 있다.

대저 농사라는 것은 몸이 땀에 젖고 발에 흙을 묻히니 그 수고로움이 심하고, 무畝를 계산해 요역에 나가니 그 괴로움이 많습니다. 장사하는 사람은 천한 물건으로 귀한 물건을 바꾸니 그 이익이 배나 되고, 수고로운 일 대신에 편안한 일을 하니 그 즐거움이 많습니다.

(『조선은 왜 무너졌는가?』 375쪽, 정병석)

유백순은 지역관청에 상인 장부를 비치해 상인들을 등록하게 해서 세금을 내고 상업허가장(행장)을 받아 상업에 종사하게 하자고 건의하였다. 유럽, 중국 등 대부분의 도시는 시장도시였지만, 한국은 성벽으로 둘러싸인 관아의 소재지가 시장도시 기능을 수행하지 않았다. 5일장은 성 밖에서 따로 섰다. 조선 선비들은 싸게 사서 이윤을 붙여 비싸게 파는 장사의 원리를 이해하지 못하고 일종의 범죄로 여겼다. 그렇기에 이를 고발하는 사람에게 상을 주자는 제안도 있었다. 조선은 상업을 이슬람 세계에서의 이자와 기독교 세계에서의 고리대금업처럼 생각했던 것처럼 보인다. 그런데 조선 도덕의 원류인 주례는 국가의 직업을 6개로 구분하였는데, 국가 정책을 논하는 왕공, 공공의 업무를 담당하는 사대부, 여러 가지 재료를 꾸미는 데 힘써 백성의 기물을 갖추는 기술자, 사방의 진귀하고 특이한 물건을 통하게 하는 상인, 힘을 다해 땅에서 재물을 키우는 농부, 명주실과 삼실을 가공해 의복을 만드는 부공(여성 기술자)이 그것이다. 그런 점에서 조선은 주례의 원칙도 받아 안지 않았다고 보아야 한다.

정도전과 애덤 스미스의 질서관

정도전의 예(질서 관념)는 애덤 스미스(Smith, A., 1723~1790)의 질서 관념과 확실히 대비된다. 애덤 스미스 생각의 핵심은 '개인의 자유(freedom)와 사익추구(self interest)는 결코 혼란이 아니라 보이지 않는 손에 의해 인도되어 사회적 질서(order)와 조화(concord)를 가져온다'는 것이다. 사회적 질서와 조화는 인간 본성의 산물이기에 왕과 대신들의 통제나 지시가 없는 자유로운 사회, 즉 개방적이고 경쟁적인 시장에서 가장 잘 건설된다는 것이다. 이렇게 생각한 것은 인간 본성에 내재하는 공감(sympathy)이 역지사지를 하게 하고, 따라서 자신의 이기심을 타인이 용인하는 수준으로 억제하려고 노력하기 때문이다.

그러나 정도전은 삼라만상에 예(질서 또는 순서)를 부여하여야 사회적 질서와 조화가 이루어진다고 생각했다. 이를 위해서는 왕과 지배 엘리트의 솔선수범과 계도와 형벌이 요구됨은 길게 설명할 필요가 없다. 조선은 성현, 성왕, 군자 등 학식과 덕망이 높은, 수신제가에 성공한 인간들의 치국(선정)에 의해 가능하다고 보았다. 이른바 수신 제가치국평천하이다. 그런 점에서 애덤 스미스의 생각은 중국과 조선으로 대표되는 동양적 사고방식과는 정면충돌한다.

정도전의 예 관념이 끼친 가장 결정적인 패악은 농업을 본업으로, 상업을 게으른 자들이나 하는 말업으로 간주하는 등 직업세계에 존비귀천 개념을 도입한 것이다. 이는 나중에 양반들은 굶더라도 상공업은 물론 농업에도 종사하면 안 된다는 생각으로 비화하였다. 이런 사고방식이 문반을 본本으로, 무반을 말末로 간주하고, 덕치와 예치를 본으로 법치(사실상 형치)를 말로 간주하지 않았을 리 만무하다. 심지어 부국강병을 바람직하지 않은 패도覇道라고 생각하였다.

펑유란(馮友蘭, 1894~1990)은 중국철학에는 도덕관념은 있어도 진리관념은 없다고 하였다.[40] 그런데 조선은 진리관념도 없고, 한 술 더 떠서 도덕관념 안에 근로와 상업을 기피하거나 천시하는 관념이 단단히 똬리를 틀고 있었다. 양반은 노비를 부리는 것이 자신의 본업으로 생각하고, 윗사람은 아랫사람을 부리는 것을 당연시했다. 근로윤리라는 것도 '종놈은 주인이 안 본다고 해서 땡땡이치지 말고 열심히 일해야 한다'는 것 정도가 아니었을까? 종들에게만 강요하는 근로윤리 위에 근대적 상도의, 직업윤리, 공직윤리 등이 설 수가 없다. 근로는 죽음의 고역 같은 것이기 때문이다. 1760년(영조 26년) 이종성

---

40) '중국의 전통은 인간의 품성과 수양을 중시하고 지식과 권력을 중시하지 않기 때문에, 중국 철학은 내면을 추구하고 인간의 본성에 도달하는 것을 목적으로 한다. 반면 서양 철학은 자연을 인식해 세계를 정복하는 것이 목적이다. 중국, 서양 철학의 서로 다른 이상과 추구가 중국과 서양 문화의 차이를 야기하고, 중국 근대 과학의 낙후를 초래했다.'
https://namu.wiki/w/%ED%8E%91%EC%9C%A0%EB%9E%80

의 상소를 보면 양반은 굶어죽더라도 농공상의 직업에 종사할 수 없으며, 그래서 양반이 상민보다 더 가난하기에 군역 대신 군포를 내는 의무를 다할 수 없다고 하였다.

(인구의 절반가량 되는) 조선의 양반은 한 번 공장이나 상인이 되면 당장에 상놈이 되니 공장이나 상인이 될 수 없고 살아갈 길은 단지 농사밖에 없는데, 만일 몸소 농사를 지으면 (…) 한정閑丁이나 권농勸農의 직첩職牒(임명장, 신분증)이 바로 나오니 이 짓은 죽어도 할 수 없는 일입니다. 공, 상, 농업은 모두 할 수 없어 겉으로는 관복을 입고 혼상에는 양반의 체모를 잃지 않으려 하니, 어떻게 (양반이) 가장 가난하지 않을 수 있겠습니까?

『조선은 왜 무너졌는가?』 372쪽, 정병석)

그런 점에서 조선을 빈곤, 약탈, 분열, 퇴행의 나락으로 빠뜨려 끝내 망국을 초래했고, 20세기에 정치지도자들의 탁월한 리더십과 국민의 각고의 노력과 천우신조로 기적을 이룬 대한민국을 다시금 조선으로 되돌아가게 하는 가장 강력한 힘은 상업(상인)과 무력(군인)과 법 천시 풍조가 아닐까 한다. 한 마디로 농본억상, 숭문천무, 숭례천법이 아닐까 한다.

사농공상의 위계서열은 여기에서 파생한다. 민간의 욕망과 이익 추구를 위한 경제활동의 자유를 경멸하고, 경제활동의 자유의 결과물인 사유재산권을 경시하고, 반면에 도덕철학자나 국가에 의한 공적 조정 통제를 중시하면 위선은 필연이다. 지금의 북한처럼 사상과 정보지식 통제를 위해 언론과 출판 및 서적 유통을 억압하게 되어 있다. 이는 사람과 제도에 대한 무지의 소산이자, 경제와 실물에 대한 무지와 민생의 고통에 대한 둔감의 소산이다. 조선의 장기간에 걸친 외적 충격과 내적 충격의 부재는 경제력과 국방력 강화에 반하는 체제를 아주 강고하게 만들었다.

8장 대한민국의 역동성과 갑질의 근원

5개의 불균형

남북한과 조선 등 한반도에 수립된 국가와 한반도 거주민의 사고·행동양식에 지대한 영향을 미치는 5개의 불균형이 있다. 이는 지각변동을 일으키는 단층처럼, 한반도의 국가와 거주민에게 거대한 영향력을 행사해 왔다.

첫째 불균형은 변화부침이 심한 자연환경과 생존자원(에너지와 식량 등)을 자급하기 힘든 지리·인구 조건간의 불균형(미스매칭)이다. 우리가 통제하기 힘든 이 두 조건은 한반도의 국가(정치체)와 거주민들의 삶을 뿌리째 흔들어 왔고 앞으로도 그럴 것이다.

둘째는 지정학적 조건에서 비롯되는데, 주변 강대국들과 한반도에 수립된 국가 간의 국력의 불균형이다. 단적으로 19세기 말 이후 한반도의 지정학적 조건은 네 마리 큰 코끼리(중·러·일·미)에 둘러싸인 개미 한 마리로 비유하고는 한다. 이는 국제정치학자나 지정학에서 빼놓지 않고 지적하는 특성이다.

셋째는 한반도를 통할하는 국가·권력과 민간으로 통칭하는 시장경제, 사회·공동체, 가족·개인의 불균형이다. 국가·권력이 나머지에 비해 압도적으로 힘의 우위에 있다는 얘기이다. 이 역시 한반도의 지리적 조건(3면이 바다인 자루 모양의 22만㎢의 땅)과 관련이 깊다. 그레고리 핸더슨과 오구라 기조 등이 얘기한 한국사회의 유별난 이념지향성, 도덕 지향성, 권력지향성 등 정신문화적 특성은 주로 여기서 발원한다.

넷째는 시장·경제에서 재벌·대기업으로 불리는 생산성도 높고, 힘도 센 경제주체(갑)와 나머지 경제주체(을) 간의 불균형이다.

다섯째는 사회·공동체에서 특수이익을 추구하는 강한 개인 및 조직된 사익집단(노조와 공공부문 종사자 등)과 모래알을 방불케 하는 나머지의 불균형이다.

한국사회를 관통하는 국가주의, 도덕주의, 가족주의, 약탈주의 등은 이 5개의 불균형에 뿌리를 두고 있다. 이 5개의 불균형에서 발원하는 힘의 격차가 바로 물리적 갑질과 문화적 갑질의 원천이다. 시어머니가 며느리에게 갑질(구박)을 하면 며느리는 강아지를 걷어차고, 강아지는 대청마루 밑에서 신발에 화풀이를 하는 갑질의 무한전가 현상 같은 것이 다방면에서 벌어진다는 것이다. 시어머니의 며느리에 대한 갑질 내지 고부갈등은 산업화시대 이전의 여성의 경제활동 기회의 부족과 여필종부, 출가외인, 적서차별(이혼, 억압) 등 이데올로기적 족쇄가 여성의 다른 선택권 내지 대항력을 무력화해 버린 데서 연유한다. 시어머니는 변화부침이 심한 자연환경일 수도 있고, 중국과 일본 등 주변 강국일 수도 있다. 며느리는 한반도를 통할하는 정치체일 수도 있다. 못된 시어머니가 한반도나 영토 내에서는 견제자가 없는 국가·권력이라면, 구박을 감내하며 분루를 삼킬 수밖에 없는 며느리는 피지배 생산계층(농민, 상민, 공인 등)일 수도 있다.

아프리카 콩고 강 북쪽에는 침팬지가 주로 서식하고 남쪽에는 보노보가 주로 서식하는데, 외모도 거의 같고 유전학적으로도 거의 같지만 성정은 판이하다고 한다. 침팬지가 훨씬 폭력적이고 위계와 서열이 엄격하며, 새로이 지배자가 된 수컷은 암컷에게도 폭력을 일삼으며, 자기 자식이 아닌 어린 침팬지를 물어 죽인다고 한다. 동물학자들에 따르면 이는 콩고 강 북쪽의 생활환경(먹이 확보 조건)이 남쪽에 비해 열악하여, 생존번식 경쟁이 치열해서라고 한다. 인간이 환경의 단순한 피조물은 아니지만, 그래도 한반도의 자연환경, 지정학적 조건, 집단기억 등이 한국(조선과 남북한)사회의 정신문화와 사상이념과 법제도에 지대한 영향을 미친다는 것은 확실하다.

인간(집단)의 힘은 경제력과 기술력에서도 나오고, 무력(파괴력, 대항력)에서도 나오고, 권력에서도 나오고, 통치술에서도 나오고, 도덕적·이념적 권위에서도 나오고, 매력에서도 나온다. 권력의 본질이 공공의 이름으로 상대에게 강제력을 행사하여 원하는 것을 얻는 것이라면, 부의 본질은 상대에게 대가를 지불하고 원하는 것을 얻는 것이며, 매력의 본질은 상대가 좋아해서 자신을 따르도록 하는 것이다. 무력의 본질은 상대의 존재 혹은 의도를 파괴하거나 파괴할 능력을 보여주어 원하는 것을 얻는 것이다. 아무튼 힘은 원하는 것을 취하거나, 원하지 않는 것을 거부할 수 있는 능력이다. 힘의 불균형은 이해당사자간 무기의 비대등성이요, 상호 선택거부권의 비대칭성이요, 힘센 존재에 대한 견제·균형 장치의 부실이다. 이런 불균형으로부터 우월적 지위를 가진 존재의 갑질(전횡)이 발생한다. 5개의 불균형으로부터, 더 정확하게 말하면 이 불균형을 조정, 완충하는 정치의 무능 또는 오작동과 이를 통합하는 정신문화의 부실로 인해 정치, 경제, 사회 주체의 자유권리와 그에 상응하는 책임의무의 불일치가 발생한다. 또한 위험과 이익의 불일치, 혜택과 부담의 불일치, 권한과 책임의 불일치, 자리와 실력의 불일치 등도 발생한다. 이런 불균형 또는 불일치는 '지대'를 양산하여 사회적 유인보상체계와 국가의 지배운영구조를 왜곡한다. 결과적으로 가치를 전도시키고, 사회를 균열, 갈등과 퇴행으로 몰아간다.

대한민국을 관통하는 5개의 불균형을 좀 더 상세히 설명하면 다음과 같다.

첫째, 가장 원초적인 불균형은 자연환경 및 지리·인구조건과 한반도에 수립된 국가에서 발생한다. 한반도의 지리·인구 조건 등 생명·자원 조건과 태풍, 홍수, 가뭄, 더위, 추위, 습도 등 변화가 심한 기후·기상 조건이 결합하여 어떤 재난을 초래해 왔는지, 이들이 한반도 거주민의 사고방식과 행동양식에 어떤 영향을 주었는지는 모르는 사람이 없다. 그럼에도 한반도는 지구촌의 많은 지역에 비해 상대적으로 살기 좋았고, 기후와 작물 생육환경은 많은 인구를 부양할 수 있었기에 높은 인구밀도를 가지게 되었을 것이다.

지금은 생활수준이 엄청나게 높아져 있는 많은 인구가 필요로 하는 에너지, 식량, 의약품 등 생명, 생활, 생산 자원을 외부에서 구입·운반하지 않으면 안 되는 상황이다. 이것은 풍부한 수력자원이나 지하자원을 보유하고 인구밀도도 낮은 노르웨이, 스웨덴, 핀란드 등 북유럽 국가와 확연히 다른 조건이다.

분명한 것은 남북한은 생명·생활·생산 자원을 얻기 위해서 외부세계가 절실히 필요로 하는 뭔가를 생산·판매할 수 있어야 한다는 것이다. 이 조건이 결여되었을 때 얼마나 처참한 일이 벌어지는지는 1995~98년 사이 북한에서 벌어진 기아 참상이 말해준다.

대한민국은 핵심 생명·생활·생산 자원을 개방도가 거의 100%인 제조업 제품 수출을 통해서 번 외화로 획득해 왔다. 반도체, 선박, 석유화학, 자동차와 그 부품, 휴대폰, 평판 디스플레이(LCD), 철강제품 등 10대 품목이 수출의 60% 내외를 차지하고 있다. 이들은 대체로 생산기술에 크게 의존하고, 규모의 경제(이익)가 큰 힘을 발휘하기에 대체로 중국과 힘겨운 경쟁 상황에 놓여 있다. 하지만 부품, 소재, 장비 강국인 일본과는 꽤 보완적인 경제·산업 구조를 갖고 있다.

대한민국은 숙명적으로 제조업 경쟁력과 국제경기 변동, 통상환경 변화(무역마찰), 미국의 금리, 환율, 국제유가, 곡물가격과 원자재 가격변동에 따라 경제와 사회가 크게 요동칠 수밖에 없다. 하지만 원화를 주고 핵심 생명·생활·생산 자원을 사올 수 없기에 외화 가득稼得 산업, 특히 제조업 경쟁력이 생명줄이다. 또한 원화 가치 폭락이라는 재앙을 막기 위해서는 국가채무 등 재정건전성도 미국, 일본, 독일, 프랑스, 영국, 중국 등에 비해 더 보수적으로 관리해야 한다. 달러, 유로, 엔 등 국제 결제통화 보유국보다 외환보유고를 더 높여야 하고, 재정적자나 국가 채무 비율은 더 낮게 유지해야 한다.

둘째, 불균형은 외세(중국, 일본, 러시아 등 주변국)와 한반도 국가 간의 힘의 불균형이다. 대한민국은 종합국력 1위이자 세계 패권국인 미국, 종합국력 2위이자 세계 최대 인구를 가진 패권 도전국 중국, 세계 군사 2강에 세계 최대의 영토를 가진 러시아, 세계 경제 3강이자 거대한 서태평양과 동중국해를 미국과 함께 통제하고 있는 일본에 둘러싸여 있다.

중국은 오랫동안 동아시아 문명의 중심지로서 한반도에 선진 문명이 도입되는 데 큰 도움을 주었다. 일본은 동아시아를 넘어 아시아 근대문명의 최초 수입, 개화지로서 역시 한반도에 선진문명이 도입되는 데 큰 도움을 주었다. 사실 1945년 해방까지 한반도 사람들이 누려온 문명의 상당부분은 중국과 일본에 인접함으로서 받은 혜택이었다. 동시에 이 두 대국은 한민족에게 형언할 수 없는 고통도 주었다. 미국은 소련·동구권 붕괴 이후 유일 초강대국 지위를 누리고 있다. 에너지와 식량생산력, 과학기술력, 경제력, 군사력, 동맹국의 양과 질, 교육력, 문화적 매력 등 수많은 분야에서 초강대국의 지위를 유지하고 있다.

중국, 러시아, 미국, 일본 등 한반도 주변 강대국들은 한국과 대등한 우호협력관계를 형성하기 쉽지 않은 나라들이다. 사드 배치 관련 중국의 경제보복에서 보았듯이, 이해관계가 크게 상충할 때 중국이 우리를 곤경에 빠뜨리는 만큼 상대를 곤경에 빠뜨릴 힘, 이른바 레버리지가 우리에게는 별로 없다. 러시아, 일본, 미국과의 관계도 크게 다르지 않다. 이는 2019년 7월 이후 발생한, 징용공 재판 결과에 대한 일본의 경제보복에서도 마찬가지였다. 이는 곧 4대 강국에 의해 국가의 명운이 크게 흔들릴 수 있다는 것을 의미한다. 경신대기근(1670~71년), 을병대기근(1690~91), 북한대기근(1995~98)은 첫 번째 불균형을, 임진왜란·병자호란·청일전쟁·러일전쟁·한국전쟁과 한일합방은 두 번째 불균형을 극명하게 보여 준다. 한편 한반도 분단 이후에는 지구상의 그 어디서도 찾아볼 수 없는 엄청난 불균형이 휴전선을 단층선으로 하여 생겨났다.

셋째, 불균형은 국가·권력과 시장·사회·개인 간의 불균형이다. 이는 공공과 민간의 불균형이자 권력집단(대통령과 집권여당, 선출직 공무원, 직업 공무원)과 피치자(백성, 국민, 주민) 간의 불균형이자, 중앙과 지방의 불균형이자, 상층(인사권자)와 하층(피인사권자)의 불균형이다. 이는 국가, 공공, 중앙, 상층에 규제, 형벌(수사, 조사, 감사, 징계, 판결), 예산권 등이 집중되어 있는데 반해 이를 민주적으로 감시, 통제할 제도와 문화가 부실한 탓이 크다. 이로 인해 검찰, 국세청, 금융위, 방송통신위, 감사원, 법원 등 징벌, 규제, 인허가, 재판 기관의 독단과 전횡이 심각한 문제로 부상하고 있다.

국가의 민간(시장, 사회, 개인)과 지방에 대한 전횡은 기본적으로 변화부침이 심한 자연환경, 에너지·식량 안보환경, 강대한 외세와 상대적으로 왜소하고 취약한 시장·사회·지방 사이에 국가가 동원, 통제·

조정, 보호자 역할을 부여받고 또 자처하면서 심화되었다. 특히 시장과 사회와 지방에 내재하는 불균형으로 인해, 다시 말해 우월적 지위를 가진 존재(재벌·대기업, 힘센 사회집단, 지방 토호 등)들의 횡포에 대한 대중적 불신과 공포를 낳고, 이것이 국가, 공공, 중앙에 더 많은 보호와 개입을 요구하면서 심화되었다. 그로 인해 수많은 분야가 진입(자격)규제, 상품규제, 가격규제, 행위규제 등에 의해 칭칭 감겨 있다. 그 명분은 강자의 불법, 탈법 방지, 우월적 지위 오남용 방지와 약자(골목상권, 소상공인 생계형 업종) 보호, 유치산업 보호·육성, 미래산업 진흥 등이다.

경제적 자유와 경쟁을 촉진하는 규제는 드물다. 국가·권력의 규제, 간섭은 곧 금지·제한 장벽과 족쇄를 의미한다. 대부분의 규제는 불완전 경쟁시장을 만들고, 지대(렌트)를 생성하여 시장을 왜곡한다. 따라서 장벽을 경계로 단차가 생겨나고, 자리·위치(위계)에 따른 초과이익이 생겨난다. 자리·위치에 따른 우대와 차별, 허용과 규제가 생기면 사회는 성 안과 성 밖, 귀족과 천민으로 갈리는 전근대적 계급불평등 현상이 일어난다.

국가의 규제, 간섭을 정당화하는 이념이 국가주의와 도덕주의다. 이는 국가만능주의, 법규제 만능주의, 단속처벌 만능주의 등으로 나타난다. 이른바 시장만능주의(신자유주의)보다 훨씬 심각한 병폐가 생겨난다. 국가주의와 도덕주의가 거세게 흐르면 필연적으로 통치자(왕과 양반사대부)의 인격, 현능과 강자의 온정, 인정, 염치, 도리가 강조된다. 국가·권력의 이상 비대로부터 국가·권력에 대한 과잉 의존(국가에 대해 정의·공정의 사도역 기대)와 사생결단의 권력투쟁과 그로 인한 정치의 본말전도가 초래된다. 자신의 생명, 자유, 재산을 지키기 위해서도 자신이 악(부조리의 원흉)으로 지목한 존재의 사악한 의도를 분쇄하여, 자기식의 정의를 구현하기 위해서도 국가·권력을 장악하거나 유착해야 한다. 적어도 권력에 미운털이 박히지 말아야 한다. 이것이 그레고리 핸더슨이 말한 '소용돌이 정치현상'으로 나타난다. 한국사회의 유별난 이념지향성, 도덕 지향성, 권력지향성은 바로 여기서 발원한다. 따지고 보면 해방공간에서의 극심한 좌우익 갈등의 뿌리도, 분단과 한국전쟁의 뿌리도, 영호남 갈등의 뿌리도, 진보와 보수의 갈등의 뿌리도, 한국 정치의 가치전도와 소모적 갈등의 뿌리도 국가·권력의 이상 비대에서 연유한다. OECD 주요국에서 찾아보기 힘든 수많은 위계와 서열도 마찬가지이다.

넷째, 불균형은 시장에서 경제주체 간 힘의 불균형이다. 경제주체 간 상호 선택거부권이 비대칭적이고, 이해당사자(상충자) 간의 무기(대항력)가 비대등적이고, 힘센 경제주체의 갑질에 대한 견제·균형 장치가 부실하다는 것이다. 시장에는 경제주체가 많은 만큼 무수히 많은 불균형이 존재한다. 기업-가계-정부, 자본-노동, 제조업-서비스업, 규제산업-비규제(완전경쟁)산업, 원청-하청, 재벌·대기업-중소기업, 건물주-임차인, 프랜차이즈 본사-가맹점, 조직노동-비조직노동 등. 문제의 심각성에 비해 의외로 공론화가 되지 않는 불균형이 공공(부문)과 민간(부문), 기존취업자와 미래 취업자, 현세대와 미래세대의 힘과 자유권리의 불균형이다. 이 불균형을 부르는 많은 이름 중의 하나가 경제력 격차 내지 집중과 불평등, 양극화이다.

마르크스주의는 무수히 다양한 시장의 불균형을 노동과 자본의 불균형으로 싸잡아 버렸다. 그나마 처지와 조건이 천차만별인 노동과 자본을 각각 이해관계가 동일한 단일체로 가정하였다. 황당무계한 분석이지만 이념의 오퍼상이자 화석인 한국 진보의 뇌리에는 강고하게 똬리를 틀고 있다. 이들에게 국가는 자본(부르주아지)의 공동사무를 처리하는 폭력기구일 뿐이다. 이런 시각이 공권력을 무력화하는 쪽으로 달려갔다. 이들의 사고 틀은 분배를 제로섬으로 보기에 재벌·

대기업을 불평등과 양극화의 원흉으로 지목하였고, 이로부터 경제민주화(재벌개혁)라는 등식이 성립했다.

자본주의 시장경제에서 일어나는 불평등과 불균형, 즉 경제력(이윤, 소득, 임금, 연금, 자산) 격차는 정당한 격차·집중(생산성)과 부당한 격차·집중(지대 수취력=초과이익)의 중첩이다. 전자는 저생산성 집단의 경우에는 생산성 향상으로, 고생산성 집단의 경우에는 세금과 국내 투자·고용·소비 유도를 통해 해결할 문제이다. 후자, 즉 부당한 격차·집중은 시장에 개방·경쟁을 불어넣고, '을'의 대항력 강화를 통해 해결할 문제이다. 지대는 (초과 이익이 있으면 공급이 쇄도하는) 시장원리가 가로막히거나 규제, 표준을 정하고 수정하는 민주공화 원리 내지 공공성 원리가 잘 작동하지 않아서 생긴 문제이다. 그러므로 지대는 독과점 장벽 철폐, 규제표준의 합리화, 공공·민간·자본·노동 등 경제주체의 우월적 지위 오남용 제재, '을'들의 자조, 연대에 기초한 자위, 자강력 강화(선택권과 거부권 강화) 등으로 해결할 문제이다. 한마디로 지대는 국가의 문제이자 정치문제이다. 그런데 문재인정부는 격차를 재벌·대기업 등의 과도한 탐욕과 부당한 착취·억압에서 생긴다고 간주하고, 수익의 대부분을 글로벌 경쟁(세계적 고생산성)에서 얻는 재벌·대기업을 다방면에서 박해하는, 그야말로 경제자살에 반달리즘적 문명파괴 행위를 하고 있다.

다섯째 불균형은 혈연(문중), 지연(마을), 업연(노동조합, 협동조합 등) 공동체의 파편화, 형해화, 모래알화에서 온다. 지연, 업연 공동체의 취약성은 기본적으로 조선에서 유래한다. 조선 지배 엘리트층이 주도적으로 형성한 혈연공동체는 주로 제사의례를 목적으로 했고, 이를 예의 핵심으로 이해했다. 조선은 사회의 기본 연대 단위가 혈연·제사 공동체 중심이었기에, 지연(마을)이나 업연(농·공·상의 생산자조합 등) 공동체가 취약했다. 상업(교역)이 미발달하면 아무래도 계약문화와 그 기초인 정직이라는 덕목이 사회에 깊이 뿌리내리기 어렵다. 중세 유럽의 '길드'로 대표되는 상공인조합이 취약하면, 아무래도 직업윤리라는 덕목도 사회에 깊이 뿌리내리기 어렵다. 조선은 지연공동체의 최소 단위인 이웃마을 공동체는 상이한 신분이 혼거하면서 반목질시가 심했다. 이는 조선의 지배 엘리트인 양반·사족들이 예치를 표방했고, 예를 질서와 순서, 서열과 위계로 이해했으며 형식과 의례를 중시하면서 예를 일상생활 깊숙이 밀어 넣으려고 하면서 마을의 공동체성이 더욱 약화되었다.

지연, 업연 공동체의 취약성은 조선적 특성에 더하여 분단과 전쟁으로 인한 대규모 월남과 피난, 1960년대 이후 본격화된 이농과 도시화, 산업화(산업도시로의 인구집중), 아파트화가 가세하면서 더욱 심화되었다. 혈연(문중) 공동체의 형해화는 마을공동체와 대가족공동체의 형해화와 관련이 있다. 유교이념의 퇴조는 혈연공동체의 퇴조와 더불어 개인주의, 자유주의, 자본주의 시장경제의 확산과 관련이 깊다.

지금 한국에는 혈연, 지연, 학연, 업연 등으로 맺어진 집단들이 여전히 많이 있지만, 이 연대 단위들은 거의 예외 없이 보편 이익이 아니라 특수 이익(단기적이고 협소한 이익, 곧 지대)을 추구한다. 보편 이익을 대변해야 하는 정치, 정당과 사회연대조직이 취약하거나 기형적이다 보니, 특수이익집단의 정치·사회적 영향력이 너무나 크다. 노조, 공무원, 공공기관, 세금소득자, 관피아가 대표적이다.

문중, 향우회, 동문회 등 각종 연고집단들은 안(우리)과 밖(남)을 심하게 차별하는 가족주의를 내면화하고 있다. 특히 노동조합이나 직능협회 등 연대조직은 공감과 자조에 기초한 것이 아니라 남의 것이나 공공의 것을 쟁취하기 위해 혹은 자기 것을 빼앗기지 않기 위한 단결일 뿐이다. 그러므로 1997년 외환위기를 계기로 물밀듯이 밀려왔다는(?) 신자유주의 훨씬 이전부터 각자도생이 삶의 기본 원리이다

시피 했던 것이다.

한편, 17세기 이후 조선의 유교문화(여필종부, 남존여비, 출가외인, 재출가 백안시, 잦은 제사의례 등)의 확산에 따라 여성(아내)의 권리는 줄어들고, 의무부담만 늘어났다. 하지만 20세기 이후 남녀평등에 더하여, 여성 경제활동 참여의 증가와 고학력화, 여성의 요구, 기대의 상향에 따라, 유교적 잔재가 많이 남아 있는 가족문화(여성이 훨씬 많은 가사노동을 분담하는 문화와 시어머니의 갑질)가 격렬하게 충돌하기 시작했다. 그 결과가 고학력 직장 여성 중심으로 결혼 연기·기피와 출산 연기·기피 현상이다. 이 역시 저출산 사태의 중요한 원인 중의 하나일 것이라는 것은 불문가지이다. 초저출산은 대만, 홍콩, 마카오, 싱가포르 등의 공통된 현상인 것으로 미루어, 유교문화의 잔재와 여성의 높아진 요구, 기대(권리의식)와 충돌의 산물이라고 보아야 한다. 물론 이와 더불어 여성의 의무부담을 국가나 사회가 제대로 분담, 완충하지 않으면서 더욱 악화되었을 것이다.

유럽, 미국, 일본, 중국과 주요 문명국과 비교하면 대한민국은 5개의 불균형으로 인해, 거의 모든 정치적, 경제적, 사회적 관계가 훨씬 수직적, 권위적이다. 이로부터 다양한 층위에서 심한 갑질, 횡포, 몰상식, 독재가 일어난다. 어느 일방이 압도적으로 우월한 지위를 갖고 있기 때문이다.

5개의 불균형은 서로 결합·중첩되어 우리의 습속과 제도, 정책과 운동, 정치지형을 만들고 흔들어 왔다. 첫째, 둘째 불균형, 즉 자연환경과 주변국으로부터 오는 충격은 일종의 숙명이다. 국가-시장-사회의 상호관계와 각 제도 내부에 존재하는 불균형은 제도와 정책을 합리적으로 설계, 수립하면 상당부분 완충할 수 있고, 더 나아가 이 불균형을 약진의 발판으로 삼을 수도 있다. 그런데 불균형과 그에 따른 충격은 자연환경과 국제관계에서만 오는 것이 아니다. 산업구조에서도 오고, 인구구조에서도 온다. 세대간 인구구조 불균형에 따른 충격은 저출산·고령화를 의미하며, 지역간 인구구조(분포) 불균형에 따른 충격은 수도권·대도시·공업도시 집중과 농어촌, 지방 중소도시, 사양산업 도시의 인구·산업 공동화를 의미한다.

세계 보편적인 불균형

5개의 불균형이 한국적 특수성이라면 세계 보편적인 불균형도 있다. 단적으로 19세기부터 '생산의 사회적 성격과 소유의 사적 성격의 모순'은 잘 알려진 불균형이다. 1979년 중국의 개혁개방과 1989년 베를린장벽 붕괴 이후 봇물 터지듯 진행된 세계화, 자유화, 민주화는 국경을 가볍게 뛰어넘은 시장(경제)과 국경에 갇힌 국가의 조정, 통제 능력(민주주의)간의 불균형 해소를 전인류적 과제로 만들었다.

최근 들어 심각하게 제기되는 불균형은 인간의 엄청난 행위능력과 그다지 변치 않는 의식 사이의 큰 괴리이다. 행위능력은 곧 자유에 기초한 선택·기피·이동 능력과 창조·생산 능력과 파괴·살상 능력이다. 북핵과 미사일에 대한 공포는 자유와 문명을 뒷전에 두고, 민주적으로 통제되지도 않으면서 주제넘게 북한 주도의 통일을 국시로 삼은 김정은 손에 엄청난 파괴력을 가진 무기가 쥐어져 있다는 사실에서 온다. 김정은의 오판과 감정에 의해 어떤 대참극이 벌어질지 모르기 때문이다. 아무튼 엄청난 행위능력은 좋은 사상·문화이건, 나쁜 사상·문화이건 이를 널리 퍼뜨릴 능력이기도 하다. 인문운동가 이남곡은 '행위 능력을 억제할 수 있는 것이 아니기 때문에 결국 자기중심적 의식을 변혁하여 그 행위능력의 사용 방향을 바꾸는 것이 유일한 길'이라면서, 21세기가 결정적인 시기가 될 것 같다고 하였다.

사실 지금 한국 민주주의가 앓고 있는 심각한 몸살도 세계를 오가며 쌓은 견문과 긴 교육 기간을 통해 형성된 높은 요구, 기대, 발달된 ICT기술(SNS) 및 교통수단과 몇 번의 거대한 대중시위 승리 경험을 자양분 삼아 강성해진 대중의 엄청난 행위능력과 이를 자제·통제하는 시민적 지성·덕성의 큰 괴리에서 발생한다. 이는 정치집단의 혼미, 무능, 무책임(포퓰리즘 경향)으로 인해 대중의 엄청난 행위능력은 제대로 조정, 통제되지 않으면서 그 괴리는 더욱 커지고 있다.

지성은 난마처럼 얽히고설킨 사건과 사물의 상호 의존관계에 대한 이해에 기초한 미래 비전이고, 덕성은 윤리도덕이다. 현실은 더 복잡해지고 상호의존도 증가하는데, 다양한 분야와 층위의 경험과 지식(통찰)를 총화하여, 국가를 향도해야 할 소명을 띤 정치인 및 정당은 지역과 낡은 이념, 특수이익집단에 갇혀 있다.

한국사회의 갈라파고스적 특성이나 다른 선진국에서 좀체 발견하기 어려운 특이한 부조리의 대부분은 한국 특유의 불균형, 즉 힘의 집중, 편중, 오남용에서 연유한다. 이 뒤에는 대체로 우월적 지위를 가졌지만, 시장이나 국가(민주주의)나 내부 자율조정 메커니즘 등에 의해 제대로 견제, 통제받지 않는 갑적 존재가 있고, 이들과 관계를 맺고 있지만, 파편화되어 각자도생하는 다수가 있다. 관계의 불균형을 시정하려는 노력은 서로 대등한, 상생적 관계를 맺으려는 노력으로 나아가기도 했지만 주로는 자신이 우월적 지위를 가진 존재(갑)가 되려는 노력으로 달려갔다. 불균형을 잡는 것은 공공의 역할이기에 민간이 자신의 권리, 이익, 혜택 등을 극대화하려고 움직이는 것은 자연스런 일이다.

정치·경제·사회 주체간 힘의 불균형이 심한 상황에서 기후변화든 인구구조 변동이든 기술변화든 경기변동이든 모든 변화와 충격은 국가와 사회·공동체가 이를 합리적으로 완충, 조정하지 않으면, 우월적 지위를 가진 존재(갑)들은 자신이 감내해야 할 충격과 부담을 '을'이나 청년·미래세대 등 정치적 약자들에게 전가하게 되어 있다. 또한

'을'에게 가야 할 몫(이윤, 소득, 임금, 예산, 복지, 사회적 관심과 배려 등)을 편취하게 되어 있다. 대한민국이 상대적 고성장 국가임에도 불평등, 양극화, 갑질 시비(우월적 지위의 오남용)가 심하고, 사회적 불신과 정치적 갈등이 극심한 이유는 기본적으로 상대적으로 강하고 빠른 외적·내적 변화(충격)에 비해, 이를 완충·조정해야 할 국가가 공공부문 종사자와 힘센 사익집단 편향적이고, 사회·공동체는 모래알처럼 연대성이 취약하기 때문이다. 1997년 외환위기와 중국의 추격·추월과 인구구조 변동 등을 거치면서 국가부문(공공부문)이 최고 선망의 대상이 되고, 청년들은 '헬조선'이라고 절규하고, 결혼과 출산을 연기, 기피하는 이유는 기본적으로 정치와 정부의 혼미, 무능, 기득권 편향을 빼놓고는 설명할 수 없다.

대한민국은 외부로부터 가해지는 강한 충격, 즉 구조조정 압력을 어떻게든 분산 완충하고, 이를 창조 혁신의 발판으로 삼아야 한다. 그런데 이 압력을 분산 완충해 줘야 할 정치체제와 법·규제와 고용, 복지, 교육체제 등은 이 흐름을 완전히 거스른다. 이 선봉에 문재인 정부와 집권연합세력(민주당+정의당+진보적 시민사회단체)이 있다. 그 뒤에 세금 소득자인 공무원과 독점이익 수혜자인 공공기관 직원과 과도한 보호를 받는 교수·교원 등이 있다. 이들은 지식과 기술의 수명이 엄청나게 짧아진 시대에, 임용시험을 통과했다는 이유로 평생 직장·직업을 제공받고, 두터운 직장 복지를 누리고, 대과 없이 근속 연수가 차면 자동으로 승진하여 정년을 마치고, 우리 사회 생산력 수준에 비해 매우 높은 연금을 평생토록 받는다. 이들 공공부문과 규제 산업과 대기업 조직노동은 자신들이 혜택을 볼 가능성이 없거나 천문학적 명퇴금이 있기에 실업급여와 같은 보편적 사회안전망 강화에 별로 관심이 없다.

9장 외국인 눈에 비친 한국사회

그레고리 핸더슨의 『소용돌이 한국 정치』

그레고리 핸더슨Gregory Henderson(1922~1988)은 1968년 출간한 『소용돌이의 한국정치』(원제: Korea: The Politics of the Vortex)에서 한국 정치의 독특한 동역학에 대한 거시적이고 종합적인 통찰을 내놓았다.

주한 미국대사관에서 근무했던 그레고리 헨더슨은 1947년부터 1963년 사이 총 7년(1948년부터 1950년까지 미국 대사관 문정관, 1958년부터 1963까지 정치담당 자문)을 근무하면서 당시 전국 140개 군郡 중 단 한 군데를 빼놓고는 다 방문했을 정도로 한국사회를 유심히 관찰한 사람이다.

1968년에 하버드 대학 출판부에서 출간하고, 2000년에 한국어로 번역된 그의 저작은 한국을 취재하러 오는 외신기자들과 한국에 부임하는 외교관들, 한국학을 전공하는 외국 학생들이 반드시 읽어야 할 고전으로 통한다고 알려져 있다.(최근에 이를 대체할 만한 '고전급' 책 한 권이 출간되었다. 마이클 브린의 『한국, 한국인』이다.)

핸더슨은 조선, 일제, 이승만정권과 박정희정권을 면밀히 관찰하여, 다른 나라와 확연히 구분되는 한국사회(조선-식민지조선-대한민국)의 핵심 특징을 세 가지로 정리하였다.

첫째, 사회구성(원) 자체가 대단히 동질적, 균질적이다. 단일 인종, 단일 민족, 단일 언어, 단일 문화(종교)권이다. 식민지시대부터는 사회계급도 없어졌다.

둘째, 촌락과 왕권 사이에 자생적 기구 혹은 응집력 있는 중간매개집단이 아예 없거나 빈약하다. 가치나 이익으로 뭉친 중간집단이 빈약한, 모래알처럼 원자화된 사회이다.

셋째, 고도로 중앙집권적 사회 내지 중앙집중화(일원화)된 사회이다. 중앙집권적 사회란 국가·권력과 중앙권력에 의해 결정, 조정, 강제, 통제되는 것이 많다는 것을 의미한다. 국가·중앙권력이 한 사회의 머리끝부터 발끝까지, 즉 지방, 시장, 사회·공동체, 개인 및 가족, 사상·의식·문화를 지배하고 통제하는 사회라는 것을 의미한다. 관점을 달리하면 지방자치와 민간(촌락, 사회·공동체, 개인, 시장)의 사적자치 내지 자율책임 영역이 협소하거나 자치 의지가 취약하다고 볼 수 있다. 이는 다수대중이 시장과 사회에 만연한 부조리를 국가라는 정의의 사도가 때려 잡아주고, 국가라는 보호자(어버이)가 개인과 약자(골목상권, 노동자, 중소기업 등)를 촘촘히 보살펴 주기를 갈망한다고도 볼 수 있다. 중앙집권적 사회란 국가·중앙권력의 힘이 강하여, 요즘말로 하면 권력에 의한 갑질, 즉 착취·수탈(가렴주구), 강압·강제가 심한 사회이다. 지방(정치)세력, 시장(상공업자)세력, 종교 등 사회세력이 약하다는 얘기이다.

그레고리 핸더슨의 주된 관심은 한국 정치현상의 특징과 구조, 즉 동역학이었다. 경제현상이나 사회문화현상은 아니었다. 그는 한국 정치현상의 특징을 '소용돌이'에 비유했는데, 그것은 사회의 동질화, 원자화, 고도의 중앙집중화(일원화)로 인해 사회의 모든 분야와 개체들이 중앙, 다시 말해서 상층 권력을 향해 위로, 중심으로 돌진하는 현상이 소용돌이를 연상케 했기 때문이다.

　'소용돌이 폭풍이 일어나면 거대한 흡입력은 모래알의 정치 개체를 빨아들여 어떤 이성적인 성찰도, 여야 간의 타협도, 정책을 위한 진지한 토론도 마비된다', '한국 정치는 당파성, 개인 중심, 기회주의성을 보이면서 합리적 타협의 기초를 결여' 하고 있다. '이해관계의 대립이나 종교적 대립, 정책적 차이, 이데올로기의 차이 등으로 인한 분열과 균열은 찾아보기 힘들다. (…) 차이가 있다고 하더라도 별로 영향을 끼치지 못한다. 원자화된 단위들이 모두들 중앙의 정치권력을 향해 돌진한다.'

　인종, 언어, 종교, 문화가 다른 집단도 거의 없고 가치나 이익으로 뭉친 중간집단(상공업자 세력, 마을공동체, 지방정치세력 등)이 취약하면, 국가·중앙권력의 힘이 압도적으로 강해지기 십상이다. 권력 우위(만능, 과잉, 과대) 사회는 예외 없이 정치 우위, 이념 우위, 도덕 우위 사회가 될 수밖에 없고, 사생결단의 권력투쟁이 벌어지기 십상이다.

　한국의 정치현상의 특징을 물리적(유체역학적) 현상인 '소용돌이'로 표현한 것은 핸더슨의 통찰인데, 그 원인과 구조는 제대로 규명되지 않았다. 첫째 특징(동질화 내지 단일성)과 둘째 특징(원자화 내지 파편화)은 셋째 특징(고도로 중앙집권적 내지 일원화된 사회)을 뒷받침하는 주요 지주 중의 하나이다. 핸더슨이 지목한 한국사회의 동질성·균질성은 권력의 중앙집중화·일원화의 주요한 조건 중의 하나일 뿐이다

　한국의 정치현상을 설명하기 위해서는 핸더슨이 말한 세 가지 특징 외에도 다른 주요한 특징 내지 조건이 더 필요하다. 중국대륙과 일본열도를 연결하는 가교이자 반도라는 지정학적 조건과 기후, 토

질, 지형, 식생의 총체인 풍토, 후삼국시대 이후 생사를 걸고 각축하는 복수의 정치체 부재, 15~19세기의 유례없이 평화로웠던 동아시아 국제정치 환경, 그리고 조선의 지배이념인 성리학과 이를 근본주의로 달려가게 만든 정치·사회적 조건 등이 그것이다.

위에서 말한 지정학적 조건이란 3면이 바다여서 최소한 3면으로부터 외적이 오기 힘들다는 점, 동시에 국가·권력의 갑질을 피해 백성·인민이 바다로 달아나기도 힘들다는 점, 수많은 정치체 간의 각축전을 통해 강국이 들어서기 십상인 중국(만주, 몽골 포함)대륙과 일본열도에 인접해 있기에, 그 곳에 대외팽창적인 강국이 들어서면, 나라의 존망을 위태롭게 하는 외우내환이 일어나기 쉽다는 점 등이다. 여기까지는 고조선부터 대한민국까지 공통된 조건이다.

국가가 표방하는 도덕은 말할 것도 없고, 수입한 이념이나 종교 역시 근본주의적인 경향을 띤 것은, 이념이 모순부조리(민생, 국방 등)를 해결하는 무기가 아니라 권력투쟁의 무기로 사용되었기 때문이다. 권력에서 밀려난 집단도, 권력집단이 자기를 정당화하기 위해 휘둘러온 무기, 즉 도덕과 명분, 이념으로 권력집단의 자가당착이나 위선을 공격하는 것이 효과적이었다는 얘기이다. 그렇기에 도덕과 이념이 폭풍처럼 휩쓸고 다녔지만, 권력집단도 이를 쟁취하려고 절치부심하는 집단도 결코 도덕적이지도 이념적이지도 않았던 것이다.

세계적 보편성과 한국적 특수성의 관점에서 대한민국 정치와 사회의 특징을 조망한다면, 첫째 특징(동질화 내지 단일성)은 인류 주요 문명(중국, 지중해, 히브리, 인도, 중동, 중앙아시아 등)과 한국(고려·조선) 문명이 확연히 구분되는 특징이다. 대부분의 문명은 수많은 민족과 정치체의 혼거, 각축과 흡수, 저항, 말살 등으로 점철되어 있다. 2차대전 이후 문명을 주도한 미국과 소련은 대표적인 다민족 국가이다. 식민지 경영을 한 유럽 주요국도 적지 않은 수의 다른 민족과 인종이 있다.

둘째 특징(원자화 내지 파편화)도 한국 외에는 찾아보기 어렵다. 중앙 집권적인 나라는 현대 사회주의 국가, 진나라 이후의 중국, 이란·이라크 지방을 지배하던 왕조(페르시아 등), 절대왕정 시대의 프랑스와 16세기 이후의 러시아 등 적지 않다. 하지만 한국을 제외한 나머지는 지배영역이 넓어서인지 몰라도 그 내부에는 마을, 지방, 도시, 경제공동체(상공업자 단체), 신앙공동체 등 응집력 있는 중간집단이 많이 있었다. 하지만 그레고리 핸더슨이 관찰한 조선과 대한민국은 아니었다. 권력의 절대 우위(만능, 과잉, 과대)와 강력한 중앙집권은 사회주의 국가와 조선과 남북한이 공유하는 특성이다.

촌락과 왕권 사이에 응집력 있는 매개 집단이 빈약하다는 것은 곧, 상공업이나 종교적 권위에 기반을 둔 세력이나 지방 토호(지방자치분권) 세력이 취약하다는 것을 의미한다. 이는 사적자치 영역과 지방자치 영역이 협소하다는 얘기이다.

그레고리 핸더슨의 착각

그레고리 핸더슨은 '촌락과 왕권 사이에 자생적 기구 혹은 응집력 있는 중간매개 집단이 아예 없거나 빈약하다'고 하였다. 하지만 이는 착각이다. 조선의 촌락(마을)은 유럽, 일본, 중국과 달리 물질적 생산력이나 공동체 방위력을 증진하기 위한 구성원들의 연대·협력 단위도 아니었고, 세금을 내는 단위도 아니었다. 세금을 내는 단위는 개인과 가족이었다.

조선의 핵심 연대·협력 단위(중간집단)의 핵심은 확대된 가족인 씨족·종족宗族 공동체였다. 이는 유교 예법의 확산에 따라 종족, 문중, 종중 등으로 불리었고, 핵심은 조상의 제사를 지내는 것이었다. 한 마디로 제사공동체였다는 얘기다. 그런 점에서 촌락(마을)이 연대의 단위가 되지 못한 것은 조선의 독특한, 그야말로 갈파파고스적인 특징 중의 하나이다. 조선과 대한민국은 핸더슨이 생각한 것보다 더 심한 모래알 사회였던 것이다. 사람들이 혈연집단 중심으로 결집하면, 지역적(마을), 직업적, 계급적 동질성(이해관계)에 기초한 결집이 잘 일어나지 않거나 매우 취약할 수밖에 없다. 하지만 혈연집단이 약화된다고 해서 다른 집단이 자동으로 강화되는 것은 아니다. 지금 대한민국의 사회·공동체의 모습이 그 증거이다.

핸더슨의 통찰은 그의 꼼꼼한 비교 관찰과 더불어, 그가 한국과 확연히 다른 특징을 가진 미국인이라는 사실에서 나온 것처럼 보인다. 핸더슨의 관점에서 보면 미국과 한국은 정반대이기 때문이다. 미국은 수많은 인종, 민족, 언어, 종교의 전시장으로 불릴 정도로 이질적인 사회다. 이들은 저마다 커뮤니티를 이루어 살고 있다. 그뿐 아니라 직업·직능에 따라서도 수많은 커뮤니티(협회)가 형성되어 있다. 시장도 크고 자유롭고, 개인의 자율·책임 영역은 크기에, 연방정부든 주정부든 카운티정부든 권력이 좌지우지할 수 있는 영역은 좁을 수밖에 없다. 무엇보다도 연방국가이기에 50개의 주(state)가 준 국가로서 자치권을 행사하고, 그 아래 '카운티' '타운' '교육구' '특별 목적 행정구' 등 합쳐서 9만 개 가까운 자치체들이 역시 상당한 자치권을 행사하고 있다.

한국과 완전히 정반대인 미국 사회를 경험한 핸더슨이 제시한 한국 정치 발전의 요체는 '사회의 다원화, 분권화'와 '원자화된 모래알들을 응집시켜(cohesion) 진흙 같은 중간집단을 형성하고, 제도화의 벽돌을 쌓는 것'이다. 그는 '막 산업화 단계에 들어선 한국사회에서 지방에 공업단지가 들어서고, 전문직이나 특수직이 증가하면서 사회의 다원화, 분권화가 촉진'되는 현상을 매우 고무적으로 보았다.

그런데 책 출간 후 거의 50년이 흐르면서 한국은 경제가 비약적으로 성장하였다. 기업, 노조, 직능협회, 교회 등 중간집단도 많이 성장하였다. 산업화, 도시화, 아파트화, 핵가족화도 급속도로 진전되었다. 사회는 엄청나게 개방화, 다원화, 분권화, 민주화되었다. 그럼에도 핸더슨이 지목한 핵심 특징, 즉 중앙집중(국가·권력 우위, 과잉, 만능)과 사회의 원자화는 본질적으로 변하지 않았다. 그래서 '소용돌이 정치현상'은 지금도 계속되고 있다고 보아야 한다. 도대체 이유가 무엇일까?

오구라 기조 『한국은 하나의 철학이다』

핸더슨이 지목한 사회의 동질화, 원자화, 고도의 중앙집중화가 '소용돌이 정치현상'의 주요한 원인 중에 하나인 것은 분명하다. 하지만 위로, 중앙으로, 정치권력으로 접근하려는 개인 및 지역의 몸부림 전체를 설명해 주는 것은 아니다. 동질화, 원자화는 얼마든지 분산, 분권화된 사회로 갈 수 있기 때문이다.

일본인 오구라 기조(小倉紀蔵, 1959년생, 현 교토대 교수)는 국가와 사회를 관통하는 강력한 철학성과 이념성에서 한국사회의 독특한 현상들을 설명하였다. 오구라 기조는 1980년대 말부터 1990년대 중반까지 8년간 서울대 동양철학과 대학원에서 석·박사 과정을 이수하였는데, '한국인보다 한국을 정확하게 인식하고 싶다'는 생각으로 '한국은 하나의 철학이다'는 책을 썼다고 한다. 이 책은 1998년 일본에서 출간되었지만, 한국어로 출간된 것은 2017년 12월이다. 한국인들이 불편해 할 내용들이 제법 있기 때문일 것이다. 저자는 이 책을 한국의 철학성哲學性과 단일성單一性에 대한 '놀람'의 기록이며(251쪽) 조선왕조 창건 이래 지금까지도 세계를 해석하고, 사회를 지배·운영하는 철학의 핵심은 성리학이라 하였다. 오구라 기조가 말한 '철학성'은 '사람이 어떻게 살아야 하는가'를 묻는 것이다. '사람이 마땅히 지켜야 할 행동 준칙이나 규범'을 탐구하고, 더 나아가 올바른 준칙이나 규범을 자신이나 타인에게 강요하여 사람의 생각과 언행이 크게 어긋나지 않게 하려는 것이다. 사람은 개인이기도 하고 부모, 자식, 부부, 친구나 국민, 주민, 기업인, 근로자이기도 하다. 올바른 준칙이나 규범은 곧 도덕이고, 이것이 논리적 체계성을 갖추면 되면 사상·이념이 된다.

철학성은 역사적으로 인도가 강하고 고대 그리스도 강했다고 한다. 그런데 고대 그리스의 철학성과 중국·조선의 철학성은 그 내용이 크게 달랐다. 고대 그리스 철학은 만물의 근본 요소, 즉 진리를 주로 물었지만, 중국·조선은 사람은 어떻게 살아야 하는가, 즉 도덕을 주로 물었기 때문이다. 인도의 철학성은 대개 종교성이라고 말하는데, 잘은 모르지만 고대 그리스나 중국·조선과 추구하는 바가 꽤 다른 것처럼 보인다.

> 그리스 철학이 인간 외부의 자연에 대해 의문을 던진 반면, 중국 철학은 철학적 의문이 인간 자신을 향했다 이런 전통으로 인해 서양철학은 주체가 대상을 탐구하는 실증적이고 과학적인 태도를 발달시킨 반면, 동양철학은 도덕이나 인생론, 국가경영론과 밀접히 결부되었다.
>
> (『종횡무진서양사1』 146쪽, 남경태, 휴머니스트, 2017)

철학의 아버지로 여겨지는 그리스 철학자 탈레스(기원전 6세기 인물)의 핵심 주장은 "세상 만물을 눈에 보이는 그대로 믿지 말라"는 것과 "모든 사물의 '근원'에 물이 있다"는 생각이었다. 이처럼 '근원'을 묻는 사고방식이 바로 그리스 철학의 근간이었다.

『표준국어대사전』의 '철학'에 대한 설명은 다음과 같다.

> 1)인간과 세계에 대한 근본 원리와 삶의 본질 따위를 연구하는 학문. 흔히 인식, 존재, 가치의 세 기준에 따라 하위 분야를 나눌 수 있다. 2)자신의 경험에서 얻은 인생관, 세계관, 신조 따위를 이르는 말.

조선의 철학성은 진리탐구나 과학 지향성이 아니라 도덕 지향성이나 이념지향성이다. 도덕이나 이념으로 자신과 세계(타인 등)를 규율하고, 옭아매고, 재단하는 것이다. 당연히 도덕이나 이념은 옳은 것이고 바른 것이다. 인식과 윤리의 한계가 뚜렷한 사람들 간의 대화와 토론이나 귀납적 증명을 통해 내린 결론이 아니라 어떤 거역할 수 없는 권위가 내려 보낸 것이다. 조선에서 도덕과 권위의 원천은 중국 역사에 나오는 성현의 말씀과 성군-명신 간의 대화였다. 북한에서는 김일성, 김정일의 교시가 그것이다.

따지고 보면 김일성 유일사상(주체사상)을 부르짖는 북한은 철학성과 단일성의 전형이다. 단일성은 그레고리 핸더슨도 강조하고, 다민족 국가 출신 외국인들이 한국에 와서 거의 예외 없이 맨 먼저 느끼는 특징이다. 이는 한국이 인종, 민족, 언어 등이 하나이고, 국가·권력도 단일하고(지방자치분권적 요소도 약하고), 건축 규제 등 수많은 규제도 일률적이기 때문일 것이다. 문제는 철학성의 내용과 이를 공고하게 만드는 어떤 구조와 뿌리이다. 오구라 기조는 철학성의 근간은 주자학(성리학)이라는 이념인데, 이는 도덕 지향성으로 나타나기에 한국(조선 포함)을 '도덕 지향성 국가'라고 규정하였다.

도덕 지향성은 사람들의 모든 언동을 도덕으로 환원하여 평가하는 경향이다.

(『한국은 하나의철학이다』 13쪽, 오구라기조, 모시는 사람들, 2017)

철학성은 곧 도덕 지향성이고, 이념지향성이기에 한국을 '이념지향성 국가'라고 해도 틀리지 않을 것이다. 이념지향성은 그 사촌 아니면 조상인 종교지향성으로 나타나기도 한다. 하지만 내세 관념이 강한 인도와는 달리 대단히 세속적인 가치를 지향하였다.

아무튼 도덕 지향성은 도덕·정의·도리 지향성이다. 따라서 한국인은 유럽, 미국, 일본, 중국, 인도, 중동 사람들은 도덕이나 정의의 잣대로 판단하지 않는 많은 사안, 즉 힘(국익)과 힘(국익), 계략과 계략이 부딪혀 만들어진 현상—예컨대 1636년 병자호란, 일제강점, 한국전쟁, 1965년 한일청구권협정 등—을 도덕이나 정의의 잣대로 재단하고 비난한다.

한겨레신문의 길윤형 기자가 7월 1일부터 8월 6일까지 일본 총리 관저와 청와대 홈페이지 등을 검색해 아베 신조 일본 총리와 문재인 대통령이 일본의 경제보복조치에 대한 발언을 전수 조사한 결과를 이렇게 요약했다.

아베 총리는 한국정부에게 1965년 체제를 무슨 수를 써서라도 사수하겠다는 경고를 지속적으로 쏟아내 온 반면, 문 대통령의 반응은 '실존적'이고 '근본적'이다. 일본이 65년 체제를 지켜내기 위해 한국을 화이트 국가에서 배제했다고 말하는데 견줘, 한국은 성장을 방해하고 한국 경제의 아킬레스건을 끊어 패배감을 맛보게 하기 위한 일본의 조처로 받아들이고 있다. 일본의 설명은 실무적·기술적이지만, 한국의 반응은 근본적·실존적·철학적이다. (…) 한국정부는 하루 빨리 감정을 걷어내고 말의 추상 수준을 낮춰야 한다.

일본의 입장은 1965년과 2015년의 약속을 지키라는 것이다. 그런데 문재인정부의 반응은 좀 모호하긴 하지만, 대체로 1965년과 2015년의 합의를 부정하는 것이었다. 한 마디로 식민지배의 불법성을 인정하라는 것이었다. '근본적, 실존적, 철학적'이고 '추상적'이라는 것은 구체적인 대안은 모호하지만—전쟁하자는 것도, 국제사법재판소 가자는 것도 아니다—'나는 옳고, 당신은 틀렸다'(식민지배 불법이다)는 메시지 하나는 선명하다.

이렇듯 일종의 정신승리를 추구하는 행태, 예컨대 남북한 공히 독립운동세력의 힘과 성과를 침소봉대하는 행태는 성리학이 만든 것이아니라 성리학을 필요로 하는 어떤 조건(환경)에서 유래한 것이다.

도덕 지향성은 곧 바른 삶과 세상(국제관계 포함)을 추구하고, 그른삶과 세상을 배격한다는 것을 의미한다. 이는 초월신과 구원 및 영생을 믿는 문화권도 비슷할 것이다. 그런데 조선이 이들과 다른 것은그 심판(?)을 초월신에게 맡겨 버린 것이 아니라 현세의 학문적 권위와 정치권력에게 맡기려 했다는 것이다. 도덕적 옳고 그름은 어떤 이념적·학문적·권력적 잣대 없이 분별할 수 없기에 도덕 지향성은 곧이념지향성이고, 학문적 권위지향성이고, 현실 권력지향성이다. 도덕, 이념, 종교, 권력은 사실상 일체화되어 있기에 지독한 권력지향성으로 달려갈 수밖에 없다.

반미감정과 반일감정의 뿌리

원래 도덕은 착함(善)과 악함(惡), 옳음(正)과 그름(邪 또는 非), 정의와 불의 등을 가르는 기준으로 전자(선, 정, 의)를 떠받들고, 후자(악, 사, 불의)를 억누르는 것이 목적이다.

도덕 지향성은 자신이나 타인이나 도덕적으로 살아야 한다는 강요이자 강박이다. 패권국이든 강대국이든 모든 나라들이 국제적 도덕이나 법을 좇아서 행동해야 한다는 신념이다. 조선 지배 엘리트층에게 국제법은 명나라(황제)를 끔찍하게 섬기는 사대주의 내지 화이질서였을 것이다. 중국의 오랜 횡포에 대해서는 의외로 관대하고, 일본의 횡포에 대해서는 극단적인 반감을 표하는 행태는 화이질서 속에서 3류(오랑캐)국에게 짓밟혔다는 정서가 깔려 있지 않고서는 잘 설명되지 않는다. 조선의 국방력이 형편없었던 이유는 기본적으로 명·청 이후 오랜 동아시아 평화체제에서 연유하지만, 그와 더불어 국력과 국익 논리가 규율하는 홉스적 세계인 국제관계조차도 자신의 협소한 도덕률, 즉 강자는 약자를 보호하고 배려해야 한다는 당위로 재단하는 습성, 바로 도덕 지향성이 강했기 때문이다. 사실 19세기 말조선이 중국, 미국, 러시아 등에 안보를 구걸한 이유도 여기에 있고, 북한의 반미감정과 해방된 지 74년이 흘렀음에도 질기게 남아 있는 반일감정의 뿌리도 여기에 있다. 일본에 대해 연좌제를 적용하고, 즉 식민지 강점에 대한 책임이 전혀 없는 일본 국민에 대해 책임을 묻고, 유독 일본에 대해서만 높은 도덕적 의무(기준)를 부과하여 이를 근거로 일본을 비난하기 때문이다.

　이는 자신들이 세운 국제관계의 도덕률과 홉스적 국제관계가 정면 충돌하는 현실을 인정하지 않는다는 것을 의미한다. 사실 북한의 반미감정의 뿌리도 '우리민족끼리의 문제인 조국해방전쟁에 미국이 왜 개입했느냐'는 것이다. 이 역시 국제적으로는 도저히 통용되지 않는 자의적인 도덕률로 국제적 사건을 재단하는 질긴 습성의 발로이다. 반일감정의 뿌리도 우리(조선)가 잘못한 것도 없는데 왜 일본이 조선을 침략, 병탄했냐는 것이다. 미국이 엄청난 희생을 치르고 일본을 패퇴시켜 조선을 독립시켜 준 것은 응당 해야 할 도의일 뿐이다. 그래서 국제질서를 주권국가 평등론으로 재단한다. 미국은 핵을 엄청 많이 가지고 있는데, 북한은 왜 못 가지게 하냐고 항변한다. 자국의 자유를 극대화 하기 위해, 계약에 의한 자유(주권) 양도라는 보충성 개념이 전혀 없는 것이다.

원래 도덕, 윤리, 도리, 도의는 약자가 강자의 횡포를 막아내는 방패요, 족쇄이다. 동시에 지배자가 피지배자의 생각과 행동을 통제하기 위한 장치이기도 하다. 그런 점에서 한반도는 세계적 강대국들의 각축장이기에 생존본능상 도덕이나 정의(국제적 도의)를 강조하는 것은 자연스러운 일이다. 하지만 이런 자의적 도덕률과 정의가 국경을 넘어 적용될 수는 없다.

한국의 도덕 지향성은 도덕 환원주의로 나타난다. 정치, 경제, 사회, 문화 등 수많은 모순부조리를 제도나 구조가 아니라 사람(리더십)의 도덕, 인격, 동기(마음), 의도에서 찾는 태도이다. 도덕 지향성은 도덕만능주의 내지 인격도야 만능주의로 연결되기에 결과가 아니라 동기를 중시하고, 제도가 아니라 사람의 마음가짐을 중시하게 된다.

도덕 지향성의 반대는 악덕지향성이 아니라 실용 지향성이다. 이는 선악善惡, 정사正邪, 정의-불의로 인간과 세상을 재단하는 것이 아니라 있는 그대로의 현실을 인정하고, 자신 및 타인(타국)의 힘(국력)과 처지와 조건, 이해관계와 효용(비용 대비 편익)을 따져 자신(자국)의 자유, 권리, 이익을 극대화하는 태도를 의미한다. 도덕 지향성은 자신(자국)이 불이익을 당했을 때, 타인(타국)에 대해 도덕적 비난을 일삼지만, 실용 지향성은 자신의 힘과 외교안보 전략을 성찰하고 반성한다.

실용 지향성은 정의는 강 하나를 사이에 두고도 달라지고, 관점에 따라서도 달라지는 것으로 본다. 도덕 지향성은 인간과 강대국(미, 중, 일 등)의 덕성에 호소하지만, 실용 지향성은 자신의 힘과 전략, 혹은 인간을 규율하는 제도에서 문제를 찾는다. 이는 손자, 한비자, 애덤 스미스가 공유하는 인간관과 세계관을 깔고 있다. 실용 지향성은 당사자 간 힘겨루기에 의한 서열 가리기(약육강식의 질서)도 있고, 당사자 간 계약(합의)에 의해 정립한 질서도 있다.

도덕 지향성은 제도와 인간의 속성(양면성)에 대한 무지 또는 외면을 깔고 있다. 현실의 모순부조리를 그 원인과 구조를 살피지 않고 사악한 인간이나 힘센 존재(외세, 친일파, 독재, 재벌 등)의 착취, 억압, 왜곡의 산물이라고 규정한다. 비정규직, 저임금, 일자리 3불, 부동산, 저신뢰 등 대부분의 문제를 권력의 규제, 단속, 처벌 등으로 해결할 수 있는 문제라고 생각한다. 문제의 원인과 구조를 살피려 하기 전에, 도덕적, 인격적, 법적 단죄를 꺼내 든다. 이는 스스로 인간과 경제와 국제관계를 규율하는 질서를 설계해 보지 않았거나, 복잡미묘한 실물을 이해하지 못하였기 때문일 것이다.

한국의 유별난 철학성, 도덕 지향성, 이념(근본주의)지향성은, 오직 한반도 내에서만 작동하는 유별난 국가권력에서 나온다. 국가와 중앙과 상층에 집중된 전제적 권력이 유별난 철학성 등의 원흉이다. 권력 행위는 본질적으로 강제력(폭력)이기에, 가능하면 자발적 동의를 얻기 위해 정통성, 도덕성, 정의正義, 공정, 현능賢能 등을 표방해야 한다. 권력이 의도하는 대로 세상을 보도록 하기 위해 그럴듯한 세계관과 가치관을 유포해야 한다. 그래서 역사해석과 언론과 교육을 장악하려 한다. 한편, 권력경쟁에서 패한 정치집단은 승자들이 휘두르는 칼—도덕성과 정의 등—로 승자를 공격하는 것이 제일 효과적이다. 이래저래 권력에 요구하는 도덕성은 높아지고, 권력이 밟으면 안 되는 금이나 규제도 많아진다. 하지만 전제적 권력이 도덕적일 수 없고 금을 밟지 않을 리 만무하니, 정권이 바뀌면 이전 권력에 대한 단죄 내지 보복이 반복되는 것이다.

2부
대한민국과 1987체제

1장 1987체제의 빛과 그늘

체제의 모태, 정신문화와 정치지형

현재 대한민국을 통합하는 1987체제는 조선체제(1.0), 식민통치체제(2.0), 대한민국체제(3.0)의 개정 버전 중의 하나라고 할 수 있다. 대한민국을 통합해 온 체제는 자유민주주의와 자본주의 시장경제가 양대 축임은 분명하다. 자본주의 시장경제체제는 박정희정권의 수출지향 공업화의 성공에 따라 높은 대외개방도(수출입 의존도)를 가지게 되었다.

1987체제는 1987년 10월 29일자로 개정되고, 1988년 2월 25일자로 시행되어 2019년 현재까지 대한민국을 규율해 온 제10호 헌법에 의해 지지되는 정치체제이다. 하지만 1987년 헌법이 1987체제를 낳은 것이 아니라 1987체제가 1987년 헌법을 낳았다고 보아야 한다.

체제가 소프트웨어라면, 10호 헌법은 대한민국 체제 버전3.9쯤 된다고 할 수 있다. 그런데 헌법이 전면 개정된 것은 1948년(1공화국), 1963년(3공화국), 1972년(4공화국), 1980년(5공화국)[41], 1987년(6공화국)

---

41) 전두환정권은 1980년 헌법(전부 개정)에 근거하여 탄생한 체제를 제5공화국으로 불렀는데, 그것은 제헌헌법에 입각하여 탄생한 이승만정권을 제1공화국으로(1952년 일부개정, 1954

이다. 1960년 4.19 직후 개정된 헌법은 부분 개정이라고 명기되어 있지만, 실제로는 민의원과 참의원 국회양원제를 실시하는 등 정치지형이 완전히 변해서 2공화국으로 부른다. 헌법이 아니라 경제체제(철학, 가치, 제도, 정책 등)를 기준으로 구분한다면, 제헌헌법이 명시하고 이승만정권이 실행한 토지개혁, 박정희정권의 국가주도 수출지향 공업화, 김대중정권의 외환위기 이후의 경제개혁이 주요한 분기점이 될 것이다.

1987체제는 그 이전의 여러 체제들과 기계적·화학적으로 결합, 융합되어 있다. 중국과 조선 등 동양 사회가 공유하는 체제, 조선유교체제, 식민통치체제, 분단정전체제(1953체제), 국가주도 발전체제(1963체제, 유신체제, 전두환체제), 외환위기 이후의 경제체제 등이 그것이다. 자연환경과 지정학적조건, 국제조약과 국제 정치경제체제와 정신문화 등은 정치체제라는 나무가 뿌리박은 토양이라고 할 수 있다. 하지만 나의 체질과 기질이 어떤 조상, 환경, 사건에서 얼마만큼 기인하는지를 알기 어려운 것처럼 1987체제를 관통하는 정신문화, 사상이념, 법과 제도의 근원 역시 마찬가지다. 1987체제의 유전자 내지 핵심 특성은 헌법 조문이 아니라, 지배적인 정신문화와 이를 뒷받침하는 정치지형, 즉 정치적 대립구도, 정치세력 간 역관계 등에 있다. 헌법 조문과 기본권(재산권, 자유권, 노동권 등)에 대한 헌법재판소의 결정, 대법원의 판례, 하위 법령과 정부의 유권해석, 정부조직과 예산 등은 1987체제의 유전자가 외화된 것이다.

그러므로 1987체제의 특성은 1987년 헌법에서 새로이 삽입된 조항, 대표적으로 대통령 직선제와 5년 단임제, 경제민주화 조항, 헌법재판소 관련 일부 조항이나 삭제된 조항의 영향만 분석하면 알 수 있

년 일부개정), 1960년 4.19헌법(1960.6.15 일부개정)으로 탄생한 체제를 제2공화국으로, 1963.12.17 시행된 헌법에 입각한 체제를 제3공화국으로, 1972년 유신체제를 제4공화국으로 규정했기 때문이다.

는 것이 아니다. 1987체제를 만든 역사·현실 인식을 포함한 정신문화와 정치지형이 오래 전부터 있었어도 사문화되었거나 다르게 해석하던 조항을 새롭게 해석하기 때문이다.

예컨대 1980년 10월 27일 시행 헌법(이른바 5공화국 헌법)의 제6장 헌법위원회〉헌법 제112조 ①항에 규정된 헌법위원회의 심판사항은 '1. 법원의 제청에 의한 법률의 위헌 여부 2. 탄핵 3. 정당의 해산'이다. 그런데 1988년 2월 25일 시행된 현행 헌법 제6장 헌법재판소〉제111조 ①항에 규정된 헌법재판소 관장사항은 '1. 법원의 제청에 의한 법률의 위헌 여부 심판 2. 탄핵의 심판 3. 정당의 해산 심판 4.국가기관 상호간, 국가기관과 지방자치단체간 및 지방자치단체 상호간의 권한쟁의에 관한 심판 5. 법률이 정하는 헌법소원에 관한 심판'으로 명시되어 있다. 이로서 법원의 제청이라는 과정을 건너뛰고, 헌법재판소가 국민의 헌법소원 사항을 관장하면서 헌법 해석상에서 엄청난 변화가 일어났다.

1987체제의 빛과 그늘을 극명하게 보여 주는 노동권과 재산권의 관계는 헌법이나 법률 조항의 변화에 근거한 것이 아니다. 현행 헌법 제33조(노동권)의 핵심 권리의 하나인 근로자의 단체행동의 자유는 제헌헌법에도 명기되어 있었다.

제헌헌법 제18조: 근로자의 단결, 단체교섭과 단체행동의 자유는 법률의 범위 내에서 보장된다. 영리를 목적으로 하는 사기업에 있어서는 근로자는 법률의 정하는 바에 의하여 이익의 분배에 균점할 권리가 있다.

노동3권은 제헌헌법 제18조에도 있었다. 심지어 사기업에서 이익 분배 균점권도 있었다. 노동3권은 1963년 12월 27일 시행된 헌법에도 보장되어 있었고[42], 1980년 10월 27일 5공화국 헌법에서도 마찬가지였다.[43] 그런데 이승만 시대에는 임금근로자 자체도 많지 않았고, 노조총연합단체인 대한노총은 권력의 한 축이기도 하였다. 박정희·전두환 시대에는 임금근로자는 많이 늘었어도 국가·권력이 초법적 수단으로 노동3권을 억누르고 있었기에 노동3권은 사문화되다시피 하였다. 그런데 1987년 이후 노조의 힘은 강해지고 노동 억압적인 가치, 제도, 정책도 약화되고 사법부 판결도 점점 더 노동 친화, 기업 억압적으로 바뀌면서 노동권과 재산권의 불균형이 점점 심화되었다. 근로자는 자본의 부당한 폭력, 즉 해고로부터 보호해야 한다는 정신 문화는 근로기준법 제23조(해고 등의 제한)와 제24조(경영상 이유에 의한 해고의 제한)를 근로자에게 극히 유리하게 해석하면서 이 불균형은 더욱 심화되었다. 특히 재산권보호 개념(사업장 점거 금지 등)과 무기의 대등성 개념(필요시 대체인력 투입과 직장폐쇄 등)을 사장死藏한 하위 법령과 법원 판례들이 누적되면서 노조에 의한 재산권과 경제활동 자유권의 침해도 극심해져 왔다. 이것은 공공부문과 노조가 강한 기업의 고용안정 수준과 임금 및 기업복지 수준이 웅변한다. 단적으로, 1인당 GDP를 기준으로 OECD 주요국과 비교하면 한국이 월등히 높다. 게다가 노동, 환경, 상법, 상속법 등 많은 법령에서 기업주에게 형사책임을 묻는 조항도 점점 늘어나면서 기업의 투자와 고용 위험을 크게 증가시켰다.

---

42) 제29조 ①근로자는 근로조건의 향상을 위하여 자주적인 단결권·단체교섭권 및 단체행동권을 가진다. ②공무원인 근로자는 법률로 인정된 자를 제외하고는 단결권·단체교섭권 및 단체행동권을 가질 수 없다.
43) 제31조 ①근로자는 근로조건의 향상을 위하여 자주적인 단결권·단체교섭권 및 단체행동권을 가진다. 다만, 단체행동권의 행사는 법률이 정하는 바에 의한다.(중략)

1987체제의 실체는 헌법재판소와 법원으로 하여금 헌법 및 법률을 다르게 해석하게 하고, 국회와 정부로 하여금 관련 법령을 양산하게 만든 정신문화, 사상이념, 정치지형을 보아야 보인다.

1987체제는 정치(정당), 지방자치, 사법(법원과 검찰), 경제, 고용, 교육, 보건의료, 복지, 연금 등 주요 분야의 법(해석과 결정 포함), 제도, 예산, 인사, 조직과 시민사회운동 등을 분석한 후 종합해야 그 다양한 얼굴과 동역학과 체제의 고장 증상 및 원인을 명료하게 알 수 있다. 당연히 엄청나게 방대한 작업이다. 하지만 이 글은 정치체제와 이를 관통하는 핵심가치, 이른바 체제 유전자에 국한된 분석이다.

1987년 헌법은 1987년 민주화운동(군부독재 퇴진 및 직선제 개헌 운동)과 당시 집권세력의 정치적 결단(6.29선언 등)에 의한 양자간 대타협에 의해 만들어졌다. 이를 통해 1987체제 유전자의 무한복제가 시작되었다. 1987체제는 1987년 6월항쟁, 7~9월 노동자대투쟁, 10월의 헌법 개정과 12월의 대통령선거, 1988년 3월의 선거법 개정과 4월 총선으로 초기의 법·제도적 틀이 만들어졌다. 1987체제의 정치·제도적 근간은 결선투표 없는 5년 단임 직선 대통령제를 핵심으로 한 헌법과 소선거구 상대다수득표제 국회의원 선거제도이다. 1987체제를 만든 정치지형은 각각 그 내부에 다양한 스펙트럼을 갖고 있지만, 어쨌는 보수(우파) 대 진보(좌파), 영남 지역주의 대 호남 지역주의의 대립 구도이다. 보수와 진보를 가르는 기준은 역사인식(대한민국 역사의 빛과 그늘에 대한 인식), 북한과 남북관계, 노조와 노동권에 대한 태도였다. 세계 보편적인 기준인 국가—시장—사회—개인 간 관계는 부차적이었다.

1987년 이후 30여 년은 김대중, 노무현, 문재인, 문익환, 김근태 등으로 상징되는 민주, 민족, 자주, 진보, 평등, 노동, 시민, 인권, 복지와 대북 유화정책을 주창한 비주류 세력들의 정치적, 정책적, 도덕적 공세국면이었다. 공세의 근거는 과거 정부의 헌법과 법률 위반(인권 유린, 부정부패, 각종 절차 위반)과 과거사 해석에 근거한 부도덕 시비였다. 헌법에 명기한 개인의 자유, 권리와 국가의 책임, 의무, 민주적 절차 위반, 야만적 고문과 학살에 대한 진상규명, 그리고 정경유착, 부정부패, 빈부격차, 빈약한 복지 등이 정치적, 정책적, 도덕적 공세의 주된 소재로 사용되었다.

1987년 이후 30여 년은 민주·진보·노동·시민·민족·인권 운동이 주도권을 쥐고 변화와 개혁의 공세를 펼쳤고, 이전의 집권·주류·보수·성장 세력은 여기에 수세적으로 맞섰을 뿐이다. 주류 보수세력은 담대하고 공세적인 국가 대개혁 방략을 내놓은 적이 없었다. 단지 쟁점 없애기나 물타기 차원에서 1987체제 주도세력이 제기한 가치와 정책을 무원칙하고, 무분별하게 혹은 정치공학적으로 수용하고는 하였다. 경제민주화, 재벌개혁, 복지국가, 격차(불평등, 양극화)해소, 기본권 강화, 과거사 진상규명 등이 대표적이다. 박근혜 탄핵과 문재인정부 출범은 짧게는 30년, 길게 보면 70년에 걸친 민주·진보·노동 세력의 승리의 축포이자 공세의 절정이다. 하지만 1987체제의 빛과 그늘에 대한 성찰과 통찰이 거의 전무하여, 그 부조리를 극대화하기에 공세와 수세가 바뀔 수밖에 없다. 2019년 10월 3일 광화문광장의 조국·문재인 규탄 시위는 역사의 밀물과 썰물이 바뀌는 지점이라고 할 수 있다.

1987체제의 빛

2부에서 말할 내용은 1987체제의 짙은 그늘과 새로운 대안체제의 골조이기에 자칫 한국 민주화운동이 이룩한 빛, 즉 성과를 간과할 수 있다. 그래서 간략하게나마 그 성과를 정리한다.

우리가 공기와 물처럼 향유하는 자유, 민주, 인권, 법치, 공명선거

등은 1948년 대한민국 건국과 함께 혹은 고도성장, 즉 국민소득 수준의 급상승에 힘입어 그냥 얻어진 것은 아니다. 1987체제는 민주화의 이름으로 국가·권력(대통령, 공무원, 국회 등)과 국민의 관계를 크게 변화시킴으로써 수많은 변화를 이끌어 냈다. 국가와 시장 및 사회의 관계도 변화시키고, 중앙과 지방의 관계도 변화시키고, 공권력과 보통 시민의 관계도 변화시키고, 정부나 기업조직의 상하관계도 변화시키는 등 이루 헤아릴 수 없이 많은 변화를 초래하였다.

지금은 거의 잊어버렸지만 대한민국은 조선유교체제, 식민통치, 전쟁과 분단이 낸 깊은 정신적 상처, 유신독재와 군부독재의 유산이 너무나 두터운 나라였다. 건국 이후 30년은 지금의 북한처럼 야만적 고문과 사건조작이 횡행하고, 지금의 중국처럼 공무원과 공권력은 국민에게 위압적이었다. 관존민비, 공직부패, 유전무죄−무전유죄도 뿌리 깊은 관행이었다. 사회적으로도 약자 무시, 강자 전횡이 일상이었다. 그런데 1987체제는 이런 악성 유산들을 상당 정도 쓸어냈다.

1987체제가 공고화되면서 비로소 삼권분립과 법치주의가 정착되기 시작했다. 사법부의 시녀화와 입법부의 거수기(통법부)화도 완화되었다. 행정부 공무원들도 부당한 지시와 명령에 대해서는 법과 규정, 공무원 노조와 행정소송 등을 방패로 해서 저항할 수 있게 되었다. 내 손으로 지자체장 및 지방의원과 교육감을 뽑는 수준이지만 어쨌든 지방자치와 교육자치도 시작되었다. 실제로는 지방공무원 자치요, 교육자단체 자치에 불과하지만.

한편, 오래 전부터 헌법에 들어와 있었지만 허울에 불과했던 기본권 조항도 전향적으로 해석되기 시작했다. 여성, 장애인, 근로자, 농민, 빈민, 중소기업 등 사회적 약자들의 권리, 이익에 대한 전향적으로 해석되고, 이들의 권리쟁취 투쟁에 대해서도 우호적인 분위기가 형성되었다. 기업도, 언론도, 은행도, 공무원도 권력의 눈치를 상대적으로 덜 보게 되었다. 오로지 대통령의 눈치만 살피던 경찰, 검찰 등 공권력도 비로소 국민과 상식의 눈치를 많이 살피게 되었다. 공작 정치도 현저히 퇴조하고, 공직 부패도 줄어들었다. 권력에 비굴하게 굽실거리고, 기회주의적으로 처신하는 풍토도 퇴조하였다.

1987체제의 성과물인 공명선거, 평화적 정권교체, 언론·출판·집회· 결사·표현·학문의 자유, 국민의 기본권, 지방자치제 등은 1987년 이후 최강의 복합권력(행정부, 입법부, 언론, 경제계, 종교계 등)이던 이명박정부에서도 미동도 하지 않았다. 박근혜정부에서도 거의 흔들리지 않았다. 촛불혁명정부처럼 행세하며, 보편이성과 양심 내지 법과 원칙을 뒤흔들어대는 문재인정부하에서도 적어도 집회·결사·표현의 자유 등은 미동도 하지 않았다.

인터넷과 스마트폰이 대중화되고, 표현의 자유가 만개하면서 대통령 조롱하기와 비판하기가 누구나 별 부담 없이 참여하는 국민 스포츠처럼 되었다. 결과적으로 1948년부터 근 40년간 한국사회의 핵심 걸림돌로 간주되던 인신구속, 인권유린, 언론탄압, 부정선거 등을 밥 먹듯 저지르는 후진국형 독재는 거의 사멸하였다.

지난 30여 년 동안 대중은 소득과 학력이 높아지고, 해외와 접촉(여행, 유학, 비즈니스, 매체 등)이 늘어나면서 욕구와 견문은 꾸준히 상향되었다. 사람의 이동과 물자의 수송을 원활하게 만든 교통수단도 발달하고, 생각을 널리 공유하고, 교신을 용이하게 만든 전화·인터넷· 휴대폰·복사기 등도 널리 보급되고, 언론통제는 완화되고, 자유주의, 개인주의 사조도 널리 퍼지면서 대중의 영향력은 점점 커지고, 개인과 집단의 욕구는 더 잘 조직화되었다. 이는 광화문광장과 국회 주변의 농성 천막 숫자와 그 요구 사항이 말해 준다.

농업국에서 불과 30년 만에 자동차, 반도체 같은 상품을 선진국에 수출하고, 평등한 소득분배구조까지 이뤄낸 한국식 자본주의의 신화로 인해, 1960~80년대 야당과 재야 민주화운동 세력이 심취했던 거대담론인 사회주의, 민족경제론, 종속이론, 신식민지국가독점자본주의론(독점강화–종속심화론), 식민지반봉건사회론 등은 봄눈 녹듯 사라졌다.

1987체제의 유전자

1987체제의 빛과 그늘, 성과와 한계는 그 유전자(핵심가치) 속에 대부분 내재되어 있다. 1987체제의 그늘은 외부환경, 즉 국제정치지형이나 국제통상질서의 악화로 인해 생긴 것이 아니다. 아이가 성장하면 어릴 때 입던 옷이 맞지 아니하듯이, 빛을 만든 주요 요인들이 주체와 환경의 변화에도 불구하고 새롭게 재구성, 재창조되지 않았기 때문이다.

핵염기 시토신(C), 구아닌(G), 아데닌(A), 티민(T)의 결합으로 만들어진 유전자가 수없이 복제되어 사람이나 동물을 창조하듯이, 아주 단순한 어떤 원리가 무한복제 되면서 위대한 문명과 국가를 창조하기도 하고, 반짝 성공 후 몰락하게 하기도 한다. 15~16세기 영국, 프랑스와 조선 사회를 비교하면 국가와 문명의 흥망 원리가 선명하게 보인다.[44] 15~16세기 영국은 해적질을 하든, 무역을 하든 밖에 나가서 부를 일군다는 생각이 있었다. 왕이든, 중앙귀족이든, 지방의 젠트리든 지배 엘리트층이 권력으로 내부(지방, 마을, 농민 등)를 쥐어짜고 억눌러서 부를 쌓으려고 하지 않았다. 또한 종교나 도덕으로 온 사회를 촘촘하고도 강하게 규율하려 하지 않았다. 그만큼 자율권을 많이 부여하였고, 상업과 무역에 전향적이었다. 심지어 해적질도 영국 여왕과 해적이 수익을 반분하는 사업이었다. 중국, 조선은 말할

---

44) 국가, 사회, 시장을 원점에서 설계한다면 어떻게 해야 할지는 명확하다. 하지만 지금은 허허벌판 강남 개발이 아니라, 복잡한 이해관계가 얽히고설킨 용산 재개발이다. 그래서 자유주의, 민주주의, 공화주의 철학만 가지고는 경세방략을 수립할 수 없다.

것도 없고 유럽 대륙에 비해서도 권력 밀도와 인구밀도가 낮은 영국, 그보다 더 낮은 변방 스코틀랜드에서 '개인과 시장의 자율과 자치'에 대한 신뢰를 역설한 계몽철학이 나온 것은 이유가 있다.

15~16세기 영국은 중앙권력도, 지방권력도, 교회도, 농민과 마을을 도덕이나 종교적 율법으로 세세하게 규율하지 않았다. 많은 것을 개인, 마을, 지방의 자치, 자율에 맡겼다. 그래서 나폴레옹은 영국을 소상점주들의 나라라고 조롱하였다. 지금도 영국은 협회(자발적, 자치적 결사)의 나라로 불린다. 이는 영국이 일찍부터 분업과 협업, 교역, 계약을 통하여 필요한 것을 조달해 왔다는 것을 의미한다. 영국은 인간의 자유도가 가장 높은 나라이자 욕망, 창의, 열정을 내리누르는 기제가 가장 약한 나라였다. 그러니 영국의 종교탄압이나 유럽의 압제를 피해 달아난 사람들이 세운 미국은 영국보다 압제나 속박이 더욱 약했다고 보아야 한다.

중세 잉글랜드 왕권이 약했던 이유는 윌리엄 정복왕이 자기 재산을 과도하게 교회에 희사한 것, 왕실 형제들의 다툼, 프랑스 땅에 있는 영지를 돌보느라 잉글랜드는 지방 유력 가문들에게 방치한 것, 왕위계승을 둘러싼 내전 등을 꼽는다. 마그나카르타는 왕이 세금을 부과할 때 귀족들의 자문을 구할 것을 명기하였다. 16세기까지 무려 30여 차례에 걸쳐 잉글랜드 왕들은 대헌장을 재확인하였고, 새로운 조항이 첨가되었다. 지방통치를 책임진 지주층(젠트리)은 치안 판사 역할을 하였는데, 국록을 받지 않고 지방행정을 주도하였다.

> 잉글랜드에는 일찍이 지배자와 피지배자 간의 일종의 '계약' 개념이 발달했다. (…) 16세기에 이르면 잉글랜드는 왕국이기보다는 오늘날의 국민 국가와 유사한 정치공동체라는 의식이 나타났다. 즉 왕과 신민들 사이는 일종의 '정치 계약'에 의한 관계라는 의

식이 생겨났던 것이다. (…) 외교관이자 학자였던 토마스 스미스 (1513~1577)는 『잉글랜드 국가에 관하여』(1565)라는 책자에서, 잉글랜드를 우월한 왕에 의해 통치되는 신민들의 왕국이 아니라 '계약에 기초한 동등한 사람들의 동맹'으로 표현했다. 그러한 계약설은 후에 홉스와 로크의 '사회계약설'로 연결된다.

(『제국의 품격』 74쪽, 박지향, 21세기북스, 2018)

지방의 젠트리들에 의해 보통법, 판례법, 관습법이 정착되었다.

보통법은 신민의 재산권을 보호해 주는 장점을 가지고 있었다. 보통법 체제가 발전한 과정에서 지방 유력자인 지주층의 기여가 컸다. 그들은 치안판사를 겸임하면서 특히 소유에 관한 보통법 체제를 차근차근 발전시켰다. 15세기 법률가 포티스큐(1394~1479)는 로마법을 절대왕정에, 보통법을 자유와 연관시켰다. (…) 1640년대 (…) 보통법은 소유권 뿐 아니라 (…) 왕의 자의적 통치로부터 신민들의 자유를 지켜주는 것으로 인식되었다. (…) 영국혁명을 거치면서 '자유롭게 태어난 잉글랜드 사람'이라는 개념이 확산되고 정부의 가장 중요한 기능은 재산 보호라는 개념이 발달했다. (…) 존 로크(1632~1704)는 자유를 자신에게 허용된 법의 한도 안에서 자기 자신, 행위, 소유물, 그리고 모든 재산을 처분하고 관리할 자유로 정의했다.

(『제국의 품격』 76쪽, 박지향, 21세기북스, 2018)

조선과 남북한은 영국, 미국, 스위스와 정반대의 특성을 가지고 있기에, 이 나라들에 비춰보면 우리 자신을 보다 명료하게 알 수 있다.

2장 1987체제의 착각

다수지배와 대통령 전횡방지

1987체제를 만든 첫 번째 핵심가치(유전자)는 민주화이다. 이는 반독재(대통령의 전횡방지), 다수 대중지배, 부정선거 방지(공명선거), 장기집권 방지(평화적 정권교체)로 등치되었다. 재야 민주세력, 민중·시민(운동권)세력, 진보·좌파세력 등으로 불리는 1987체제 주도세력도, 주류 보수세력 등으로 불리는 견제·대항(주류 보수) 세력도 민주주의를 '다수민심 지배 체제' '대통령의 전횡방지' '평화적 정권 교체' 정도로 축소 해석하긴 마찬가지였다.

1987년 헌법은 대통령의 전횡과 장기집권 방지를 위해서 대통령 직선제와 5년 단임제, 대통령의 국회해산권 삭제, 헌법 개정 요건 강화(국회 2/3 이상 동의), 대통령의 계엄선포권 견제(국회 재적 과반수의 해제 요청시 해제), 헌법재판제도 강화(헌법위원회를 헌법재판소로 바꾸고 위상, 역할 강화) 등을 명기하였다. 1988년에는 국회의원 소선거구제 상대다수득표제를, 1995년부터 지방자치단체장 선거를 실시하였다. 언론·출판·집회·결사의 자유는 불가침의 권리로 되고, 신체의 자유도 비할 바 없이 강화되었다. 국회와 야당의 비토권도 점점 강화되었다. 인사청문회법(2000년 도입)과 국회선진화법(2012년 도입)이 대표적이다.

1987년 이전에는 주로 통법부 역할을 하다가, 1987체제하에서는 이전에 없던 몇 가지 권한과 강력한 비토권을 쥐게 된 국회와 국회의원은 자신에게 주어진 권한을 제대로 사용하지 않았다. 권한은 행사하되 책임을 묻기 힘든 구조도 고치지 않았다. 양당의 정치독과점에 기반한 적대적 공생구조도 고치지 않았다. 야당도 집권만 하면 자신들 차지가 될 것이라고 생각해서인지 별다른 견제·균형 장치도 만들지 않고, 많은 권한을 대통령에게 위임해 버렸다. 권력형 비리라도 터지면 매섭게 질타하여 정치적 이득이나 챙기려 하였다.

헌법과 법률의 허술한 견제 감시로 인해, 한국 대통령은 법원, 헌법재판소, 정당(집권당)에도 큰 영향을 미칠 수 있다. 정부 예산과 공무원 인사는 물론 공기업과 공공기관 인사와 정책도 좌지우지할 수 있다. 특히 시장과 기업과 공무원을 쥐락펴락할 수 있는 사정, 감독, 규제, 인허가 기관, 즉 검찰, 감사원, 국세청, 금융위, 공정위, 방통위 등에 대한 인사권도 장악하고 있다. 당연히 1987체제 초기부터 권력구조 개혁, 특히 핵심인 제왕적 대통령제 폐지는 핵심 화두였다. 개헌을 통해 노태우·김종필은 내각제를, 노무현은 대통령 4년 연임제(원포인트 개헌)를 시도하였으나 문제의 본질에 적중하지도 못하였고, 그나마 국회와 국민(여론)의 동의도 얻지 못하였다.

그런데 대통령의 막강한 권한이라는 것도 자신을 따르는 자들에게 자리와 예산 등 혜택을 주고, 그렇지 않은 자들은 국가 형벌권으로 곤경에 빠뜨릴 수는 있는 권한일 뿐이다. 그나마 여소야대 국회 앞에서는 멈추지 않을 수 없다. 사실 역대 대통령과 청와대 비서들과 고위 공직자들이 관행적으로 행사해 온 권한의 상당부분은 초법적이고 변칙적인 것이었다. 검찰과 법원이 법리를 엄격하게 들이대면, 얼마든지 직권 오남용으로 처벌될 수 있다. 박근혜 대통령과 정권 주요 인사들에 대한 엄중한 처벌은 그 증거이다.

1987체제는 주요 정치세력들이 대승적 견지에서 타협, 절충하지 않으면 법·제도 개혁을 수반하는 큰 변화를 일으키기 힘들게 되어 있다. 정치적 교착(딴지걸기의 일상화)과 정치적 무능이 일상화, 구조화될 소지를 안고 있다는 얘기다.

1987년 이후 역대 정부들을 양대 정치세력 간 견제와 균형이 깨지지 않은 일종의 정치적 교착 상태였기에 국민적 상식에서 크게 벗어난 일은 하지 않았다. 원전산업을 파괴하려 하지 않았고, 대북정책도 초당적 합의를 벗어나려 하지 않았고, 한미동맹과 한일관계도 우악스럽게 건드리지 않았다. 해야 할 일(큰 개혁)도 하지 못했지만, 하지 않아야 할 일도 하지 못했다. 요컨대 실정은 계속되었어도 폭정과 전횡이랄 것은 없었다. 그러나 촛불혁명(?)을 계기로 자유한국당으로 대표되는 보수세력이 크게 몰락하면서 역사의 지층 아래 갇혀 있던 낡은 조선적, 민족적, 좌파적, 유아적 가치와 정서들이 우르르 튀어나와 주류 보수세력은 물론 보편상식과 양심세력을 경악과 공포의 도가니로 몰아넣었다.

성군 대통령에 대한 열망

1987체제를 관통한 민주화 개념은 '주권자 국민이 스스로 지배하는 체제'가 아니었다. 보충성 원칙에 따라 시장, 사회·공동체, 지방, 개인의 자유, 자조, 자치, 자율책임의 확대, 강화가 민주화라는 생각은 흐릿했다.

개인주의, 자유주의와 민주주의의 발상지인 서양(지중해문명권)과 달리 중국과 한국 등 동양(한자문명권)에서는 전통적으로 개인의 자유와 마을·지방의 자치보다는 정치공동체 전체의 조화, 안정, 생존을 중시했고, 통치자의 지성과 덕성(仁, 德, 義, 禮, 智, 信)에 의존하여 정치공동체를 운영하려고 해왔기 때문이다. 그런 점에서 1987체제는 서양과 서구 민주주의의 토대와 기둥이라고 할 수 있는 보편타당한 규범으로서의 '법' 관념, 전제적 국가·권력에 대한 경계심에 기반을 둔 '사회계약' 관념, 자유·자치 정신을 받아 안은 '보충성 원칙' 등이 다 취약했다.

대체로 대통령을 내 손으로 뽑고, 인덕仁德 높은 성군聖君 대통령이 다스리면 좋은 나라가 만들어질 것이라고 생각했다. 게다가 대한민국은 조선유교체제와 식민지·분단·전쟁과 기아의 경험 등으로 인해 국가의 보호자, 보위자, 균형자 역할이 특별히 중시하였다. 역사·문화적 배경이나 주된 대립물이 다르다 보니 자유의 중심 내용도 달랐다. 서구는 재산권과 경제활동의 자유를 중시했지만, 한국은 신체적 자유와 언론·출판·집회·결사의 자유를 중시했다. 국가의 경제주체 혹은 경제행위에 대한 보장, 보호, 육성, 계도, 금지, 조정, 규제를 명기한 제120조~제125조의 6개 조항은 국가의 규제, 간섭이 밀고 들어올 수 있는 거대한 구멍이었다. 헌법 119조 2항의 경제민주화를 둘러싸고 정치권에서 이념 시비가 격렬하게 일어났지만, 국가규제의 양산 공장인, 경제 조항 전반에 흐르는 국가의 과도한 보호, 육성, 진흥, 창달, 보장, 인증(공인), 계도의 의무는 논란조차 되지 않았다. 헌법의 경제 조항에 흐르는 보호, 보장 정신은 노동(제33조)에서도 교육(제31조)에서도 지방자치(제117~118조)에서도 면면히 흐르고 있다. 요컨대 1987체제에서 권력을 다툰 양대 정치세력은 정치와 국가·권력이 시장, 사회, 가족 등 사적자치 영역에 무한 개입할 수 있는 권한에 대한 문제의식이 거의 없었다. 이는 문재인정부에 의해 '내 삶을 책임지는 국가'라는 국가주의적 국정과제와 문재인 대통령의 성군 이벤트(청와대 게시판 등)로 나타났다.

문재인정부는 민주화를 아예 민주·진보라는 선한 세력의 장기집권과 독재·보수라는 악한 세력의 청산, 척결, 궤멸로 왜곡하였다. 문재인정부가 상대를 '적폐, 친일매국, 토착왜구, 학살원흉, 부패기득권'으로 몰자, 상대는 이에 질세라 문재인정부를 '주사파, 공산주의자, 빨갱이'로 악마화하였다. 한국 정치는 선악, 정사, 정의-불의, 애국-매국, 개혁-적폐의 사생결단의 전쟁이 되었다.

정치의 제일의 가치가 '닥치고 권력 쟁취'가 되면, 정치인과 정당은 거대한 유권자 집단(노조, 공공부문, 예산·인사의 편파적 할당을 고대하는 소지역)의 이해와 요구를 정면으로 거스를 수가 없다. 조직된 특수이익집단과 거대한 유권자 집단은 국가의 규제, 표준, 예산 등에 기댄 지대추구 집단으로 변모하지 않을 수 없다. 국가가 국민을, 공공이 민간을, 엘리트가 민중을, 갑이 을을, 현세대가 미래세대를 약탈하고 억압한다. 상대적으로 힘이 센 전자는 자신이 감내해야 할 위험과 부담을 힘없는 후자에게 전가한다. 권력이 할당하는 자리, 예산, 규제, 형벌 등은 권력집단 또는 이들과 연대한 특수이익 집단의 전리품이 된다. 정치와 국가가 다양한 이해관계 집단 간 갈등을 합리적으로 조정하지 않으면, 다시 말해 지대추구 집단과 싸우지 않으면 관존민비, 사농공상의 위계 서열과 초저출산, 지방 소멸, 재정건전성 위기, 공적연금과 건강보험의 지속가능성 위기 등이 악화일로를 걷지 않을 수가 없다.

비대한 국가·권력 간과

1987체제에서의 치열하고 소모적인 정치 갈등은 기본적으로 정치가 통할하는 국가·권력 자체가 너무나 비대한 데서 연유한다. 한국에서는 대통령만 제왕적인 것이 아니다. 국가 그 자체가 제왕적이다. 국가를 이루는 제도 단위인 대통령, 행정부(직업공무원과 지자체장), 국회(의원) 사법부(법관) 등이 다 제왕적이다. 대통령과 검찰의 비대한 권력은 넘치도록 많이 공론화되었다. 그러나 법관의 그것은 문재인 정부 들어 공론화되고 있다. 하지만 법관은 기업인들에게는 이전부터 괴물이었다. 김능환 대법관이 주심이 된 2012년 대법원 소부 판결에서 김능환은 자신만의 정의감, 이른바 '건국하는 심정으로' 1965년 이후 한일관계의 근간을 이룬 한일청구권 협정을 탄핵해 버렸다. 1965년 한일국교 정상화 당시 식민지배의 불법성 문제는 애초에 합의될 수 없는 것이어서 애매하게 처리해 놓았는데, 김능환은 1심, 2심 판결도 뒤엎고, 일본 최고재판소 판결도 뒤엎어 버렸다. 일본의 식민지배가 불법임을 명시하고 여기에 근거하여 징용배상(위자료 1억원) 판결을 해 버렸다. 이는 2018년 김명수 대법원장이 주심이 된 대법원 전원합의체에서도 그대로 받아들여졌다. 엄연히 상대방이 있는 중차대한 외교 현안을 법관의 도덕감정으로 뿌리째 흔들어 버린 것이다. 그로 인한 엄청난 후폭풍은 온전히 우리 사회의 몫이다.

법관뿐만 아니라 검찰총장, 국세청장, 금융위원장, 공정거래위원장, 방송통신위원장 등도 개인과 기업을 쥐락펴락한다. 정당을 통해 지방정치를 좌지우지하는 국회의원과 공무원 인사와 예산을 거머쥔 지자체장은 지방에서는 아예 소통령이나 소황제로 불린다. 당연한 일이지만 모든 전제적 권력은 종적, 횡적 견제와 균형 장치, 즉 국민에 의한 통제 장치와 권력기관 상호간의 견제장치가 미흡하기에 생겨난다. 제왕적, 전제적 국가·권력 그 자체를 개혁하지 않으면, 대통령제를 어떻게 개혁하든(설사 내각제를 채택한다 해도), 선거제도를 어떻게 개혁하든, 정당과 국회 운영방식을 어떻게 개혁하든 선진 정치는 요원하다고 보아야 한다.

1987체제에서 권력을 두고 다툰 양대 정치세력은 공히 국가의 광대무변한 권력은 그대로 둔 채, 대통령의 임기에 제한을 가하고, 대통령의 인사권에 약간의 견제장치(인사청문회 등)를 달고, 오로지 자신들이 그 주인이 되려 하였다. 다시 말해 국가·권력이 쥐락펴락할 수 있는 권능 그 자체를 줄이려 하지 않았다. 권력자와 권력기관에 대한 종적(민주적), 횡적(권력기관 간) 견제, 균형 장치의 중요성도 인식하지 못하였다. 권력자나 권력기관의 권한과 책임을 지방으로, 시장으로, 사회로, 주민에게로, 개인(자율책임)으로 이전시킨다는 생각은 거의 하지 않았다는 얘기이다. 오로지 국가·권력을 틀어쥐려고 노심초사했지만, 국가·권력이 하지 말아야 할 일과 적절한 견제와 균형 장치에 대해서는 거의 고민하지 않았다.

다수 대중 지배가 점점 확고해지면 다수 대중의 지성과 덕성 내지 역사인식, 감정반응, 정신문화가 국가와 사회의 명운을 가르게 되어 있다. 그런데 이는 거의 주목받지 못하다가, 2008년 광우병, 2014년 세월호 참사, 2019년 반일 캠페인과 조국 임명을 둘러싼 갈등을 계기로 비로소 다수 대중의 역사인식, 감정반응, 정신문화가 얼마나 특이하고 심각한지 똑똑히 확인되었다. 양대 정치세력은 2,500년 민주주의 역사가 보여 준, 다수의 지성과 덕성이 저열할 때 일어날 수 있는 위험(중우정과 폭민정 등)을 거의 의식하지 않았다. 자주 폭군이나 혼군으로 변모하는 주권자 다수 대중의 정신문화를 살피지 않았다.

무엇보다도 국가·권력의 관여, 개입 범위 자체를 줄이고, 권력이 견제와 균형 위에서 작동하도록 만들어야 한다는 생각이 거의 없었다. 선거제도가 대리인(대통령, 국회의원, 지자체장, 직업관료 등)으로 하여금 소명에 충실하도록 강제하는지도 묻지 않았다. 단지 관권선거, 금품선거 방지와 투개표 부정과 거짓 선동 방지에 주력했다. 하지만 양당의 정치·정당의 독과점을 뒷받침하는 선거제도와 당권파의 전횡을 뒷받침하는 정당법은 그대로 두었다. 정치와 정당의 독과점 체제와 엘리트나 특정 지역의 과잉 대표 문제도 모르쇠로 일관했다. 지방

정치를 중앙정치의 식민지로 만들었지만 역시 모르쇠였다. 자신들의 정치 기득권을 공고하게 해주었기 때문이다.

민주화의 짝퉁들

1987체제는 민주화운동으로 만들어진 체제이기에 민주화가 인기 상품이 되니 다양한 짝퉁들이 생겨났다. 민주화는 국가·권력의 성격, 즉 주체, 당파, 이념, 행태 등을 바꿔서, 다시 말해 대통령, 국회의원, 지자체장 등 권력자로 하여금 다수 국민(유권자) 혹은 우리 편(민주, 진보, 개혁 또는 자유, 보수, 우파)의 가치, 이상, 욕망, 감정을 온전히 받아 안도록 하여 원하는 변화를 불러일으키는 것이다. 따라서 은연중에 많은 문제를 사람(정치 리더십의 이념, 출신지역, 실력 등) 혹은 권력의 이념적 성향에서 찾는다.

중국문명-조선유교체제-식민통치-분단전쟁-국가주도 발전체제로 이어지는 정치와 권력의 절대 우위, 과잉의 역사도 국민들의 뇌리에 정치와 권력을 만악의 근원이자 만능 해결사로 각인시켰다. 권력이 도덕적이고 현능하면, 권력이 다수 유권자, 우리 편, 사회적 약자(노동, 여성, 청년 등)의 이해와 요구를 받아 안으면 대부분의 부조리가 해결될 것이라는 생각을 널리 유포시켰다. 이는 1987체제의 패악도 아니요, 박정희·이승만의 패악도, 식민통치의 패악도 아니다. 중국과 조선을 포함한 동양이 공유하는, 수천 년의 역사를 가진 질긴 정신문화이다. 민주화의 기치 아래 국가·권력의 성격 내지 주체를 바꿔서 원하는 변화를 일으키게 되면 그 관성으로 인해 권력의 문제가 아닌 것도 권력의 문제로 간주하게 된다. 보수(박근혜)와 진보(문재인) 공히 경제자유화가 아닌 경제민주화를 고창한 이유이다. 한편 기업이나 대학 등 경영능력이나 소비자의 선택·심판에 따라 죽고 사는 조직의 지배·운영구조도 민주주의 관점에서 옳고 그름을 가리려 한다.

한 마디로 소수 지배는 그른 것, 다수 지배는 옳은 것처럼 몰아갔다. 대학총장 직선제가 대표적이다.

1987년 이후 대중의 영향력은 점점 커졌다. 하지만 외적 정치독과점과 내적 독재로 굴러가는 양대 정당의 공직 후보자에 대한 선별, 검증, 교육훈련 기능은 작동하지 않았다. 국정 노하우를 축적하지도 공유하지도 못하였다. 대통령의 자질과 소명을 알기 어려운 대중이 대통령을 결정하였다. 정당의 경선판을 좌우하는 열성적인 지지층이 유력 정당의 대선후보를 결정했다. 그러니 멀리서 보면 그럴 듯해 보이는, 포퓰리스트가 대통령이 될 확률이 점점 높아졌다고 할 수 있다. 독립운동, 건국, 전쟁, 민주화투쟁이라는 자질 검증 필터가 사라졌지만, 정당생활이라는 필터가 새롭게 생겨나지 않은 후과다.

단순무식한 전횡방지 장치

1987체제의 핵심 구조의 하나인 대통령 5년 단임제와 국회의 권한(비토권)에 비해 약한 책임 등은 대통령의 전횡을 막는 아주 단순무식한 방식이다. 대통령의 전횡을 막는 가치와 제도의 기본은 생산적 정치경쟁과 대승적 정치협력을 가능하게 하는 권력구조, 선거제도, 정당체제, 국회운영방안을 구축하고 대통령이 인사권으로 통합하는 비대한 국가·권력을 종적 횡적으로 분산 분권하고, 다양한 국가기관이 행사하는 권력을 합리적인 견제와 균형하에 놓는 것이다. 그런데 한국 정치는 민주주의 수준을 좌우하는 어렵지만 중차대한 이 작업을 거의 하지 않았다.

결론만 먼저 말하면 대한민국이 앞으로 대통령을 필요로 하다면, 그는 제왕적 국가 자체와 대통령제 자체를 철폐할 마지막 대통령 역할을 할 사람이다. 대한민국이 필요로 하는 국회의원은 자신의 기득권을 내려놓고, 정치의 생산적 경쟁체제와 대승적 협력체제를 만들 수 있는, 일찍이 본 적이 없는 국회의원이다. 문제를 세계적 보편성과 한국적 특수성의 관점에서 조망하고, 그것이 사람에게서 연유하는지 제도와 문화에서 연유하는지를 분별할 수 있고, 사람의 문제는 노선(가치, 이념, 역사인식)·지성(실력)·덕성(공심)의 문제로 다시 나누고, 제도의 문제는 헌법·법률·시행령과 그 적용 해석(판결과 결정)의 문제로 다시 나눌 수 있어야 한다. 한 마디로 문제를 정확하게 진단하고, 적확한 대안과 비전을 내놓고, 정치적 생명을 걸고 실천할 수 있는 사람이어야 한다.

내 자유와 권리 찾아 각개약진

1987체제의 두 번째 유전자는 억압적 국가·권력과 자본·재벌과 문화·관습에 억눌려 있던, 자신의 욕구와 불만을 거리낌 없이 발산하는 것이었다. 한 마디로 내 자유(표현, 학문, 사상, 단체행동, 행복추구 등), 내 권리(노동권, 주거권, 재산권 등), 내 몫(임금, 연금, 복리후생 등)을 쟁취하는 것이었다. 1987체제 주도세력에게 정의와 개혁은 억눌린 내 자유, 권리 찾기와 빼앗긴 내 몫 찾기라고 해도 과언이 아니다. 이런 의식의 바탕에는 자신들이 부당하게 빼앗기고 억눌려 온 힘없는 약자·피해자요, 자명한 개혁파 또는 그 대변자라는 생각이 깔려 있다. 자신들의 의견에 동조하지 않는 집단은 힘센 수구, 보수, 자본, 재벌, 신자유주의, 기득권 또는 그 대변자로 규정한다. 이들의 눈에는 대한민국은 거의 모든 분야가 보수 일색 내지 보수 천지로 보일 수밖에 없다.

문제가 더 악화된 것은 1987체제 주도세력과 그 견제세력 공히 제 몫, 제 값, 제 자리 개념이 없었기 때문이다. 원래 제 몫(이윤), 제 값

(임금, 보수), 제 자리(권한과 책임)를 정하는 것은 잘 작동하는 시장이나 주권자의 이성과 직관이 잘 작동하는 민주공화정이다. 공무원의 고용주인 주민들이 공무원이 제공하는 공공서비스의 가성비를 직관적으로 판단할 수 있는 주민총회와 정치 선진국의 의회가 대표적이다. 그런데 한국 국민들은 잘 작동하는 노동시장도, 상품서비스시장도, 공무원의 고용과 임금을 결정하는 주민총회도, 정치 선진국의 의회도 경험해 보지 못하였다.

한국의 노동시장에는 직무숙련에 따른 기업 횡단적인 근로조건의 표준(노동시장의 공정가격) 개념이 없다. 노조는 기업 횡단적인 근로조건의 표준을 만들어 교섭력이 약한 노동자의 권리, 이익을 보호해야 한다는 생각을 전혀 갖고 있지 않다. 헌법에서 노동3권을 보장한 이유를 망각하고, 기업의 지불능력과 노조의 교섭력이 허용하면 오직 자신의 직장만 '신의 직장'으로 만드는 것을 능사로 안다.

제 값, 제 몫 개념이 없으면, 즉 시장과 민주공화정이 잘 작동하지 않으면 정의가 사라지고 약탈이 일상화 된다. 한 때는 억눌리고 빼앗기던 존재들이, 시간이 가면서 힘을 축적하여 어느 시점부터는 억누르고 빼앗는 존재가 된다. 임금이든 연금이든 고용이든 모든 것은 국가·권력, 즉 국가규제, 규정(표준), 예산, 직고용 등을 통해서 그 수준을 끌어올리거나, 보장을 받거나, 아니면 단결·투쟁력으로 쟁취하려 한다. 사람의 팔자는 생산성이나 소비자나 주권자를 만족시키는 능력이 아니라 다른 경제주체의 몫을 빼앗아 올 수 있는 투쟁력과 공공의 것(규제, 예산, 일자리, 공기업 등)을 많이 가져올 수 있는 로비력에 달려 있게 된다. 예산과 공직은 먼저 먹는 것이 임자가 되고, 임금과 복지와 고용은 쟁취하면 되는 것이다. 따라서 가장 뜯어먹기 좋은 것은 그 관리인(대리인)이, 임기 4~5년의 선출직이거나 임기가 더 짧은 정무직으로, 잠깐 스쳐가거나, 자주 한 눈을 파는 정부와 공공기관이다. 최고 선망의 직장은 국가부문이고, 그 다음은 소비자나 협력업체에 대해 우월적 지위로 만든 초과이윤이 많거나, 생산성이 높은 산업, 기업이다. 물론 대기업이 빠질 수가 없다. 단결투쟁이 용이하기 때문이다.

하는 일에 비해 처우가 월등한, 생산성에 비해 임금이 너무 높아 쫓겨나면 갈 곳이 없기에 해고가 살인인 직장도 있고, 해고가 일상인 직장도 있고, 일할 사람을 못 구해서 안달하는 직장도 있다. 근로자나 취업자들이 시장원리에 따라 움직이지 못하도록 막는 장벽(국가규제와 노조와 문화 등)이 있기 때문이다. 사회적 약자들의 삶터는 대체로 개방과 경쟁이 과잉이고, 사회적 강자들의 삶터는 개방과 경쟁이 과소하다. 노조는 약자의 무기가 아니라 강자의 무기다. 예외 없이 보편이익을 짓밟고 특수이익을 옹호하니, 산업 생태계의 파괴자요, 청년들의 기회와 희망의 도살자가 된다. 문제는 노조 간판을 달지는 않았어도, 단기적이고 협소한 이익을 추구하는 노조 정신을 공유하는 존재들은 노조보다 훨씬 많다는 것이다. 시장이나 정치가 잘 작동하지 않으면 가격만 왜곡되는 것이 아니라 권리와 의무, 혜택과 부담, 이익과 공헌, 권한과 책임(실력) 등의 불일치도 심해진다. 사회적 유인보상체계가 왜곡되면서 총체적인 가치전도가 일어난다.

1987체제 주도세력에게 자신의 자유와 권리를 억누르는 존재는 국가·권력, 즉 공권력이었기에 그들은 공권력에 재갈을 물리고 족쇄를 채우려 하였다. 그 결과 힘센 이익집단의 권리와 이익은 점점 상향되고, 행동성은 강화되는 데 반해, 공권력은 점점 연성화, 무력화되어 갔다. 국가·권력과 자본의 억압이 완화되면, 힘센 개인과 집단이 더 많은 욕구를 분출하고 더 많이 실현하는 것은 당연지사이다 1987년 이후 30여 년은 국가·권력의 통제 조정 장치가 점점 더 해체되거나 이완되어 온 역사이자 직장의 신분화, 정규직의 계급화, 노조의 조폭화와 관존민비, 사농공상의 위계서열이 점점 심해진 역사라고 할 수 있다.

안보와 경제에 대한 무관심

1987체제의 세 번째 유전자는 외교안보와 경제고용에 대한 무관심이었다. 1990년을 전후하여 소련과 동구를 중심으로 한 사회주의 국가가 몰락하고, 중국은 개혁개방을 통해 한국과 경제협력(대중국 투자와 중간재 공급 등)을 갈구하였다. 또한 북한의 외교적 고립과 경제난으로 인해 남북간 체제대결은 사실상 끝났다는 생각이 지배적이었다. 북한은 더 이상 위협이 아니었다. 미국이 냉전시대 대소, 대중 전진기지 역할을 높이 산 굳건한 한미동맹과 한미일 협력관계도 안보에 대한 무임승차를 가능하게 하였다.

한편, 1986~87년 민주화투쟁과 1987~88년 노동자 파업투쟁이 최고조에 달한 시기는 저달러·저유가·저금리(3저)가 중첩된 단군 이래 최대 호황기였다. 경제성장률을 보면 1986년 11.2%, 1987년 12.5%, 1988년 11.9%였다. 1989년 7.0%로 주춤했으나 1990년 9.8%, 1991년 10.4%로 다시 반등했다. 외환위기 전 3년의 경제성장률도 1994년 9.2%, 1995년 9.6%, 1996년 7.6%였다. 1998년 마이너스 성장을 경험한 후 곧바로 반등되어, 때마침 밀어닥친 중국 특수에 힘입어 고성장을 지속했다. 세계 평균 경제성장률에 근접하거나(노무현정부), 조금 높았다(이명박정부) 지속적인 고성장에 힘입어 고용문제도 심각하지 않았다. 그 결과 보수와 진보를 초월하여 한국경제는 정치와 상관없이 거침없이 성장한다는 관념이 자리 잡았다. 1987체제 주도세력은 외환위기 이후부터 지금까지 경제는 시장(공정거래)질서를 바로잡고, 노동권을 강화하고, 양극화 해소를 위해 복지를 확대하고, 갑질을 엄단(경제민주화)하면 경제는 자동으로 성장한다고 생각했다.

외환위기를 거치면서는 유럽 복지국가와 기업에 대한 소유가 분산되어 있고, 불공정한 상거래 행위에 대한 처벌이 엄정한 미국이 기존 체제의 그늘을 질타하는 유력한 준거가 되었다. 영미 유학파 학자들과 시민단체들은 한국 자본주의를 천민자본주의로 규정했고, 그 주범을 재벌의 낮은 자기 지분율과 황제경영 등으로 규정했다. 1980년대를 풍미하던 다양한 좌파(사회주의 이념 기반) 혁명론은 봄눈 녹듯 사라지고, 이들 혁명론자들이 개량주의라고 손가락질한 경제개혁사조가 주류가 되었다.

한편, 비슷한 시기에 진보좌파 세력들은 1950~70년대 유행하던 유럽 사회민주주의를 준거로 신자유주의 타파를 고창했다. 노동·공공 기득권 세력도 노동시장과 공공부문으로 밀고 들어오는 시장원리에 저항하기 위해 신자유주의 타파를 고창했다. 2000년대 이후 지금까지는 격차·양극화 해소-재벌개혁-경제민주하-노동권과 공공성 강화가, 2010년대 이후에는 복지 등 기본권 강화가 진보가 받아 안은 시대정신이 되었다.

과거 좌파 혁명론을 부르짖던 사람들과 노동·공공 기득권 세력은 이구동성으로 제반 경제사회 정책을 '신자유주의'로 싸잡아 비판했다. 국민과 노동자의 보편 이익을 추구하는 대안 이념(사회민주주의 등)은 완전히 실종되고, 기존 체제에서 자신들의 권리와 이익만 높이려 하였다.

새로운 발전체제 개념 부재

1987체제의 네 번째 유전자는 그 이전 식민체제, 분단·정전체제, 국가주도 발전체제의 그늘을 해소하는 것이었다. 이는 문재인정부와 민주당으로 대표되는 1987체제의 주도세력(비주류 진보)도, 자유한국 당으로 대표되는 견제세력(주류 보수)도 다 동의하는 시대정신이었다. 하지만 두 세력 공히 자신의 자유와 권리를 확대 하려고만 할 뿐, 그에 따른 책임과 의무는 뒷전이었다. 세계와 더불어 공영 가능하고, 경제적으로 번영 가능하고, 사회적으로 통합 가능하고, 환경생태적으로 지속가능한 사회적 가치와 자원 분배 체계에 대한 고민은 거의 없었다. 사회적 유인보상체계와 국가 지배운영구조에 대한 고민도 거의 없었다.

특히 1987체제 주도세력은 분단정전체제(1953체제)와 국가주도 발전체제(1963체제)를 만든 동력과 조건도, 기존 체제가 만들어낸 빛은 전혀 관심 대상이 아니었다. 단지 1953체제와 1963체제의 그늘만 해소하면 대한민국이 한 단계 발전한다고 생각했다. 새로운 발전체제에 대한 고민 없이, 세계가 경탄한 '한강의 기적'을 창조한 기존 체제에 대한 부정, 반대, 파괴로 일관했다고 할 수 있다. 한 마디로 신테제Syn-these, 즉 새로운 발전체제 내지 국가플랫폼 개념 없이 안티테제만 있는 세력이었다는 얘기이다.

새로운 발전체제 개념 없이 특정한 가치와 특수이익 집단의 권리, 이익을 확대, 강화하는 것을 개혁으로 생각하면, 부분적 개선(상향)이 전체적 퇴행으로 돌아오는 합성의 오류가 다방면에서 일어나지 않을 수 없었다. 앞뒤가 맞지 않는 자가당착과 손발이 맞지 않는 자승자박이 다반사로 일어난다. 오른손으로는 일자리를 만들면서 왼손으로는 일자리를 파괴하고, 일자리가 생길 만한 산업생태계에는 제초제와 산성비를 퍼붓는다. 한 손으로는 불평등을 완화한다면서 다른 한 손으로는 불평등을 심화시킨다. 소득주도성장론이 대표적이다.

합성의 오류를 만들어내는 사고방식의 뿌리는 깊다. 이는 기본적으로 부분과 전체 혹은 특수성과 보편성의 차이를 모르기 때문이다. 또한 좋은 의도를 나쁜 결과로, 혹은 선진국에서 잘 작동하는 이념, 제도, 정책이라는 귤을 탱자로 만들어 버리는 현실, 즉 사람, 문화, 시스템, 풍토 요인 등을 잘 모르기 때문이다.

전체는 처지와 조건이 천차만별인 5,100만 국민 또는 2,000만이 넘는 가구일 수도 있고, 취업자(자영업자, 임금근로자, 외국인 근로자 등) 전체일 수도 있다. 또한 국가-시장-사회-개인일 수도 있고, 생산물시장-노동시장-공공부문일 수도 있고, 산업-고용-공공-교육-복지-조세·재정 등 시스템 전체일 수도 있다. 또한 역사-현실-미래일 수도 있고, 세계-한국-지방일 수도 있고, 사람-시스템-작동 환경일 수도 있다. 권리와 권리, 권리와 의무, 위험과 이익 등 서로 조응해야 할 가치들일 수도 있다. 그래서 부분과 전체를 종합적, 균형적으로 보는 것은 결코 간단치 않은 일이다.

일반적으로 사람이 전체를 보지 못하는 것은 경험과 지식(국정운영, 경제운영, 기업운영 노하우)의 부족으로 인해 시야 자체가 좁고 얕아서거나, 이념(사물을 보는 프레임)이나 이권에 눈이 멀어 보고 싶은 것만 보려 하기 때문이다. 그런데 경험과 지식이 짧아도, 편견 없이 현실을 직시해도 좋은 의도(부분의 변화)가 의도치 않은 결과(전체의 퇴행)를 초래한다는 것을 상당 정도 안다. 선진국에서 잘 작동하는 제도와 정책도 한국에서 전혀 다르게 작동한다는 것도 안다. 단적으로 최저임금 폭증, 주 52시간 근무제, 비정규직 제로화, 시간강사 정규 교원화, 문재인케어 정책, 로스쿨, 수시(학생부종합전형) 대입제도 등의 후폭풍은 현실(실물)을 접해 본 사람들에게는 결코 놀라운 사건이 아니었다.

합성의 오류를 더 심화시킨 것은 조선왕조 이래 한민족의 뇌리를 지배하는, 부분적 개선이 누적되면 전체적 개선이 이뤄진다는 생각이다. 개개인이 몸과 마음을 닦아 군자가 되면 이상적인 사회가 만들어진다는, 인격 완성이 곧 사회 완성이라는 생각, 즉 수기치인은 유교의 금과옥조라고 해도 과언이 아니다. 이런 사고방식은 더 나은 삶과 사회를 만들려는 에너지를, 좋은 의도를 무참하게 배신하고는 하는 인간과 시스템에 대한 과학적 연구보다는 그 정도를 알기 어려운 개개인의 인격 완성, 즉 왕의 덕과 선비의 마음 닦기로 몰아갔다. 동시에 문제해결책을 탁한 기운을 가진 사람을 척결하는 데서 찾으려 하였다.

식민－해방－전쟁－개발독재 등을 거치면서 만악의 근원으로 간주되는, 아니 선동하기 좋은 거악(공적公敵)의 존재도 시야를 좁게 만들었다. 부조리의 증상과 원인을 따지고, 실사구시하는 과학적인 사고를 날려 버렸다. 친일부역세력, 군부독재세력, 종북좌익세력, 재벌·대기업 등으로 불리는 사람과 국가주도 발전체제, 분단체제(보수냉전 기득권 지배체제)라는 체제와 신자유주의 혹은 시장만능주의라는 이념이 주로 지목된 공적이다. 이는 '거악' 척결을 지상과제로 만들어 시야를 더욱 좁혔다.

친일파, 군부독재, 사이비 보수 타령은 기본적으로 대한민국의 수많은 모순부조리의 원흉을 나쁜 사람(정치세력)에게서 찾는다는 것을 의미한다. 이런 사고방식은 인간 완성이 곧 사회 완성이라는 등식(수기치인)을 가지고 있었던 조선 성리학적 사고방식과 일맥상통한다. 이는 친일청산을 철저히 함으로써 친일세력(?)이 대거 월남해 버려, 사회정의(?)나 민족정기(?) 하나는 확실히 세운 북한이 왜 처참한 실패국가가 되었는지 그 이유를 천착해 본 적이 없는 것처럼 보인다.

문재인과 집권연합세력은 보통·평등·직접·비밀·자유선거(1948년 5월 10일 선거)를 통해 의회를 구성하고, 이들이 국민과 국가 간의 위대한 사회계약을 체결함으로서 탄생한 대한민국 헌법과 건국의 역사적 의미를 아는 것 같지 않다. 대한민국의 위대한 성취(산업화, 민주화)는 근대문명의 핵심인 근대적 헌법과 민주선거에서 나왔다는 사실도 인식하지 못하는 것처럼 보인다. 그뿐 아니라 산업화, 민주화의 동력과 그 한계와 오류도 아는 것 같지 않다. 그렇기 때문에 촛불혁명과 '시대교체' '역사교체' '적폐청산'의 기치로, 대한민국의 건국, 산업화, 민주화의 기적을 만든 핵심 동력과 토대와 기둥인 한미동맹, 한일협력(1965년체제), 대북군사안보, 경제활동의 자유와 친기업정책, 재벌, 노동(노조)과 공공(공무원)의 지대추구에 대한 통제 등이 모조리 부정당하고 있는 것이다.

북한헌법 전문과 주요 조항을 보면, 북한은 조선 선비들과 문재인적 사유체계를 가진 사람들에게는 이상적인 국가이다. 북한은 '위대한 수령께서 이민위천을 좌우명으로 삼고, 인민을 위하여 한평생을 바치고, 숭고한 인덕정치로 인민들을 보살피고 이끌어, 온 사회를 일심단결된 하나의 대가정으로 만들었다'고 한다. 게다가 공화국 창건자 김일성은 '사상이론'과 '령도예술'의 천재이고 백전백승의 강철의 '령장'이고, 위대한 혁명가, 정치가이고 위대한 인간이었단다. 북한은 제국주의 침략자들을 반대하며 조국의 광복과 인민의 자유와 행복을 실현하기 위한 혁명투쟁에서 이룩한 빛나는 전통을 이어받은 혁명적인 국가란다.(헌법 제2조) 국가의 지도지침은 '사람 중심의 세계관이며 인민대중의 자주성을 실현하기 위한 혁명사상인 주체사상, 선군사상'이란다.(헌법 제3조)

북한헌법은 직접·비밀·보통·평등 선거와 권력(자)에 대한 의심에 기초한 자유권, 재산권, 기본권 옹호를 소명으로 하는 자유민주공화

헌법만 빼놓고는 다 있다. 그런데 대한민국과 북한의 운명을 가른 것은 바로 이것이 아닐까?

반일(친일청산) 캠페인이 어느 정도 먹히는 것은 역사와 인간에 무지하고, 사춘기 청소년의 정의감에 따라 분노하는 사람들이 많기 때문이다. 이들은 탁류(부역자나 기회주의자)가 아니라 청류(항일투사)가 국가와 사회를 주도해야 좋은 나라가 된다고 믿는다. 사실 이게 조선 성리학의 사고방식(수기치인)이자 백두혈통 운운하며 3대 세습을 정당화하는 북한의 사고방식이다. 탁한 기운을 가진 사람(탁류)을 쓸어내고, 청정한 기운을 가진 사람(청류)이 지배해야 한다고 믿는 사람들은 대한민국 헌법과 자유민주주의와 민주공화국이라는 제도의 중요성을 알지 못한다. 인간은 처지와 조건에 따라 제도와 문화에 따라 전혀 다른 면모를 보여 준다는 사실도 잘 알지 못한다.

1980년대 운동권 대학생 수준의 역사인식

역사에 대한 편집 또는 해석을 좌우하는 것은 편집·해석자의 주관이다. 이는 국민에게는 시대정신(시대적 과제 해결)이고, 정권에게는 정권 유지와 재생산일 것이다. 따라서 시대적 과제를 무엇으로 규정하는지가 절대적으로 중요하다. 특히 국가·권력이 생사여탈권을 틀어쥔 분야가 너무나 많은 한국에서는 정권의 이해와 요구가 결정적으로 중요하다. 예산과 연구인력 등으로 역사를 주도적으로 편집하고, 이를 대중의 뇌리에 각인시키는 수단(방송과 교과서 등)을 독점하다시피 하기 때문이다. 게다가 역사적 사건은 시간이 지나면 오히려 해석이 더 자유로워지고 편집도 더 쉬워진다. 그 사건의 복잡다단한 실체를 잘 아는 사람들이 다 사라져 버리면 자칭 전문가, 역사학자 등에 의한 자의적 역사 편집·해석이 용이해지기 때문이다. 정권이 이런 짓에 동기를 부여하면 왜곡, 조작급의 역사 편집이 광범위하게 일어난다. 북한과 x86세대가 널리 공유하던 『해방전후사의 인식』류의 역사 해석이 대표적이다.

문재인정부와 집권연합세력의 철학, 가치, 정책에 지대한 영향을 미치는 운동권과 x86세대(문재인 대통령 포함)의 역사현실에 대한 이해도 북한 못지않게 편향되어 있다. 저명한 민주화운동가이자 진보학자 정대화(상지대총장)의 얘기이다.

> 해방된 조선에서 친일파의 부활은 모든 환란의 원인이었고, 또 다른 고통의 시작이었다. 구약 말씀을 빌리면 '태초에 친일파가 있었다'. 해방으로 일본군은 물러갔지만 친일파로 인해 일본의 흔적은 지워지지 않았다. 제1공화국에서 지금의 제6공화국에 이르기까지 대통령은 거듭 바뀌었지만 친일파의 세상은 바뀌지 않았다. 일본군 장교가 정권을 장악하면서 음지의 친일권력은 양지로 획징됐다. 이 상황은 1960~70년대의 박정희 시대를 관통했고 박정희가 사라진 1980년대로 연장됐다. 1990년대에도 무늬만 바뀌었다. 그러므로 친일파 문제는 1945년 이전의 과거사가 아니라 오늘날까지 지속되고 있는 현재진행형이다.
>
> ('조국 사태' 뒤 소모적 정쟁… 그 뒤엔 바뀌지 않은 친일파 세상,
> 서울신문, 2019. 9. 17)

문재인 대통령도 정대화와 대동소이한 역사인식을 가지고 있다. 지은이 문재인, 엮은이 문형렬로 되어 있는 2017년 1월에 출간한 책, 『대한민국이 묻는다 ─ 완전히 새로운 나라, 문재인이 답하다』(21세기북스) 67~68쪽에 나오는 내용이다.

문형렬: 정말 우리에게 필요한 시대정신은 무엇이라고 생각합니까?

문재인: 상식과 정의 아니겠습니까? 국가를 위해 헌신하면 보상받고 국가반역자라면 언제든 심판받는 (…) 성실하게 노력하면 잘 살 수 있는…. 상식이 기초가 되는 나라를 만들어야 합니다. 우리는 그럴 수 있는 기회를 두 번 정도 놓쳤다고 생각해요. 해방 때 친일 역사가 제대로 청산되고, 독립운동을 한 사람과 유족들에게 제대로 포상하고 그 정신을 기렸어야 사회정의가 바로 서는 것이었죠. 친일세력이 해방되고 난 이후에도 여전히 떵떵거리고, 독재 군부세력과 안보를 빙자한 사이비 보수세력은 민주화 이후에도 우리 사회를 계속 지배해나가고, 그때그때 화장만 바꾸는 겁니다. 친일에서 반공으로 또는 산업화 세력으로. 지역주의를 이용한 보수라는 이름으로. 이것이 정말로 위선적인 허위의 세력들이거든요. 또 한 번의 기회를 놓친 건 1987년 6월항쟁 땝니다. 이후에 곧바로 민주정부가 들어섰다면 그 때까지의 독재나 그에 부역했던 집단들을 제대로 심판하고 군부정권에 저항해 민주화를 위해서 노력했던 사람들에게 명예회복이나 보상을 해줬을 것이고, 상식적이고 건강한 나라가 됐을 겁니다. 하지만 노태우 정권이 들어서면서 기회를 또 놓쳤죠. (…) 부패 대청소를 하고 그 다음에 경제교체, 시대교체, 과거의 낡은 질서나 체제, 세력에 대한 역사교체를 해야 합니다.

"친일세력이 해방되고 난 이후에도 여전히 떵떵거리고, 독재 군부세력과 안보를 빙자한 사이비 보수세력은 민주화 이후에도 사회를 계속 지배해 나가고"(이들은) "친일에서 반공으로 또는 산업화세력으로, 지역주의를 이용한 보수라는 이름으로 화장만 바꾼 위선적인 허위의 세력들"이며, 1987년 6월항쟁 이후 곧바로 민주정부가 들어섰다면 독재나 그에 부역했던 집단들을 제대로 심판할 수 있었다고 말하는 것을 보면, 문재인은 독립운동가나 민주화운동가, 민주정치인이 권력을 쥐고 친일부역과 독재부역 세력을 제대로 쓸어냈다면 이는 결국 인적 청산의 문제요, 권력을 움켜쥔 리더십의 문제이다. 즉 문재인은 친일·독재 세력을 척결하면 사회정의가 바로서고, 누구든 성실하게 노력하면 잘 살 수 있는 상식이 기초가 되는 나라를 만들 수 있었다고 보는 것이 분명하다.

문재인은 친일−반공−산업화−군부독재−지역주의−보수−부패, 위선, 허위세력을 하나로 연결하고 대한민국의 온갖 모순부조리, 특히 뒤틀린 사회정의의 원인을 이들을 척결, 청산, 심판, 교체하지 못한 데서 찾는다. 최근 들어서는 친일−군부독재−부패−허위 세력과 자유한국당으로 대표되는 보수를 연결한다. 2019년 7월부터는 친일매국−토착왜구까지 연결하고, 이들을 궤멸시키기 위해 죽창가를 노래한다. 이는 1970~80년대 대학에 입학한, 만 19세 신입생의 역사인식에 다름 아니다. 정대화와 문재인의 역사현실 인식은 엄청난 무지, 비약, 편견과 견강부회가 뒤범벅되어 있다. 반공−산업화−군부독재까지야 연결하려면 연결 못 할 것도 없지만, 이승만 등 건국을 주도했던 사람(민주당과 한국당의 공통 조상)들을 친일파로 싸잡는 것은 어불성설이다. 이들이 일제하에서 경찰이나 군인을 했던 사람들을 깨끗하게 청산하지 못한 것을 친일파로 모는 근거가 될 수가 없다. 1946년 2월에 사실상의 정부를 세운 북한과 연계된 남한 좌익과 싸우기 위해서는 불가피한 선택이었기 때문이다.

무엇보다도 친일세력과 사회정의가 고무줄이다. 이승만과 친일, 산업화, 지역주의는 전혀 어울리지 않는다. 박정희는 친일 시비야 있을 수 있지만 지역주의와 어울리지 않고, 유럽적 기준으로 보면 보수도 전혀 아니다. 그럼에도 불구하고 보수세력은 박정희를 보수우파의 중시조이자, 산업화의 아버지로 칭송하는 것은 한국에서는 보수와 진보를 가르는 다른 기준이 작동하기 때문이다.

건국과 산업화는 보수(자유한국당)의 정치적 조상들과 진보(더불어민주당)의 정치적 조상들이 손을 잡고, 북한 및 좌익과 혈전을 벌여 창조한 것이다. 그 주역들의 친일 경력으로 보면 오히려 후자가 민주당의 조상들이 더할 것이다. 아무튼 이런 무지와 왜곡에 근거하여 문재인정부와 민주당은 건국과 산업화의 빛이든 그늘이든 자신들과 전혀 상관없는 어떤 것으로 규정한다.

그리고 1980년대 민주화투쟁과 6월항쟁과 1987년 대선에 몸을 던져 본 사람이나, 당시의 재야·운동권의 사상이념적, 정서적 기조와 국가경영 경륜 수준을 아는 사람이라면 감히 곧바로 민주정부가 들어서서 '그 때까지의 독재나 그에 부역했던 집단들을 제대로 심판'했으면 건강한 나라가 됐을 것이라는 판타지에 사로잡히지 않는다. 6월항쟁 전후한 시기 한국 재야·운동권의 지성과 덕성 혹은 안목, 가치, 국정운영능력은 소름이 끼칠 정도로 시대착오적이다. 이는 '민주주의민족통일전국연합'의 총선 강령 등이 그 증거이다.

무엇보다도 노태우정부는 공명선거를 통해 당선된 직선 대통령이라는 사실을 잊고 있다. 그리고 1988년 총선 이후 여소야대의 4당체제를 정립하여, 역사상 가장 생산적인 정치(국회)를 구현했다는 사실도 잊고 있다. 문재인은 한국 현대사도 민주화운동도 지난 30여 년의 정치 과정도 전혀 모르는 완전히 외계인적 시각을 갖고 있다. 사실 문재인의 생각은 필자의 대학 1~2학년(1982~83년) 시기 생각과 아주 흡사하다. 그 때는 필자도 대한민국은 친일청산을 제대로 하지 못해서(반민특위가 비극적으로 와해되어), 민족정기를 바로세우지 못해서, 대한민국의 온갖 악덕이 생겨났다고 믿었다. 문재인이 왜 이리 적폐청산에 열을 올리는지는 이 대목을 보면 알 수 있다.

"독재 군부세력과 안보를 빙자한 사이비 보수세력은 민주화 이후에도 우리 사회를 계속 지배해 나가고, 그때그때 화장만 바꾸고 (⋯) 친일에서 반공으로 또는 산업화세력으로, 지역주의를 이용한 보수라는 이름으로, 이것이 정말로 위선적인 허위의 세력"

돌아보면 이승만, 박정희, 친일파에 의해 은폐·왜곡·윤색된 뒤틀린 역사를 바로잡으려는 정의감이 나를 포함한 x86 세대의 정치적 에너지의 원천이었다.

1980년대 중반, 진보세력은 역사에서 자신의 사상적 자양분을 구하기 시작했다. 박정희는 친일파였고 한국의 발전은 예속적이고 기형적인 성장에 불과하다는 점, 그리고 이 모든 것의 뿌리에는 친일파가 있다는 생각이다. 역사를 통한 세상 읽기는 마땅히 청산되었어야 할 일본과 친일파를 등용한 미국에 대한 반대로 발전했다. (⋯) 일제 침략 이전의 한국은 누구나 평등하고 행복했던 농업공동체가 있었다는 판타지가 커 가고 있었다. 이는 사회주의와 북한에 대한 미화로 발전하기 시작했다. 학생들은 쉽게 선악구조로 빠져들었다. 모든 악의 뿌리는 친일파와 이를 비호하는 미국이고, 미국이 없는 세계는 누구나 평등한 사회주의 공동체와 같았다.

(『평등의 역습』 152~153쪽, 민경우)

문제는 엄청난 역사적 경험과 역사와 현실에 대한 성찰, 반성이 축적된 2010년대에도 1980년대 운동권 대학생의 사고방식을 그대로 견지하고 있다는 사실이다. 도덕적 잣대로 역사를 재단하여 역사적 정통성을 가리려는 사고방식은 사회주의나 주체사상에서 온 것이 아니라 조선 성리학에서 왔다.

문재인, 정대화와 x86세대는 일제 식민사관 극복이라는 이름으로 일본을 폄하고 규탄한다. 일제시대를 항일독립운동사의 시각에서만 보고, 조선 후기의 자생적 근대화 노력(실학, 동학, 농민반란 등)을 침소봉대한다. 이승만은 정읍 발언을 통해 남한 단독정부를 도모했고, 경찰과 군에 친일파들을 대거 등용했고, 4.3 양민학살의 책임자로 규정했다.

반일감정의 뿌리 중의 하나는 일제가 조선을 침략하지 않았다면, 한국은 자력으로 근대화(자본주의 시장경제와 민주주의)를 이룰 수 있었다는 생각이 있다. 한국과 일본의 격차를 훨씬 얕은 곳, 즉 일본의 약간 빠른 개국에서 찾고 있다. 또 하나는 나보다 못한 놈 내지 비슷한 놈에게 짓밟혔다는 생각도 깔려 있다. 그런데 일본은 오래 전부터 한국보다 물질적, 문화적 생산력이 월등히 높은 사회였다. 시장경제와 자치분권에 다른 지방정치체 간의 식산흥업 경쟁도 훨씬 치열한 사회였다. 바로 그렇기에 개국, 개방의 충격을 자력 근대화와 탈아입구 노선으로 전환한 것이다.

일제는 신분제 타파, 재산권 확립, 근대적 재판제도(법치), 공무원(구 아전)의 부정부패 척결, 근대교육 확대, 위생과 의료, 경부선과 경의선 등 사회간접자본 건설, 시장과 기업 제도 등 근대문명을 가져왔다. 한국은 물론 중국도 공유하는 서양 과학, 기술, 사상 관련 개념어들을 창조했다. 일제 잔재라는 것은 상당부분 일본을 통해 본격적으로 들어온 근대문명 그 자체이다. 그러므로 근대문명 수용, 확산의 주도자와 발 빠른 수용자나 적응자들이 대부분 친일성향이 농후한 자산가, 기술자, 기능인들이거나 기독교도들이었다. 이승만이 단독 정부를 수립하지 않았다면 통일된 조국을 건설했을 것이라는 것도 역사에 대한 엄청난 무지이다. 이승만과 박정희가 친일파를 중용하지 않았다면, 독재를 하지 않았다면, 국가주도, 수출주도, 재벌·대기업 중심이 아니라 민간주도, 내수주도, 중소기업 중심 경제발전 전략을 취했더라면, 재벌이 없었더라면, 재벌·대기업의 갑질과 편법상속 등이 없었더라면, 자유롭고 공정한 영미식 시장경제가 될 수 있다고 믿는 것은 역사와 현실에 대한 엄청난 무지가 아닐 수 없다.

한국의 산업화 기적도 박정희정권의 기획과 독려하에 걸출한 기업가들과 잘 살아보겠다며 열심히 일한 국민들이 호응한 결과로서, 특정 정파의 독점적 공적도 죄악도 아니다. 지역주의로 말하면 타 지역이나 특정 지방(민)이나 민족이나 인종을 혐오, 배척하는 감정은 인간의 일반적 속성이라고 해도 과언이 아니다. 하지만 자유시장 경제하에서 분업과 협업, 상거래, 교류와 이동의 증가에 따라, 또 민주주의와 지방자치가 발전하면서 경향적으로 줄어들었다. 즉 권력이 독점적으로 운용하는 자원인 예산, 규제, 사법, 공직인사 등을 지역 간에 공정하게 분배하고, 지역은 자신이 보유한 특장점을 살려 자치·자율적으로 혹은 자조와 협동으로 발전할 수 있다면, 자신에 피해를 주지 않는 한 특정 지방을 혐오, 배척할 이유가 별로 없기 때문이다.

대한민국은 권력이 운용하는 자원을 수도권과 1960~80년대 일본－미국 경제권과 인접한 경부축(남동해안 산업도시 포함)에 집중시키면서, 상대적으로 소외된 호남의 반발을 초래하였다. 하지만 이것이 표면화, 공고화된 것은 1987년 대선과 1988년 총선부터이다. 유력 후보들이 자신의 연고 지방의 표심을 집중시킬 필요성이 있었기 때문이다. 호남은 인구는 적지만 결집도가 높았고, 영남은 결집도는 낮아도 인구가 2배 이상 많았다. 지역주의는 친일독재가 아니라 선거제도와 관련이 깊다고 보아야 한다.

국회의원과 대통령 선거제도

1987체제에서는 국가(공공)부문의 일원이 되거나, 국가의 규제표준이나 예산으로 권리와 이익이 강화된 존재들도 많고, 반대로 자유와 권리를 빼앗긴 존재들도 많다. 따라서 국가부문의 종사자가 되기 위해, 국가를 통해 더 높은 권리와 이익을 쟁취하기 위해, 최소한 국가폭력(규제와 형벌)으로 인한 피해를 입지 않기 위해서라도 정치에 대한 영향력을 키워야 한다. 적게 가진 존재는 뭔가를 쟁취하기 위해, 많이 가진 존재는 뭔가를 지키기 위해 정치와 정부에 대한 영향력을 키워야 한다. 그도 그럴 것이 1987년 이후 정치와 국가·권력의 영향력은 감소하기는커녕 더욱 커졌기 때문이다. 이는 GDP에서 차지하는 정부 수입·지출의 증가속도와 정치선진국에 비해 엄청나게 많이 만들어지는 강제적 규범인 법령과 형사처벌 조항이 말해 준다. 그런데 종합, 통합, 조정, 균형 역을 맡은 정치, 정당, 정부, 공공의 역할은 더욱 약화되었다. 무엇보다도 정치 리더십과 법령, 예산, 인사의 품질이 점점 저하되었다. 공공성과 효율성에서 점점 더 멀어졌다.

이것이 청와대 앞과 국회 앞과 광화문광장의 시위 현수막과 농성 천막의 숫자로 나타나고, 선거에 참여하고 하는 정당의 숫자로도 나타난다. 사실 현행 양당 양강 구도를 강제하는 선거제도하에서는 선거에 참여하는 정당이 많을 수가 없다. 하지만 정치 독과점에 대한 불만과 특정 집단의 요구(가치, 이익)와 불만이 워낙 강하기에 이를 뒷배로 한 정당이 난립하는 것이다. 2019년 12월 현재 등록 정당은 34개, 창당준비위는 16개인데, 향후 몇 개월 동안 각각 최소 몇 개는 더 늘어날 것이다. 이 중 3~4개 정당은 20석 이상을 획득한 교섭단체로 되고, 또 몇 개는 미니 정당으로 살아남을 것이다.

현행 대통령과 국회의원 선거제도는 정치독과점을 초래한다. 이는 한국 특유의 과잉집중 권력과 결합하여 승자독식 정도가 아니라 패자 죽음 내지 멸문을 초래한다. 따라서 정치의 시야를 오직 자신과 자기 패당의 생존에 급급하게 만들어 정치의 본말을 전도시킨다. 정당법 역시 당권파의 독재가 가능하도록 허용하였다. 정당을 공직을 탐하는 자들의 카르텔로, 오직 자신의 정치적 이익만 탐하는 소상인 연합회로 굴러가도록 만들었다.

현행 국회의원 소선거구제 및 상대다수득표제 선거제도는 국회의원을 지역구민 등 특수이익집단의 포로가 되도록 만든다. 보편이익(국리민복)을 뒷전에 두고 특수이익(자신의 재선과 지역구민의 이익 등)을 탐하도록 만든다. 현행 선거제도는 대중과 유리된 시대착오적 이념·이권 세력의 발호는 막을 수 있지만, 국회의원을 자신의 본령, 즉 국민 대표의 소명인 보편이성과 상식에 부응하는 법안, 예산, 국정감사와 국정과제 및 국정 비전 공론화 활동은 충실하게 하지 못하도록 한다.

한편, 국가·권력이 국가나 중앙에 집중된 상태, 즉 지방자치와 사적자치 영역이 협소한 상태에서 대통령과 정부에 대한 유일한 견제, 감시 장치인 단원제 국회는 온갖 로비의 대상이 되지 않을 수 없다. 아무리 보편 이성과 상식에 반하더라도 국회만 통과하면 법이 되기에 국회는 치열한 쟁투의 대상이 된다. 국회의원 선거제도와 결선투표 없는 제왕적 대통령제는 어느 나라에서나 양강 양당 독과점 정치 구도를 강제한다. 그런데 한국은 선진국과 달리 한, 트라우마, 콤플렉스 내지 비이성적 분노, 증오, 공포를 양산하는 역사적 경험, 즉 식민통치–좌우익간 내전–한국전쟁–분단–독재 등이 두텁다. 이로 인해 양당 경쟁 체제를 가진 영국, 미국과 달리 한국은 과거의 흑역사에 근거한 선악, 정사, 정의–불의의 이분법에 근거한 사생결단의 대결이 벌어졌다.

1987년 이후 정치자금법 등 정치개혁은 대체로 정치생태계를 황량하게 만들었다. 국가의 보조는 교섭단체와 국회의원에 집중되었다. 선출직, 정무직 공직자, 당직자가 아닌 사람이 정치활동을 하려면 변호사이거나 부동산 임대소득자거나 부모로부터 물려받은 재산이 많은 사람이어야 했다. 1987체제하에서는 선출직, 정무직 공직자나 유급 당료가 되지 않으면, 자기실현은커녕 일용할 양식을 구하기도 힘든 황량한 정치생태계도 선출직이나 정무직에 결사적으로 집착하게 만들었다. 오직 일용할 양식과 일자리를 구하기 위해 자신의 소신과 양심을 쓰레기통에 처박고 공천권자에게 무한 충성하는 비굴한 생계형 정치인을 양산하였다.

1987체제의 유전자적 결함은 결국 정치의 후진성으로 표출된다. 정치 리더십의 혼미와 무능, 정당 간 파괴적 경쟁과 갈등, 정책, 법안, 예산, 인사 품질의 총체적 저하로 나타난다. 이는 체제의 토대와 골조에 해당하는 역사인식, 정신문화, 사상이념과 권력구조, 선거제도, 정당체제가 어우러진 결과이다. 역대 정부들의 반복되는 실패는 여기에서 기인한다.

정치와 리더십의 퇴행은 단지 권력구조, 선거제도 등 제도의 문제만도 아니다. 노무현정부 이후 한국 정치를 주도하기 시작한 x86세대 정치인들과 노동운동, 농민운동, 여성운동, 시민운동 출신 정치인들은 식민지, 전쟁, 이산, 기아(가난), 취업난 등을 경험해 보지 않았고, 국방과 경제 등에 대한 깊은 고민도 해 보지 않았고, 국내 투자와 고용의 어려움도 잘 모른다. 바닥을 기어 보지 않았으니 먹고사는 문제의 어려움과 중요성도 잘 모른다. 상충하는 가치들의 조화와 균형 문제와 세계 속에서 대한민국의 살 길 등을 치열하게 고민해 볼 기회도 거의 갖지 못하였다. 게다가 선진국과 달리 정당의 부실, 즉 소상공인연합회 내지 출마자 카르텔화로 인해, 앞선 세대의 국정운영 노하우를 축적하고 공유할 수가 없었다.

국가경영이 오케스트라 연주라면 악보에 해당하는 종합적이고 체계적인 국가 비전 자체가 없다. 증상과 원인, 비용(가성비)과 고객을 면밀히 따지는 엔지니어나 외과의사적 덕목도 체화하기 힘들었다. 정치적 소명과 담대한 변화, 개혁 의지도 취약하다. 역사의 심판을 의식하는 유장한 기상도 없고, 역사와 세계를 보는 안목도 협소해졌다. 오직 대중의 말초적 취향에 영합하는 기교와 술수만 발달했다고 해도 과언이 아니다. 그 결과 국가의 생사를 가르는 남북관계와 안보, 주변 강국과의 외교조차도 국내정치와 선거 승리의 불쏘시개로 사용하면서 안보와 동맹외교가 뿌리째 흔들리고 있다.

1987년 이전의 한국사회는 기득권 편향 질서와 자연적 질서가 개발독재(권위주의 정부)에 의해 통합, 조정되어 왔다. 그런데 1987년 이후에는 정치가 자연적 질서를 거스르는 이념과 보편이성을 거스르는 감정에 휘둘리고, 특수이익을 과도하게 대변하고 있다. 그 결과가 누군가의 자유와 권리를 옥죄는 '쓰레기법'의 양산이다. 정치는 법을 상대를 공격하는 무기로 사용하였다. 그로 인해 변칙과 편법을 통해서라도 이를 회피, 완충할 여지를 줄여 버렸다. 정치적 갈등은 극심해지고, 사회적 신뢰는 급전직하하고, 경제적 활력은 질식 상태로 내몰렸다.

조선의 거센 부활

1987년 이후 30년이 흐르면서 대한민국의 경제력, 기술력, 재정력, 기본권, 대외개방과 국민의 견문 수준에 비해 대중의 정신문화와 정치의 수준이 한참 뒤처진다는 것을 부인하는 사람은 별로 없다. 민주화, 자유화(언론·출판·집회·결사의 자유 증대), ICT기술 및 활용(SNS)과

교통수단의 발달, 4.19, 6월항쟁, 촛불시위로 정권을 크게 흔들거나 바꾼 경험 등으로 인해 대중의 정치적 영향력은 점점 커졌지만, 그에 상응하는 지성과 덕성의 성장이 지체되면서 고대 그리스 민주정과 프랑스혁명에서 확인된 민주주의에 내장된 위험, 즉 중우정과 폭민정이 부상하고 있다.

거듭 얘기하지만 대한민국의 정신문화적, 사상이념적 후진성의 상당 부분은 역사인식에서 비롯된다. 편의적 역사 해석과 정사시비正邪是非에 근거한 정통성 장악 시도에서 비롯된다. 이는 조선을 좌지우지했던 주요 정치세력(사색당파)과 북한 조선로동당과 남한의 재야민주세력과 문재인정권을 관통하는 습성이다.

역사는 본래 경험과 기억의 편집이기에 동일한 사건이라도 편집·해석 여하에 따라 너무나 다른 얼굴로 다가온다. 북한의 역사(김일성 일가에 대한 용비어천가)를 쓴 사람이나 《백년전쟁》을 만든 사람들이 프랑스, 영국, 미국의 역사를 편집한다면 아마 미국 건국의 아버지들을 그야말로 '인간말종'으로 그려낼 것이다. 미국은 제국주의 침략, 노예사냥, 인디언 등 피정복 민족 학살 등을 주로 부각시켜 태어나서는 안 될 나라로 만들 것이다. 그만큼 역사는 편집하고 해석하는 사람들의 주관이 중요하다.

한국 국민들은 억눌리고 빼앗기고 채이고 찢기며 살았다는 집단기억을 널리 공유하고 있는데, 1987체제 주도세력은 역사적 사실을 파악하고 원인을 냉철하게 성찰하기보다는 자신에게 정치적으로 유리한 측면, 즉 주로 흑역사만 집중적으로 부각시켜 왔다. 그래야 이승만, 박정희, 전두환 등 주류 보수세력을 정치적으로 탄핵할 수 있기 때문이다. 이는 단지 비주류 진보세력의 정치적 음모만은 아니다. 식민지 강점 경험은 이승만부터 문재인에 이르는 역대 정부들은 하나같이 조선의 야만적 현실과 지배층의 지독한 혼미 무책임을 덮으려

하였다. 자칫 식민통치를 정당화한다는 비난을 받을 수 있기 때문이다. 박정희정권도 이승만을 높이 평가하지 않았다. 오히려 이승만과 대비되는 김구를 부각시켰다. 보수정권으로 분류되는 김영삼, 이명박, 박근혜 정권도 반일 캠페인에서는 별로 뒤처지지 않았다. 진보정권들은 부당한 피해자, 희생자 신원伸冤의 기치하에 이승만, 박정희, 전두환, 노태우 정권의 흑역사를 파헤치는 것은 너무나 자연스런 일이었다. 이래저래 조선의 흑역사는 관심의 사각지대에 놓였고, 대한민국 흑역사, 특히 친일청산 실패사는 너무 과도한 주목을 받았고, 그나마 과장되거나 왜곡되었다. 북한의 대한민국 건국, 분단, 전쟁사 인식도 역사왜곡에 크게 일조했을 것이라는 것이다.

대한민국은 세계사적 기적을 만들어 놓고는 그 역사적 자부심은 대단히 취약한 국가로 알려져 있다. 비이성적 공포와 증오, 자뻑(자화자찬)과 자학, 분노와 한恨 등에 가장 크게 휘둘리는 국가로 알려져 있다. 현실문제와 해결방안에 대해서는 놀랍도록 무관심하면서, 과거사 시비를 통해 정사正邪를 규명하는 일에는 엄청난 열의를 보이는 국가로 알려져 있다. 과거사 시비─역사적 정통성 시비─정사 시비가 노리는 것은 국가·권력이나 당권의 획득일 것이다. 그만큼 권력이 치명적이고 매력적이기 때문일 것이다.

한과 트라우마에 크게 휘둘리고, 선악과 정사 프레임으로 과거사 시비를 하는 습성은 한국의 주류 보수세력도 비껴가지 않았다. 이들은 분단과 전쟁을 겪으면서 북한과 좌익에 대한 트라우마가 심하다. 이를 '레드 콤플렉스'라고 한다. 최근에는 박근혜 탄핵에 반대했던 보수세력(우리공화당 등)의 한이 문재인정권의 폭정을 에너지원으로 하여 거세게 분출하고 있다. 이들은 자신들을 정正으로 나머지(탄핵 동조 세력)를 사邪로 규정하고 정치적 퇴출을 요구한다. 반면에 이승만과 박정희의 허물에 대해서는 너무 관대하다. 비주류 진보세력은 건국, 분단, 전쟁 과정과 독재치하의 국가폭력(학살, 고문, 인권유린 등)에 대한 트라우마가 극심하다. 결국 대한민국의 정신문화적, 사상이념적 후진성은 조선과 대한민국 역사의 빛과 그늘에 대한 지독한 무지와 불편한 진실의 외면에서 비롯된다. 중고교 교과서를 쓴 한국의 주류 국사학계는 주로 일본의 식민지배를 비판하고 민족적 자긍심을 뒷받침하는 연구(자력 근대화 움직임과 일제의 만행 성토와 독립운동 등)에 치중하였다. 그래서 보수와 진보 공히 조선의 불편한 진실과 정면으로 대면하지 않았다. 자칫 일제 식민지배(식민지 근대화론)를 정당화시켜 줄 수 있다고 보았기 때문이다. 또한 한반도 역사(특히 조선사)를 중국, 일본 등 동아시아 역사와 연계하여 살피지 않았다.

결국 보수나 진보 공히 조선으로부터 배운 것이 너무 없다. 조선의 정신문화적 유산 등을 성찰 반성하지도, 해체 계승하지도 못하였다. 일제 침략에 대한 반발심으로, '유구한 역사' 헌법 전문의 첫 구절의 실체의 하나인 조선을 찬미하였다. 지폐 인물과 국가 상징 광장(광화문광장)의 두 동상도 다 조선의 인물이다. 광화문광장의 북측도 조선총독부와 대한민국 역사의 현장인 중앙청 건물을 허물어 버리면서 조선의 궁성이 차지하고 있다. 대한민국 건국과 관련된 역사적, 정치적 행위가 일어났던 건물(중앙청 등)은 없다. 김영삼정부 출범 초기에 중앙청을 폭파해 버렸기 때문이다.

조선을 망하게 했던 후진적인 정신문화들이 우후죽순 부활하는 것은 놀라운 일이 아니다. 국가주의, 도덕주의, 가족주의, 약탈주의, 근로 천시, 독특한 위계서열과 차별배제 방식 등이 부활하고 있다.

조선의 지배 엘리트들은 개개인이 자유롭게 행동하면서 사익추구를 해도, 시장과 도덕감정에 의해 사회적 질서와 조화를 가져올 수 있다는 애덤 스미스적인 생각은 거의 하지 못하였다. 한 마디로 경제맹盲이었다. 조선의 지배 엘리트들은 문제를 주로 나쁜 사람에게서 찾았다. 이는 그대로 전사되어 보수와 진보 공히 대한민국의 수많은 모순부조리를 제도나 구조가 아니라 나쁜 사람(정치세력)에게서 찾는다. 이런 사고방식은 인간완성(사회완성)의 등식을 가지고 있었던 조선 성리학적 사고방식과 일맥상통한다. 이 뒤에는 인간을 청류(정)와 탁류(사)로 대별하고 탁한 기운을 가진 사람을 쓸어내고, 청정한 기운을 가진 사람이 지배해야 한다는 신념이 있다. 관존민비, 사농공상의 위계와 서열의 젖줄이다. 대한민국에서 과거 '사'의 자리에 도덕과 공정과 규제를 휘두르는 공공과 교수와 노동시민단체 등이 앉아 있다. 인간, 자유, 부(재산), 시장, 상업 등에 대한 몰이해, 우물 안 개구리나 다름없는 국제정세에 대한 무관심과 편협한 세계관(화이관) 등도 부활하고 있다.

조선은 폐쇄적 농경사회를 유지하기 위해서였겠지만, 가난 자체를 애써 탈피하기보다는 오히려 벗하며 살아야 하는 어떤 것으로 여겼다. 이른바 안빈낙도安貧樂道이다. 부자의 부는 빈자나 약자의 몫을 빼앗은 것이라는 제로섬적 격차(불평등)관도 심리적 지변에 깔려 있었다. 조선의 지배 엘리트들은 문반을 본本으로 무반을 말末로 간주하고, 덕치와 예치를 본으로 법치(사실상 형치)를 말로 간주하였다. 부국강병도 바람직하지 않은 패도覇道라고 여겼다. 명청 시대의 동아시아의 긴 평화와 안정의 산물이겠지만, 망국 때까지 약육강식의 홉스적 국제질서를 인정하지 않았다. 중국, 러시아, 미국 등 강대국의 선의와 국제적 도의(?)에 의한 평화와 독립을 추구하였다. 이런 관념을 북한정권과 문재인정권이 받아 안았다.

조선은 농업을 본업으로, 상업을 게으른 자들이나 하는 말업으로 간주하는 등 직업 세계에 존비귀천 개념을 도입하였다. 양반들은 굶더라도 상공업은 물론 농업에도 종사하면 안 된다고 생각했다. 몸을 쓰는 일은 종을 시켜야 양반이라고 생각하는 근로 천시 문화를 견지했다. 물질적 생산을 위한 노동을 종이나 하는 것으로 생각하면 근로 윤리나 직업윤리(직업적 자부심)가 자라기 힘들다. 군자와 소인, 본업과 말업, 중화-오랑캐-짐승 등으로 구분하니 관존민비, 사농공상의 위계·서열이 생겨나지 않을 수 없었다. 시장과 계약이 발달하지 않으면 상도의나 정직 등도 자라기 힘들다. 조선은 유럽에 잠깐 나타난 신정국가처럼, 지금의 북한처럼, 이데올로기로 온 사회와 인간의 사생활과 영혼까지 촘촘하게 규율하려 하였다. 신판 문약(숭문천무)도 부활하고 있다. 이는 위험 기피(안정 중시), 자유경쟁격차 기피(평등·안정 중시), 성장 경시(분배 중시), 시장 경시(국가 중시), 기본과 원칙 경시, 상대의 선의에 대한 소망적 사고 등으로 나타난다. 공평·형평(제값, 제몫, 제자리)과 담쌓은 공짜 밝힘과 합법적 약탈주의(직장의 계급화, 부당한 배제와 차별 내지 특권과 특혜에 대한 둔감), 우물 안 개구리식의 편협한 국제정세 인식, 문명에 눈감은 종족적 민족주의, 요행심리(설마주의, 공짜 평화, 안보, 안전), 역사의 교훈 망각, 경우에 맞지 않는 남(조상과 정적) 탓, 국혼(정신)과 국가 대전략의 부재 등으로 나타난다.

그런데 조선의 정신문화와 사상이념적 유산보다 훨씬 큰 것은 『해방전후사의 인식』과 《백년전쟁》(민족문제연구소)으로 대표되는 한국 근현대사에 대한 지독한 무지와 왜곡으로 점철된 편향된 역사인식이다. 남북간, 주류 보수우파와 비주류[45] 진보좌파 간 사생결단의 권력투쟁까지 겹쳐 대한민국의 빛과 그늘을 균형적으로 보지 못하였기 때문이다. 비주류 진보좌파 세력들은 대한민국의 빛은 정치적 이유로 외면하거나 폄하하고, 그늘은 극단적으로 과장하였다. 다시 말해

---

45) 박정희, 전두환, 노태우 정권에 맞서 민주화운동과 민중운동을 벌인 이들은 스스로를 좌파로 칭해 본 적이 없다. 2000년대 이후에는 스스로를 진보라 칭하는 세력이 생겨났다. 1960년대 이후 2010년대까지 스스로를 재야, 민주, 개혁, 양심 세력으로 칭하였다. 주류가 스스로를 보수, 우파, 자유(파)로 부른 것은 2010년대 이후 비주류가 스스로를 민주진보파로 자처했기 때문이다. 민주에 대응하여 자유를, 진보좌파에 대응하여 보수 또는 우파를 들이밀어 자유우파 또는 보수로 자처하게 된 것이다.

자유민주주의와 개방된 시장경제라는 선진문명 수용으로 이룩한 위대한 성과(빛)는 폄하하고 친일청산 미흡(친일파 후예와 독립운동가 후예의 엇갈린 운명), 자주성 훼손(미국에 대한 정치·군사적 의존), 민주주의와 인권 탄압 등 그늘만 극단적으로 과장하였다. 이는 북한이 대한민국을 부정하면서 자신들의 역사적 정통성을 주장하는 근거이다.

1987체제 주도세력은 일제 치하와 대한민국 치하에서 일어난, 물질적·문화적 생산력 발달사는 외면하고, 독립운동사와 친일청산 실패사에 주로 천착하였다. 그나마 지극히 일면에 불과한 무장·폭력 투쟁사만 천착하였다. 한국의 비주류 진보(좌파)는 주류 보수(우파)를 정치적으로 공격하는 과정에서 일제하에서 폭력무장 독립운동사만 주목하고, 그 외 다양한 독립운동을 친일, 기회주의, 민족 개량주의로 폄하하였다. 그뿐 아니라 일제하에 급속도로 수용, 정착, 확산된 선진문명, 즉 자유권, 재산권, 평등권(신분차별, 여성차별 타파), 법치주의, 전국 및 동아시아(일본제국)로 확대된 시장과 안정된 거래 질서, 근대적 교육기관, 언론기관, 금융기관, 자유기업, 교통수단과 평균수명을 10~20년 늘린 보건의료 기술과 제도 등이 대표적이다.

조선 망국사에 대한 무지와 문명발전사에 대한 외면과 폭력무장 독립운동사를 정통으로 보는 시각 등은 북한의 한반도 현대사(조선사) 인식과 상당히 유사하다. 그 결과 북한과 비주류 진보(좌파)는 공히 지독한 무지와 외면, 과장과 조작, 자화자찬과 자학이 뒤범벅이 되어 버렸다. 1987체제 주도세력은 항일 유격대 출신들이 정권 핵심이 된 북한에 대한 정통성 콤플렉스도 떨치지 못하였다. 문재인정부와 1987체제 주도세력은 북한의 만행과 중국의 갑질에는 놀라운 관용과 인내를 보여 주고, 일본의 식민지 지배와 미국의 허물에는 비이성적 분노를 보여 준다. 정부와 공공의 갑질과 약탈에는 예민하지만, 글로벌 경쟁을 통해 돈을 벌어오는 재벌에 대해서는 비이성적 분노를 보여 준다.

그렇다고 보수세력이라고 해서 정서가 합리적이거나 균형적인 것은 아니다. 1987년 이전에는 기업인들도, 관료들도, 군인들도, 교수·교사들도 그 방향은 조금씩 달랐지만, 가슴에는 국가와 민족을 위한 희생과 봉사 정신이 분명히 강했다. 군부 쿠데타 세력도, 민주화운동 세력도, 노동, 농민, 언론, 종교운동 세력도 마찬가지였다. 선각자, 지도자들의 사상적, 문화적 영향력도 지금보다 훨씬 컸다. 하나같이 나라 잃은 설움, 보릿고개의 고통, 전쟁의 공포, 힘(무력)의 중요성을 알았기에, 대체로 경제력과 국방력을 중시하고, 실용적이었다. 그런데 1987년 이후 좋은 시절에 태어나 법도나 도리(민주, 정의, 공정, 인권 등)로 이전 세대와 주류 정치세력의 허물을 정죄해 온 법조인, 교수, 직업관료, 학생·노동·농민·시민운동가(x86세대)들이 권력 엘리트로 부상하였다. 이들은 조선 초기의 전쟁, 혁명, 쿠데타를 주도한 세력들과 그 자제들인 훈구파를, 도학을 앞세워 숙청하고 권력을 잡은 조광조 등 사림파와 정신문화적으로 흡사한 측면이 많다. 450~500년의 시차는 있지만 이 두 세대 공히 경제, 외교, 국방 등 실물에 어둡다. 군자와 소인 등 정사正邪 이분법에 근거하여 과거의 주류세력들을 숙청한다. 국제적 안목도 이전 세대에 비해 오히려 협소하다.

민주화, 자유화, 지식정보화에 힘입어 모든 분야에서 대중이 왕인 시대, 민심이 왕인 시대가 되었다. 그런데 한국사회는 이 왕의 지성과 덕성을 고양시키는 일을 태만히 했거나 실패하면서, 거의 모든 분야에서 정신문화적 퇴행이 일어나고 있다. 멸사봉공의 정신도 퇴색하고, 국리민복을 위한 희생과 봉사 기풍도 퇴색하였다. 덩치(대중세), 권력, 금력, 사회적 영향력은 성장했지만, 그에 상응하는 정신문화와 사상이념은 제대로 성장하지 못한 것이다.

3장 대한민국 헌법적 가치에 대한 무지와 착각

대한민국 헌법, 계약문서인가 보호칙령인가?

근대 헌법은 원래 국가와 국민, 연방(중앙)과 주(지방), 주(지방)와 마을(타운, 카운티)과 주민간의 권한과 책임, 권리와 의무 등을 정한 계약문서이다. 또한 모든 사람, 모든 국민의 자유와 권리, 그리고 국민과 주요 헌법기관(국가, 공무원, 대통령, 행정부처, 국회, 법원, 지방자치단체 등)의 권한과 책임·의무 등을 집약한 정치철학(사상) 문서이기도 하다. 그런데 헌법을 관통하는 사회계약 개념은 중국·조선 문명권에는 대단히 생소한 개념이다.

미국 연방헌법과 스위스 연방헌법은 계약문서이고, 계약의 목적은 계약 주체인 국민(인민) 및 주정부의 자유와 권리를 지키고 확대하는 것이라는 느낌이 역력하다. 이는 토크빌의 말대로 '타운들이 그 권력을 중앙 권위(the central authority)로부터 받은 것이 아니고 오히려 자기네들의 자주성의 일부를 (계약을 통해) 주에게 양도, 위임' 했기 때문이다.

정치·경제 주체간 (거래)계약 전체를 관통하는 정신, 즉 정치철학은 사람(개인), 국민, 주민의 자유와 권리를 확대 강화하는 것이고, 이를 위해 가성비 좋은 공공재를 생산, 공급하는 것이다. 다시 말해 이 정치철학은 권력과 권력자(왕, 귀족, 수령, 대통령, 다수 대중)의 지적 윤리적 한계를 전제로, 인간의 불가침의 자유와 권리 개념 도입[46], 자유정신과 보충성의 원칙, 법치주의, 권력분립과 권력(기관) 상호간 견제와 균형, 그리고 보통·평등·직접·비밀·자유 선거제도와 사상·언론·출판·집회·결사의 자유 등을 통해 지성과 덕성이 높으면서도 복잡다단한 공공사무에 몰입할 수 있는 사람을 선출하는 대의제, 혼합정체(군주제, 귀족제, 민주제의 혼합) 등을 헌법의 근간으로 삼았다. 이에 따라 모든 사람 혹은 국민의 자유 및 권리와 주요 헌법기관의 권한과 책임도 규정하였다.

그런데 한국의 정신문화와 법·제도의 뿌리인 조선과 중국은 서양에서 탄생한 근대 헌법에 흐르는 기본 정신을 거의 갖고 있지 않았다. 당장 사회계약 개념부터 취약하다. 게다가 성현, 성왕, 천자, 군자에 의한 통치를 강조하는 동양은 인간(권력자)의 지적, 윤리적 한계에 대한 생각도 서양과 달랐다. 동양, 특히 조선은 인간의 완성 가능성을 전제로, 또 윗사람이 모범을 보이면 아랫사람은 감동, 감복하여 따른다는 낭만적 생각을 깔고 정치제도를 설계하였기에, (인간의 지적, 윤리적 한계를 전제로 정립된) 법치주의, 권력분립, 권력 상호간 견제와 균형 개념이 취약할 수밖에 없었다. 특히 왕토사상은 자유의 기초인 재산권 개념을 흐릿하게 만들었다.

대한민국 헌법의 특징은 미국, 스위스 헌법과 비교해 보면 확연히 드러난다.

---

46) 미국 〈독립선언서〉는 이렇게 썼다. '우리들은 다음과 같은 것을 자명한 진리라고 생각한다. 즉, 모든 사람은 평등하게 태어났으며, 창조주는 몇 개의 양도할 수 없는 권리를 부여했으며, 그 권리 중에는 생명(Life), 자유(Liberty), 행복의 추구(pursuit of Happiness)가 있다.'

미국 연방헌법

현대적 헌법의 효시는 미국 헌법이다. 1787년에 제정과 함께 그 해 13개 주 중 9개 주(의회)가 비준을 완료함으로서 효력을 발휘하고, 이듬해인 1788년에 13개 주 전체가 비준함으로서 1789년부터 연방 전체를 통할하는 효력을 발휘하기 시작했다. 미국 헌법은 원문은 그대로 둔 채 1789년에 10개 수정조항(Amendment)을 추가하고, 이후 200여 년 동안 17개 수정조항을 추가하여 현재에 이르고 있다. 미국 헌법이 200여 년 간 원문은 그대로 두고, 불과 17개 수정조항으로 국가운영을 할 수 있었던 것은 미국 사회를 관통하는 정신문화(습속)이 개인과 타운(소규모 자치체), 주의 자율·자치권을 큰 폭으로 인정해 왔고, 헌법 조항도 연방의회, 정부, 대법원의 권한과 책임, 연방과 주의 관계 등 국가운영의 기본 틀만 규정해 놓았으며, 또 불문법 전통에 따라 대법원의 판례를 통해 헌법을 시대에 맞게 해석해왔기 때문이다.

하지만 한국 헌법은 1948년~1987년까지 불과 39년간 9번의 개정(전부 개정 4번)이 있었다. 그것은 성문헌법인데다가 국민의 권리와 의무, 헌법기관의 권한(의무)과 책임, 공직자 자격 요건과 절차 등을 세세하게 규정해 놓았고, 권력자(대통령)의 정치적 야욕과 이상과 선심이 헌법에 많이 반영되었기 때문이다. 그로 인해 헌법이 개정되면서 특정 집단(공무원, 정당, 근로자, 교육자 혹은 교육기관, 중소기업, 농어민 등)의 권리에 대한 국가의 보장·보호 의무는 점점 늘어났다.

미국 연방헌법은 연방정부의 권한은 연방헌법에서 위임받은 사항에 국한된다고 규정하고 있다. 반면에 주정부는 연방정부의 권한과 헌법에 금지하고 있는 권한 이외의 모든 권한(입법, 사법, 행정)을 행사한다. 이른바 보충성의 원칙이 관철되는 것이다.

한국의 지방자치단체는 중앙정부의 하위 행정기관적 성격이 강하지만, 미국의 주정부는 연방정부의 행정기관이 아니다. 미국 헌법 제 1조(입법부) 제8절~10절에서 연방의회와 주에 부여된 권한과 금지된 권한이 명기되어 있다. '제8절 (연방의회에 부여된 권한), 제9절 (연방의회에 금지된 권한) 제10절 (주에 금지된 권한)' 미국 연방정부의 권한은 제8절이 규정한 연방의회에 부여한 권한 범위 안에 있다. 이 핵심 내용은 연방정부 채무와 공동 방위(the common defence)와 보편복지(general welfare)를 위한 조세, 관세, 공과금 및 소비세 부과·징수, 화폐 주조, 도량형 기준 제정, 우편관서와 우편도로 건설, 연방법원의 하급법원 설치, 지적재산권(저술과 발명에 대한 독점적 권리) 보호, 외교와 국방(군대, 민병대) 관련 사무이다.

1830년대 초 미국을 관찰한 토크빌(Alexis de Tocqueville, 1805~1859)은, 미국은 주(state)가 아니라 인구 2,3천 명 규모의 타운town 자체가 하나의 국가라고 하였다. 1830년 매사추세츠 주는 305개의 타운에 610,014명의 주민들이 거주했는데, 1개 타운당 평균 인구는 약 2천 명이었다.

> 뉴잉글랜드의 정치생활은 타운에 기원을 두고 있는데, 타운은 하나하나는 본래 독립국가를 이루고 있었다고까지 말할 수 있다. 뒷날 영국 왕들이 지배권을 주장했을 때도 국가의 중앙권력을 떠맡는 데 만족했다. 타운들은 있는 그대로 내버려두었다.
> (『미국의 민주주의1』 125쪽, 알렉시스 드 토크빌, 한길사, 2002)

> 타운들은 그 권력을 중앙 권위(the central authority)로부터 받은 것이 아니고 오히려 자기네들의 자주성의 일부를 주에게 양보했다. 바로 이 점이 중요한 특색이고 독자들이 언제나 염두에 두어야 할 사항이다.

(『미국의 민주주의1』 126쪽)

타운 집회가 자유에 대해 가지는 관계는 초등학교들이 학문에 대해 가지는 관계와 같다. 타운 집회에서는 자유가 주민들의 손이 닿는 범위에 들어 있게 되며, 그런 집회는 사람들에게 자유를 어떻게 사용하는가 그리고 어떻게 누리는가를 가르쳐준다. 한 민족이 자유로운 정부를 세울 수도 있겠지만, 자치제도가 없이는 자유정신을 가질 수 없다. 일시적인 열정, 짧은 시간 동안의 관심, 또는 우연한 상황 때문에 외형적인 자주성이 조성될 수도 있겠지만, 사회 체제의 내부로 밀려들어갔던 전제적 경향(despotic tendency)이 조만간 다시 표면으로 나타날 것이다.

(『미국의 민주주의1』 121쪽)

전제적 경향이란 소수 또는 다수(대중)의 독재적, 폭군적 경향을 말한다. 견제 받지 않은 권력은 인간과 사회에 내재한 이런 경향을 증폭시키는 경향이 있다. 하지만 권력이 주민들의 손이 닿는 범위에 들어 있게 되면 이런 경향은 억제될 수밖에 없다. 타운 집회는 타운의 권력, 즉 공공사무를 처리하는 권한이 어떻게 행사되고 통제되는지를 말해 준다.

토크빌은 이 타운에서 벌어지는 자치의 모습을 이렇게 썼다.

행정권의 대부분은 매년 선출되는 몇 사람(select-men)에게 부여된다. 작은 타운에서는 3명, 큰 타운에서는 9명이 임명된다. (…) 학교를 세우려 한다면 select-men들은 지정된 날 지정된 장소에서 투표자회의를 소집한다. (…) 이들은 사업을 성취할 방법, 소요될 것으로 보이는 비용, 가장 알맞아 보이는 장소 등을 알린다. (…)

회의는 원칙을 정하고, 부지를 확정하고, 세금을 투표로 결정한다. 타운집회는 select-men 또는 10명의 주민이 소집할 수 있다.

(『미국의 민주주의1』 122~123쪽)

타운집회는 select-men들을 포함한 많은 타운 관리를 뽑는다. 과세사정관은 타운 전체의 세율을 정한다. 징세관은 세금을 거둔다. 보안관은 질서를 유지하고 거리를 감시하고 법률을 집행하도록 임명된다. 타운의 서기는 타운의 투표, 명령 및 인가를 기록한다. 가난한 사람들에 대한 감독관은 구빈법(the pool-laws)을 집행하는 어려운 과업을 수행한다. 교육위원들은 학교교육과 공공교육을 관장한다. 도로감독관은 타운의 대소 도로를 관장하는 주요 관리들의 명단을 작성하기도 한다. (…) 타운에는 모두 19개의 주요 관직이 있다. 모든 주민은 이들 여러 가지 직책을 수행해야 하며, 그렇지 못한 경우에는 벌금을 물어야 한다. (…) 가난한 시민들이 손해를 보지 않고 봉사할 수 있도록 하기 위해서 거의 모두 보수를 지불한다.

(『미국의 민주주의1』 124쪽)

미국, 스위스 등 대부분의 연방국가들의 경우 연방의 권한과 책임은 주가 수행하기 힘든 외교, 국방, 통화 등의 공공사무에 국한된다. 따라서 '주는 연방에 위임되지 아니한 모든 권리를 행사 한다'는 보충성 원칙(principle of subsidiarity)이 관철되고 있다.

보충성 원칙은 국가와 지방의 권한과 책임을 정하는 원칙일 뿐 아니라 국가와 시장, 사회, 개인 간에 자율과 책임을 정하는 원칙이기도 하다. 강제적 조정, 할당을 본령으로 하는 국가는 맨 마지막에 다른 대체 수단이 없을 때 나서야 한다.

스위스 연방헌법

　스위스 연방헌법도 계약문서로서의 특징이 잘 드러나는 헌법 중의 하나이다. 스위스 연방헌법(1999.4.18)은 연방과 주(칸톤), 국가(연방+칸톤)와 국민 또는 국내에 거주하는 사람 간의 계약문서이다. 당연히 이 전체를 관통하는 사상과 철학이 있다. 역사적 경험과 사고방식(사상과 철학)이 우리와 많이 다른 스위스 연방헌법의 체계와 문구는 깊이 곱씹어 봐야 할 대목이 수두룩하다.

　단적으로 전문에는 우리처럼 3.1운동이니 4.19 민주이념이니 하는 것이 없다. 스위스라고 프랑스, 이탈리아 등 주변 강국에 항거한 전쟁이 없었을 리 없고, 미국의 남북전쟁만큼은 아니더라도 어떤 가치의 강요로 인해 벌어진 내전이 없을 리 없을 것이다. 그럼에도 스위스 연방헌법 전문에는 '천지만물에 대한 책임' '세계에 대한 연대와 개방 속에서 자유와 민주주의, 독립과 평화' '통합 속에서 다양성 존중과 배려' '미래세대에 대한 책임' '자유' '약자의 복리' 등 주로 인류 보편적 가치를 역설한다. 스위스 연방 헌법 전문은 다음과 같다.

　　전능하신 신의 이름으로!

　　스위스 국민과 주(Cantons)는, 창조에 대한 책임을 유념하고, 세계를 향한 개방정신과 연대정신으로 자유와 민주주의, 독립과 평화를 강화하기 위한 우리의 연대를 새로이 할 것을 결의하며, 타인을 존중하며 공정성을 중시하는 가운데 다양성 속에서 함께 삶을 영위할 것을 다짐하며, 공동의 경험을 자각하고, 미래세대에 대한 우리의 책임을 인식하고, 스스로 자유를 행사하는 자만이 자유로우며, 국민의 힘은 약자의 복지를 척도로 평가됨을 인식하며, 여기 다음의 헌법을 제정한다.

미국, 스위스, 독일 등 연방헌법은 연방정부와 주정부의 계약이자 연방정부 및 주정부와 국민의 계약이다. 실제 이들 헌법은 계약서라는 느낌이 강하다. 연방정부의 권한 확대와 오남용을 경계하고, 권한을 제한하려는 문구가 수두룩하다. 스위스 연방헌법이 그 전형이다.

제1조 (스위스 연방에서는) 연방에 가입한 취리히, 베른, 루체른 등 칸톤(주州)의 이름을 죽 나열하고 있다. 대부분의 연방헌법 1조는 동일하다. 계약 주체(연방과 주)의 이름을 명기해야 하기 때문이다.

제2조 (목적에서는) '국민의 자유와 권리 보호''국가의 독립과 안전''공동의 복리와 지속적인 발전''시민간 기회균등 보장''평화롭고 정의로운 국제질서를 위한 노력'등을 얘기한다.

제3조 (칸톤에 관해서는) '칸톤은 연방헌법에 의하여 주권이 제한되지 않는 한 주권을 가진다. 칸톤은 연방에 이양되지 않은 모든 권리를 행사한다'고 명문화되어 있다. 이는 제5a조와 제43a조 등에서 거듭 천명되고 있다.

제5a조 (보충성)국가의 업무를 배분하고 수행함에 있어서 보충성의 원칙을 존중하여야 한다.

제43a조 (국가 사무의 배분과 수행에 관한 원칙)1)연방은 칸톤에 의한 사무 수행이 불가능하거나 연방에 의한 통일적인 규율이 필요한 사무만을 수행한다.(중략)

제4조 (국어에서는) 공용어 4개(독일어, 프랑스 어, 이탈리아 어, 레토로만 어)를 명기했다.

제5조 (법치국가의 원칙에서는) 국가의 의무를 기술하고 있다. '1)국

가 활동의 근거와 한계는 법이다. 2)국가 활동은 공익에 합치되어야 하고 비례적이어야 한다. 3)국가기관과 개인은 신의와 성실에 따라 활동하여야 한다. 4)연방과 칸톤은 국제법을 존중하여야 한다.'

제6조 (개인적이고 사회적인 책임에서는) '모든 사람은 스스로 책임을 지도록 해야 하며, 능력에 따라 국가와 사회의 과제를 해결하는데 이바지 하여야 한다'고 되어 있다.

제7조(인간의 존엄성)~제36조(기본권의 제한)는 기본권 관련 내용이다.

제13조 (사적영역의 보호는) 우리로서는 다소 생소한 개념인데 그 내용은 다음과 같다. '1)누구든지 사생활과 가족생활, 주거와 우편과 통신을 존중해 줄 것을 요구할 수 있다. 2)누구든지 개인정보의 남용으로부터 보호해 줄 것을 요구할 수 있다.'

교과서에서는 한국 헌법도 국가와 국민의 계약이라고 말은 하지만, 계약 개념과 보충성 원칙은 흐릿한데 반해, 국가의 보호·육성자 역할을 특별히 강조한다. 계약서라기보다는 국가의 '보호, 육성, 보장, 진흥, 창달, 계도' 선언이다. 국가·권력의 무한 확대와 오남용에 대한 경계는 제12조 (신체의 자유) 등 몇 군데서만 나타난다. 그도 그럴 것이 한국의 국가(중앙)와 지방(자치단체)의 관계는 토크빌의 시각으로 보면 완전히 정반대다. 타운(마을)이나 지방이 가진 권력을 보충성 원칙에 입각하여, 계약에 의해 중앙정부나 광역지방자치단체로 위임한 것이 아니라 반대로 중앙이 가진 엄청난 권한과 책임을, 중앙의 촘촘한 지시와 통제를 전제로 일부 권한을 위임 내지 이양 받았을 뿐이다. 지방자치단체는 중앙정부의 사무 일부를 위임받아 처리하는 하부 행정기관으로서의 성격을 강하게 띠고 있다. 그런 점에서 한국의 지방자치와 민주주의는 물구나무서기를 하고 있다고 해도 과언이 아니다.

1987년 헌법뿐 아니라 대한민국헌법 자체가 근대 문명과 근대 헌법의 핵심 요소인 인간(권력자)의 지적, 윤리적 한계에 대한 통찰, 전제권력에 대한 경계, 자유·자치 정신과 보충성 원칙, 보편타당한 질서로서의 법 관념과 법의 지배(법치주의), 공공선과 시민적 덕성, 기독교 윤리(전지전능한 유일신, 구원과 내세 관념 등) 등이 다 취약하다.

하지만 근대 헌법을 뒷받침하는 정신과 문화가 취약하다고 해서 근대 문명을 건설할 수 없는 것은 아니다. 현대 물질문명의 핵심 지주인 진리 탐구 내지 과학기술 중시 문화가 취약함에도 세계적인 제조업 강국이 될 수 있었듯이 민주주의, 공화주의, 시장경제의 토양이 없거나 부실하다고 현재의 중국체제나 북한체제를 숙명으로 받아들일 수는 없다. 우리의 처지와 조건을 약진의 발판으로 삼아 빛나는 한국문명을 건설할 수 있다.

취약한 자유정신

유럽, 미국, 일본 등 선진문명국가들과 대한민국의 헌법을 관통하는 핵심 가치는 자유이다. 자유의 유지, 확대, 강화이다. 평등은 처지와 조건이 다른 사람들의 자유와 권리의 균등을 의미하며, 민주와 공화는 자유의 유지와 강화, 확대의 수단이다. 권리는 권력이나 법이 보호하는 이익으로서 그 핵심은 자유이다.[47]

하지만 자유보다 앞선 것은 개인의 생명이고 정치공동체의 생존이기에 전쟁 등 정치공동체의 생존위기 앞에 자유는 유보되기 십상이었다. 정치공동체를 갈등, 해체, 공멸하게 만들 수도 있는 무질서 역

---

47) 사전적인 의미의 권리는 어떤 일을 주체적으로 자유롭게 처리하거나 타인에 대하여 당연히 주장하고 요구할 수 있는 자격이나 힘이다.

시 생존을 위협하기에 질서도 자유를 유보하게 만들기도 한다. 질서의 핵심은 도덕과 법이다. 동양은 자유보다는 도덕(예, 인, 의, 덕)과 선정善政을 통한 조화, 안정이 중심가치로 되었다.

자유의 핵심 내용과 자유를 위협하는 존재, 그에 따른 자유수호와 확대 강화의 조건 등은 시대에 따라, 국가(정치공동체)에 따라 다르다. 아마 앞으로도 영원히 정치철학의 핵심 화두일 것이다.

자유, 평등, 정의, 공화, 행복, 시민사회 등 정치철학의 핵심 주제들을 천착한 박형준, 권기돈은 『보수의 재구성』에서 1부 전체(1~3장, 39~122쪽) 83쪽을 할애하여 자유(주의)와 평등(주의)에 대해 논했다. 이사야 벌린Isaiah Berlin은 1956년 출간된 『자유의 두 개념』에서, 자유를 소극적 자유와 적극적 자유로 나누고, 전자는 '~로부터의 자유'로, 후자는 '~을 향한 자유'로 간명하게 정리하였다. 소극적 자유는 '나의 행동에 외적인 장애가 얼마나 없는가?' 하는 질문, 즉 간섭받지 않을 권리와 관련되어 있고, 적극적 자유는 '무엇이 (또는 누가) 나를 지배하는가?' 하는 질문, 즉 예속되지 않을 권리와 관련되어 있다.(『보수의 재구성』 79쪽, 박형준·권기돈)

적극적 자유는 자아실현의 자유를 포함한다. 그런데 자아실현은 사람에 따라 천차만별이기에, 국가·권력이 이를 평등하게 전향적으로 보장하려면 전체주의, 권위주의를 불러들이기 십상이다. 필립 페티Philip Pettit 등은 이사야 벌린의 소극적 자유를 비개입으로, 신공화주의적 자유를 비지배(non-domination)로 정의하면서, 신공화주의적 자유를 누리기 위해서는 공공영역에 대한 시민적 참여와 이를 통해 길러지는 시민적 덕성이 필요하다고 하였다.(『보수의 재구성』 83쪽)

프랑스혁명 직후 제헌국민의회에 의하여 채택된 '인간과 시민의 권리선언'[48] 제4조는 자유를 '타인에게 해롭지 않은 모든 것을 행할

---

48) https://ko.wikipedia.org/wiki/%EC%9D%B8%EA%B0%84%EA%B3%BC_%EC%8B%9C%

수 있음'으로 정의하였다. 1793년 〈권리선언〉에서 자유를 '타인에게 해롭지 않은 모든 것을 할 수 있는 권리'로 정의하였다. 프랑스혁명을 주도한 정치세력이 생각한 자유의 핵심은 타인에게 해롭지 않은 모든 것을 할 수 있는 (소극적) 자유 내지 권리였다. 그런데 중국과 조선 사회를 관통한 유교의 핵심 가치인 인仁, 덕德, 의義, 예禮 등은 한 마디로 '도덕, 도리, 도의'는 사람의 말, 행동, 태도, 생각 등에 훨씬 적극적이고 전향적으로 개입하려 한다. 거칠게 단순화하면 자유는 고대 그리스와 근대 서양정신의 정수인데, 한 마디로 '악'만 행하지 말라는 것이었다. 하지만 고대부터 지금까지 동양정신의 정수는 도덕인데, 한 마디로 '선'을 행하라 내지 모두가 '선'을 행하는 사람으로 만들어야 한다는 것이었다. 그런 점에서 중국, 조선과 남북한은 자유정신의 기본(소극적 자유)이 결여되어 있다.

조선시대 내내 자유의 기치를 든 대중투쟁은 없었다. 아니, 있을 리 만무했다. 도덕을 둘러싼 정치논쟁이나 권력투쟁은 차고도 넘쳤지만, 자유를 둘러싼 논쟁과 투쟁은 없었다. 또한 재산권보호나 경제활동의 자유가 정치적 논쟁의 대상이 된 적도 없었다. 하지만 지역, 서얼, 노비 차별 철폐(평등)의 기치를 든 투쟁은 있었다. 한편, 대한민국 건국 이후에도 정치논쟁과 정치투쟁의 핵심 주제는 민주(주의)였다. 자유는 반독재였고, 다수지배였고, 정당한 자유와 권리에 대한 억압의 철폐를 의미했다. 재산권보호 또는 경제활동의 자유는 민주·진보·노동을 앞세워 온 정치세력이 신자유주의 반대, 경제민주화, 공정경제, 격차해소의 기치로 경제활동의 자유를 마구 침해하기 시작한 21세기 들어 비로소 논쟁의 대상이 되었다.

1987년 헌법 전문은 자유를 세 번에 걸쳐 언급한다. '자율과 조화를 바탕으로 자유민주적 기본질서' '자유와 권리에 따르는 책임과 의무'

EB%AF%BC%EC%9D%98_%EA%B6%8C%EB%A6%AC%EC%84%A0%EC%96%B8

'우리들과 우리들의 자손의 안전과 자유와 행복'. 셋째 구절(우리들과 ~자유와 행복)은 제헌헌법 전문 내용 그대로이다. 헌법 본문에서는 특정한 자유를 직접 명기하기도 하고, 특정 권리에 대한 국가의 보장 의무를 명기하기도 하고, 국가의 자의적인 형벌권에 족쇄를 채우는 방식 등으로 자유를 선포했으며, 또 자유를 수호·강화하는 권리(국가의 의무)를 명기하였다.

헌법이 선포한 자유는 다음과 같다. 제12조 (신체의 자유), 제14조 (거주·이전의 자유), 제15조 (직업선택의 자유), 제16조 (주거의 자유), 제17조 (사생활의 자유), 제19조 (양심의 자유), 제20조 (종교의 자유), 제21조 (언론·출판·집회·결사의 자유), 제22조 (학문과 예술의 자유)가 명기되어 있다. 생뚱맞게도 헌법 총강 제8조에는 정당 설립의 자유도 명기되어 있다.

자유라는 말을 쓰지 않았으나 제10조는 '인간으로서의 존엄과 가치' '행복 추구권' '불가침의 기본인권'을 명기하였다.[49] 제11조는 '법 앞의 평등(차별금지)'과 '특수계급 불인정'을 명기하였다. 이는 제헌헌법 제8조 내용 거의 그대로이다. 제13조 역시 자유라는 말을 쓰지는 않았으나 '연좌제 금지' '소급 입법 금지' '사후 입법에 의한 처벌 금지와 중복 처벌 금지'를 명기하여, '정의'를 독점하면서 자칫 무한 확대될 수 있는 국가의 형벌권을 우리에 가두었다.[50] 제18조도 자유라는 말은 쓰지는 않았으나 '통신의 비밀을 침해받지 아니할' 권리, 곧 자유권이 명기되어 있다.

---

49) '인간으로서의 존엄과 가치'는 1963년 12월 17일에 처음 들어와서 국민의 권리와 의무의 첫째 조항을 차지했다. '행복추구권'과 '불가침의 기본인권'은 1980년 10월 27일 헌법(5공헌법)에서 추가되어 현행 헌법으로 계승되었다.

50) 제13조 ①모든 국민은 행위시의 법률에 의하여 범죄를 구성하지 아니하는 행위로 소추되지 아니하며, 동일한 범죄에 대하여 거듭 처벌받지 아니한다. ②모든 국민은 소급입법에 의하여 참정권의 제한을 받거나 재산권을 박탈당하지 아니한다. ③모든 국민은 자기의 행위가 아닌 친족의 행위로 인하여 불이익한 처우를 받지 아니한다.

자유의 핵심 내용에 대해서 국가별로 편차가 크다. 당연히 보수와 진보 간에도 편차가 크다. 한국 보수우파는 자유를 반공, 반북과 동일시하고, 진보좌파는 자유를 신자유주의와 동일시한다. 보수우파의 반공, 반북은 대체로 양심의 자유, 언론·출판·집회·결사의 자유와 학문·예술의 자유를 침해하고, 신체의 자유도 침해해 왔다. 보수우파가 높이 평가하는 박정희 정권도 반공, 반북의 기치하에 국가의 관여, 개입, 통제, 계도 역할을 중시한 경제발전 전략을 추구하였기에 재산권을 포함한 각종 자유권을 경시하기는 마찬가지였다.

요컨대 한국은 조선−식민지조선−분단과 전쟁−정전체제−독재−국가주도 경제발전으로 이어지는 역사적 경험에 더하여, 이해당사자(갑과 을) 간의 힘(선택권과 거부권)의 격차도 크고, 밀집 사회로 인해 자유에 따른 외부효과(책임, 부담의 사회화)가 클 수밖에 없기에 이래저래 재산권(행사의 자유)이 경시되고 있다. 실제 헌법과 법률에는 재산권 행사의 자유를 제한하는 조항이 수두룩하다.

자유는 자연적 위험(자연재해)과 정치·사회적 위험(외세와 권력과 힘센 사익집단의 착취와 억압)으로부터 자유(안보, 안전)라는 것은 확실하다. 자유의 최소한은 부당한 간섭, 억압, 속박, 예속의 부재(간섭받지 않을 권리와 예속되지 않을 권리)라는 것도 확실하다. 자유는 사람마다 제각기 다르기 마련인 욕망·행복 추구의 자유요, 자아실현의 자유이다. 여기까지는 그 누구도 부인하지 않을 정치철학 교과서에 있을 만한 내용이다. 그런데 자유가 욕망과 행복추구를 위한 선택과 거부의 자유를 포함하고 있다는 것은 종종 망각된다. 자유의 핵심은 신체의 자유와 더불어 신체의 연장인 재산권 보장이다. 이는 경제활동, 즉 생산 소비부터 투자, 고용, 해고, 창업, 폐업, 직장폐쇄, 기업인수합병 등을 자유롭게 행하는 것이며, 이를 통해 자신의 욕망과 이익, 이윤을 자유롭게 추구하며, 유권자·소비자·이용자·근로자 역시 선택과 거부의 자유를 누린다는 것을 의미한다. 근로자의 거부권에는 기업을 쇼핑하고 쉽게 퇴사할 수 있고, 필요시 집단적으로 노무 제공을 거부(파업)할 자유가 주요하게 포함된다. 하지만 파업시 남의 재산인 사업장이나 사업시설을 점거하는 것까지 포함하는 것은 아니다. 자유에는 재산권보장과 경제활동의 자유가 있다. 기업의 자유에는 파업시 파업대오에 의해 자기 재산인 생산시설을 점거당하지 않을 권리와 공무원의 행정처분에 의해, 즉 엄격한 절차와 요건을 거치지 않고는 영업정지나 인허가 취소 등을 당하지 않을 권리도 포함된다. 사실 인신구속(신체의 자유침해)에 비해 재산, 특히 기업 구속(영업정지, 인허가 취소, 고용 등 특정 행위 강요 등)은 훨씬 치명적인 것임에도 한국에서는 의외로 소홀히 취급되고 있다. 이승만-박정희-전두환 정부의 탄압은 주로 '신체의 자유' 침해였기 때문인지 모른다. 노무 제공 거부(파업)권도 이를 침해할 수 없다. 자유로운 선택과 거부의 대상에는 주거지, 직업, 종교(신앙), 이념은 기본이고, 정당이나 부당한 권력행위(갑질) 등도 포함된다.

취약한 재산권과 강력한 신체적 자유권

프랑스혁명기에 활동한 정치가나 사상가들보다 대략 100년 이상 앞서 활동한 영국의 정치철학자 존 로크(1632~1704)는 자유를 자신에게 허용된 법의 한도 안에서 자기 자신, 행위, 소유물 그리고 모든 재산을 처분하고 관리할 자유로 정의하였다.

(『제국의 품격』 76쪽, 박지향, 21세기북스, 2018)

인간이 정치공동체를 형성하고 스스로를 정부 아래 두는 가장 중요하고 주된 목적은 '사유재산의 보호'라고 하였다.

나는 '정치권력'을 다음과 같이 규정한다. 그것은 사형 및 그 이하의 모든 처벌을 가할 수 있는 법률을 제정하는 권리이며, 또한 재산(property)을 규제하고 보전할 목적으로 그러한 법률을 집행하기 위해서 그리고 국가(commonwealth)를 외적의 침입으로부터 방어하기 위해서 공동체의 무력을 오직 공공선을 위해서만 행사하는 권리이다.

(『통치론』 9~10쪽, 존 로크, 까치)

이는 근대 영국과 프랑스 등에서 자유의 핵심 내용이 재산권보호가 된 것은 상당한 재산을 가진 귀족과 법률전문가 등 지식계급과 상공업을 통해 부를 일군 상공인들이었기 때문일 것이다. 이들에게 주된 위협은 '인신구속'이 아니라 징세권을 함부로 행사하여 재산권을 침해하는 왕의 탐욕이었기 때문일 것이다.

1789년과 1791년 발표된 〈인간과 시민에 관한 권리 선언〉 제17조는 재산권(소유권)에 대해서 이렇게 썼다. 이는 대한민국헌법보다 훨씬 강력한 재산권보호 조항을 담고 있다.

하나의 불가침적이고 신성한 권리인 소유권은 합법적으로 확인된 공공 필요성이 명백히 요구하고, 또 정당하고, 사전의 보상의 조건하에서가 아니면 침탈될 수 없다.

한국 헌법에 명시된 각종 자유권, 즉 '거주·이전의 자유, 직업선택의 자유, 사생활의(비밀과) 자유, 양심의 자유, 종교의 자유, 언론·출판·집회·결사의 자유, 학문과 예술의 자유 등에 대해서는 '법률에 의하지 아니하고는' 내지 '그 내용과 한계는 법률로 정한다' 내지 '공공복리에 적합하도록 하여야 한다'는 유보적 표현이 없다. 사실 그 어떤 국가도, 그 어떤 자유도, 그 내용과 한계를 법률로 정하지 않을 리 없음에도 불구하고…. 실제 제헌헌법의 경우 제10조 (거주와 이전 이 자유)와 제11조 (통신의 비밀)에는 '법률에 의하지 아니하고는' 이라는 유보적 표현이 있었으나 현행 헌법에서는 삭제되었다.

그런데 한국은 조선-식민통치-해방-분단-내전-전쟁-정전체제-개발독재로 이어지는 역사에서 공권력의 폭압을 혹독하게 겪어서인지 제12조 (신체의 자유)는 국가·권력의 자의적 행사(남용)를 경계하고, 개인을 더 적극적으로 보호하려는 조항이 점점 늘어났다. 예컨대 헌법 제12조에는 제헌헌법(제9조[51])에는 없던 고문 금지, 자기에게 불리한 진술 강요 금지, 더 엄격한 사후영장 요건, 국선변호인제도, 체포 구속시 가족에 공지 의무, 자백이 유일한 증거일 때 처벌 금지 등이 추가되었다. 이는 정부수립 이후의 역사적 경험과 정치지형의 변화에 따라 국가·권력(공권력)에 대해 더 치밀한 견제장치를 개발한 결과라고 할 수 있다. 언론, 출판, 집회, 결사의 자유 관련 조항도 제헌헌법에 비해 현행 헌법의 내용이 많아졌다. 제헌헌법의 관련 조항(제13조)은 다음과 같다.

모든 국민은 법률에 의하지 아니하고는 언론, 출판, 집회, 결사의 자유를 제한받지 아니한다.

현행 헌법의 관련 조항(제21조)은 다음과 같다.

---

51) 제9조 모든 국민은 신체의 자유를 가진다. 법률에 의하지 아니하고는 체포, 구금, 수색, 심문, 처벌과 강제노역을 받지 아니한다. 체포, 구금, 수색에는 법관의 영장이 있어야 한다. 단, 범죄의 현행 범인의 도피 또는 증거인멸의 염려가 있을 때에는 수사기관은 법률의 정하는 바에 의하여 사후에 영장의 교부를 청구할 수 있다. 누구든지 체포, 구금을 받은 때에는 즉시 변호인의 조력을 받을 권리와 그 당부의 심사를 법원에 청구할 권리가 보장된다.

①모든 국민은 언론·출판의 자유와 집회·결사의 자유를 가진다.

②언론·출판에 대한 허가나 검열과 집회·결사에 대한 허가는 인정되지 아니한다.

③통신·방송의 시설기준과 신문의 기능을 보장하기 위하여 필요한 사항은 법률로 정한다.

④언론·출판은 타인의 명예나 권리 또는 공중도덕이나 사회윤리를 침해하여서는 아니 된다. 언론·출판이 타인의 명예나 권리를 침해한 때에는 피해자는 이에 대한 피해의 배상을 청구할 수 있다.

국가·권력의 제어되지 않은 약탈과 억압을 경험한 조선과 대한민국에서는 자유권의 핵심이 신체의 자유와 언론, 출판, 집회, 결사의 자유였다면, 상대적으로 왕권이 약했던 유럽에서는 왕이나 국가의 일방적 수탈(과세)로부터의 자유가 핵심이었다. 사방으로 달아날 수도 있고, 사방에서 침략해 들어올 수 있는 유럽에서는 왕이라 할지라도 귀족(영주), 사제, 법률가, 부유한 상인의 인신은 왕이 함부로 구속하기 어려웠기 때문이다.

모든 사상이념, 가치제도, 정책이 시대의 자식이 맞는다면, 국가(정치인과 공무원, 정부와 공공기관)의 기업활동의 자유에 대한 침해가 극심하고, 국가가 인신구속을 하기 쉽도록 만들어 놓은 형벌조항이 과다하다면, 한국에서 어떤 자유와 권리가 강조, 보완, 강화되어야 하는지는 길게 설명할 필요가 없다.

경제민주화와 경제자유화, 불평등과 부자유

현행 헌법의 재산권 조항(제23조)[52]은 제헌헌법의 재산권 조항(제15

---

52) ①모든 국민의 재산권은 보장된다. 그 내용과 한계는 법률로 정한다. ②재산권의 행사는 공공복리에 적합하도록 하여야 한다. ③공공 필요에 의한 재산권의 수용·사용 또는 제한 및 그에 대한 보상은 법률로써 하되, 정당한 보상을 지급하여야 한다.

조)[53]과 거의 같다. 그런데 1789년의 〈인간과 시민에 관한 권리 선언〉의 관련 조항에 비해 국가·권력의 재산권 침해(약탈)에 대한 경계심은 오히려 약하다. 역사적으로 한국 헌법의 재산권과 경제활동 자유 관련 조항은 국가가 사유재산권이나 기업활동의 자유를 쉽게 침해할 수 있도록 구멍을 너무 많이 만들어 놓았다. 국가·권력의 오남용을 견제하는 조항(3항) '(재산권 수용·사용 제한 할 때) 정당한 보상 지급'이 있기는 하지만 그리 큰 힘을 가지고 있는 것 같지 않다. 단적으로 '한국유치원총연합회'에 대해서는 3항을 거의 적용하지 않았다.

한국에서 경제적 자유 결핍을 부르짖는 사람들은 헌법 119조 ②항을 많이 성토한다. 그런데 문제는 헌법 119조 ②항만이 문제가 아니다. 한국 헌법과 법령에는 재산권과 경제적 자유권을 침해할 소지가 큰 조항이 부지기수이다. 헌법 제119조 ①항에서는 '대한민국의 경제질서는 개인과 기업의 경제상의 자유와 창의를 존중함을 기본으로 한다'고 되어 있지만, ②항은 국가의 자의적 해석 내지 재산권 침해를 가능하게 하는 모호한 조항이 줄을 잇는다. '균형 있는 국민경제의 성장 및 안정' '적정한 소득의 분배' '시장의 지배와 경제력의 남용 방지' '경제주체간의 조화를 통한 경제의 민주화' —이것이 애매모호함의 압권이다— 를 위한 '경제에 관한 규제와 조정'이 그것이다. 그런데 국가의 경제주체 혹은 경제행위에 대한 보장, 보호, 육성, 보장, 계도, 금지, 조정, 규제를 명기한 제120조~제125조의 6개 조항도 경제활동의 자유 내지 사유재산권 행사의 자유를 옥죌 수 있다. 국가의 규제, 간섭의 손길이 밀고 들어올 수 있는 거대한 구멍이다. 제120조 (국토와 자원), 제121조 (농지와 소작제도), 제122조 (국토의 효율적이고 균형 있는 이용·개발과 보전), 제123조 (농어업, 지역경제, 중소

---

53) 제헌헌법 제15조 재산권은 보장된다. 그 내용과 한계는 법률로써 정한다. 재산권의 행사는 공공복리에 적합하도록 하여야 한다. 공공 필요에 의하여 국민의 재산권을 수용, 사용 또는 제한함은 법률이 정하는 바에 의하여 상당한 보상을 지급함으로써 행한다.

기업, 농어민 이익, 농·어민과 중소기업의 자조조직 등에 대한 보호, 육성, 보장)[54], 124조 (건전한 소비행위 계도)[55], 제125조 (대외무역 육성, 규제·조정)[56]이 그것이다. 물론 제126조는 국가·권력의 '사영기업 국공유화 또는 경영 통제관리'를 경계, 견제하는 조항인데, 그 조건은 '국방상 또는 국민경제상 긴절한 필요'이다. 헌법의 경제 조항에 흐르는 자유 결핍의 정신은 노동(제33조)에서도 교육(제31조)에서도 지방자치(제117~118조)에서도 면면히 흐르고 있다.

현행 헌법 119조 2항의 경제민주화를 둘러싸고 정치권에서 이념 시비가 격렬하게 일어났지만, 국가규제의 양산 공장인 경제 조항 전반에 흐르는 국가의 과도한 보호, 육성, 진흥, 창달, 보장, 인증(공인), 계도 의무는 별로 논란이 되지 않았다. 그러니 문재인정부가 2018년 초에 제출한 헌법 전면 개정안에도 이 점은 거의 변함이 없거나 오히려 강화되어 나타났다. 사실 한국은 조선왕조부터 지금까지 재산권과 경제적 자유권이 중시된 적이 없다. 유구한 역사와 전통의 핵심인 조선 유교체제와 문화는 인간의 욕망, 이윤 추구 자체를 백안시해왔기에 재산권 보호나 경제활동의 자유 존중 개념 자체가 없었다. 이에 따른 어마무시한 패악 또한 제대로 지적된 적이 없었다. 제헌헌법 제정 시기에는 전세계적으로 '생산수단의 사적 소유'를 백안시하는 사회주의 사조가 범람했다. 그래서 주요한 생산수단의 국공유화 여론이 드높았다. 이를 반영하였기에 제헌헌법에는 자유민주주의 헌법에

---

54) 제123조 ①국가는 농업 및 어업을 보호·육성하기 위하여 농·어촌종합개발과 그 지원 등 필요한 계획을 수립·시행하여야 한다. ②국가는 지역간의 균형 있는 발전을 위하여 지역경제를 육성할 의무를 진다. ③국가는 중소기업을 보호·육성하여야 한다. ④국가는 농수산물의 수급균형과 유통구조의 개선에 노력하여 가격안정을 도모함으로써 농·어민의 이익을 보호한다. ⑤ 국가는 농·어민과 중소기업의 자조조직을 육성하여야 하며, 그 자율적 활동과 발전을 보장한다.
55) 제124조 국가는 건전한 소비행위를 계도하고 생산품의 품질향상을 촉구하기 위한 소비자보호운동을 법률이 정하는 바에 의하여 보장한다.
56) 제125조 국가는 대외무역을 육성하며, 이를 규제·조정할 수 있다.

서는 용인되지 않는 조항이 적지 않다.

제84조 대한민국의 경제질서는 모든 국민에게 생활의 기본적 수요를 충족할 수 있게 하는 사회정의의 실현과 균형 있는 국민경제의 발전을 기함을 기본으로 삼는다. 각인의 경제상 자유는 이 한계 내에서 보장된다.

제85조 광물 기타 중요한 지하자원, 수산자원, 수력과 경제상 이용할 수 있는 자연력은 국유로 한다. 공공필요에 의하여 일정한 기간 그 개발 또는 이용을 특허하거나 또는 특허를 취소함은 법률의 정하는 바에 의하여 행한다.

제86조 농지는 농민에게 분배하며 그 분배의 방법, 소유의 한도, 소유권의 내용과 한계는 법률로써 정한다.

제87조 중요한 운수, 통신, 금융, 보험, 전기, 수리, 수도, 까스 및 공공성을 가진 기업은 국영 또는 공영으로 한다. 공공필요에 의하여 사영을 특허하거나 또는 그 특허를 취소함은 법률의 정하는 바에 의하여 행한다. 대외무역은 국가의 통제하에 둔다.

제88조 국방상 또는 국민생활상 긴절한 필요에 의하여 사영기업을 국유 또는 공유로 이전하거나 또는 그 경영을 통제, 관리함은 법률이 정하는 바에 의하여 행한다.

한편 1960년대 이후, 국가주도 경제발전 과정에서는 도시개발, 도로, 철도, 항만, 공항, 공단(산업단지) 등 핵심 인프라 개발 사업시 국가·권력의 재산권에 대한 과감·무식한 침해가 오히려 한강의 기적을 창조한 핵심 요인 중의 하나로 간주되었다. 조선 유교이념과 1920년

이후 물밀듯 밀려온 마르크스주의의 사상이념적 영향하에 놓인 한국 진보와 노동은 그 핵심 가치 자체가 자본의 재산권 행사와 경제적 자유권 행사의 폐해나 그늘을 시정(노동권 강화)하는 것이었기에 국가의 더 많은 간섭에 해당하는 보장, 보호, 육성, 진흥, 창달, 규제, 관리, 통제, 조정 등을 요구하였다. 한 마디로 재산권이나 경제적 자유에 대해 더 많은 통제와 간섭을 요구하는 것을 진보요, 개혁이라고 생각한 것이다. 게다가 진보와 보수가 막장대결로 치닫는 동안 어부지리를 취한 직업공무원은 동서고금을 막론하고 국가의 규제 간섭을 선호하기 마련이다.

1987체제와 지방자치

한국에서 지방은 서울·수도권이 아닌 나머지 지역을 의미하기도 하고, 중앙정부가 아닌 지방자치단체, 즉 서울특별시, 경기도 등 광역시도와 그 아래 시군구 등을 의미하기도 한다. 지방자치법령상 지방자치단체로 인정되지 않았으나 공동체성이 있는 지역도 지방이다.

지방의 핵심 현안은 자치, 분권, 균형발전이다. 자치와 분권은 서울시 등 243개 광역 및 기초지자체와 지자체로 인정되지는 않지만 소지역공동체의 공통된 요구이다. 균형발전은 주로 서울·수도권과 영남권과 충청권의 산업도시를 제외한 나머지 지방의 요구이다. 또한 이들 지방 내 농촌과 도서지방(읍면리)의 요구이기도 하다. 근대문명의 발달에 따라 도시로의 인구 집중은 필연이다. 한국은 1960년대 이후 본격화된 서울·수도권 및 남동해안 중심의 산업화와 전국토의 도시화에 따라 인구와 기업(생산·소비시설)의 집중이 일어났다. 이지역과 산업화, 도시화에서 소외된 지역과 발전 격차가 점점 커졌다. 1990년대 이후 디지털 혁명과 고속교통망의 발달에 따라 확실한 산업기반도 없고, (지방의 특장점을 살릴 수있는) 자치자율권도 없는 지방들, 대표적으로 호남, 농촌, 내륙 도시 등은 산업과 인구의 공동화 현상이 일어났다. 서울·수도권 대학으로의 쏠림으로 인해 부산대학, 경북대학, 전남대학 등 지방 유수의 명문 대학들의 입학생의 성적이 지속적으로 떨어졌다.

산업화, 도시화에 따른 수도권 과밀집중 문제와 지방과 국토의 균형개발 문제는 1960년대 이래 핵심 국정현안이었다. 그럼에도 수도권이라는 거대한 블랙홀의 위력은 별로 약화되지 않았다. 농촌(지방)의 읍면은 1990년대 초중반부터 공동화, 황폐화되었다. 지방의 중소도시들도 지속적인 인구 감소를 피하지 못하였다.

그런 한편으로 서울을 제외한 거의 모든 도시들은 도심 외곽에 대단위 신도시를 건설하면서, 단 하나의 예외 없이 원도심 공동화 현상을 겪었다. 이런 상황에서 저출산·고령화의 심화(인구 증가율 정체), 서울·수도권 인구집중, 지방 중소도시의 인구감소, 저성장 기조의 고착화에 따라 상대적으로 약한 고리인 지방의 읍면과 중소도시는 더 큰 타격을 받을 수밖에 없었다. 그 두드러진 현상으로 현대 문명을 떠받쳐주는 인프라들이 무너지고 있다. 초등학교의 폐교는 오래 전부터 진행된 현상이었다. 농촌 읍면과 중소도시에서는 산부인과 병원 자체가 사라지면서 출산 과정에서 산모나 영아가 위험에 빠지는 경우가 많아지고 있다. 이제 지방은 서울과 중앙정부만 바라보며 사는 해바라기나 식민지처럼 되었다고 자조한다. 지방은 2류 인생들이 모여 사는 곳처럼 되었다고 자탄한다. 지방은 물질적 문화적으로 더 피폐해졌다. 하지만 이제는 중앙정부에 쌓여 있는 자원을 더 많이 끌어오는 것 외에 다른 지방 발전 방략을 찾을 수 없는 것처럼 생각한다. 현행 헌법(1987.10.29 개정, 1988.2.25 시행)의 지방자치 관련 조항은 단 2개이다. 이는 제헌헌법[57] 이래 거의 달라지지 않았다.

대한민국 헌법 제8장 지방자치

제117조 ①지방자치단체는 주민의 복리에 관한 사무를 처리하고 재산을 관리하며, 법령의 범위 안에서 자치에 관한 규정을 제정할 수 있다. ②지방자치단체의 종류는 법률로 정한다.

제118조 ①지방자치단체에 의회를 둔다. ②지방의회의 조직·권한·의원선거와 지방자치단체의 장의 선임방법 기타 지방자치단체의 조직과 운영에 관한 사항은 법률로 정한다.

한국 헌법을 만들 때 주요하게 참고한 일본헌법(1946.11.3. 공포) 역시 제8장이 지방자치 관련 규정인데, 우리 헌법과는 의미심장한 차이가 있다. 가장 결정적인 차이는 우리는 자치에 관한 규정(조례)를 '법령의 범위 안'에서 제정할 수 있는데 반해, 일본은 '법률의 범위 내에서' 제정할 수 있다는 것이다. 또 하나는 우리는 지방자치단체라 부르는 것을 일본은 지방공공단체로 부른다는 것이다.

법령은 국회에서 제정하는 법률과 대통령, 행정 각부 등에서 제정하는 명령을 총칭한다. 2019년 12월 2일 현재 지방자치 조례 보다 상위에 있는 법령은 법률 1,455개, 대통령령 1,705개, 총리령 86개, 부령 1,230개 등 총 4,821개다.

---

57) 제8장 지방자치: 제96조 지방자치단체는 법령의 범위 내에서 그 자치에 관한 행정사무와 국가가 위임한 행정사무를 처리하며 재산을 관리한다. 지방자치단체는 법령의 범위 내에서 자치에 관한 규정을 제정할 수 있다. 제97조 지방자치단체의 조직과 운영에 관한 사항은 법률로써 정한다. 지방자치단체에는 각각 의회를 둔다. 지방의회의 조직, 권한과 의원의 선거는 법률로써 정한다.

58 http://www.moleg.go.kr/lawinfo/status/statusReport

현행 법령 통계(2019.12.2 현재)[58]

구분		건수
헌법		1
법령	법률	1,455
	대통령령	1,705
	총리령	86
	부령	1,230
	기타(국회규칙 등)	345
	소계	4,821
자치법규	조례	85,779
	규칙	25,573
	기타(훈령 등)	437
	소계	111,789
계		116,611

　따라서 지방자치단체 사무로 규정된 것조차 중앙정부는 '령' 과 '예산'(보조금과 교부금) 등을 통해 얼마든지 좌지우지할 수 있다. 보충성의 원칙이 완전히 실종 상태인 것이다.

　게다가 국회는 법률 사항으로 정할 수도 있는 많은 기준과 원칙을 대통령령에 위임해 버렸다. 예컨대 국가공무원 총정원령과 방통위, 금융위, 금융통화위, 최저임금위 구성과 각종 연기금 및 공공기관 지배구조 등에서 대통령의 무소불위의 영향력 행사에 아무런 제동장치를 달지 않았다. 그렇지 않아도 무소불위의 대통령의 권한을 더 키운 것이다.

　지방의 자치(자율과 책임)를 형해화시키는 헌법 조항은 제8장의 두

---

58) 대법원 1992.4.24. 선고 91다17931 판결, 2002.12.27. 선고 2002두9063 판결.

조항만이 아니다. '제40조 입법권은 국회에 속한다'는 조항은 지방 의회는 법률을 제개정할 수 없다는 것을 의미한다. '제52조 국회의 원과 정부는 법률안을 제출할 수 있다'는 조항은 지방자치단체는 법 률안을 제출할 수 없다는 것을 의미한다. '제59조 조세의 종목과 세 율은 법률로 정한다'는 조항은 지방자치단체는 조세의 종목과 세율 을 정할 수 없다는 것을 의미한다. '제12조 ①(중략) 누구든지 법률 에 의하지 아니하고는 체포·구속·압수·수색 또는 심문을 받지 아니 하며, 법률과 적법한 절차에 의하지 아니하고는 처벌·보안처분 또는 강제노역을 받지 아니한다.(중략)'는 조항은 조례를 통한, 주민의 권 리 제한 또는 의무 부과를 제약한다. 요컨대 현행 헌법은 지방자치단 체의 자주적 인사, 조직, 예산권(입법권, 행정권)과 재정권(조세 법률주 의), 형벌권(죄형 법률주의)을 원천적으로 봉쇄하였다.

헌법 제9장 경제 조항(제119조~제123조)도 경제 분야 규제, 조정, 보 호, 육성 주체를 '국가'로 규정하는데, 여기서 국가는 '정치공동체' 를 의미하는 '나라'라는 의미로 썼지만, 현실에서는 중앙정부 및 국 회와 동의어로 쓰인다. 요컨대 지방자치단체를 경제 분야 규제, 조정 주체에서 배제한다는 것을 의미한다.

지방자치법 제11조(국가사무의 처리제한)에서는 많은 사무를 국가(중 앙정부) 사무로 규정하고, 지방자치단체가 관여하지 못하도록 만들어 놓았다. 일본 등 다른 나라의 사례로 볼 때, 지방이 얼마든지 신축적 으로 운영할 수 있는 '근로기준' 조항을 넣어서 지방의 자율성을 옭 아매고 있다. 최저임금, 법정근로시간, 비정규직(사용 사유와 기간 규 제) 등 노동관계법 등에서도 지방의 재량권을 없앰으로써 지방 차원 에서 일자리 창출 등 다양한 정책적 실험을 할 여지를 없애 버렸다.

제11조(국가사무의 처리제한) 지방자치단체는 다음 각 호에 해당하는 국가사무를 처리할 수 없다. 다만, 법률에 이와 다른 규정이 있는 경우에는 국가사무를 처리할 수 있다.

1. 외교, 국방, 사법(司法), 국세 등 국가의 존립에 필요한 사무

2. 물가정책, 금융정책, 수출입정책 등 전국적으로 통일적 처리를 요하는 사무

3. 농산물·임산물·축산물·수산물 및 양곡의 수급조절과 수출입 등 전국적 규모의 사무

4. 국가종합경제개발계획, 국가하천, 국유림, 국토종합개발계획, 지정항만, 고속국도·일반국도, 국립공원 등 전국적 규모나 이와 비슷한 규모의 사무

5. 근로기준, 측량단위 등 전국적으로 기준을 통일하고 조정하여야 할 필요가 있는 사무

6. 우편, 철도 등 전국적 규모나 이와 비슷한 규모의 사무

7. 고도의 기술을 요하는 검사·시험·연구, 항공관리, 기상행정, 원자력개발 등 지방자치단체의 기술과 재정능력으로 감당하기 어려운 사무

이는 처지와 조건이 많이 다른 지방, 기업, 노동 등을 하나의 기준으로 규율하기에 법률 제개정이나 최저임금 같은 전국 단일기준을 둘러싸고 엄청난 갈등을 초래한다. 그뿐 아니라 지방 차원에서 정책적 실험검증이 곤란하기에 정치 리더십(지자체장 등)의 품질향상도, 정책 품질향상도 기대하기 어렵다.

한편 한국 지자체장은 법령에 의해 정원, 직급, 조직이 정해지고

정년이 보장된 공무원에 대한 업무지휘권, 인사권(승진, 보직 등)과 예산권을 행사한다. 지방 세입을 늘리는 문제에 대해 노심초사할 이유가 없다. 세입이 모자라서 공무원 월급을 못 주는 일은 결코 일어나지 않는다. 중앙정부가 지방 행정력의 균형을 명분으로 각종 교부금을 내려 보내주기 때문이다. 또 지방행정을 잘한다고 해서 지방세입이 늘어나는 구조도 아니다. 요컨대 한국의 지방자치단체는 돈을 걷는 부담은 사실상 없고, 오로지 쓰는 것만 고민하면 된다. 그러니 지자체장의 선심이 춤을 추게 되어 있다.

지자체장이 사람을 채용하고 쫓아내는 권능도 극히 제한되어 있다. 하지만 공무원시험을 통해 임용된 직업공무원에 대한 인사권(승진, 보직 등)은 당사자에게 엄청난 당근이자 채찍으로 작용한다. (직무급제가 아니라) 9품 계급제이기에 대부분의 공무원은 승진과 좋은 보직에 목을 매기에 인사권의 힘은 더욱 강하다. 예산권도 관련 업자들을 죽이고 살릴 수 있는 거대한 이권이다. 지방자치단체의 장과 의원이 움켜쥔 권한(예산권, 인사권, 규제권 등)을 특수이익을 위해 사용해도 견제하기가 어렵다. 무엇보다도 구직자들에게 최고 선망의 일자리가 된, 위험(risk)은 적고 이익(return)은 큰 공공부문 일자리 비정규직 채용과 정규직화는 지자체장에 의한 국민세금(지방 재정)을 활용한 매표행위의 수단이 되었다. 엄청난 사회간접자본 유지, 보수, 건설 사업은 중앙과 지방의 공무원(지자체장 포함)의 후한 지대(이권) 선심 대상이 되었다.

민부론(자유한국당, 2019.9)에 따르면, 2017년 기준 중앙정부가 지방으로 이전한 재원은 총 139조 원(국고보조금 48조 원, 지방교부세 42조 원 등)이고, 지방세 80조 원을 더하면 총 219조 원으로, 중앙정부(127조 원)보다 많다. 하지만 지방의회도 지방 주민들도 이 거대한 예산에 대해 제대로 심의도 통제도 하지 못하고 있다. 이 틈을 타 지자체장의 포퓰리즘이 판을 치고 있다. 2018년에 신설된 현금성 복지만도 489건 약 4,300억 원에 이른다. 그런데 현금성 복지보다 훨씬 큰 돈이 토목건설 업자들에게 가고 있다.

지방예산은 주민들로부터 직접 징수되는 금액은 많지 않고, 대부분은 중앙정부로부터 교부금이나 보조금으로 내려왔기에, 주민들이 엄격하게 통제할 유인이 별로 없다. 지방예산의 대부분은 중앙정부의 규제와 정책으로 통제해 왔다. 한편, 지자체장이나 지방의원들은 대체로 중앙정치(정당과 국회의원)의 하수인들이었기에 그 공심과 자질과 능력도 높을 수가 없다. 그 결과가 지금의 약탈적이고 낭비적 예산 사용 행태이다. 물론 이는 사람(지방자치단체장과 의원과 지방공무원)의 문제가 아니라 압도적으로 제도의 문제이다. 권한과 책임의 불일치 문제이다.

현재 한국의 지방자치제도는 낭비와 선심 쓰기가 구조화되어 있다. 공무원 인사권과 예산편성권(거대한 이권 배분권)을 쥔 지자체장 및 지방 공무원에 대한 견제, 감시, 평가 장치는 너무나 부실하다. 하지만 지방자치분권의 이름하에 예산의 운용 효율을 따지지 않고, 엄청나게 많은 예산이 지자체에 그야말로 폭포수처럼 퍼부어졌다. 예산 낭비가 구조화되어 있지만 지방의원, 지방언론, 지방주민에 의한 평가, 검증, 견제는 사실상 불가능하다.

현재 한국의 지방자치단체는 구상(기획) 기능은 사실상 없고, 단순 실행 기능만 있다. 1990년대 중반 지방자치제 실시 이전에는 중앙정부가 구상하고, 지방정부가 실행하는 구도였다. 하지만 지방자치제가 실시되면서 당연히 중앙과 지방의 유기적 결합관계가 매우 약화되었다. 하지만 지자체는 인사(승진, 보직)권과 예산(편성)권 등은 큰 폭으로 행사하지만, 사업수행에 필요한 다른 권한—필요한 인력의 임면(채용과 면직), 급여 책정, 조직 구성, 재원 조달(새로운 세목 신설 또는 예산 전용) 권한— 등은 거의 없다. 게다가 헌법과 지방자치법령 등에 의해 지자체가 자율적으로 수행할 수 있는 사무가 매우 제한되어 있다. 이래저래 지자체의 구상 기능이 살아날 수가 없게 되어 있다. 결과적으로 중앙정부에 정보를 보고하고, 정책을 집행하는 말단 행정기관적 성격이 강하다. 한국 지방자치제도는 자전거 프레임에 자동차 바퀴를 끼워놓은 모양새이다.

모든 구상은 자율(권한)과 책임, 담대한 목표(포부), 주민의 요구 등 주·객관적인 조건 분석과 동원 가능한 자원 파악 등이 필요하다. 당연히 지자체의 총괄 책임자인 지자체장이 주요 사무를 꿰고 있어야 한다. 하지만 구상 기능이 형해화되면서 지자체는 전체를 통할하는 꿈도 포부도 없는 기괴한 조직이 되었다. 중앙정부가 건 전달 벨트에 의해 지자체 조직의 일부가 돌아간다. 지자체장, 부서, 개별 공무원은 자신의 가치와 이익을 좇아서 각개 약진한다. 지자체는 머리를 잃어도 다리들이 제각기 꿈틀거리는 산낙지가 된 것이다.

그렇기 때문에 지방선거는 지방행정 성과에 대한 평가나 심판이 아니라 중앙정치(현 정권이나 전 정권)에 대한 평가나 심판이다. 물론 지방자치 영역이 매우 협소하기에, 미국의 주지사들처럼 지방행정을 통해 차별화된, 즉 평가받거나 심판을 받을 만한 성과를 보이기도 쉽지 않다. 이는 기본적으로 공공서비스 소비자이자 비용부담자(납세자)인 국민, 주민과 공공서비스 공급자인 국가, 공공기관, 지자체, 교육청 등이 크게 유리되어 있기 때문이다. 국민과 주민이 국가와 지자체의 공공서비스(세금 할당, 예산 편성, 규제, 사법, 공기업 운영 등)를 제대로 살필 수도, 평가할 수도 없고, 영향력을 행사할 수도 없다.

공공서비스 공급자인 지자체가 너무나 크고, 주민으로부터 너무 먼 곳에 있고, 게다가 불투명하기까지 하기에 공공서비스 소비자와 공급자간 정보의 비대칭성이 크다. 그뿐 아니라 공공서비스 공급자

(권력기관) 간 견제장치도 부실하고 국민, 주민에 의한 통제도 부실하다. 공공사무나 공공정책에 대해 자신이 참여, 숙의, 결정하고 필요한 의무, 부담을 안는 자리, 즉 마을 총회(타운 미팅) 기회가 적기 때문이다.

지방마다 중앙정부가 쥐고 있는 자원(예산, 공직, 공공기관 등)을 쟁취, 즉 약탈하기 위해 온갖 기지를 다 짜낸다. 이를 위해 지역 국회의원, 지자체장, 지역 기업, 주민 등이 합심단결한다. 지방마다 처지와 조건 혹은 특장점이 크게 다름에도 획일적(전국적) 규제로 인해 이를 약진의 발판으로 삼기 어렵다.

자율이 없으니 책임이 없고, 자치가 불가하니 독자적 지방 발전 전략이 없다. 오로지 중앙정부가 움켜쥔 자원(예산, 규제, 공공기관, 공직인사 등)을 지방으로 끌어오는 데 여념이 없다. 지방의 국회의원 선거나 지방선거는 대통령이나 중앙정부가 가진 자원을 끌어오는 능력, 한 마디로 약탈 능력을 과시하여 선택받으려 하는 후보가 대다수이다. 이는 결국 다른 지역 납세자의 부담(특혜적 규제와 예산 할당)으로 자기 지역의 경제적, 사회적 이익을 증진시키려는 지대추구를 의미한다. 권리와 이익의 사유화와 책임과 부담의 중앙정부로의 전가이다.

1987체제와 노동3권

스위스와 한국의 노동3권

스위스 연방헌법(1999년)과 한국 헌법(1987년)은 의미심장한 차이를 보여 준다. 스위스 연방헌법 제26조는 '소유권의 보장'이고 제27조는 '경제적 자유' 조항인데, 그 내용은 다음과 같다.

①경제적 자유는 보장된다. ②경제적 자유는 특히 직업선택의 자유와 자유로운 사적영리활동의 참여와 그 자유로운 영위를 포함한다.

노동권은 본질적으로 재산권이나 경제적 자유권에 대한 침해이기에 권리간의 균형이 필요하다. 스위스 연방헌법 제28조는 노동권 관련 조항인데 다음과 같다.

①노동자와 사용자, 그 조직은 자신의 이익을 보호하기 위하여 단결하고, 단체를 결성하고, 단체에 가입하거나 가입하지 않을 권리를 가진다. ②쟁의는 가능하면 협상이나 중재로 조정되어야 한다.③파업과 직장폐쇄는 그것이 노동관계에 관련된 것이고, 노동평화의 유지의무나 조정교섭의무에 반하지 않는 경우에 허용된다.(중략)

대한민국 헌법 제33조는 다음과 같다.

①근로자는 근로조건의 향상을 위하여 자주적인 단결권·단체교섭권 및 단체행동권을 가진다. ②공무원인 근로자는 법률이 정하는 자에 한하여 단결권·단체교섭권 및 단체행동권을 가진다. ③법률이 정하는 주요방위산업체에 종사하는 근로자의 단체행동권은 법률이 정하는 바에 의하여 이를 제한하거나 인정하지 아니할 수 있다.

한국 헌법은 노동자와 노동조합 역시 사용자 및 사용자단체와 마찬가지로 특수이익을 추구하는 존재라는 것을 망각하고 있다. 노사간에 힘의 균형이 무너지면, 착취−피착취 관계 내지 갑을관계가 얼마든지 역전될 수도 있다는 사실도 망각하고 있다. 요컨대 노동자는 약자라는 것을 전제로 온정주의가 거세게 흐르고 있다. 이 온정주의는 대기업 노조에 의한 협력업체와 주주에 대한 지대추구적 약탈, 즉 재산권 침해에 둔감하게 만든다. 이는 노조가 압도적으로 힘의 우위에 있는 현대기아차와 공기업 등에서 그 패악이 전형적으로 드러난다. 대한민국 헌법과 법률, 지배적인 정서와 문화에는 사적자치의 기본인 대항력의 균형 내지 무기의 대등성 개념이 없다.

헌법 제33조에 의해 보장되는 단결권과 단체교섭권은 합법적 담합·독점권이며, 단체행동권은 합법적 업무 방해·해태권이다. 이런 권리들이 헌법에 들어간 것은 유럽, 미국 등 선진 자본주의 국가의 역사적 경험과 지혜가 노동3권의 공공성을 사회적으로 인정, 합의했기 때문이다. 1848년 2월에 발표된 〈공산당선언〉에는 노동조합운동의 필요성과 노동3권을 부여한 배경이 나온다.

노동자는 다른 보통 상품들과 마찬가지로 자기자신을 조금씩 팔아야 하는 하나의 상품이며, 따라서 경쟁의 성패 여하에, 시장의 동요 여하에 무방비상태로 노출되어 있다. (…) 노동자는 이제 기계의 부속물이며, 그에게 요구되는 것은 오직 가장 단순하고 가장 단조로우며 가장 쉽게 획득한 기술뿐이다. (…) 노동에 대해 느끼는 반발심이 강할수록 임금은 감소한다. 기계가 노동의 모든 차이들을 소멸시키고 거의 모든 곳에서 임금을 동일하게 낮은 수준으로 감축시키는 것과 비례하여 프롤레타리아트 대열 내의 다양한 이해관계와 생활조건은 더욱 더 평준화된다. 부르주아들간의 경쟁이 격화되고 그 결과 상업공황이 일어나면서 노동자의 임금은 갈수록 동요하게 된다. 기계가 급속히 발전하고 끊임없이 개선되면서 노동자의 생활은 갈수록 불안정해진다. 따라서 개별 근로자와 개별 부르주아간의 충돌은 갈수록 두 계급간의 충돌이라는 성격을 띠게 된다. 그 결과 노동자들은 부르주아에 반대하는 결사체(노동조합)를 결성하기 시작하며…

얘긴 즉, 일반 근로자들은 시장(경쟁)의 압박에 의해 임금과 생활조건이 더욱 더 평준화된다는 것이다. 그렇다면 노동3권을 부여하여 노조의 교섭력을 높여주면, 기업간 경쟁과 노동간 경쟁으로 인해 하향평준화되는 경향이 있는 노동계급의 전반적인 생활조건이 나아진다. 선진자본주의 국가들이 노동3권을 인정한 것은 자본주의 시장경제의 모순과 노동력 상품의 특수성을 인정하고, 노동3권이 단위기업이나 공장을 뛰어넘어 국가, 산업, 직업 차원의 직무에 따른 근로조건의 공정한 표준을 형성하여 근로계약의 공정성, 사회적 연대성과 안정성(갈등 완화)과 효율성을 제고한다고 보았기 때문이다. 그런데 현재 한국의 노조와 노동관계법은 헌법이 노동3권을 통해서 추구하는 공공성에 반하는 측면이 많다. 처음부터 그랬던 것이 아니고 적어도 2000년대 이후는 분명하다.

그러므로 시장경쟁에 완전히 노출된 민간기업 근로자들의 노동3권은 보장하되, 공무원과 공기업 등 공공기관 종사자와 현대기아차 같은 독과점 기업의 노동조합에 대해서는 엄격한 사회적 규제를 가해야 상식에 부합된다. 그래야 갑(공공부문과 독과점 기업)에 의한 '을'과 '취약근로자'와 '후세대'와 '소비자'와 '납세자'에 대한 무자비한 착취와 억압을 제어할 수 있기 때문이다. 하지만 한국에서는 노동3권은 여전히 지고지선의 가치로 여겨진다. 시대착오도 이런 시대착오가 없다.

시대착오적 고용 패러다임

사실 대한민국 국민의 삶을 떠받치는 시스템 중에서 고용 시스템만큼 불합리한 것은 없다. 세계화, 지식정보화, 과학기술혁명 등에 따라 인간의 수명을 제외한 모든 존재-상품, 기계, 기술, 공장, 직업 등-의 수명이 짧아지고, 극심한 변화부침에 따른 구조조정 압력은 강한데, 사실상 철밥통인 정규직(영구직)을 정상으로 간주하는 것이 대표적이다. 설상가상으로 한국의 정규직과 고용 패러다임은 유럽, 미국, 일본, 중국의 그것과 크게 다르다.

단적으로 한국에서 비정규직은 정규직이 아닌 근로자이다. 그런데 한국의 정규직은 유럽, 미국, 일본의 정규직과 전혀 다른 존재이다. 한 마디로 엄청난 비정상이다. 그럼에도 한국의 고용노동정책 패러다임은 이를 정상으로 간주하여 일반화, 보편화하려고 해왔다. 정규직=정상, 비정규직=비정상이라는 도식에 근거하여 정상을 늘리고, 비정상을 줄이는 정책기조는 기업의 국내투자와 고용의지에 찬물을 끼얹고, 공공부문의 고용주인 국민(민간)에게 엄청난 부담을 가하고, 청년 구직자에게 고용기회의 죽음의 시대를 선사한다.

한국의 정규직 요건은 다음과 같다.

첫째, 법정 정년까지는 고용주(정부와 기업 등)가 근로자의 의사에 반하여 근로계약을 단절하기 곤란하다. 정리해고, 징계해고 외에는 해고가 사실상 불가하다. 정리해고, 징계해고의 정당성은 법원이 판단하는데, 법원은 그 어떤 나라보다 이 요건을 엄격하게 해석한다. 이것이 한국 정규직 문제의 핵심이자 비정규직 문제의 뿌리이다.

둘째, 법정 근로시간(주 40시간) 이상의 근로 기회를 보장한다. 시간제(파트타임) 근로자도 비정규직으로 간주한다.

셋째, 연공임금체계(호봉제)를 적용받고, 단체교섭 등을 통해 생산성과 상관없이 임금이 상승한다. 직무별 근로조건 표준은 없다.

넷째, 두터운 기업복지를 당연시한다. 예컨대 퇴직금 누진제, 자녀 학자금 지원, 직장 어린이집, 각종 수당 등이 대표적이다.

다섯째, 이 모든 것은 지불능력이 있어야 가능하기에 정부 및 공공기관·대기업과 직고용 관계가 필요하다. 따라서 공공부문이나 대기업 협력업체(파견용역업체) 정규직도 비정규직이라 강변한다.

요컨대 한국의 정규직은 철밥통(확고한 정년보장)+주 40시간 이상 근로시간 보장+생산성과 무관한 가파른 연공임금 등 직무에 따른 기업횡단적인 근로조건 표준의 부재+두터운 기업복지+직접고용 등 5대 혜택(?)을 누리는 존재이다. 상품과 기술의 수명이 길고, 변화부침이 적은 전통 제조업의 생산직 노동자와 철밥통 공무원을 전제로 하고 있다. 한국 고용문제는 정규직이 문제의 본체, 비정규직은 그 그림자라고 할 수 있다. 마찬가지로 공교육이 문제의 본체, 사교육은 그 그림자이고, 국가·권력에 의해 지지되는 사회의 위계·서열체제가 문제의 본체, 대학과 고교의 위계·서열체제는 그 그림자라고 할 수 있다.

유럽, 미국, 일본, 중국, 인도 등 대부분의 국가는 고용주의 경영상의 판단에 따라 근로계약 단절이 한국보다 훨씬 쉽다. 근로기준법 제23조에 명기된 '정당한 이유 없이 해고하면 안 된다'는 취지의 조문은 대부분의 나라의 노동관계법에 다 있지만, 한국에서는 법원의 판결(해석)에 의해 '정당한 사유'를 아주 엄격하게 해석한다. 바로 여기서 비정규직 문제의 대부분이 발원한다.

근로기준법 제23조(해고 등의 제한) ① 사용자는 근로자에게 정당한 이유 없이 해고, 휴직, 정직, 전직, 감봉, 그 밖의 징벌(懲罰)(이하 "부당해고등"이라 한다)을 하지 못한다.

'정당한 이유 없이 해고, 휴직, 정직, 전직, 감봉, 그 밖의 징벌懲罰을 하지 못한다는 조항에 근거하여 기업경영도, 시장 상황도, 기술도 거의 알지 못할 뿐만 아니라 판결에 따른 책임도 지지 않는 판사라는 '관료'가 기업의 생사를 가르는 문제를 판단한다. 한국 최강의 사회 조직인 노동조합과 한국 최대의 조직된 유권자 집단인 공무원 및 공공부문 종사자의 지지와 옹호를 받는다.

'정당한 이유'는 대법원에 의해[59] '사회통념상 근로계약을 계속시킬 수 없을 정도로 근로자에게 책임 있는 사유가 있는 경우'로 규정되었고, '그 입증 책임은 사용자에게 있다'[60]고 되어 있다.

근로기준법 제24조[61]에 명기된 '경영상 이유에 의한 해고(정리해고)'의 정당성을 판단하는 기준인 '긴박한 경영상의 필요' 역시 경영을 잘 알 수 없는 법원이 아주 엄격하게 해석한다. '해고를 피하기 위한 노력' '합리적이고 공정한 해고의 기준에 따른 대상자 선정' '노동조합에 대한 50일 전 통보와 성실한 협의' 역시 아주 엄격하게 해석한다. 긴박한 경영상의 필요는 사용자들이 가장 잘 아는데, 한국 법관들은 이를 잘 알 수가 없다. 설상가상으로 '법에도 눈물이 있어야 한다'면서, 약자(정리해고자)의 손을 들어주는 것을 정의라고 생각하는 사람이 많다. 하지만 자신의 온정적 판결로 인해 엄청난 후폭풍

---

59) 대법원 1992.4.24. 선고 91다17931 판결, 2002.12.27. 선고 2002두9063 판결.

60) 대법원 1992.8.14. 선고 91다29811 판결.

61) 제24조(경영상 이유에 의한 해고의 제한)①사용자가 경영상 이유에 의하여 근로자를 해고하려면 긴박한 경영상의 필요가 있어야 한다. 이 경우 경영 악화를 방지하기 위한 사업의 양도·인수·합병은 긴박한 경영상의 필요가 있는 것으로 본다. ②제1항의 경우에 사용자는 해고를 피하기 위한 노력을 다하여야 하며, 합리적이고 공정한 해고의 기준을 정하고 이에 따라 그 대상자를 선정하여야 한다. 이 경우 남녀의 성을 이유로 차별하여서는 아니 된다. ③사용자는 제2항에 따른 해고를 피하기 위한 방법과 해고의 기준 등에 관하여 그 사업 또는 사업장에 근로자의 과반수로 조직된 노동조합이 있는 경우에는 그 노동조합(근로자의 과반수로 조직된 노동조합이 없는 경우에는 근로자의 과반수를 대표하는 자를 말한다. 이하 '근로자대표'라 한다)에 해고를 하려는 날의 50일 전까지 통보하고 성실하게 협의하여야 한다.(중략)

에 대해 책임을 지지 않는다.

임금과 복리후생 등 근로조건이 노동의 생산성(직무성과)이 아니라 고용주(정부와 기업 등)의 능력에 따라 천양지차가 되면, 즉 근속연수에 따라 임금과 지위가 올라가면 장기 근속자에 대한 근로계약 단절은 정당한 이유가 있든 없든 지극히 어려울 수밖에 없다. 하지만 지불능력을 얼마든지 만들어 낼 수 있는 공공부문은 채용은 곧 정년보장을 의미한다. 결국 변화부침이 심한 시장에서 생존해야 하는 민간기업들은 시장원리에 정면으로 반하는 한국식 정규직을 극력 기피하는 것이 지극히 당연하다. 이들은 핵심 역량을 제외한 아웃소싱 확대, 기간제, 시간제, 파견용역 등 다양한 고용계약을 통해 시장의 변화부침에서 오는 위험과 충격을 분산하고 노동비용을 줄이려 하게 되어 있다.

한국의 고용노동 패러다임은 비정규직이 양산되는 구조를 파악하지 않고, 비정규직의 열악한 근로조건과 노동시장의 이중화를 정부의 허술한 규제 및 단속처벌과 자본의 노동(비정규직)에 대한 불법·부당한 갑질에서 찾는다.

현재 한국의 고용체제는 기업에게도 최악이고 노동시장에 진입하는 청년에게도 최악이다. 지금 하는 일(직무, 숙련)에 비해 월등한 처우를 보장하는 직장에 다니는 사람에게는 최선이다. 1987년 이후 기업횡단적인 근로조건 표준(공정임금) 정착이라는 노조운동의 본령을 뒤로 하고, 단위기업 차원에서 근로조건의 상향과 고용 안정화에 집착한 기형적 노조운동과 (이를 주도하거나 편승한) 공무원 등 공공부문이 이 체제를 만들고 유지하는 최대의 원흉이다.

일자리 문제는 고용체제 외에도 ICT 발전에 따른 급격한 사무자동화·무인화·로봇화, 과도한 대학진학률, 외국인 노동자의 무분별한 수입과 확산 방치, 중소제조업의 해외이전과 중국 제조업의 약진, 한국의 생산력과 개인의 생산성에 비해 너무 높은 요구, 기대수준 등이 사중오중으로 중첩되었다.

한국의 고용위기는 단순히 저성장과 고용 계수(탄력성) 감소의 산물이 아니다. 경제의 서비스화의 결과도 아니다. 자동화와 무인화, 온라인 소비 등 달라진 산업구조와 소비행태 탓이라도 볼 수 없다. 단적으로 우리보다 더 장기 저성장을 했고, 경제의 서비스화도 더 진행되었고, 자동화·무인화·온라인 소비도 더 확산된 일본, 미국, 영국, 프랑스 등은 한국과 같은 일자리 부족, 불만, 불안을 겪지는 않았다.

숙련 절약(설비장비 의존=고용 인색)적 산업구조의 산물이라고도 할 수도 없다. 그것을 감안하더라도 비교우위 산업기업의 고용 기피는 과도하기 때문이다. 한국은 고용에 따르는 위험과 부담이 너무나 크기 때문에 민간기업의 고용 기피 내지 주저는 필연이다. 한국의 청년 일자리와 저출산 문제는 세계적 보편성으로 환원할 수 없다. 저성장 탓이라고 할 수도 없다. 일본과 달리 시간이 해결해 줄 수 없다. 세계 최악의 저출산·고령화는 OECD 최악의 세대약탈 체제에 대한 청년세대의 응전이자 미래세대의 복수이다.

하는 일(생산성)에 비해 월등한 임금, 기회, 안정성이 주어지는 공공부문, 독과점 대기업, 규제산업과 면허직업의 근로조건(소득수준)을 정상으로 혹은 좋은 일자리로 여기면 좋은 일자리 태부족과 대다수 일자리의 극심한 열패감 문제는 절대로 해결될 수 없다.

일자리 부족, 불만, 불안은 하나의 부조리의 세 얼굴일 뿐이다. 당사자에게는 '좋은 일자리'가 사회적으로 봤을 때, 즉 정의·공정의 관점에서 봤을 때 지극히 '나쁜 일자리'이기 때문이다. 그러니 많이 만들어질 수도 없어 부족하고, 이런 일자리를 가진 사람은 '해고는 살인이니' 불안하고, 이런 일자리를 갖지 못한 대다수는 열패감 때문에 불만일 수밖에 없기 때문이다.

직장이 곧 계급이면 중간계급이 타는 열차인 중소기업에서는 구인난이 일어나고, 귀족·양반 계급이 타는 열차인 대기업, 규제산업, 공공부문에서는 살인적인 취직(진입)난이 일어난다. 청년들의 눈높이를 올려 연애를 어렵게 하고, 결혼과 출산을 연기도 모자라 포기하게 한다. 그에 따라 요구 스펙은 올라가고, 대학 재학 연수와 직장 탐색 기간이 길어지고, 노동시장 진입 연령이 높아진다. (과외가 줄어들면서) 대학생의 상당수가 알바에 나서면서 최저임금 대폭 상향 요구를 낳고, 이를 문재인정부가 받아 안으면서 한계기업들이 대거 벼랑 끝으로 몰렸다. 이 결과가 세계 최악의 저출산 현상이다. 제도, 정책, 문화가 정상이라면 마땅히 태어나야 할 생명 10~20만 명이 태어나지도 못하는데, 평균수명은 증가하면서 초고령 사회를 향해 세계사적으로 유례없는 초고속의 속도로 질주하고 있다.

역삼각형 인구구조는 이제 산업현장, 교육현장, 내수시장 등 다방면에서 엄청난 후폭풍을 초래하고 있다. 지방중소도시와 농촌부터 급격한 공동화가 일어난다. 학생수 급감으로 존속이 곤란한 지방대학들이 속출하고, 학교 폐교에 따라 학교를 앵커로 형성되었던 지역공동체(경제권)가 산산조각 나고 있다.

직장계급 사회, 공공양반 사회, 성 안과 성 밖, 위와 아래, 중심과 주변을 자유로이 오르내리기 힘든 사회에서는 청년의 직장, 직업 선택의 기준은 소명, 꿈, 직무적성이 아니라 압도적으로 높은 계급이 보장하는 임금, 복지, 안정성이다. 그러니 용케 선망하는 직장 취업에 성공한 엘리트 청년은 직무적성이 맞지 않아 마음이 떠나 버리는 일이 비일비재하다. 반면 취업에 실패한 사람은 그 모멸감과 열패감 때문에 들어간 비귀족 직장에 마음을 붙이지 못한다.

염불보다 젯밥이 먼저인 본말전도 사회, 가치창조가 아니라 쟁취가 중심인 지대추구 사회는 하층, 말단, 실무자는 선진국보다 유능할지 몰라도 상층, 중심, 결정자로 갈수록 점점 무능해진다. 사회는 정체하다가 퇴보한다. 성공했지만 자식과 손자의 미래를 보는 사람도 나라를 떠나려 하고, 실패했지만 능력 있는 사람도 나라를 떠나려 한다.

1987체제와 교육

한국의 제반 정치, 경제, 사회, 문화 현상은 체제의 관점에서 보아야 제대로 보인다. 불평등, 양극화, 일자리, 노조, 교육 등 그 뭐든 우리가 아파하고 분노하는 대부분의 모순부조리는 체제나 제도의 관점에서 보아야 그 본질, 원인, 해법을 알 수 있다. 하지만 사적자치 영역이 넓은 나라라면 체제의 관점에서 사안을 분석할 필요는 덜하다. 체제의 핵심 요소인 법과 규제가 구성원들의 보편 상식과 이성에 그리 반하지 않기 때문이다.

하지만 한국은 국가(선출직 공직자와 직업공무원)가 개인, 기업, 민간의 보편 상식 내지 자생적 질서에 반하여 강력한 규제를 하는 경우가 너무나 많다. 국정역사교과서 파동(2015)과 문재인정부 출범 이후 최저임금 폭증, 근로시간 제한, 비정규직 규제 등이 대표적이다. 실은 제반 경제사회 현상조차 체제의 관점에서 보아야 그 본질과 원인이 선명하게 보인다.

한국 교육체제의 특성은 교육 관련 법령과 예산에 잘 드러난다. 제헌헌법부터 4.19헌법(1960.6.15)까지 헌법의 교육 관련 조항은 다음과 같았다.

제16조 모든 국민은 균등하게 교육을 받을 권리가 있다. 적어도

초등교육은 의무적이며 무상으로 한다. 모든 교육기관은 국가의
감독을 받으며 교육제도는 법률로써 정한다.

1963.12.17 헌법부터는 교육의 자주성과 정치적 중립성이 천명되
었다.

제27조 ①모든 국민은 능력에 따라 균등하게 교육을 받을 권리
를 가진다. ②모든 국민은 그 보호하는 어린이에게 초등교육을
받게 할 의무를 진다. ③의무교육은 무상으로 한다. ④교육의 자
주성과 정치적 중립성은 보장되어야 한다. ⑤교육제도와 그 운
영에 관한 기본적인 사항은 법률로 정한다.(1963.12.17)

5공헌법(1980.10.27)에서는 교육의 '전문성'이 추가되고, 국가의 평
생교육진흥의무가 신설되었고, 1987년 헌법(제31조)에서는 '대학의
자율성'까지 추가되었다.
헌법 제31조는 교육 관련 조항인데 그 내용은 다음과 같다.

①모든 국민은 능력에 따라 균등하게 교육을 받을 권리를 가진
다. ②모든 국민은 그 보호하는 자녀에게 적어도 초등교육과 법률
이 정하는 교육을 받게 할 의무를 진다. ③의무교육은 무상으로 한
다. ④교육의 자주성·전문성·정치적 중립성 및 대학의 자율성은 법
률이 정하는 바에 의하여 보장된다. ⑤국가는 평생교육을 진흥하여
야 한다. ⑥학교교육 및 평생교육을 포함한 교육제도와 그 운영, 교

육재정 및 교원의 지위에 관한 기본적인 사항은 법률로 정한다.

이렇듯 헌법 제31조에 따라 '교육의 자주성·전문성·정치적 중립성 및 대학의 자율성'을 보장받는 교육기관 및 교육자들은 초중고 교육 자치와 대학 자치를 교육자—교장, 교원 등 교육면허를 가진 자와 임용된 교수들만의 자치(사실상 독재)로 바꿔 놓았다. 학부모, 산업과 기업, 지자체 등 교육비용 부담자, 졸업생 구인자들과 면허는 없지만 교육 능력이 있는 사람과 기관들도 배제해 버렸기 때문이다. 정치적 중립성의 미명하에 정당을 교육자치에서 배제했으나, 정당을 기반으로 집권한 대통령은 교육부(관료, 예산, 법령 등)를 통하여 교육에 무한 개입할 수 있게 만들어 놓았다. 2015년 가을의 국정역사교과서 소동은 그렇게 일어난 것이다.

유럽, 미국, 일본 등 선진국에서 교육 사무는 거의 지방정부 사무이다. 큰 폭의 학교자치가 허용되고, 지방정부의 예산과 인력의 거의 절반이 교육과 관련되어 있다. 한국도 교육 사무는 지자체 사무로 되어 있다.

지방자치법 제9조(지방자치단체의 사무범위)에는 '5. 교육·체육·문화·예술의 진흥에 관한 사무(가. 유아원·유치원·초등학교·중학교·고등학교 및 이에 준하는 각종 학교의 설치·운영·지도. 나. 도서관·운동장·광장·체육관·박물관·공연장·미술관·음악당 등 공공교육·체육·문화시설의 설치 및 관리)'가 지방자치단체 사무라고 적시되어 있다. 교육 관련 예산은 거의 지방교육청과 지자체가 집행하는 형식을 띠고 있다.

2015년 기준 지방교육재정 내역을 보면 세출 총액은 54조 3,341억 원인데, 유아 및 초중등교육에 52조 3,120억 원(96.3%), 평생·직업교육에 1,060억 원(0.2%), 지방채 상환 및 리스료에 1조 237억 원(1.9%) 등으로 편성되어 있다. 헌법에 규정된 국가의 평생교육진흥 의무가 무색할 지경이다. 한편 통계청은 2015년 기준 사교육비를 약 17조 8,000억 원(학생 1인당 24만 4,000원)으로 추정한다.

초중고 교육은 교육 관련 법령과 '국가교육 교육과정'과 예산에 의해 촘촘하게 통제된다. 상대적으로 국가통제가 약한 고등(대학)교육도 입시제도, 각종 국가공인 자격제도, 국가가 할당하는 예산 등에 의해 통제된다. 게다가 한국은 대학의 지리적 위치(서울 수도권 선호)가 교육의 품질 경쟁을 무력하게 만든다.

국가교육과정은 1954년 제1차에서 시작하여 1992년 제6차를 거쳐, 현재는 제7차다. 현행 국가교육과정은 제7차 교육과정으로 분류되는데 1998년에 시작되어 2007년, 2009년, 2015년에 소폭의 개정이 있었다. 국가교육과정은 말 그대로 국가의 교육과정에 대한 촘촘한 개입과 통제를 의미한다.

1954년 4월 20일 문교부령 제35호로 '교육과정 시간 배당 기준령'이 제정·공포되었는데, 반공교육과 도의교육, 실업교육이 강조되고 특별활동시간이 최초로 배정되었다. 제6차 교육과정(1992년 10월~1997년 12월)은 '21세기 미래상을 위한 교육'의 기치 아래 '국민학교'를 '초등학교'로 바꿨고, 대학수학능력시험이 시작되었다. 이 시기에 초등, 중등, 고등, 평생교육 전체를 망라하는 5.31교육개혁(1995.5.31)이 있었다.

현재의 교육 과정을 규율하는 것은 제7차 교육과정인데, 국민공통 기본교육기간을 설정하여 초등학교 1학년부터 고등학교 1학년까지의 10년 동안 모든 학교에서 같은 교육을 받고, 이후 2년간은 선택 교과를 교육받을 수 있도록 하였다. 2015년 소폭 개정된 제7차 교육과정의 방향은 '창의융합형 인재 양성, 모든 학생이 인문·사회·과학기술에 대한 기초소양 함양, 학습량 적정화, 교수·학습 및 평가 방법 개선을 통한 핵심역량 함양 교육, 교육과정과 수능·대입제도 연계,

교원 연수 등 교육 전반 개선'으로 설정되었다. 특기할 만한 내용은 '연극교육 활성화-(초중)국어 연극 단원 신설, (고)'연극' 과목 일반 선택으로 개설, 독서교육 활성화' 등이다.

2015년 가을 중고등학교 '역사교과서 국정화' 문제를 놓고 정치·사회적 갈등이 크게 일었던 것은 '교과용 도서에 관한 규정' 때문이다. '초·중등교육법' 제29조(교과용 도서의 사용)에는 '①학교에서는 국가가 저작권을 가지고 있거나 교육과학기술부장관이 검정 또는 인정한 교과용 도서를 사용하여야 한다. ②교과용 도서의 범위 저작 검정 인정 발행 공급 선정 및 가격사정에 관하여 필요한 사항은 대통령령으로 정한다'고 되어 있다. 이에 따라 '교과용 도서에 관한 규정'(대통령령 제25185호, 2014.2.18. 일부개정)이 탄생했다. 이 시행령 제3조 (교과용도서의 선정)에는 '①학교의 장은 국정도서가 있을 때에는 이를 사용하여야 한다'고 되어 있고, 제4조(국정도서)는 '국정도서는 교육부장관이 정하여 고시'하는 것으로 되어 있다.

이런 식으로 교육 과정(내용)을 국가가 틀어쥐고 있을 뿐만 아니라 교원의 자격, 시설 등 수많은 사항을 법령으로 정해 놓았다. 예컨대 교원의 자격의 경우 '제21조 (교원의 자격) ①교장 및 교감은 별표 1의 자격기준에 해당하는 자로서 대통령령이 정하는 바에 의하여 교육과학기술부장관이 검정 수여하는 자격증을 받은 자이어야 한다.〈개정 2001.1.29, 2004.1.29, 2008.2.29〉'고 규정되어 있고, 별표 1의 교장 자격 기준은 다음과 같다.

[별표 1] 〈개정 2013.3.23〉

중등학교	1. 중등학교의 교감 자격증을 가지고 3년 이상의 교육경력과 일정한 재교육을 받은 사람 2. 학식·덕망이 높은 사람으로서 대통령령으로 정하는 기준에 해당한다는 인정을 교육부장관으로부터 받은 사람 3. 교육대학·전문대학의 학장으로 근무한 경력이 있는 사람 4. 특수학교의 교장 자격증을 가진 사람 5. 공모 교장으로 선발된 후 교장의 직무수행에 필요한 교양과목, 교직과목 등 교육부령으로 정하는 연수과정을 이수한 사람
초등학교	1. 초등학교의 교감 자격증을 가지고 3년 이상의 교육경력과 일정한 재교육을 받은 사람 (하략)

원래 거의 모든 국가 규제는 국가(정치집단과 관료)와 이익집단(교육 공급자 집단)간 이해관계의 충돌, 타협, 담합의 산물이다. 규제정보포털에 등록되지는 않았지만 한국의 초중등 교육 관련 규제는 세계 최다에 최강일 것이다. 누가 언제 무엇을 어떻게 가르칠지는 국가법령 사항이다. 초중고 교육은 교육 관련 법령인 '국가교육 교육과정', 교육부에 의해 촘촘하게 통제된다. 상대적으로 국가 통제가 약한 고등교육도 입시제도, 각종 국가공인 자격제도, 국가가 할당하는 천문학적 예산 등에 의해 통제된다.

초·중등교육법 및 시행령에는 교육 주체(교육 기관, 시설, 교육자 자격 등), 교육 과정, 교육 재정(재량권) 등에 관한 사항이 상세하게 규정되어 있고, 학교는 이를 의무적으로 따라야 한다. 교육자(교장, 교감, 교사, 장학사, 교육감 등)의 자격 요건도 법령(별표) 사항으로, 대체로 학력과 학위와 경력 중심이다. 학원강사가 아무리 잘 가르친다고 해도 교사자격증이 없으면 학교 정규교과과정에 들어갈 수 없다. 아무리 학교 경영능력이 빼어난 사람도 교장자격증이 없으면 교장이 될 수 없다. 교과서를 중심으로 가르쳐야 하고, 교과서는 교육과학기술부 장관이 검정 또는 인정한 도서로 해야 한다. 이는 지자체장도, 교육감도, 교장과 교사도 손댈 수 없다.

교장, 교감, 교사, 장학사 자격제도도, 국정교과서 제도도, 내신 상대평가제도도 선진국에서는 좀체 찾아보기 힘든 규제이다. 교육 과정이나 각종 자격제도는, 지자체(교육청)나 학교 차원에서 재량권이 없는 획일적 규제이기에 교사, 교장, 교수, 학과 등의 치명적 이해관계라서 이를 둘러싸고 사생결단의 대결이 벌어지고는 한다.

대학(교수와 학과)들도 국가규제를 통한 이권 보호에 뛰어들었다. 특정 교육 과정을 이수하지 않으면 실력에 상관없이 어떤 일을 아예 못 하게 만드는 식이다. 한편 교수, 교원(단체), 교육관료 등은 합심하여 '교육의 자주성·전문성·정치적중립성'을 빌미로, 교육 외부자가 교육에 관여하지 못하게 만들었다. 정당 배제(무당파)를 의무화한 교육감 선거제도는 한국의 교육 자치는 '교육공급자(단체) 자치' 라는 것을 보여 준다. 하지만 선출직 교육감의 권능은 매우 협소하다. 대통령령이나 부(장관)령에 의해 통제되고, 자체 세입도 없기 때문에 교육 과정이나 교원 임용 등 교육의 기본 틀을 건드릴 수가 없다. 주로 인사(보직)와 예산의 항목을 조정하는 수준이다. 한 마디로 염불(교육의 본령에 충실한 교육 자치)을 할 수 없으니, 젯밥만 밝혀야 하는 상황이다.

교육법령과 '국가교육과정' 은 단지 국가의 교육(과정, 기관, 교육자)에 대한 통제 요구의 산물만은 아니다. 학생과 학부모의 교육 기회 균등 내지 공정경쟁 요구와 교육공급자(사학재단 및 교원)의 이해관계도 면면히 흐르고 있다. 이에 따라 인력, 시설의 평준화, 내신 상대평가제도 등이 도입되었다. 국가규제의 대가는 대개 기존 공급자들의 기득권을 유지, 강화하는 진입 장벽과 예산 지원(사립학교 교원에 대한 재정지원) 등이다.

이리하여 한국의 공교육은 산업 및 사회의 교육 요구에도, 학생과 학부모의 맞춤형 교육 요구에도 둔감하게 되었다. 중등교육의 경우 공정경쟁의 이름으로 교육 과정이나 시험이 표준화되면서 사교육이 더 번창하게 되었다. 한국의 초중등 공교육이 수많은 규제로 인해 품질을 개선하기 힘들자 자사고, 특목고 등 규제 예외 지대를 만들었다. 이 예외 지대로 인해 불공정 시비가 일어나면 기존 규제의 허점을 보완하는 새로운 규제를 끊임없이 만들었다.

이 모든 요인들이 모이고 모여서 지금 한국의 초중등 교육은 북한 사회주의 중앙통제 경제와 아주 유사해져 버렸다. 북한의 중앙통제 경제가 필요한 상품과 서비스를 공급하지 못하니 장마당이 번성한다. 얼마 안 가 단속이 가해지고, 장마당은 잠시 위축되지만 중앙통제경제의 모순으로 인해 재번성한다. 그래서 북한은 나진-선봉, 개성, 신의주(황금평) 같은 규제 특혜 지대를 만들었다. 마찬가지로 남한의 중앙통제 교육체제 역시 수준별, 맞춤형 교육 요구에 제대로 부응하지 못하자 사교육(장마당)이 번성하였다. 이 역시 획일화된 공교육이 용납할 수 없기에 단속에 돌입하고, 잠시 위축되거나 음성화되고, 규제 특혜지대인 특목고, 자사고, 혁신학교를 허용한다. 물론 이쪽으로의 쏠림이 과도해 지면 또 통제하고 땜질하는 식이 반복된다.

〈북한 사회주의 경제와 한국 교육〉

북한 사회주의, 중앙통제 경제	규제특혜지대 (나진선봉, 황금평 등 경제특구)	장마당
남한 국가 (중앙통제) 교육	규제특혜지대 (특목고, 자사고, 혁신학교 등)	대안학교, 사교육

이들은 교육 규제가 만들어낸 공교육의 사막에 솟아난 오아시스처럼 여겨졌다. 하지만 전국 차원의 규제 완화로 인한 폭발력(쏠림 현상)이 너무 클 것으로 예상되기에 사막 자체를 옥토(공교육의 정상화)로 만들려는 시도는 엄두도 못 내고 있다. 단지 오아시스를 몇 개 더 만들거나 확대하는 식이다.

교육의 본령을 무엇으로 규정하든 현재 대한민국의 교육은 그로부터 한참 어긋나 있다. 한국 교육은 기본적으로 공급과 수요가 양적으로도, 질적으로 크게 어긋나 있다. 교육 공급 측인 교육 과정(프로그램) 및 인력과 교육 수요 측인 학령인구와 사회, 산업, 기업, 학생, 학부모의 요구가 크게 어긋나 있다. 교육 공급 측의 유연성 내지 수요 민감성이 너무 떨어진다. 그로 인해 교육 자원(예산, 인력, 시간 등) 투입의 효과성과 효율성이 너무 떨어진다.

초중고의 지역별 학급당 교사 1인당 학생 수의 편차, 학생과 학부모의 시간과 돈을 잡아먹는 사양화된 학과 및 학교(부실 대학 등)의 존재, 획일적 교육과정과 낮은 학업 흥미도에 따른 중고교 교실의 붕괴, 고등교육의 취약한 경쟁력, 직업교육의 부실, 평생교육의 부자(공무원, 교사 출신) 노인 편향성 등이 그 증거이다. 공급과 수요를 규율하는 교육 체제(제도)는 교육 관료와 교육 공급자의 이해와 요구를 주로 반영해 왔다. 그 결과 한국 교육은 본말이 전도되었다. 교육 수요와 공급이 양적으로도, 질적으로도 크게 어긋나 있다. 교육과정도, 교육기관도, 교육인력도, 교육(학습)동기도, 교육제도도 다 교육의 본령에서 크게 벗어나 있다. 학생, 학부모, 국민의 시간, 돈(재정), 열정이 엄청나게 낭비되고 있다. 한국 교육은 한 때는 저비용 고효율의 세계적인 모범이었는지 모르지만, 지금은 고비용 저효율의 전형이 되었다. 고비용 저효율은 중등(중고교) 교육만의 문제가 아니다.[62] 결

---

62) 초등교육과 중학교까지는 교사와 학생 비율로 대표되는 양적 미스매칭의 문제라면, 고등학

정적인 고비용 저효율은 교육과 연구를 같이 하는 고등교육(대학과 대학원)에 있다.

김대중, 노무현, 이명박, 박근혜 등 역대 정부 중에 교육의 중요성과 위기를 모르는 정부는 없었지만 문제는 점점 더 악화되어 왔다. 교육 관련 투입 자원(예산, 교사 등)이나 여건(교실, 시설, 장비 등)이 나빠져서가 아니다. 교육 내적 문제(국가주의 교육체제 등)와 교육 외적 문제(사회적 유인보상체계 등)가 중첩되어서이다.

1987체제와 공무원 및 정당

한국 헌법에서 가장 뜨악한 대목 중의 하나가, 국민의 권리와 의무보다 먼저 나와 있는 제7조(공무원)와 제8조(정당)이다. 헌법 제7조(공무원)는 다음과 같다.

①공무원은 국민전체에 대한 봉사자이며, 국민에 대하여 책임을 진다.
②공무원의 신분과 정치적 중립성은 법률이 정하는 바에 의하여 보장된다.

이 조항은 1963.12.17 헌법(제6조)부터 한 자도 수정되지 않고 지금껏 내려오고 있다.

그런데 제헌헌법의 공무원 관련 조항(제27조)은 '제2장 국민의 권리

교 교육은 입시(좋은 학벌 쟁취)경쟁으로 왜곡이 심하다고 보아야 한다.

의무(제8조~제30조)'에 서술되어 있었는데 그 내용은 지금과 다르다.

제27조 공무원은 주권을 가진 국민의 수임자이며 언제든지 국민에 대하여 책임을 진다. 국민은 불법행위를 한 공무원의 파면을 청원할 권리가 있다. 공무원의 직무상 불법행위로 인하여 손해를 받은 자는 국가 또는 공공단체에 대하여 배상을 청구할 수 있다. 단, 공무원 자신의 민사상이나 형사상의 책임이 면제되는 것은 아니다.

1960.6.15 헌법에서부터 공무원의 정치적 중립성과 신분보장이 천명되었는데, 여전히 국민의 권리의무에 서술되어 있었다.

제27조 ①공무원은 주권을 가진 국민의 수임자이며 언제든지 국민에 대하여 책임을 진다. 국민은 불법행위를 한 공무원의 파면을 청원할 권리가 있다. ②공무원의 정치적 중립성과 신분은 법률의 정하는 바에 의하여 보장된다.〈신설 1960.6.15〉
③공무원의 직무상 불법행위로 인하여 손해를 받은 자는 국가 또는 공공단체에 대하여 배상을 청구할 수 있다. 단, 공무원 자신의 민사상이나 형사상의 책임이 면제되는 것은 아니다.

그런데 이 조항은 원류로 보이는 일본 헌법의 공무원 관련 조항과 비교하면 의미심장한 차이가 드러난다. 일본 헌법(1948년)의 공무원

관련 조항은 '제3장 국민의 권리 및 의무'에 있다. 제10조 국민의 요건, 제11조 기본적 인권의 불가침, 제12조 자유·권리의 보지保持의 책임과 그 남용의 금지, 제13조 개인의 존중, 제14조 법 아래서의 평등이고, 제15조가 '공무원의 선정選定 및 파면의 권리'인데, 그 내용은 다음과 같다.

> (1)공무원을 선정하고, 그리고 이를 파면하는 일은 국민 고유의 권리이다. (2)모든 공무원은 전체의 봉사자이고, 일부의 봉사자는 아니다.(중략)

그런 점에서 제헌헌법의 공무원 관련 조항은 일본 헌법(1948)의 그것과 유사하다. 가장 결정적인 차이는 우리는 '공무원의 신분과 정치적 중립성 보장'을 천명한데 반해, 일본은 '공무원 선정, 파면'을 '국민의 고유 권리'로 천명한 것이다.

헌법 제7조와 선거법 등의 애매모호한 내용은 엄청난 정치적 분란 소지를 안고 있다. '공무원의 정치적 중립성' 구절은 노무현 대통령 탄핵의 근거로 사용되었고[63], 공무원의 '국민전체에 대한 봉사자' 구절은 박근혜 대통령 탄핵의 주요 근거 중 하나였다. 2017년 3월 10일 헌법재판소의 박근혜 대통령 탄핵 결정문 내용은 다음과 같다.

> 헌법은 공무원을 '국민 전체에 대한 봉사자'로 규정하여 공무

---

63) 경인지역 6개 언론사와 가진 합동회견시 노무현 발언 "개헌저지선까지 무너지면 그 뒤에 어떤 일이 생길지는 나도 정말 말씀드릴 수가 없다."(2004.2.18) 방송기자클럽 초청 대통령 기자회견시 노무현 발언 "국민들이 총선에서 열린우리당을 압도적으로 지지해줄 것을 기대한다."(2004.2.24)는 발언과 "대통령이 뭘 잘해서 열린우리당이 표를 얻을 수만 있다면 합법적인 모든 것을 다하고 싶다." 이에 중앙선거관리위원회는 노무현 대통령에게 공직선거및선거부정방지법을 위반했다고 판정하고 중립의무 준수를 요청했다.(2004.3.3)

원의 공익실현의무를 천명하고 있고, 이 의무는 국가공무원법과 공직자윤리법 등을 통해 구체화되고 있습니다. 피청구인의 행위는 최서원의 이익을 위해[64] 대통령의 지위와 권한을 남용한 것으로서 공정한 직무수행이라고 할 수 없으며, 헌법, 국가공무원법, 공직자윤리법 등을 위배한 것입니다.

노무현·박근혜 대통령에게 들이댄 조항을 적용하면 남아날 선출직·정무직 공무원은 거의 없을 것이다. 이들은 대부분 정당 소속이기에 출신 정당의 정치적 이해관계로부터 초연할 수가 없고, 무엇보다도 정치는 가치의 권위적 배분인 이상 '국민전체에 대한 봉사'를 명분으로, 자신들의 지지 계층·지역의 특수이익에 복무할 수밖에 없기 때문이다.

헌법 제7조는 공무원은 국민 일부가 아니라 '국민전체에 대한 봉사자' 역할을 하는 것을 전제로 신분과 정치적 중립성을 보장했다. 대통령 등 인사권자들의 부당한(특수이익 집단에 대한 봉사 또는 정치적 중립성을 위반) 지시명령을 거부할 수 있게 하겠다는 취지로 만들었을 것이다. 또한 부패 유혹을 차단하겠다는 취지도 있을 것이다. 하지만 하위 법령에서 공무원으로 하여금 국민전체의 다양한 처지와 조건을 알 필요가 없게 만들었다.[65] 무엇보다도 권력이 자의적으로 휘두르는

64) 최서원(최순실)의 이익에 복무한 사례로 제시한 것은 '최서원으로부터 케이디코퍼레이션이라는 자동차 부품회사의 대기업 납품을 부탁받고 안종범을 시켜 현대자동차그룹에 거래를 부탁' 한 일, 최서원이 미르가 설립되기 직전인 광고회사인 플레이그라운드를 설립하여 운영하고, '최서원은 자신이 추천한 임원을 통해 미르를 장악하고 자신의 회사인 플레이그라운드와 용역 계약을 체결하도록 하여 이익을 취한 일', '최서원의 요청에 따라, 안종범을 통해 케이티에 특정인 2명을 채용하게 한 뒤 광고 관련 업무를 담당하도록 요구' 하고 '그 뒤 플레이그라운드는 케이티의 광고대행사로 선정되어 케이티로부터 68억여 원에 이르는 광고를 수주' 한 일 등이다.

65) 상시근로자 100인 이상…. 공무원의 임금 기준은 공무원으로 하여금 열악한 처지에 있는

표적 감사, 조사, 수사와 인사권에 너무 취약하게 만들었다.

단적으로 대통령과 청와대 실세들은 공직자 임면권(면직권)을 지렛대로 하여 승진·보직·임지·예산 등에 목매는 검찰·국세청·감사원·행정부처 장차관·국실장과 대학을 움직여 최순실 일가와 그 일당의 인사 비리·예산 빼먹기·부정 청탁·입학 비리 등을 자행하거나, 방조하거나, 은폐하였다. 최순실 일당의 주된 근거지가 된 문화체육관광부 공무원들 입장에서는 부당한 지시명령을 거부, 폭로하는 것은 목숨을 걸지 않으면 안 되는 거사로 만들었다. 인간적으로 너무나 힘든 일이었다는 얘기이다. 문제는 문재인정부하에서도 이 구조는 조금도 바뀌지 않았고, 실제 더 심하면 심했지 덜하지는 않다는 것이다.

헌법 정신인 3권분립 또는 헌법기관 간 견제와 균형 장치 역시 부실하기 짝이 없다. 단적으로 총리와 국무위원(장관) 등을 임명하는 과정에서는 국회동의와 총리제청 등도 명문화하여, 견제와 균형의 원리가 작동하는 것처럼 하였다. 하지만 '악마는 디테일에 있다'고, 헌법 제78조는 '대통령은 헌법과 법률이 정하는 바에 의하여 공무원을 임면한다'고 규정하여, 대통령이 법률을 통해 눈 밖에 나는 공무원을 별 어려움 없이 자를 수 있게 만들어 놓았다.

거칠게 말하면 헌법 제7조의 공무원 '신분보장' 조항은 국민전체의 봉사자로서 소명을 견지하도록 하는 것이 아니라 단지 공무원의 정년만 보장할 뿐이다. 실제 공무원의 대부분은 무사히 정년 마치고 두둑한 연금 타고, 기회가 있으면 권한 예산 조직 늘리고, 퇴직 후 산하기관에 낙하산으로 내려가서 빛나는 노후의 꿈을 즐기고 있을 뿐이다. 그럼에도 학자들의 소망과 이상을 집대성하다시피 한 '자문위' 안案에서조차 헌법 제7조에 대해서도 시비한 흔적이 없다는 것도 놀라운 일이다.

국민이나 국민 전체를 보지 못하게 한다.

1987체제 주도세력의 최대의 착각 중의 하나는 선진민주국가들처럼 공무원을 국민의 공복 내지 공공서비스 근로자 정도로 간주한 것이다. 이에 따라 민주선거로 대통령, 국회의원, 지자체장을 잘 뽑으면, 별도의 제도 개혁 없이도 공무원과 공공기관 직원에 대한 통제가 어렵지 않게 가능하리라 보았다. 또 하나는 공무원과 공공기관 직원들을 공공서비스 근로자로 간주하고 강력한 노동권을 부여한 것이었다. 시장에서 무한경쟁에 시달리는 다수 열악한 노동자를 보호하기 위한 노동관계법을 시장경쟁으로부터 완전히 자유롭고, 다양한 갑질을 일삼아 온 집단을 보호하기 위해 사용해 버린 것이다. 그런데 민주주의혁명 이전 수천 년 간 인류에게 국가는 왕, 양반·사대부, 아전, 귀족, 영주, 무사, 사제 등 다양한 이름을 쓰는 지배집단의 착취와 억압의 수단에 불과했다.

　거듭 말하지만 암의 진짜 진원지는 1987체제와 이를 만든 어떤 운동(권)이 아니라 혼미, 무능하고 편향된 정치와 정부이다. 가치, 제도, 운동의 유효기간과 범위를 파악하여 법령을 통해 길항력 등을 만들어 차원 높은 조화와 균형으로 사회를 업그레이드시켜야 할 정치가 제 역할을 못한 것이다. 헌법 개정에서 그리 중요한 조항은 아니지만, 어쨌든 공무원과 관련된 조항은 '국민의 권리 및 의무' 장에 있어야 한다. 공무원의 신분보장을 헌법에 명기할 필요는 없다. 공무원이 구직자들에게 최고 선망의 직업이 되고 있는 한국 현실, 거칠게 말하면 조선시대 양반·사족과 비슷한 위상을 차지하고 있는 현실을 감안하면, 공무원의 신분보장 수준을 낮추어야 한다. 그런데 헌법자문위안을 보면 제7조 관련하여 논의한 사항은 이런 문제의식이 전혀 없다. 오히려 소수의견이긴 하지만, 권리(노동권) 강화 제안이 있었을 뿐이다. 자문위 논의 과정에서 '헌법준수와 청렴의무 및 국민통합을 위하여 활동할 의무'를 도입하는 '별도 조항을 신설'하자는 안이 있었다. 이는 '국민통합을 위하여 활동할 의무' 는 그 내용이 불명확하여 '남용 가능성이 있다' 면서 채택되지 못하였다. 바로 그렇기에 '정치적 중립' 의무 조항도 삭제하는 것이 필요하다. 노무현 대통령 탄핵 소동의 진앙이 된 사례에 비추어 보면 이는 '선출직 공무원을 지나치게 옥죄며', '불명확하여 남용(소모적 정쟁) 가능성' 이 있기 때문이다. 요컨대 헌법 제7조는 일본헌법 제15조 조항으로 완전히 바꿔치기하고, 더 나아가 이는 총강이 아니라 '국민의 권리 및 의무' 장으로 내려야 한다. 제8조 정당 관련 조항 역시 그래야 한다.

공무원 관련 조항은 제헌헌법에도 있었지만 정당 관련 조항은 1960.6.15 헌법에서 처음 등장했다. 여기서는 언론, 출판, 집회, 결사의 자유를 천명한 조항 아래에 있었다. 내가 과문해서 인지 몰라도 정당은 대부분의 헌법에서는 언급조차 되어있지 않다.[66]

제13조 모든 국민은 언론, 출판의 자유와 집회, 결사의 자유를 제한받지 아니한다. 정당은 법률의 정하는 바에 의하여 국가의 보호를 받는다. 단, 정당의 목적이나 활동이 헌법의 민주적 기본 질서에 위배될 때에는 정부가 대통령의 승인을 얻어 소추하고 헌법재판소가 판결로써 그 정당의 해산을 명한다. (전문개정 1960. 6. 15)

정당 관련 조항이 총강의 독립된 조항으로 등장한 것은 1963.12.17 헌법부터인데 유신헌법, 5공헌법에서도 그 내용은 거의 수정되지 않

---

66) 제헌헌법에서는 서문 끝에 언급되어 있다. '우리들의 정당 또 자유로이 선거된 대표로서 구성된 국회에서 단기 4281년 7월 12일 이 헌법을 제정한다.'

았다.

> 제7조 ①정당의 설립은 자유이며, 복수정당제는 보장된다. ②정당은 그 조직과 활동이 민주적이어야 하며, 국민의 정치적 의사 형성에 참여하는데 필요한 조직을 가져야 한다. ③정당은 국가의 보호를 받는다. 다만, 정당의 목적이나 활동이 민주적 기본질서에 위배될 때에는 정부는 대법원에 그 해산을 제소할 수 있고, 정당은 대법원의 판결에 의하여 해산된다.

현행 헌법 제8조[67]의 정당 관련 조항은 '정당 설립의 자유와 복수정당제 보장'을 천명하고, '목적·조직과 활동의 민주성과 국민의 정치적 의사형성에 필요한 조직'을 의무화하고, 정당에 대한 '국가의 보호'와 '정당운영에 필요한 자금 보조'를 천명하였다. 이에 따라 천문학적인 국고보조금을 지급하고, '정치적 의사형성에 필요한 조직'을 근거로 정당법에서는 그 요건(최소 5개 광역시도당에 각각 1,000명 이상의 당원)을 정하고, 선거법에서는 상대다수득표제를 통하여 정당 난립을 막고 있다. 하지만 '활동의 민주성'을 담보하는 장치는 매우 부실하다.

그 결과 대의민주주의의 기둥이자 민주공화국의 기둥인 정당은 공적 가치, 비전, 정책을 공유하는 결사가 아니라 '출마자 카르텔' 혹

---

67) 제8조 ①정당의 설립은 자유이며, 복수정당제는 보장된다. ②정당은 그 목적·조직과 활동이 민주적이어야 하며, 국민의 정치적 의사 형성에 참여하는 데 필요한 조직을 가져야 한다. ③정당은 법률이 정하는 바에 의하여 국가의 보호를 받으며, 국가는 법률이 정하는 바에 의하여 정당운영에 필요한 자금을 보조할 수 있다. ④정당의 목적이나 활동이 민주적 기본질서에 위배될 때에는 정부는 헌법재판소에 그 해산을 제소할 수 있고, 정당은 헌법재판소의 심판에 의하여 해산된다.

은 '선거 상조회'처럼 되었다. 아예 정당의 목적을 '선출직 공직자'가 되는데 필요한 브랜드를 제공하고, (정권을 잡고 무엇을 하겠다는 것인지 모호한 상태에서) '정권 획득'이라고 생각하는 사람이 대부분이다. 한국 정당의 강령과 행태를 보면 현실에 단단히 뿌리박은 종합적이고 체계적인 경세방략인 사상이념이 없다. 사상이념 이전에 정치와 정당에 공덕심 자체가 존재하는지도 의심스러울 지경이다.

우리 정당들은 정치공학에만 관심을 가질 뿐이다. 선거 직전에야 대선후보 개인을 중심으로 명망 있는 전문가(주로 대학 교수)들을 몇몇 모아 정책을 아웃소싱한다. 지금과 같은 다원화 다층화 초정보화 시대에서 실효성 있는 정책을 수립하고 검증하는 데는 많은 데이터와 자원이 필요하다. 하지만 우리나라 대학들의 현 주소에서는 그러한 정보와 인적자원을 공급하기에 충분치 않다. 기껏해야 원론 수준의 이론적 담론과 파편적인 연구를 진행하는 것이 현실이다. 그런데도 정치권은 이들에게 정책을 의존한다. 이런 이유로 원론적이고 이념적인 설익은 아이디어들이 캠프를 통해 대선공약으로 탈바꿈된다. 이 과정에서 정책개발의 능력이나 검증을 위한 축적된 지식 및 인력이 없는 정당은 배제된다. 즉 설익은 아이디어→대선 캠프→대선공약의 과정에서 정당은 배제되고, 대통령이라는 제어되지 않는 권력의 창구를 통해 바로 정책으로 직행하는 것이다.

(이병태 칼럼, '이단적 정책 실험을 조장하는 좀비 귀족 정당' 2017.8.28.)

통합, 조정, 균형의 중심인 정치와 정당과 공무원이 염불보다 젯밥에 눈이 멀면 공동체는 산산조각날 수밖에 없다.

1987체제에서의 충돌

　지금 대한민국은 노동권과 재산권(경제적 자유권)이 충돌하고, 공무원 노동권과 납세자 국민의 권리가 충돌한다. 기존 취업자와 미래 취업자 권리가 충돌하고, 정규직과 비정규직의 권리가 충돌하고 있다. 공적연금, 건강보험, 일자리 등 다방면에서 현세대는 미래세대에게 일방적으로 몰염치하게 부담을 떠넘기고 있다. 정확하게 말하면 충돌한다기보다는 전자가 후자를 일방적으로 짓이기고 있다.

　환경(제도의 대전제나 작동 조건)과 제도가 충돌하고 있다. 세계화, 민주화, 지식정보화, 중국의 부상, 저성장, 저출산·고령화 등으로 집약되는 정치·경제·사회 환경과 정치, 사법, 규제, 예산, 공무원 임용제도, 고용 패러다임, 교육 패러다임, 복지 패러다임 등 주요 제도들이 충돌하고 있다. 이들은 선진국에서 잘 작동했거나 산업화 시기의 한국에서 잘 작동했던 것들이지만 유효기간이 한참 지났다.

　다방면에서 권리와 의무, 위험과 이익, 혜택과 부담, 권한과 책임의 불일치 내지 불균형이 발생하고 있다. 단적으로 의사결정은 아무런 공직 검증절차 없이 임명된 청와대 비서진들이 하고, 책임은 엄격한 공직 검증절차를 거친 장관이 진다. 사실상 영구직으로 불러야 마땅한 정규직 고용 의무화에 따른 고용주의 부담이 너무나 커서 국내투자와 고용 자체를 꺼리게 만든다. 좁은 관문만 통과하면 위험도 없고, 공헌도 적고, 실력이 없어도 높은 권리와 이익, 혜택을 평생토록 누리는 성 안, 양반, 특권, 귀족 직장의 존재를 당연시한다. 그러니 너나 할 것 없이 생산과 노동을 멀리하고, 오로지 과거급제를 통해 양반되기에 매달리던 조선의 악습이 부활하고 있다. 빼어난 청년들은 입시, 고시, 공시 통과와 공인 스펙 상향에 자신과 가족의 에너지를 다 쏟아붓고 있다. 사회의 병적 증상이 조선 말기와 흡사해지고 있다. 저위험−저수익, 고위험−고수익은 자본금융 시장의 상식을 넘어 사회의 상식이지만 대한민국에서는 오리무중이다.

혜택과 부담이 충돌하고 있다. 연금보험료를 내지 못하는 400~500만 국민들은 너무나 얇은 기초노령연금에 의존해서 살아가야 한다. 그러니 늙어 죽을 때까지 폐지라도 주워서 생계에 보태야 한다. 반면에 연금보험료를 꾸준히 낸 괜찮은 직장을 다닌 국민(행운아)들은 낸 것에 비해 너무 후한 혜택을 받는다. 연금의 수익비를 보면, 공무원과 교원은 자신들 보다 훨씬 가난한 국민의 고혈을 빨고, 현세대 국민연금 납부자는 자신보다 더 가난하게 되어 있는 후세대 국민의 고혈을 빨게 되어 있다. 대한민국은 청년세대와 사회적 약자가 살기 힘든 헬조선이라는 것을 간파한 청년들은 결혼, 출산 기피, 연기와 이민(두뇌 유출)으로 맞대응한다.

권한과 책임도 충돌하고 있다. 정당, 정부, 대통령, 국회의원, 지자체장 등은 실력과 소명의식은 없으면서도 챙기기 힘든 정치제도를 만들어 놓고 너무 많은 가치와 자원을 좌지우지하고 있다. 보편 이익을 옹호하는 최후의 보루가 단기적이고 협소한 특수이익만 탐하고 있는 것이다.

1987체제를 관통하는 철학, 가치, 정서는 불평등에는 예민하지만 부자유에는 둔감하다. 자신의 자유와 권리에는 예민하지만, 책임과 의무에는 둔감하다. 한 마디로 공짜를 밝힌다. 반민주에는 분노하지만 반공화反共和에는 관대하다. 과거사(친일, 독재, 전 정권 비리, 탄핵 등) 시비는 치열하지만, 초저출산과 공적연금, 건강보험, 재정건전성(국가부채) 등 다가오는 끔찍한 미래는 모르쇠이다. 세계를 무대로 뛰는 빼어난 창조, 혁신, 생산자가 초래하는 격차에는 예민하지만, 국가의 튼튼한 보호장벽 뒤에 숨어사는 공공부문, 규제산업, 노조 등 특수이익집단의 지대추구에는 둔감하다. 글로벌 경쟁을 하는 재벌·

대기업 갑질에는 예민하지만, 그 패악이 백 배는 될 독점의 본산인 국가(입법, 행정, 사법) 갑질에는 둔감하다. 혁신, 도전, 경쟁을 먹고 사는 시장산업 생태계가 관료적 규제와 특수이익집단의 지대추구로 사막화되고 있다. 시장산업의 역군들이 이 땅을 기피하거나 떠나고 있다. 대한민국은 청년과 미래세대가 도저히 살 수 없는 땅으로 변하고 있다.

지금 대한민국은 눈길 닿는 곳마다 위기가 아닌 곳이 별로 없고, 만지는 곳곳마다 푸석푸석하지 않은 곳이 별로 없다. N포세대(3포, 5포, 7포 등), 헬조선, 지옥불 반도, 상속자의 나라 등 풍자, 한탄, 저주, 절망을 담은 신조어들만 모아도 사전 한 권이 될 것이다. 진짜 심각한 것은 당파와 진영을 초월하여 사회적 합의가 형성되는 진단과 대안이 별로 없다는 것이다. 간혹 있다 하더라도 공무원연금개혁(?)이나 정년 60세 연장법처럼 경제활동 인구 기준 상위 10~20%(대략 500만 명)에게 혜택을 더 주어 부조리를 더 심화시킨다. 진영으로 쩍 갈라진 여론도 소모적 정쟁의 열성 응원단 노릇을 한다. 이제는 둔감한 사람조차도 대한민국의 미래를 비관하기 시작했다. 절대 이대로 가서는 안 된다는 것, 변화와 개혁의 '골든타임'이 얼마 남지 않았다는 것을 직감한다. 그러므로 2020년과 2022년의 정치적 대결은 보수우파 대 진보좌파의 대결이 아니다. 기본적으로 미래 대 과거, 문명 대 야만의 대결이다. 대한민국 대 두 조선의 대결이요, 보편 지성과 양심 대 민족과 자주 팔이들의 대결이다. 진실과 정직 대 거짓과 위선의 대결이요, 개혁 대 수구 지대추구집단의 대결이다. 대한민국 책임세력과 무책임 먹튀 세력의 대결이요, 화석좀비 진보 대 성찰하고 진화하는 살아 있는 진보의 대결이다. 김대중과 노무현의 성과, 한계, 오류를 성찰 반성한 진보개혁 세력 대 김대중과 노무현을 참칭하는 사이비 진보개혁 세력의 대결이다.

대한민국 위기의 최대 원흉

　지금 대한민국에 밀어닥치는 위기의 진원지는 정치이다. 딱 한 마디로 위기의 최대 원흉을 얘기하라면, 그것은 보편 이성과 상식에서 먼 부실한 법률이다. 대한민국 위기의 원흉으로 흔히 정치, 정당, 국가·권력, 공무원, 대통령, 국회, 법률, 규제, 법해석과 집행기관(검찰과 법원 등), 예산, 인사, 정부조직 등을 거론하는데, 이 전체를 통할하는 것은 바로 법률이다. 가장 구체적이고, 가장 경직된 것도 법률이다. 문서화되어 있기 때문이다. 국가·권력의 핵심은 법률이다. 예산도 실은 법률이다. 실제 미국 등 많은 선진국에서 예산은 함부로 변경하거나 전용할 수 없는 법률이다. 법률 제·개정 과정과 법률의 품질(법 정신과 현실인식 등)과 법률을 만들고 해석하는 사람들의 자질과 행태에 대한민국의 위기가 집약되어 있다. 정치의 거의 모든 후진성이 총출연한다.

　한국 정치는 법으로 강제할 것과 시장·사회·개인 등 사적 자치영역에 맡길 것을 제대로 분별하지 못하고, 법률로 정할 사항과 시행령에 맡길 사항과 지방 조례에 맡길 사항 등을 제대로 분별하지 못한다. 법령의 일파만파 파장에 대한 최소한의 검토도 없이, 유력 정당끼리 밀고 당기며 쓰레기 법을 양산한다. 이렇게 만들어진 법령은 지방차원에서 완충할 여지가 없다.

　법령과 이를 제·개정하는 과정 및 제도가 대한민국 위기의 최대 원흉이 된 것은 법치주의의 이름으로 범법에 대한 단죄는 점점 엄격해지고 변칙과 편법 여지도 줄어드는데, 정작 법률과 해석(법원 판결 등)은 보편 이성과 상식에서 오히려 멀어지는 조짐이 완연하기 때문이다. 이른바 '쓰레기 법률'들이 너무 많이 발의되고 제대로 심의도 되지 않고 무더기로 통과되는데다가 이들이 규율하는 영역은 점점 더 많아지고 그 위력은 점점 더 커지는데도 지방 차원에서 완충할 여지가 없으니 국가적 위기가 심화되는 것이다. 2019년 12월 통과된 512조 원의 예산안[68], '타다금지법'과 '민식이법'[69], 애초부터 보편 이성과 상식에서 먼 공직비리수사처법, 시간이 갈수록 점점 더 기괴하게 변하는 선거법, 이 두 법을 저지하기 위한 자유한국당의 무제한 반대토론(필리버스터) 엄포, 강행 소동 등은 대한민국에서 법률과 예산 품질을 좌우하는 국회, 국회의원, 정당, 정부, 공무원의 민낯과 더불어 대한민국의 미래를 회의하게 만든다. 그럼에도 정당도, 국회의원도, 정치 지망생도, 이들을 감시하는 시민단체 및 언론조차 법률의 패악에 둔감하고, 쓰레기 법을 양산하는 구조를 고민하지 않는다.

한국 법률은 좌파적이거나 우파적이어서 문제가 아니다. 무엇보다도 현실과 충돌하고, 법 이성과도 충돌하며, 서로 조화를 이뤄야 할 관련 법률과도 충돌한다. 한 마디로 자가당착, 자승자박, 이현령 비현령 법이 너무 많다. 또 하나 법률로 규율하거나 국회비준을 거쳐야 할 중대한 정책 현안, 예컨대 탈원전, 문재인케어, 최저임금 폭증, 공공부문 비정규직 제로화, 공무원 대폭 증원과 보수 인상, 9.19 군사합의정책 등은 대통령과 공공기관 이사회의 직권에 위임해 버렸다. 이 권한이 관행적으로 대통령의 고유권한으로 여겨지다 보니 성토도 그리 격하지 않았고, 국회가 법률로써 이를 견제하려는 움직임도 별로 없었다. 반대로 행정명령이나 지자체 조례 정도로 처리할 일을 법률로 규율하고는 한다. 이른바 '민식이법'이 대표적이다. 법원의 법 해석도 실물을 모르면서 도덕을 휘두르는 강단 지식인의 편향

---

68) 정부는 역대 최대 규모의 예산안 513조 4,580억 원을 제출했는데, 불과 1조 2,075억 원을 삭감한 512조 2,505억 원을 제1야당 자유한국당의 극렬한 반대를 무릅쓰고 통과시켰다. 자유한국당은 국회 본회의장 앞에서 '4+1(협의체) 세금 도둑' 구호를 외치며 농성을 시작했다.

69) 이는 도로교통법 개정안과 특정범죄가중처벌 등에 관한 법률 개정안으로, 어린이 보호구역에서 사망사고를 낸 운전자를 가중처벌하고, 약간의 교통안전 시설물(과속단속카메라 등)과 표식을 설치, 보완하기 위한 것이다.

이 나타나고 있다. 당연히 법관 양성, 임용 과정에 심각한 문제가 있다는 징후는 넘쳐난다. 보편 이성과 상식에서 먼 법령과 해석이 누적되면서 정치와 정부와 공공기관은 최고의 갑질범이자 최상위 포식자가 되었다. 민간의 고혈을 빨고, 창의와 열정을 짓누르고 있다. 국가주도 경제발전을 이룬 나라가, 이제는 국가주도 경제파괴, 사회문화 퇴행을 겪고 있는 중이다. 사실 6.25 이후 최대 국란이라는 외환위기의 배후에도 정치와 정부 혹은 정치인과 공무원이 있었다. 노동시장의 이중구조와 대졸 취업난의 배후에도 이들이 있다. 국가주의, 관료주의, 약탈주의(지대추구), 도덕주의 등 정신문화와 사상이념 위기 뒤에도 혼미 무능하고 사익편향적인 정치와 정부가 있다. 이 모든 것 역시 1987체제의 말기적 증상들이다. 좌파나 우파 어느 한쪽에 책임을 돌릴 일이 아니다. 북핵 문제 등 외교안보정책이나 경제, 고용, 노동 정책 등에서 좌파의 대표인 여당과 우파의 대표인 제1야당의 차이는 크다. 하지만 대한민국 위기의 최대 원흉인 저열하기 짝이 없는 법률 및 예산 품질과 이를 초래하는 구조에 대한 고민이 없기는 오십보백보이다.

법·규제와 사법·형벌

1987년 이후 공공의 이름으로 정부가 강제하는 의무, 부담 혹은 금지, 제한의 총체인 규제와 형벌이 현실(시장과 사회)을 점점 더 촘촘하고 강하게 압박하고 있다. 과거에는 헐거웠던-사문화되었거나 엄격하게 적용하지 않았던- 법·규제를 엄격하게 적용하면서 시장과 사회의 활력이 질식하고 있다. 시장과 사회 구석구석으로 보편 이성과 상식에서 먼 경직된 법·규제가 밀고 들어와서 그 동안 이해관계자 간의 자치, 자율에 의해 굴러가던 영역을 옥죄고, 뒤틀고, 파괴하고 있다. 변칙, 편법, 탈법, 불법을 전제로 법 조항에 박아두었지만, 사실상 사문화된 이상과 당위들이 패악질을 하기 시작했다.

한국은 국가·권력의 핵심 수단인 법규제의 현실(정치, 행정, 경제, 사회) 강제력은 높아졌지만, 그 품질은 거의 향상되지 않았다. 오히려 퇴보하였다. 한국은 수요-공급-가격의 시장원리가 잘 작동하는 분야는 대체로 세계 최고 수준의 상품 서비스를 창조해 냈다. 문화 한류가 대표적이다. 하지만 정치, 정부, 공공이 지배하는 영역은 그 반대이다. 세계경제포럼(WEF)이나 스위스 국제경영개발대학원(IMD) 등이 발표하는 국제경쟁력 지표에서 만년 하위에 속한다. 국회의원과 대통령이 주도하는 법령의 품질과 행정·사법 관료가 주도하는 (법령) 해석 품질이 너무 떨어지기 때문이다.

사람(대통령과 국회의원의 자질 등)의 문제도 없을 리 없겠지만, 압도적으로 제도·체제의 문제이다. 국회의원이나 정당이나 품질 좋은 법을 만드는 데 들이는 노고에 비해 정치적 이득이랄 것이 별로 없기 때문이다. 두 유력 정당끼리 서로 전쟁을 방불케 하는 네가티브 캠페인을 열심히 하도록 몰아가는 정치독과점 구조에서는 성실한 입법활동이 제대로 부각되지도 않고, 실제 재선이나 당내 입지 강화나 자기 당 출신 대통령과 지자체장 당선에 별로 기여를 못 한다는 것이 중론이다.

물론 국회의원 등 입법자들의 공심과 실력도, 해석·집행자들의 공심과 실력도 향상된 조짐이 없다. 아니, 퇴행한 징후가 역력하다. 한국의 법·규제는 대체로 지방 차원에서 변형, 완충할 여지가 없으니 그 패악이 더욱 심각하다. 최저임금 규제, 근로시간 규제, 고용형태(비정규직) 규제, 근로기준법과 노동관계법 등이 대표적이다.

요컨대 1987년 이후 약자(근로자, 농어민, 중소기업, 소상공인, 골목상권 등) 보호, 지역균형발전, 경제민주화(갑질 근절 등), 정의·공정 등의 이름으로 지속적으로 강화되고 촘촘해진 국가규제와 형벌이 민간의 자유, 창의, 혁신을 점점 심하게 옥죄고 있다. 그 결과 현실과 유리된, 이상과 당위로 떡칠된 법령을 변칙, 편법, 로비, 재량 등 다소간 유연하게(융통성 있게), 대체로 기업 편향적으로 적용하던 시절보다 오히려 더 못한 상황이 되었다. 그로 인해 복잡미묘하고 변화무쌍한 실물을 다루는 모든 가치 생산자들인 기업인, 기술자, 창의와 열정이 넘치는 공무원, 의사(병의원), 간호사, 경찰관, 소방관, 어린이집(사립유치원) 원장과 교사 등이 실물을 모르면서 시행령에 근거하여 규제와 처벌의 칼(생사여탈권)을 휘두르는 행정·사법 관료와 교수, 시민단체 등에 의해 난자당하고 있다.

2017년 9월 파리바게트에 대한 5,378명 직고용 명령 사건[70], 국가건강검진비용 6,460원을 부당 청구했다는 이유로 일개 지역 보건소가 병원에 대해 업무정지 3개월의 행정처분을 때린 사건[71], 한국의 핵심 제철소(포스코와 현대제철)에 대한 환경오염 물질 배출을 근거로 한 조업정지 10일 처분 사건[72], 한국유치원총연합회사건[73] 등이 단적

---

70) https://news.joins.com/article/22279145 2017년 7월11일 고용부, 파리바게트 특별근로감독 착수. 9월28일 제빵사 5,378명 직접고용 시정명령. 파리바게트의 고용부 상대 행정소송 제기에 따라 11월 6일 서울행정법원, 시정명령 잠정정지 결정. 11월 28일 서울행정법원, 행정소송 각하 결정. 12월 1일 본사·가맹점주·협력사 3자 합작 '해피파트너즈' 출범. 12월 20일 고용부, 1차 과태료 162억 7,000만 원 부과. 2018년 1월 11일 파리바게트 제빵사 고용 협상 타결. 주요 내용은 ▲3자 합작회사 '해피파트너스' 명칭 변경 ▲SPC그룹 파리크라상이 51% 지분 소유 ▲제빵 기사 임금 3년 내 본사 정규직 수준으로 상향(16.4% 상향) ▲휴일 6일→8일 등 복리후생 수준도 본사와 동일하게 상향.

71) https://www.medicaltimes.com/Users/News/NewsView.html?ID=1128873

72) 고로(용광로)는 약 110m 높이 굴뚝 꼭대기에 4개의 블리더(배출구)가 있는데, 두 달에 한 번 정도, 수 분에서 최대 1시간 이내로 개방한다. 문제는 블리더를 개방하는 과정에서 수증기와 함께 오염물질까지 나온다는 것을 파악한 환경단체가 지방자치단체를 압박함에 따라, 전라남도는 2019년 4월 포스코 광양제철소에, 충청남도와 경상북도는 5월에 각각 현대제철 당진제철소와 포스코 포항제철소에 조업정지 10일 처분을 통지했다. 그러자 철강업계는 간헐적인 블리드 개방은 전세계 제철소도 다 하는 고로 폭발 방지 조치일 뿐 아니라, 10일간 조업을 정지하면 고로 내부 온도가 떨어져 쇳물이 굳기 때문에 재가동까지 3개월이 걸리고 수천억 원의 손실이 발생한다며 반발했다.

73) 2019년 3월초, 한국유치원총연합회 소속 유치원들이 개학 연기 투쟁을 벌이면서 교육일정 차질이 빚어졌다고 하여 서울시교육청은 2019년 3월 4일 오후 3시경 사단법인 설립허가를 취소함.

인 예이다.

일선에서 온갖 기지로 전투를 벌이는 병사와 일선 지휘관이 먼 후방에서 지도만 보고, 당위(도덕)로 상세한 작전지시를 내리는 행정·사법 관료와 강단 지식인이 중심인 시민단체들에 의해, 아예 가치생산 전투(?)를 포기하거나 죽어가고 있다. 문제는 보편 이성에서 먼 법령과 해석으로 인해 경제가 죽어서 서민과 청년, 미래세대에게 끔찍한 지옥도가 펼쳐진다 해도, 이들 가해자들의 기득권(고용, 임금, 연금, 복리후생 등)은 별로 손상이 가지 않도록 되어 있다는 것이다. 물론 이 역시 법률문제이다.

예산과 공기업

1987년 이후 시간이 흐르면서 정부는 민간영역에서 생산과 소비에 쓰일 자원을 점점 더 많이 빨아들여 훨씬 비효율적으로 사용(운용)하고 있다. OECD 통계(https://stats.oecd.org/)에서 정부수입-국민부담률-복지지출을 비교해 보면, 한국과 스위스는 둘 다 정부수입은 GDP의 35%다.(2016년 기준 한국 34.64%, 스위스 34.66%) 조세와 사회보험료를 합친 국민부담률은 한국 26.3%, 스위스 27.8%다. 그런데 복지지출은 한국 10.4%, 스위스는 19.7%이다. 이 복지지출조차도 한국은 공무원, 교사, 군인 등 부자 노인들에게 너무 많이 지출하고 있다. 폐지 줍는 노인들 및 OECD 최악의 자살률을 보이는 빈곤 노인층과 너무나 부유한 노후를 보내는 교원·공무원 출신 노인들의 극명한 대비는 대한민국 복지제도의 무개념과 잔악성을 극명하게 보여준다.

2016년 기준 한국의 GDP 대비 정부수입(34.64%)은 미국(32.88%)보다 높고 스위스, 호주(34.99%), 일본(35.67%)과 거의 같다. 스페인(37.70%), 영국(38.44%)은 한국보다 불과 3~4%포인트 높을 뿐이다.

그런데 복지지출은 미국 19.3%, 호주 19.1%, 일본 23.1%(2013년 기준), 스페인 24.6%, 영국 21.5%다. 이 엄청난 차이는 40조 원 남짓(2017년 40.3조 원, 2018년 43.2조 원)의 국방예산[74]으로는 설명할 수 없다. 세계적으로도 높은 공무원 인건비(임금, 복지, 연금 등 직접 경비와 간접 경비)와 고비용 저효율로 정평이 나있는 교육예산, 경제예산(R&D, SOC, 정책금융 등), 지방예산 등을 빼고는 설명할 수가 없다.

이 예산들은 하나같이 그럴듯한 명분을 만들어 (우리 지역, 우리 업계로) 끌어오기의 대상일 뿐이다. 국회, 지방의회, 지자체장, 정당 등 공공적 역할을 전제로 큰 권한과 책임을 부여받은 존재들도 특수이익집단(지역구민, 지방, 산업, 기업 등)의 대리인(포로) 역할을 하는 경우가 많다. 예산 배분에 관한한 공공성(국민전체의 이해와 요구)은 완전 실종 상태이다. 지방예산은 주민이나 정당(지역 정치조직)들에 의한 감시, 견제가 전혀 작동하지 않는다. 지자체장의 정략적 목적으로 남용되지만 견제 장치가 별로 없다. 지자체 예산, 교육 예산, 국방 예산, 각종 경제(R&D, 농업, 중소기업, SOC 등) 예산, 복지(연금, 저출산 등) 예산, (청년) 일자리 예산, 국민연금기금 관리 운영 등에서 너무나 심각한 낭비가 일어나고 있다.

그럼에도 한국의 정부수입 증가 속도는 OECD 국가 중 최고이다. 1인당 국민소득이 1994년 1만 달러에서 2018년 3만 달러로 3배 늘어나는 동안, 국가(중앙정부)예산은 70조 원에서 429조 원으로 6배 늘었다. 한국의 정부수입은 1996년 GDP의 25.7%였는데 지속적으로 가파르게 증가하여 2016년 기준 34.64%에 이르렀다. 그런데 미국과 유럽 평균(GDP 대비 비중)은 20년 전에 비해 조금도 증가하지 않았다. 독일은 오히려 줄었고, 프랑스는 소폭 늘어났다. 그러나 한국의 일

---

74) 국방예산은 GDP의 2.4%(2018년)인데 미국은 3%가 넘고 영국 2%, 일본조차도 1%가 넘는다.

반정부 총수입은 2015년 33.58%, 2016년 34.64%, 2017년 35.26%였
는데 문재인정부의 확장적 재정지출, 공공부문 대폭 확대, 각종 증세
정책으로 인해 2018년은 36%대, 2019년에는 37%대에 도달할 것이
거의 확실하다. 국회예산정책처가 발간한 '2019조세수첩(2019.8.)'에
따르면 조세부담률은 2016년 18.3%에서 2018년 20.0%로 1.7%p 증
가하고, 국민부담률은 동기간에 24.7%에서 26.8%로 2.1%p증가하였
기 때문이다.

  국내 가계와 기업의 소득 합은 2010년 1,254조 원에서 2018년
1,677조 원으로 연평균 3.7% 늘었다. 그런데 같은 기간에 가계·기
업의 공적부담(소득세, 법인세 등 경상세+사회부담금)은 203조 원에서
381조 원으로 늘어 연평균 8.2% 늘었다. 국내 기업의 소득은 연평균
2.1% 늘었지만, 조세 부담은 연평균 9% 늘었다. 가계소득은 같은 기
간에 연평균 4.6% 늘었지만, 세금은 연평균 8.9% 늘었다.[75]

OECD주요국 일반정부 수입및 지출과 사회복지지출 합

OECD국가	일반정부지출 (% of GDP)		A=일반정부수입 (% of GDP)			B=Tax % of GDP		C=Social Expenditure- Aggregated data of GDP			
	2015	2016	2015	2016	2017	2015	2016	2013	2014	2015	2016
France	56.56	56.38	53.17	53.17	53.79	45.2	45.3	31.5	31.9	31.7	31.5
Germany	43.78	43.95	44.42	44.76	44.99	37.1	37.6	24.8	24.9	25	25.3
Greece	53.82	49.76	48.15	50.15	48.82	36.4	38.6	26	26.1	26.4	27
Italy	50.23	49.38	47.72	46.87	46.59	43.3	42.9	28.6	29	28.9	28.9
Japan	39.39	39.05	35.73	35.67	..	30.7	..	23.1	..		
Korea	32.3	32.26	33.58	34.64	35.26	25.2	26.3	9.3	9.7	10.1	10.4
Netherlands	44.46	43.09	42.43	43.46	43.42	37.4	38.8	22.9	22.7	22.3	22
Spain	43.77	42.2	38.49	37.7	37.91	33.8	33.5	26.3	26.1	25.4	24.6
Sweden	49.63	49.44	49.81	50.62	50.46	43.3	44.1	27.4	27.1	26.7	27.1
Switzerland	34.03	34.33	34.68	34.66	..	27.7	27.8	19.2	19.3	19.6	19.7
Turkey	..	..	34.42	..	..	25.1	25.5	13.4	13.5	..	..
United Kingdom	42.22	41.36	37.99	38.44	39.07	32.5	33.2	21.9	21.6	21.5	21.5
United States	37.61	37.82	33.38	32.88	..	26.2	26	18.8	18.8	19	19.3
OECD Average/TOTAL						34	34.3	21.1	21.1	21	21

---

75) https://news.joins.com/article/23545950[출처: 중앙일보] '기업 소득 2% 늘어날 동안 세
금은 9% 늘었다'

한국에서 공공부문(정부+공기업) 수입과 지출을 따질 때, 거대한 공기업들을 고려해야 한다. 이를 포함하여 한국은행 통계(2017년 공공부문 계정-잠정)에 따르면, 한국 공공부문의 GDP 대비 총수입 비중은 2015년 47.0%, 2016년 47.0%, 2017년 47.1%(잠정)이다. 2016년 기준 공기업 수입은 GDP의 12.4%, 2017년은 11.8%다. 공기업 수입과 지출은 많을 때는 GDP의 15~16%까지 갔는데, 지금은 다소 떨어지긴 했지만 현재 수준조차도 엄청나게 비대하다. 이렇게 비대한 공기업을 가지고 있는 나라는 프랑스 외에는 없다. 그런데 프랑스 공기업은 한국과 전혀 다른 존재이다. 경쟁의 무풍지대도 아니요, 철밥통도 아니요, 신의 직장도 아니다. 민주적 통제가 잘 되기 때문이기도 하고, 노조가 기업횡단적인 근로조건의 표준(노동시장의 공정가격)을 추구하기 때문이다.

이렇듯 정부의 수입(예산, 기금, 부담금, 재산수입 등) 증가 속도와 공기업 지출 비중도 이를 관리, 운용, 평가, 결산하는 제도, 실력, 문화도 OECD 국가 중에 그 비교대상을 찾기가 힘들 정도이다. 한국에서 예산과 기금은 행정 부처(공무원)와 지자체와 지역구 의원과 특수이익집단 등의 약탈 또는 쟁취의 대상에 다름 아니다. 한 마디로 먹는 놈이 임자로 되었다. 공기업, 공영방송사 등 공공기관은 아예 정권의 전리품처럼 되었다. OECD 통계와 예산 편성·사용 내역을 종합하면, 한국은 점잖게 말하면 '중부담-저복지 국가'요, 거칠게 말하면 관존민비 국가요, 공공양반들을 위한 가렴주구 국가이다. 문재인정부 들어 망국 조선과 흡사한 이 현상은 더욱 뚜렷해지고 있다.

공무원과 공공부문 종사자

1987년 이후 민주화의 진전에 따라 정치(선출직·정무직 공직자와 정당)의 직업공무원에 대한 장악력이 점점 높아졌다. 하지만 정치의 공심, 안목, 능력은 높아지지 않고 직업공무원의 자율책임 영역은 더 협소해졌다. 약간은 살아 있는 직업공무원의 창의, 열정, 소신, 전문성이 오히려 더 눌리는 상황이 되었다. 하지만 정치가 거대한 유권자 집단인 직업공무원을 비롯한 공공부문 종사자의 물질적 이해와 요구, 특히 근로자성 요구를 받아 안으면서 고용(신분보장), 임금, 연금, 복지, 자기계발 기회 등이 월등해졌다. 하지만 이들에 대한 엄청난 고용 비용, 즉 예산 소요 내역, 직접인건비와 간접인건비 등은 제대로 공개되지 않았다. 이들이 제공하는 공공서비스 품질 내지 가성비에 대한 엄밀한 평가 역시 이루어진 적이 없다.

한국 직업공무원 집단은 세계 최고의 처우(임금, 연금, 복지 등)와 신분보장을 받지만 자신이 가진 창의와 열정, 경륜(경험, 정보, 지혜)은 제대로 활용되지 못하고 있다. 이들을 양반·귀족으로 만든 유인보상 체계는 공직에서 직업적 소명과 직업 선택 기준인 직무적성을 퇴출시켰기 때문이다. 공무원이나 교사의 처우가 민간 중소기업 수준에도 미치지 못하던 시절에 공무원이나 교사로 임용된 사람들의 수준 및 마인드와 지금처럼 최고 선망의 직업, 직장인 시절에 수십, 수백 대 일의 경쟁률을 뚫고 임용된 사람들의 그것이 같을 수가 없다.

고시와 공시를 통해 직업공무원을 선발하는 제도도 바뀌지 않았다. 그로 인해 장기간 시험준비를 뒷받침할 수 있는 재력을 가진 집안 자제들의 비중이 높아졌다. 이들에게 세계 최고 수준의 신분보장과 처우를 제공하면서, 고용주이자 봉사 대상인 전체 국민과 기업의 애환에는 점점 더 둔감해지게 되었다. 승진과 보직에 목을 매는 9품 계급제 등 인사제도도 바뀌지 않았다. 전문성 축적을 저해하는 순환보직제도도 개선되지 않았고, 민간의 경험과 전문성이 필요한 직위에 민간 경력자나 전문가를 임용하는 제도도 별로 개선되지 않았다. 공무원의 직업적 소신과 양심으로, 권력의 부당한 지시와 명령을 완충, 지연, 거부할 수 있는 제도도 만들어지지 않았다. 드물지만 소명, 창의, 열정으로 일하는 공무원이 불이익을 받을 가능성이 많은 촘촘하고 경직된 업무규정과 감사·인사·상벌 제도, 즉 공무원을 복지부동으로 몰아가는 제도도 바뀌지 않았다.

1987체제와 박근혜 탄핵

1987체제는 사건·사고와 모순부조리에 대한 피상적, 일면적, 견강부회식 진단과 정략적 처방을 일삼아 왔다. 문제를 과학적으로, 이성적으로 분석하지 않고, 주로 나쁜 사람(정치세력, 대통령, 실무책임자, 말단 실행자 등)을 핵심 원흉(원인)으로 지목하고 사법적으로 처벌하고 종결지으려 하였다. 문제의 구조와 원인을 파악하여 해결하려는 것이 아니었다. 피해자의 눈물, 분노에 영합하여 책임자(처럼 보이는 존재)를 처벌하고 덮으려 하였다.

모든 부조리는 사람에 의해 일어나지만, 사람의 마음가짐(공심)이나 세대·연령이나 정치 이념성향의 문제로 환원할 수는 없다. 단적으로 현재의 정치관계법(선거제도, 권력구조, 정당체제) 하에서는 아무리 국회의원 물갈이 폭을 확대해도 정치적 부조리는 크게 다르지 않을 것이다. 현재의 노동관계법 하에서는 노조원의 거의 전부가 좌익척결을 부르짖는 보수, 자유, 우파, 태극기부대라 할지라도 노조가 체현하는 악질적 부조리(지대추구 행태)는 다르지 않을 것이다.

1987체제는 모든 사건·사고를 정략적으로 이용하려 하였다. 주로 정권을 공격하는 소재로 활용하였다. 1980년 광주의 비극, 1997년 외환위기, 2014년 세월호 참사, 2016년 구의역 김군 사건에 대한 대응이 그 전형이다. 세월호 참사와 관련해서는 집요하게 박근혜 대통령의 당일의 처신만 물고 늘어졌다. 사고를 초래한 수많은 인과의 연쇄 고리를 찾으려 하지 않고, 한사코 책임자를 찾아 모든 죄를 덮어씌워서 처벌하고 나머지는 면책을 받으려고 하였다.

1987체제는 허위 선동을 기반으로 선악, 정사, 정의-불의, 개혁-수구로 진영을 가르는 정치적 대립구도를 만들었다. 민주와 독재(반민주), 진보와 보수, 도덕과 부도덕, 신자유주의와 반신자유주의, 1%와 99%, 남북 화해협력통일 세력과 냉전대결분단 세력의 대립구도는 그 변주곡들이다.

1987체제는 사람과 제도와 환경(제도의 전제 조건)의 상호관계에 대한 분석과 고민을 등한시하였다. 그 결과가 생태환경위기, 외교안보위기, 경제고용위기, 사회통합과 지속가능성 위기, 정신문화위기, 변화와 개혁 가능성에 대한 체념과 절망으로 나타났다.

박근혜 대통령 탄핵은 과학과 이성을 뒷전에 둔, 피상적 진단과 마녀사냥식 혹은 포퓰리즘적 처방이 누적되면서 점증한 불만이 몇 개의 실정과 실수를 계기로 화산처럼 폭발한 것이다. 실은 지적으로 심각한 결함이 있는 문재인이 대선후보가 되고 대통령에 당선된 것도, 보편 이성과 상식을 완전히 짓이기는 폭정도 지난 30여 년에 걸친 피상적 진단과 처방이 낳은 완전히 엉뚱한 분노와 증오의 산물이다.

박근혜 대통령 탄핵은 박 대통령과 변호인단 등 당사자들도 동의한 헌법 절차에 의해 종결된 이상, 대한민국이 자유롭고 정의로운 나라가 되기를 갈망하는 사람들이라면 탄핵 사태에 대한 진상규명, 책임자 처벌, 박근혜 신원보다 강력한 투쟁으로 문재인정부의 폭정을 저지하고, 숙성된 국가비전, 정책, 행태, 인물 등을 내세워 국민적 지지와 신뢰를 회복하여 총선에서 원하는 결과를 얻어냄으로써 위기의 대한민국을 구하는 것이 먼저이다.

3장 문재인정부의 폭정과 그 뿌리

경제위기와 경제정책

　좁은 국토, 많은 인구, 에너지와 식량을 자급하지 못하는 땅, 수시로 혹한과 혹서, 가뭄과 홍수가 엄습하는 땅에서 경제는 개인의 자유와 행복, 국가의 생존과 안전의 토대이다. 그런데 한국경제에 위기가 쓰나미처럼 몰려오고 있다. 현재 먹거리 위기와 미래 먹거리 위기가 동시에 밀려온다. 성장은 정체되고, 분배는 악화되고, 고용은 그보다 더 악화되고 있다.

　주력 산업에 비상벨이 울리고 있다. 중국의 거센 추격과 추월로 인해 반도체를 제외한 대부분의 수출·제조업이 흔들리고 있다. 고부가가치의 원천인 개념설계와 부품, 소재, 장비 제조 분야에서는 일본, 독일, 미국 등 선진국과의 기술 격차가 좀체 줄어들지 않고 있다. 1997년 외환위기 이후 대략 15년간은 상대적 저성장과 수출·제조업·재벌·대기업 중심의 나홀로 성장, 고용 없는 성장이 주된 경제·고용 문제로 간주되었다. 하지만 이제는 진보, 노동 세력들로부터 불평등과 양극화의 주범 취급을 받았던 수출·제조업·재벌·대기업 자체가 뿌리째 흔들리고 있다. 미래 먹거리에도 적신호가 들어왔다. 새로운 산업과 기술에서는 미국, 일본, 독일은 말할 것도 없고 중국에도 뒤지고 있다. 일찍이 예견된 사태이지만, 당과 정부와 기업이 혼연일체가 되어 시장규제와 산업정책(네가티브 규제 등)을 능수능란하게 구사하는 중국의 추격은 너무나 빠르다. 하지만 대한민국은 디지털혁명과 4차산업혁명이 초래하는 빠른 변화와 초연결·융복합에 따른 생산요소의 창조적 파괴·결합과 혁신 경쟁을 어렵게 하는 요인들이 수두룩하다.

사경을 헤매는 대기업(대우차, 쌍용차, 한진중공업 등) 인력사업 구조조정이 얼마나 어려운지, 노조가 얼마나 무법적이고 폭력적인지는 이젠 모르는 사람이 없다. 그런데 문재인정부는 이런 노조의 핵심 요구인 2대 지침을 폐기하는 등 노조와 아예 연정과 협치를 하려고 하면서 노조 위험을 극단적으로 증폭시켰다. 통상임금 판결, 최저임금 급상향, 근로시간 급단축, 정규직 고용의무화에 따른 협력업체 직고용 명령(파리바게트 5,378명 직고용 등), 전격적인 탈원전 등을 통해 사법 위험, 규제 위험, 정책 위험이 얼마나 큰지도 확인시켰다.

기업 대표이사(CEO)로 하여금 교도소 담장 위를 걷는 기분을 느끼게 만드는 과도한 형사처벌 조항도 계속 늘고 있고, 문재인정부 들어서는 실제 적용하는 사례도 늘어나고 있다. 기업인을 기업채무 노예로 만드는 대표이사 연대보증 제도는 여전히 존치되는 상황에서 기업인에 대한 형사처벌은 강화되니 국내투자와 고용의지는 움츠러들 수밖에 없다. 이는 자본유출로 나타날 수밖에 없다.[76]

1970~90년대 넘치는 자신감으로 거침없이 세계로, 신산업으로 뻗어나가던 재벌·대기업들은 외환위기를 계기로 그 진취적 기상이 확 꺾였다. 외환위기 전 30년간 고도성장을 뒷받침한 낮은 위험분산 시

---

76) 한국 기업의 해외투자는 2017년 446억 달러에서 2018년 498억 달러(55조 원)로 12% 가량 늘었다. 이는 2018년 국내 설비투자 168조 원의 32.5%에 이르는 규모이다.

스템은 와해되었지만 새로운 시스템은 만들어지지 않았다. 그로 인해 대기업들은 과잉 부채에서 과소 부채로 되었다. 거대한 경제력을 운용하는 재벌 상속 오너(재벌 3세, 4세)의 전횡, 무능, 보수성도 심각하다.

영세중소기업에서 중견기업으로, 중견기업에서 대기업으로 올라가는 사다리도 사실상 끊어졌다. 실은 모든 국가규제가 기업 규모를 기준으로 가해지기에, 대기업이 되는 것을 재앙으로 여기기에 중견기업이나 대기업이 되는 것을 극력 기피한다.[77] 설상가상으로 인재의 지위와 역할이 점점 높아지는 시대에, 문재인정부는 산업현장으로 인재를 끌어들이기는커녕, 세금과 독점 업역을 보장받는 공공부문으로 빨아들이고 있다.

중간 정도의 숙련이 필요한 전통산업, 뿌리산업, 건설산업 등에서는 내국인 중간 기술자들이 사라지고, 외국인 노동자들이 그 자리를 차지하고 있다. 아마도 과도한 대학진학률, 대기업과 중소기업의 격차 확대와 직장의 계급화, 중소기업에서 대기업으로 가는 성장 사다리 단절, 손에 기름을 묻히는 일을 기피하는 문화의 확산 등이 중첩되었기 때문일 것이다. 아무튼 중간 기술 노하우의 대가 끊어지고, 뿌리산업 등의 외국인 의존은 더 심해지고, 따라서 내국인 고용 기회는 더 줄어들고 있다.

이런 구조적 위기에 더하여 2008년 금융위기의 후유증에 대략 10년마다 반복되는 순환적 경제 위기가 덮쳤다. 2008년 금융위기는 대부분의 선진국들은 초저금리와 확장적 재정정책(양적완화)으로 극복을 했는데, 이제는 과잉 유동성에 따른 거품(후유증)과 대략 10년마다 반복되는 순환적 세계경제 위기가 중첩되어 나타나는 조짐이 역력하

---

77) https://www.hankyung.com/economy/article/2019111195581?fbclid=IwAR27ZbEGjtbtwqBczubhCtOmmos0TZAHqT3HbyCK-Krzg59cWZ0y_tE0Ouo#Redyho

다. 10년간의 팽창기를 끝내고 그 끝을 알 수 없는 긴 침체기로 들어갈 가능성이 농후하다. 엎친 데 덮친 격으로 그 위에 미중 무역갈등과 중국 경제의 거품 붕괴 위기가 또 덮쳤다. 2019년 수출액은 5,424억 1천만 달러로 2018년보다 10.3% 감소했다. 이는 2008년 미국발 금융위기의 여파로 전세계적으로 무역이 위축된 2009년(−13.9%) 이후 최악이다. 미중 무역갈등과 반도체 가격하락, 유가하락에 따른 수출 부진 등이 주요한 원인으로 지목된다. 수출 부진은 투자 부진으로, 고용감소로, 법인세 급감으로 이어질 수밖에 없다.

경제위기설, 파국 임박설, 구조 결함설(종속경제론) 등 다양한 경제위기설은 1960년대에도 1970년대에도 1980년대에도 1990년대에도 2000년대에도 있었는데, 이는 주로 실물경제로부터 먼 재야 학자·정치인이 주로 제기했다. 바로 이런 기억 때문에 경제위기, 파국, 구조 문제를 제기하는 사람들은 '늑대가 나타났다'고 여러 번 거짓말한 양치기 소년처럼 취급되고는 한다. 그런데 지금 제기되는 경제위기설은 이전과 달리 기업인, 기술자 등 실물경제를 잘 아는 사람들 쪽에서 나오고 있다. 하지만 삼성전자, 현대기아차 등이 끌어올린 평균화된 경제지표를 근거로 경제를 총량적으로 평가하는 관료와 자칭 진보학자들은 무덤덤하다. 잊을 만하면 반복되는 그 양치기 소년의 호들갑 정도로 보는 듯하다.

금융(시장)의 효율성, 공공성, 산업과의 연계성 등이 여전히 취약하다. 지금은 비록 왜소하지만 발전가능성 있는 산업과 기업에, 위험과 이익을 판단하여 적정한 조건으로 신용을 공급하는, 즉 돈은 없지만 창의와 열정이 넘치는 개인과 기업의 희망과 도전의 사다리 역할을 하는 금융시스템의 후진성이 개선되지 않고 있다. 은행은 본래 저위험−저수익 대출(주로 주택담보대출)에 치중할 수밖에 없고, 선택과 집중을 하려야 할 수가 없는 국가주도의 정책금융 비중은 과다하다.

경제규모에 비해 너무나 거대한 국민연금기금은 생산과 소비에 쓰일 돈을 과도하게 퇴장(축적)시키고 있다. 성격상 저위험−저수익 투자(주로 국채)에 치중할 수밖에 없기에 투자 효율이 떨어지는 것은 당연지사. 적절한 투자처를 찾지 못한 가계 유휴 자금은 부동산에 과도하게 쏠리고, 기업의 유휴 자금은 과잉 저축되고 있다. 과도한 법인세와 약탈적 상속세 등은 국내에서 기업을 할 의욕을 앗아가고, 대를 이어 기업을 유지, 운영하기 힘들게 만들었다. 사회적 유인보상체계는 과감한 시도와 장기간의 노하우 축적과 경계를 뛰어넘는 융합과 통섭을 너무나 어렵게 한다. ICT, 보건의료, 금융 등에서는 혁신적인 기업과 기술들은 사업자 자격 규제, 행위 규제, 상품 규제, 가격 규제 등에 묶여 있다. 성장도, 분배도, 고용도, 활력도 경제규모의 확대와 산업구조 고도화(서비스 산업 비중 증대)와 경제활동인구 감소에 따른 자연스런 현상이 아니다. 정치·정부와 시장과 사회를 관통하는 철학, 가치, 법·제도의 극심한 후진성이 진짜 원흉이다.

저성장의 충격과 고통은 빈부격차도 작고, 공공부문의 규모와 비효율도 덜하고, 노동시장의 몰상식도 덜한 일본과 비할 바가 아니다. 저성장, 저고용, 저출산은 거대한 빙하처럼 조용하고도 은밀하게 밀고 내려와 세상만물을 차갑게 얼어붙게 한다. 개인의 자유와 행복, 국가의 생존과 안정, 사회의 신뢰와 통합을 철저히 파괴한다.

문재인정부의 간판 경제정책인 소득주도성장정책은 마차(고용)를 움직여 말(경제)을 움직인다는 희한한 발상으로 세계적인 웃음거리가 되었다. 소득주도성장정책은 한국경제와 불평등 양극화 일자리 문제에 대한 돌팔이 의사의 처방전으로, 비틀거리는 한국경제에 발을 걸어 넘어뜨려 헤아릴 수 없는 서민과 중산층을 고통과 절망의 구렁텅이로 밀어넣고 있다.

2020년까지 최저임금 1만 원으로 올리겠다면서 불과 2년 만에 최저임금을 30% 가량 올린 최저임금 정책은, 문재인정부가 '5,100만 국민'의 처지와 한국의 산업고용 현실을 알지 못하여 벌인 산업고용 대학살극이다.

주 52시간 근무제는 사람(노동)의 운용(근로)시간을 제한하여, 보다 많은 사람에게 저녁이 있는 삶을 선사하겠다고 기염을 토했지만, 불행히도 수많은 사람에게 저녁 시간은 있어도, 저녁이 없는 상황을 초래하고 있다. 주 52시간 근무제는 건물, 설비, 장비 등 모든 생산요소의 가동, 운용, 활용 시간을 제한하여 가장 중요한 생산요소인 인간의 자유, 창의, 열정에 재갈을 물렸다. 주 52시간 근무제와 최저임금 폭증 정책은 한국경제의 강점을 모조리 파괴하는, 산업현장에 떨어진 두 발의 핵폭탄이다.

비정규직 제로화 정책은 세계적인 기형인 한국식 정규직을 정상으로, 그 외 다양한 고용형태를 비정상으로 간주하여 공공부문의 고용주인 국민과 고용의 주체인 민간기업에게 엄청난 부담을 초래했다. 그로 말미암아 청년 구직자에게 고용 기회의 죽음의 시대를 초래하고 있다. 시간강사의 처우개선 정책 역시 지독한 비정상인 교원(정교수, 부교수, 전임강사)의 처우를 정상, 비정규직과 시간강사의 처우를 비정상으로 놓고, 비정상을 늘리겠다는 완전한 방향 착오이다. 두 정책 공히 시장현실과 대학현실을 모르면서, 자신의 과도한 권리, 이익을 정상으로 여기는 철부지 정부와 기득권들의 망동이다.

공공부문 일자리 81만 개 정책과 공무원 고용임금 정책은 조선 말기 양반·아전의 지위에 올라가 있는 공공부문 종사자의 규모와 기득권을 축소하기는커녕 이를 오히려 확대, 강화하여 민간기업과 납세자 국민에게 엄청난 부담을 전가하는 전형적인 포퓰리즘 정책이자, 사악한 매표 정책이다. 대한민국은 말기 조선처럼, 공공의 탈을 쓴 관에 의한 가렴주구가 재연되고 있다.

탈원전 정책은 최소한의 민주적 절차조차 건너뛴 반민주적이고 비이성적인 폭거이다. 막연한 공포에 기반한 전대미문의 경제·산업·고용 파괴 정책이다. 해외수입 의존도가 매우 낮고, 값도 싸고 공급도 안정적인 에너지원을 스스로 파괴하여, 수급과 가격이 불안한 수입 화석연료 사용량을 늘려 외화를 낭비한다. 우량 공기업 한전의 적자를 폭증시켜 전력요금을 인상하지 않을 수 없게 만들어 산업 전반의 경쟁력 약화시킨다. 멀쩡한 숲을 태양과 패널로 덮어 환경을 훼손하고, 온실가스와 미세먼지 상황을 악화시킨다. 70년 각고의 노력과 천운까지 겹쳐서 만들어진 세계적인 경쟁력이 있는 원전산업 생태계를 고사시킨다. 탈원전 3년 만에 전문인력의 해외 취업과 차세대 원전 엔지니어의 급감, 핵심 부품기자재 업체들의 도산으로 당장 원전 안전 확보에도 적신호가 켜졌다. 독일, 스위스 등 몇 개의 탈원전 선언 국가와 달리 한국의 탈원전 선언은 고려해야 할 요소와 밟아야 할 민주적 절차를 완전히 건너뛴, 2001년 아프칸 탈레반의 바미얀 석불 파괴 행위급의 몰상식과 비이성의 극치이다.

의료급여 대상을 대폭 확대(비급여 전면 축소)하고, 의료 행위와 가격을 정부가 전면 통제하여 의료비를 경감하겠다는, 이른바 문재인 케어는 비급여 의료비 하나를 잡는 대신에 나머지 모든 것들, 즉 건강보험재정, 의료전달체계, 의료기술, 바이오헬스산업 발전, 의료인의 직업윤리 등을 초토화시켜 종국에는 환자의 건강과 생명을 잡게 되어 있다.

국민 노후보장의 핵심인 국민연금, 공무원연금 등 공적연금은 고임금에 안정된 직장까지 가진 장기 납부자와 특수직연금 가입자 등 부자 노인들에게 너무 많은 혜택을 주고, 인구가 급감한 후세대에게 감당하기 힘든 부담을 떠넘기고 있다. 국민연금 40년 가입 기준 수익비는 상한(월 468만 원)은 1.6배, 월 200만 원 소득자는 2.2배, 월 100

만원 소득자는 3.3배, 하한 소득자는 4.4배이다. 공무원연금 수급자의 수익비는 대략 3배 정도로 추정된다. 이는 현세대에 의한 미래세대 약탈이요, 공공에 의한 민간 약탈이다.

문재인정부는 대한민국을 가렴주구 국가로 만들고 있다. 국내 가계와 기업의 소득합은 2010년 1,254조 원에서 2018년 1,677조 원으로 연평균 3.7% 늘었다. 그런데 같은 기간에 가계·기업의 공적부담(소득세, 법인세 등 경상세+사회부담금)은 203조 원에서 381조 원으로 연평균 8.2% 늘었다. 국내 기업의 소득은 연평균 2.1% 늘었지만, 조세부담은 연 평균 9% 늘었다. 가계소득은 같은 기간에 연평균 4.6% 늘었지만, 세금은 연평균 8.9% 늘었다.[78] 특히 문재인정부의 확장적 재정지출, 공공부문 대폭 확대, 각종 증세 정책으로 인해 조세부담률과 국민부담률이 폭발적으로 증가하고 있다. 조세부담률은 2016년 18.3%에서 2018년 20.0%로 1.7%p 증가하고, 국민부담률은 동기간에 24.7%에서 26.8%로 2.1%p 증가하였다. 그럼에도 적자국채가 급증한다. 2019년 33.8조 원이던 적자국채가 2020년에는 60.2조 원으로 폭증한다.

문재인정부 2년간 결정된 예비타당성 조사 면제사업이 53.7조 원으로 박근혜정부 4년간의 23.6조 원을 이미 2배 이상 넘어섰고, 이명박정부 5년간 60.3조 원에 육박한다. 예산과 결산의 타당성과 효율성을 엄격하게 따져 묻는 문화와 제도를 앞장서서 허물어 버리면서 예산 좀도둑(지역구 의원, 지자체장과 지방공무원, 공공예산 사업자 등)들의 약탈 마인드에 기름을 부었다.

문재인정부는 기업에 대한 의도적인 공포정치를 일삼는다. 규제(최저임금, 비정규직, 주 52시간 근무제, 타다 등), 정책(탈원전과 문재인케어),

---

78) https://news.joins.com/article/23545950[출처: 중앙일보] '기업 소득 2% 늘어날 동안, 세금은 9% 늘었다'

사법(통상임금과 형사처벌 위험), 세금(갈취질과 세무조사), 환율(국가위험도 증대), 노조(양대 지침 폐기 등) 관련 정책으로 한국 특유의 기업 위험을 이전 정부와는 비교가 안 되게 증폭시켰다. 지대추구를 사명으로 하는 약탈적 노조에 대한 기업 측의 정당방위조차 범죄(부당노동행위)로 규정하여 압수수색을 숱하게 하고, 관련자(삼성전자서비스와 에버랜드 임원 등)를 구속 처벌한다.[79] 대한한공 일가에 대한 국가기관이 총동원된 표적조사와 수사[80], 국민연금을 동원한 상장대기업 경영 개입 정책 등에서 보듯이 규제와 형벌과 경영 개입으로 기업을 공포에 빠뜨렸다. 한국에서 사업하는 것, 즉 국내투자와 고용확대가 얼마나 위험한 일인지를 똑똑히 보여 주었다. 이것이 낮은 경제성장률, 높은 해외투자 증가율, 대졸 실업률, 경제의 중핵인 3,40대 고용율과 실업률 등으로 나타나지 않을 수 없다.

이렇듯 경제·산업·기업의 미래를 비관하지 않을 수 없게 만들어 산업·기업으로 가는 투자를 막고, 설상가상으로 한미·한일 갈등까지 자초하여 환율 폭락 가능성을 비치자 가계와 기업에 축적된 금융자산은 해외로 나가거나 달러나 유로로 몰리고, 안전자산인 서울 강남의 부동산으로 쏠리게 한다.

문재인정부는 적실성(실효성, 법 취지, 대전제 등)은 묻지 않고, 경제와 기업에 정의·공정(약자보호) 이름으로 도덕 담론, 즉 적폐청산의 칼을 휘두른다. 사회적 유인보상체계나 위험 완충체계에 대한 개념이 아예 없다. 억강부약의 기치를 들었으나 강자와 약자, 가치 창조

---

79) 2019.12.13 '삼성에버랜드 노조 와해 사건'으로 강경훈 삼성전자 부사장은 업무방해·노동조합 및 노동관계조정법 위반 등의 혐의로 징역 1년 4개월의 실형을 선고받았다. 2011년 6월부터 2018년 3월까지 삼성그룹 미래전략실에서 마련한 노사전략을 토대로 어용노조를 설립하는 등 에버랜드 노조활동을 방해했다는 것이 주요 혐의이다.

80) 2018년 4월 조양호 회장의 딸 조현민 전 대한항공 전무의 이른바 '물컵 갑질' 사건 후 1년간 경찰과 검찰, 국세청, 공정거래위원회, 국토교통부, 고용노동부 등 11개 기관이 25차례에 걸쳐 조 회장 일가를 털었고, 대한항공 등 계열사는 18차례 압수수색을 당했다.

자와 가치 수탈자를 구분하지 못한다. 진짜 심각한 갑질이 정치와 정부 갑질임을 모른다. 그러니 눌러야 할 것을 누르지 못하고, 누르지 말아야 할 것을 누른다. 정치·정부·공공을 최대의 낭비자, 약탈자, 억압자, 파괴자, 갈등 조장자로 만들었다.

문재인정부는 국가와 국민의 정신도 비루하고 강퍅하게 만들고 있다. 근로윤리, 직업윤리와 사회기강이 뒷걸음질치고 있다. '다수'의 외피를 뒤집어쓴 목소리만 큰 소수의 떼법이 법치를 대신하고 관존민비, 사농공상, 공공의 양반화 등 위계·서열을 되살려내고 있다.

문재인정부는 있던 갈등은 극단적으로 심화시키고 없던 갈등도 양산했다. 지역, 세대, 계층, 이념, 지지 정당에 따른 갈등은 과거에도 있었고 선진국에도 있지만, 문재인정부는 이를 극단적으로 심화시켰다. 그것도 모자라 수백 년 전과 수십 년 전에 풍미했던 시대착오적인 갈등을 불러냈다. 적폐-개혁, 친일-반일, 민족-외세, 친미(반중)-친중(반미) 이분법이 대표적이다. 문재인정권은 정치적 경쟁상대에게 적폐, 친일(토착왜구)이라는 낙인을 찍고 죽창가로 위협했다. 체제와 국가의 존망 위기를 느끼는 보수우파 진영도, 아직 피비린내가 가시지 않은 '빨갱이'라는 낙인을 꺼내들고 결사항전을 선포했다.

외교안보 정책

한반도는 네 마리의 거대한 코끼리(미, 일, 중, 러)에 둘러싸여 있다. 휴전선 너머 지척에는 철창에 갇혀 아니 스스로를 가둬 오랜 굶주림과 허황된 자존심으로 독기만 시퍼렇게 살아 있는, 절대무기를 가진 야수(북한)와 대면하고 있다.

그럼에도 문재인정부는 문명과 북핵 위협을 공유하는 일본과는 애써 척을 지고, 세계 유일 패권국인 미국과도 아주 불편한 관계를 만들고 있다. 일본과는 아예 외교전쟁 중이다. 그것도 대체로 한국이 도발한 것이다. 국제관함식 사건, 공격용 레이더 조준 사건, 위안부 합의파기, 징용공 재판, 지소미아 파기 후 철회 등이 대표적이다.

문재인정부는 집권 초기(2017.7.6 베를린선언)만 하더라도 '완전하고, 검증가능하고, 되돌릴 수 없는 비핵화', 즉 CVID원칙에 의한 북한 비핵화를 공언했다. 2018년 3월, 정의용 안보실장이 북한을 방문하고 돌아와 북한이 바로 그 비핵화 의지가 있다고 공언하여 많은 국민들이 열광하였고, 4차례 남북정상회담과 3차례 북미정상회담을 가졌다. 그러나 김정은은 2019년 12월말까지도 구체적인 비핵화 의지를 표명한 적이 없다. 오히려 2019년 한 해 동안 13차례의 단거리 미사일 발사 실험을 통해 핵능력만 고도화하였다. 주한미군과 주일미군 등 남한 전역과 일본 전역은 북핵과 미사일에 완벽히 노출되었다. 결과적으로 문재인정권이 한 일은 미국과 한국의 정부 교체기(2016~17년)를 틈탄 북한의 압축적 핵·미사일 시험 후, 가해질 미국과 국제사회의 응징을 막아 준 것이다. 즉, 핵무기 대량생산 및 실전배치와 미사일 능력 고도화에 필요한 시간을 벌어줬을 뿐이다.

문재인정부는 평화를 위해서라도 강한 국방력과 상무정신이 필요하다는 만고불변의 진리도 외면해 왔다. 위험을 직시하고, 최악의 경우에도 대비하면서 최선이나 차선 혹은 차악책을 모색한 것이 아니다. 최선의 경우를 전제로, 다시 말해 김정은의 선의와 협정문서에 기대어 북한 비핵화와 한반도 평화를 추구해 왔다. 그런데 김정은은 협정문서는커녕 말로나마 북한 비핵화를 언급하지 않았다. 정파적 이익에 외교안보 전략을 복속시킨다. 대한제국 정부 및 지배층과 너무나 유사한 심리와 행태를 보여 주고 있는 것이다. 문재인정부는 북핵의 핵심 당사자이면서도, 북핵을 미북 간의 문제로 치부하여 중재자나 김정은의 대변자로 처신하고, 북한의 외면에도 끊임없이 대화를 구걸하고, 환심을 사려고 노력하다 보니 지금은 아예 김정은 스토커라는 비아냥을 받고 있다. 김정은의 악의나 배신에 대한 대책(이른바 북핵 플랜B)을 전혀 세우지 않고, 국회 비준 동의절차도 생략한 자폭적인 군사 양보로 보편 이성을 가진 국민들과 동맹국 및 문명국들을 경악하게 만들었다. 주요 우방국인 유럽, 호주 등의 북한 비핵화 노선과도 엇박자를 내고 있다. 중국이 험상궂은 얼굴을 하자 미군의 자기 방어용 무기(사드) 배치에 딴지를 걸고, 휴전선 이북 정찰을 어렵게 하는 등 자폭적 양보로 점철된 9.19 군사합의로 미국, 일본과 보편 이성을 가진 국민들을 경악하게 만들었다.

박근혜·이명박 정권도 국민의 반일감정을 의식하여, 가치와 이익을 폭넓게 공유하는 일본과 냉냉한 관계를 해소하지 않았다. 그런데 문재인정부는 한 술 더 떠서 반일감정과 낭만적 형제애(종족적 민족주의)에 사로잡혀 경제적 안보적 위험을 극대화시켰다. 국민들의 경악, 공포, 분노와 국론분열도 극대화되고 있다. 문재인정부는 2017년 이전 숱한 북핵과 미사일 도발에도 심리적 공황상태가 무서워, 또 남북 관계가 경색될까 두려워 대규모 도발 대비책(핵 방공호 건설)과 대피 훈련조차 하지 못하였다. 북한과 북핵 문제 관련한 기본과 원칙 고수 시에 야기되는 긴장과 불안이 무서워, 임진왜란 직전의 조선 조정처럼 위험을 감지하면 머리를 땅에 박는다는 타조처럼 위험에 눈을 감아 버린다. 아니, 위험 자체를 부정한다. 김정은 농장의 가축이나 노예 상태로 신음하는 북한 동포들의 자유와 인권을 위해, (미국의 북폭에 기대는 것이 아니라) 일전불사의 기백과 자기 희생정신을 가진 사람도 별로 없다. 이는 문재인정부만의 문제가 아니다. 그 이전 정부들도 오십보백보였다. 실은 우리 국민 다수의 심리가 그렇다.

노예와 노조 마인드

문재인정부는 일본이나 독일 정부 같은 주인 마인드 내지 주체적 활용(용미) 마인드가 아니다. 힘이 차츰 커진 유아 내지 노예 마인드이다. 주한미군과 한미동맹이든 한일기본조약(1965년체제)이든 대한민국의 국익 극대화를 위한 주체적 선택의 산물로 보는 것이 아니다. 별로 내키지 않았지만 힘이 없어서 미국의 동아시아 전략에 마지못해 협력했다고 보는 듯하다. 그래서 다소간 힘이 생기고, 국제 여건(중국의 부상 등)이 변하자 기존 질서를 대책 없이 부정하거나 훼손하는 짓을 한다. 징용공 판결이 대표적이다.

문재인정부의 반미·반일적 행보는 기본적으로 부모의 한없는 포용과 배려를 믿고 더 달라고 투정을 부리는 유아의 마인드이다. 한국특유의 노동조합 마인드이기도 하다. 한국의 노동조합은 기업 경영의 책임을 지는 주인이 되려고 하지 않는다. 주요 생산수단을 국·공유화를 꿈꾸지도 않고, 자본주의 체제를 뒤엎으려고 하지도 않는다. 원청 대기업에 의한 협력업체와 소비자에 대한 무한 갑질을 통해 수취한 지대를 영원히 빨아먹는, 그래서 협력업체, 소비자, 주주, 미래 세대의 몫을 수탈하는 체제를 이상으로 삼는다. 이 체제하에서 자신의 책임과 의무는 내팽개치고, 오직 권리와 이익만 챙기는 것을 최선으로 생각한다. 물론 이런 유아적 지대추구 마인드는 시대착오적 노동관계법과 세상물정 모르는 법원의 판결, 그리고 노조의 환심을 사려는 정치집단과 (노조를 여전히 약자에다가 정의의 구현자로 보는) 강단좌파와 현실인식이 1980년대에 머물러 있는 자칭 민주시민들의 합작품이다. 문재인정부의 외교안보 행보도 동일하다.

한국이라는 유아 아닌 유아가 지소미아를 폐기하고 9.19 군사합의 등 투정을 부려도, 포용과 배려심이 무한한 부모 같은 미국의 동아시아 전략에 따라 만들어진 한미동맹이라는 저비용의 안보체제는 유지되리라 생각한다. 일본, 미국과는 거리를 두면서 정치, 경제, 군사적 자주국이 되려 할 때 치러야 할 비용은 깊이 생각하지 않고, '자주'를 통해서 얻으려고 하는 가치가 무엇인지도 묻지 않는다. '자주'를 내세워 미일을 멀리하면서 중국에 비굴할 정도로 머리를 조아리는 태도를 봐서는 자주는 미국과 일본으로부터의 자주이지, 중국으로부터의 자주 같지는 않다.

문재인정부의 열성 지지층은 북한과 중국의 횡포는 물에 새기고, 일본의 횡포는 돌에 새기듯 한다. 미국의 아시아 최상위 동맹국이자 엄청난 국력을 가진 일본을 폄하하고 심지어 적대시한다. 북핵에 대해서는 설마 사용이야 하겠냐며 오히려 김정은의 자위수단이라며 북핵 보유를 옹호하기까지 한다. 또 어떤 이들은 핵을 사용하면 그 날로 북한이 지구상에서 없어지는 만큼 북핵은 무용지물이라고 한다. 도대체 누가 북한을 지구상에서 없앨 수 있느냐고 물으면 당연하다는 듯이 미국을 들먹인다. 이때는 미국을 자유와 평화를 지키는 세계의 경찰로, 배려심이 무한대인 부모처럼 생각한다. 유아적 심리에서 헤어나지 못하고 있는 것이다.

극심한 인지부조화

문재인정부의 폭정과 실정은 정권 차원의 강력한 이념성, 즉 사회주의 성향에서 연유하는 것이 아니다. 문재인과 열성 지지층의 지극히 편향된 역사인식과 현실 문제(부조리나 동역학)에 대한 무지와 공동체의 미래에 대한 무책임에서 주로 연유한다. 문재인정부와 1987체제 주도세력의 친북·친중·친국가(규제) 성향과 반미·반일·반시장·반자본(재벌) 성향, 그리고 이승만·박정희·전두환 정권으로 이어진 대한민국 역사에 대한 극단적인 혐오는 역사와 현실에 대한 지독한 무지와 편향된 인식에서 나온다. 조선의 질기고 두터운 유산이 제대로 청산되지 않고, 기존 대한민국 체제와 주류 보수세력의 빛(성과)과 그늘(한계와 오류)을 전혀 성찰하지도 성찰할 생각도 없는데서 연유한다. 청년 대학생 시절 이후 체계적인 정치학습도 성찰도 없었으니 과거의 생각과 정서의 포로가 되는 것은 그리 놀라운 일이 아니다. 더러워진 목욕물을 버리다가 아기까지 버리는 우를 범할 소지가 다분히 있었던 것이다.

또 하나 폭정과 실정의 양산 공장을 말한다면 지독한 인지부조화이다. 문재인정부와 열성지지층은 역대 그 어떤 정치세력보다 인지부조화가 심한 집단이다. 주제파악 착오, 시대인식과 피아식별(주된 대립물) 착오를 전형적으로 보여 주고 있다. 이들은 자신들을 촛불혁명으로 정통성을 부여받은 착한 약자요, 자명한 진보개혁파로 규정하고 자신들에게 동조하지 않는 모든 사람을 사악한 강자요, 보수·자본·냉전·친일·독재 기득권과 그 하수인으로 규정한다. 자신들의 가치, 제도, 정책에 반하는 모든 것을 적폐로 규정한다. 그러니 대한민국을 떠받쳐 온 대부분의 가치, 제도, 정책을 청산되어야 할 적폐로 규정한다.

이들은 촛불혁명에 힘입어 행정부 권력이 아닌 청와대 권력과 공영언론(방송)사 정도를 겨우 접수하고, 2018.6.13. 지방선거를 계기로 지방권력을 겨우 접수했을 뿐이라고 생각한다. 친일, 독재, 보수의 본산으로 규정하는 재벌이 지배하는 경제는 말할 것도 없고, 여소야대인 국회도, 검찰도, 법원도, 행정부 공무원도, 군대(고위직)도, 대학과 사학재단도, 언론도, 문화도 모두 자본편, 보수편, 기득권으로 규정한다. 그 존재 자체가 남북대결 지향적인 국정원과 기무사는 아예 무력화시켜 버렸다.

문재인정부가 경제, 사회, 국방 등에 엄청난 충격을 주는 복잡미묘한 사안들을 면밀한 검토도 없이 전문가 및 이해관계자들의 숙의와 민주적 절차(국회비준이나 국민투표 등)도 건너뛰고, 무슨 군사작전 하듯이 밀어붙인 것은 이 문제들을 과학기술, 산업전략, 국가예산, 시장경제의 문제가 아니라 사악하고 탐욕스러운 소수 기득권·마피아·투기꾼·남북대결 세력들의 탐욕과 불의(부도덕)의 문제로 봤기 때문이다.

보수·자본 기득권 등에 짓눌렸던 자신들의 가치와 정책을 관철하기만 하면, 특히 친일·독재·적폐 세력을 청산하기만 하면 경제, 외교, 안보, 남북관계, 에너지환경 문제 등 난제들이 다 잘 풀릴 것이라고 생각하니 문제를 깊이 연구할 필요가 없다. 불평등, 양극화, 비정규직, 고용불안, 저임금은 재벌·대기업의 독과식 때문이며, 적은 복지지출과 공공부문 규모는 김대중·노무현 정부가 무분별하게 수용한 신자유주의 작은정부 사조 때문이며, 원전은 음험한 원전마피아의 음모이고, 남북의 긴장과 반목은 이로부터 이익을 얻는 수구냉전 세력의 음모라고 생각한다. 힘없는 약자·피해자·비주류 의식에서 공동체 전체(5,100만 국민과 자손만대)에 대한 책임의식이 생길 수 없다. 사람의 문제와 제도·체제와 정신문화의 문제를 분별할 수가 없다. 환경과 제도, 제도와 제도, 가치와 가치간의 조화와 균형을 구현할 종합적 경세방략에 대한 고민도 생겨날 수가 없다. 오직 자신들의 요구와 행동은 무조건 정당하다는 아집만 강고하다.

문재인정부와 집권연합세력은 주류 보수세력을 친일, 독재, 분단, 전쟁, 학살, 부패기득권 세력으로 규정하여 청산, 척결, 궤멸시켜야 할 적폐(절대악)로 규정한다. 현실을 선악善惡, 정사正邪, 피아彼我, 억압자−피억압자, 착취자−피착취자의 틀로 재단하기에 경제(재벌, 최저임금, 주52시간근무제, 비정규직, 공공부문 등), 에너지, 의료(문재인케어), 사법(검찰, 법원), 공안(국정원, 기무사 등), 방송통신, 국방, 동맹외교, 남북관계 등 많은 분야에서 일방적, 폭력적으로 자신의 가치와 정책을 밀어붙였다. 2019년 10월 광화문광장에 보수와 진보를 초월하여, 보편상식과 양심세력 수백만 명이 모여 조국과 문재인 퇴진 요구를 한 이유이다.

문재인 대통령과 집권연합세력은 1987체제 주도세력의 철학과 가치를 거의 그대로 체현하고 있다. 그야말로 민낯을 보여 주고 있다. 2016년 촛불시위와 박근혜 대통령 탄핵으로 인해 보수세력의 견제력이 현저히 약화되어 버렸기 때문일 것이다.

문재인정부의 폭정과 실정은 문재인과 민주당을 뜨겁게 지지해 온, 권력 실세인 '집권 대중'의 역사와 현실을 보는 안목과 정서가 1980년대 운동권 대학생, 그리고 그들의 전국적 조직체인 전대협에서 조금도 진화·발전하지 않은 데서 연유한다. 이들은 친일, 분단, 전쟁, 독재, 학살 등 인면수심의 만행을 자행한 거악과 싸운다고 생각하니, 진영논리가 뼛속 깊이 배어 있다. 승리를 위해서 수단과 방법을 가리지 않는 행동양식은 시민적 상식과 양심, 덕성을 훈련받지 못한 조폭 건달들의 행태와 하등 다를 게 없다. 이것이 조국수호 서초동 시위에서 극명하게 표출되었다.

문재인정부와 집권연합세력, 그리고 그 저변인 촛불 군중과 그 실세인 서초동 조국수호 시위대들이 보는 대한민국의 역사와 현실은 온통 불법적이고 부당한 약탈과 강압이 난무하는 세상이다. 북한 집권세력 못지않게 외상 후 스트레스성 장애나 피해망상이 심하다.

이들이 세상을 이해하는 핵심 키워드는 착취, 수탈, 약탈, 쟁취, 억압, 강압, 강제, 협잡, 야합, 강점, 침략, 지배, 종속, 해방, 척결, 청산 등이다. 머릿속에는 선악대결, 정사대결, 불의와 정의의 대결, 친일과 항일의 대결, 외세와 우리 민족의 대결, 독재와 민주의 대결,

자본과 노동의 대결, 보수와 진보의 대결, 적폐와 개혁의 대결, 재벌·보수·신자유주와 민주·진보·노동의 대결구도가 자리하고 있다.

문재인정부와 집권연합세력의 정치철학 자체가 민주주의, 공화주의, 법치주의와 너무 멀다. 이들이 공유하는 경제철학은 시장은 신자유주의와 정경유착을 등에 업은 재벌·대기업에 의해 온통 불법적이고 부당한 갑질이 난무한다고 보고, 그 주범인 신자유주의와 재벌을 엄단하여 족쇄를 채워야 한다고 생각한다.

대한민국은 굴곡과 오욕의 역사를 딛고 세계가 부러워하는 성공을 거두었음에도, 집권세력이 피해망상에서 깨어나지 못하는 것은 세계사적 수수께끼가 아닐 수 없다. 아무튼 이들 상처받은 영혼들은 촛불의 명령이라며 적폐세력을 청산, 척결, 궤멸시켜 정의를 바로 세우겠다고 한다.

김대중, 노무현 대통령과 당시의 집권여당은 이 정도는 아니었다. 김, 노 두 대통령은 1987체제 주도세력과 자주 충돌하였다. 그 때문에 신자유주의 시비, 우경화 시비, 친미 시비를 끊임없이 받았다. 문재인정권은 김대중·노무현 정권과 완전히 다른 변종이다. 단언컨대 박정희·전두환은 말할 것도 없고, 김대중·노무현도 지금 살아 있다면 국가의 과도한 규제·간섭과 싸우고, 공공부문 종사자와 노조의 지대추구 행위와 싸울 것이다. 하지만 김대중, 노무현의 계승자를 자처하는 문재인과 촛불 군중은 거꾸로 국가의 규제·간섭을 강화하고, 노조와 공무원 등 지대추구 집단과 연대하여 경제적 자유·활력과 싸운다. 그뿐 아니라 세계시장에서 사투를 벌여 외화를 획득하고 일자리를 창출하는 등 '한강의 기적'의 주역인 재벌·대기업과도 싸운다. 정치경제적 약자를 위해 부당한 약탈과 억압을 자행하는 특수이익집단과 싸우기는커녕 노조, 공공부문 종사자 등 특수이익집단과 연대하여 약자의 기회와 희망을 파괴한다.

3부
7공화국의 플랫폼 시안

3부에서 길게 쓰려고 하는 주요 분야 정책들은 2014년 11월 결성된 '7공화국비전모임'에서 거의 5년간 월 평균 2회 이상 토론한 주제들이다. 또한 내가 국회 세미나(발제, 토론, 방청 등)나 교육, 연구, 컨설팅 등으로 나 나름 깊게 천착해 본 주제들이다. 각 주제마다 이를 전공으로 삼은 수많은 학자, 연구자들이 있을 것이다. 그런데 왜 굳이 쓰나? 만약 3부가 이들 주장의 요약에 불과하다면 쓸 필요가 없다. 하지만 이들의 연구와 주장을 오랫동안 경청해 온 사람으로서 보건대, 대체로 문제의 본질과 구조에 대한 질문을 건너뛰었다. 체제나 제도의 관점에서 문제를 진단하고 대안을 제시하는 경우를 별로 본 적이 없다. 고용노동 문제를 얘기하면서 시장, 산업, 기업, 기술을 전혀 고려하지 않고, 시장을 얘기하면서 정치와 습속을 전혀 고려하지 않는 등 복합적인 문제들에 대해 너무 일면적으로 접근한다는 느낌을 받았다. 정치적 상상력을 최대한 동원하여, 담대한 변화와 개혁을 말하게 되어 있는 대선공약집도 마찬가지였다. 단적으로 교육문제는 엄청나게 중요한 국가적 현안이자 국민적 관심사지만, 대중의 요구, 불만을 좇다 보니, 대선공약은 주로 대학입시 문제 주변을 맴돈다. 캠프에 참여한 대학 교수들이 대체로 교육부 갑질에 시달린 경험이 많다 보니 교육부 해체 등을 담대한 대안이랍시고 내놓는다. 불평등, 양극화, 일자리 문제는 한국사회 최대 현안의 하나지만 진단과 대안은 너무 피상적이다. 주로 한국사회 최상층인 조직노동과 공공부문종사자의 문제의식이 진하게 배어 있었다. 유일한 예외는 외교안보 문제인데, 이는 중국, 일본, 미국 정부, 연구기관, 학자 등도 주요하게 다루는 세계 보편적인 주제이기도 하고, 한국에서도 주제와 관련 연구기관과 대학의 학문체계가 비교적 일치하는 분야이기 때문인 듯하다. 한국에서 주제와 학문체계가 가장 불일치하는 분야가 공공문제가 아닐까 한다. 나는 유기적으로 연결된 정치, 정당, 국회,

사상이념, 법령, 예산, 공무원, 공공기관 등을 통일적으로 연구하는 곳이 어디있는 지 모르겠다. 이 책 전체를 통하여 부분과 전체, 환경과 제도와 사람(습속)의 충돌로 표현되는 '합성의 오류'가 1987체제의 핵심문제로 지적해 왔다. 그렇기 때문에 합성의 오류가 일어나지 않도록 부분적 개선이 전체적인 퇴행으로 귀결되지 않는 개선방안을 고민하지 않을 수 없었다. 제시한 방안이 볼링의 1번 핀처럼 여러 가지 문제를 동시에 해결하는 킹핀이면 더할 나위 없이 좋겠지만, 이를 찾아내기 위해서는 풍부한 실물 지식과 빼어난 통찰력, 정확한 주·객관적 역량타산이 필요한 일이다.

3부에서 서술한 개혁전략 기조 각각을 하나의 건축물처럼 그려내려면 문제 규정(정의), 문제 구조(연관) 분석, 중시하는 가치(우선순위), 주체의 역량 타산, 개혁전략 기조, 수치화된 정책 목표 순으로 써 내려가야 한다. 하지만 이 작업은 내 능력을 크게 벗어나는 일이다. 아마도대선 캠프를 포함한 한국 정치집단 및 공공정책 연구역량 수준도 크게 벗어나는 일일 것이다. 게다가 문제규정과 구조분석은 이 책의 1부 및 2부와 조만간 출간할 『7공화국이 온다2』(부제; 한국경제 쟁점과 대안)에 흩어져 있어서 동어반복을 피하려고 거두절미去頭截尾한 부분이 많아서 체계성이 더 떨어지게 되었다. 그럼에도 단편적일지라도 중시할 것, 올릴 것, 내릴 것, 만들 것, 없앨, 것, 쟁취할 것 등 구체적인 개혁전략과 목표를 얘기하는 것은 어디서부터 어떻게 손을 대야 할지 모르는 대한민국 현실을 타개하려면 관점의 전환이나 정책방향 전환 정도로는 너무 공허하게 느껴질 것 같아서이다. 자연환경, 지정학적 조건, 국가—시장—사회분석, 역사인식, 1987체제 분석을 거쳐 무엇을 어떻게 고쳐야 하는지를 얘기하지 않으면 너무 허전할 것 같아서이다.

7공화국 플랫폼 디자인에 있어서 중시하는 가치는 다음과 같다.

1. 한반도의 지리·인구적 조건, 지정·지경학적 조건, 변화·변덕이 점점 심해지는 자연환경을 직시하여, 자연재앙과 전체주의적 외세(북한, 중국)로부터 강건한 나라를 만든다.

2. 한반도에 항구적인 자유, 평화, 공영 체제를 만든다.

3. 수명을 다한 1987체제를 혁파하고 새로운 발전체제를 만들어 다시 세계로 뛰는 나라를 만든다. 자연과 인간이 상생하며 물질문명과 정신문명이, 육체적 건강과 정신적 건강이 조화를 이루며 한민족과 대한민국의 세계사적 사명을 이행하는 나라를 만든다.

4. 정치(정당), 정부(입법, 행정, 사법), 공공기관을 무지와 포퓰리즘, 특수이익집단으로부터 자유롭게 만든다.

5. 공공을 참칭하는 사익집단, 독과점을 도모하는 경제집단, 공급이 곤란한 부동산으로부터 시장을 자유롭게 만든다.

6. 사회·공동체를 자조, 공감, 연대, 자치(자율책임)가 강물처럼 흐르도록 만든다.

7. 개인의 힘, 공동체의 힘, 지방의 힘, 시장의 힘을 강화하고 국가의 과도한 간섭과 통제를 벗어던지고, 사회적 갈등을 국가·권력에 기대지 않고 자치·자율적으로 조정하는 나라를 만든다.

8. 자신의 힘과 지혜로 자신의 자유(선택)와 권리(생명, 재산, 행복, 안전)를 지키고, 비용편익을 엄밀히 따진 계약에 의해 권한과 책임을 위임한 보충성 원칙과 보편타당한 법에 따라 자신의 자유와 권리를 위임하고, 의무와 부담을 받아 안으며, 그 결과에 책임지는 자유민주주의를 확립한다. 보충성 원칙은 국가와 시장·사회 간에도, 주권자와 대리인 간에도, 개인(주민) 마을(타운)과 지방정부 간에도, 지방정부와 중앙정부 간에도, 국가와 국제기구 간에도 관철되어야 한다.

9. 대한민국 민주주의와 시장경제의 선진화를 위해서는 권력을 국

민에게로, 자유롭고 공정한 시장으로, 자조와 자치의 공동체와 지방으로, 자율책임의 개인에게로 분산, 분권한다. 권력(권한)의 분산, 분권은 권한과 책임의 분산이요, 권한과 책임의 일치요, 권력기관간 상호 견제와 균형이다. 우리는 국가·권력의 과도한 개입 또는 의존과 그에 따른 지독한 정치 중독 현상을 치유하지 않고서는 선진국이 될 수 없다.

10. 자율과 책임, 위험공헌과 이익, 권리와 의무, 혜택과 부담, 권한과 책임, 상과 벌이 균형 잡힌 나라를 만든다. 이 관건은 국가와 시민, 공공과 민간, 지방정부와 주민, 공급자와 소비자, 원청(갑)과 하청(을), 노동과 자본 등 모든 이해당사자간의 상호 선택·거부권(대항력)의 균형이다.

11. 경제·사회적 격차와 사회안전망은 적정하고, 사다리와 징검다리는 다양하고, 언제 어디나 놓여 있는 사회를 만든다. 진입도 어렵고 퇴출도 어려운 사회가 아니라 진입도 쉽고, 퇴출도 쉽고, 패자부활전도 용이한, 자신의 실력에 따라 지위와 역할이 오르내리는 공정하고, 유연하고, 역동적인 사회를 만든다.

12. 지방이 자신의 처지와 특장점을 약진의 발판으로 삼을 수 있도록 지방의 자치권을 확대 강화하고, 지난 60여 년 간의 불균등 발전전략에 의해 악화된 재정력 격차를 조정한다.

13. 고교생들의 로망이 공무원과 건물주 및 임대사업자라는 현실을 특별히 우려하며, 대한민국을 공무원의 나라에서 국민의 나라로, 건물주와 임대사업자의 나라에서 사업자와 근로자의 나라로, 상속자(세습자)의 나라에서 창업자의 나라로 바꾼다.

우리의 믿음은 다음과 같다.

1. 정신문화와 사상이념이 선진적이어야 정치도 경제도 사회도 선

진적일 수 있다고 믿는다. 대한민국이 도달한 물질문명 수준에 비해 우리의 생각과 행동을 규율하는 정신문화와 사상이념의 수준의 현저한 지체가 수많은 위기의 뿌리다.

2. 위대한 정신과 방법이 정당의 영혼이 되고, 그 정당이 국민적 지지와 신뢰를 받아 국가와 사회를 향도해야 위대한 나라를 만들 수 있다고 믿는다.

3. 대한민국 생존과 번영의 토대는 자유민주주의와 시장경제를 통한 자강과 그에 기초한 미국, 일본 등 문명을 같이하는 나라들과의 동맹이라고 믿는다.

4. 대한민국 생존과 번영의 동력은 선진문명의 수입, 모방, 창조와 개인, 기업, 민간, 정부 차원의 세계경영을 통한 인류공영에 대한 기여로서 개인, 기업, 지방, 국가차원의 세계경영 전략이 대한민국 발전의 길이며 지구촌과 대한민국이 공영하는 길이라고 믿는다.

5. 한반도 자유, 평화, 공영과 통일은 남한이 월등히 강하고 매력적이고, 포용적이며, 자치분권적인 국가로 되는 것이 관건이며, 한반도의 항구적인 평화공영체제는 남북간의 문명(자유, 민주, 공화, 인권, 개방) 격차가 획기적으로 줄어야 가능하다고 믿는다. 한반도 자유, 평화, 공영 체제의 관건은 북한의 비핵화, 자유화, 민주화에 있다.

6. 대한민국을 내부에서 위협하는 최대의 적은 자본과 재벌·대기업이 아니라, 혼미하고 사익편향적인 정치와 정부라고 믿는다. 신자유주의의 과잉이 아니라 국가주의, 도덕주의의 과잉이다. 그러므로 재벌·대기업에 대한 의심보다 정치와 정부에 대한 의심이, 신자유주의 패악보다 국가주의, 도덕주의 패악에 대한 경계심이 백 배는 강화되어야 한다. 법, 규제, 예산, 정책, 인사의 정당성에 대한 의심과 감시가 백 배는 강화되어야 한다. 공공기관의 효율성과 낙하산 인사 추문이 아니라 공공기관의 존재 그 자체에 대한 의심이 백 배는 강화되어

야 한다.

7. 대한민국이 특별히 주목해야 할 모순부조리는 불평등이 아니라 부자유이고, 세입(예산)이 아니라 세출(결산)이고, 주목해야 할 역사는 친일청산실패사가 아니라 조선의 개혁실패사와 망국사라고 믿는다.

8. 역사에 대한 자만(자화자찬)과 자학을 경계한다. 특별히 대한민국 민주주의에 대한 자만과 대한민국이 이룬 성과에 대한 자학을 경계한다. 기적을 만든 우리의 잠재력과 정신·방법에 대한 무지, 무시, 파괴와 맞서 싸워야 한다고 믿는다. 역사바로세우기보다 역사바로알기가 먼저이고, 친일청산보다 조선청산이 먼저이고, 일본 성토가 아니라 조선의 망국·실패·잔혹사에 대한 성찰과 반성이 먼저이고, 과거사 시비보다는 미증유의 복합위기가 중첩된 미래 시비가 먼저라고 믿는다.

1장 국가대전략 기조

외교안보 전략 기조

　대한민국의 생존과 번영, 자유와 자존의 관건은 자강력(국방력과 경제력)과 더불어 미국, 일본, 유럽, 호주 등 선진(해양)문명을 같이하는 나라들과의 연대이다. 또한 중국, 미국, 러시아, 일본과 70억 인류가 절실히 필요로 하는 어떤 가치를 보유하는 것이다. 이는 중국, 러시아 등을 움직이는 강력한 지렛대(레버리지leverage)로, 독보적인 기술력에 기초한 산업(부품 소재 의약품 등)일 수도 있고, 독보적 서비스(의료, 금융, 교육 등)일 수도 있고, 투자자 및 수요자 파워일 수도 있고, 천연자원(희토류 등)일 수도 있고, 스위스프랑 같은 국제적으로 통용되는 통화일 수도 있고, 지리적 위치일 수도 있다.

　북한은 미국과 일본, 남한에 대해서는 핵과 미사일을, 중국과 러시아에 대해서는 물류와 군사상 요충지로서의 지리적 위치를 강력한 레버리지로 삼는다. 일본은 반도체 생산에 필요한 핵심 소재, 부품, 장비 등 한국에 대한 레버리지가 매우 많다는 것을 징용공 판결에 대한 보복성 수출규제 정책으로 보여 주었다. 중국은 거대한 시장을 한국을 포함한 많은 나라에 강력한 레버리지로 사용한다. 미국은 (미·중

무역갈등을 통해) 중국 상품의 최대 소비처로서, 중국이 한국에게 했 듯이 시장을 강력한 레버리지로 사용하고 있다. 대한민국의 생명줄 은 중국과 일본에 밀리지 않는 강력한 산업경쟁력이 레버리지이다. 하지만 우리는 아직 충분히 확보하지 못하였다. 중국에 대한 레버리 지를 늘리고 강화하며, 중국의 한국에 대한 레버리지는 줄이고 약화 시켜야 한다. 이를 위해서는 한국과 일본의 연대가 절실히 필요하다. 한국의 생명선은 안정된 에너지·자원 수송로와 안정된 통상 환경 확 보이고, 이는 자강력에 기초한 일본, 미국과 연대와 동맹을 절실히 필요로 한다.

선진(해양)문명과 연대를 강화하고 특별히 일본과 연대를 강화한다

가치와 이익을 폭넓게 공유하는 한미, 한일, 한-아세안 간의 연대 협력을 강화한다. 한미동맹을 공고히 하고, 한일협력을 강화한다. 이 를 위해 한일FTA, 한일해저터널, 한일간 안보, 산업, 에너지, 의료, 교육 협력 등을 강화한다. 이를 기반으로 베트남 및 아세안, 러시아, 호주와 협력을 강화한다.

동아시아의 스위스, 네덜란드를 지향한다

일본, 중국, 러시아, 미국이라는 세계 인구, 경제, 군사, 자원 대국 으로 둘러싸인 한반도의 지정·지경학적 조건은 우리에게 위기와 더 불어 큰 기회를 가져다줄 수 있다. 한국은 동아시아 차원에서는 대륙 과 해양의 가교(교류, 중개, 융합)이자 완충 국가의 사명을 부여받고, 세계적 차원에서는 선진국과 개도국의 가교국가 역할을 부여받았다.

한국은 유럽에서 스위스, 네덜란드, 벨기에가 하는 역할 훨씬 이 상을 할 수 있고 해야 한다. 주변국이 꼭 필요로 하는 가치, 문화, 재 화, 서비스(금융, 지식, 교육, 문화예술 서비스 등)를 공급할 능력을 갖추어야 한다. 예컨대 중국 인민과 자산가들에게는 한국의 자유(통신, 표현, 언론, 출판, 집회, 결사), 치안, 인권, 신뢰와 강력한 재산권 보호도 매력적인 상품이 될 수 있다.

동아시아의 가교이자 허브 국가가 되기 위해서는 주변국의 언어, 문화, 역사, 법에 통달한 청년들이 많이 배출되도록 한다. 한국사와 더불어 세계사 및 동아시아사를, 한국지리와 더불어 세계지리 및 동아시아 지리를, 영어 외에도 일본어, 중국어, 러시아 어에 능통한 청년들을 집중 육성한다. 이들 국가들과 중고교, 대학 차원의 교류 협력을 증진한다.

더 적극적, 체계적, 조직적으로 세계로 나아간다

대한민국은 2차대전 후 산업화, 자유화, 민주화와 자연환경 복원(산림녹화) 등을 동시에 이뤄낸 나라로서 대륙과 해양, 선진국과 후발 개도국의 가교 국가이자 새로운 문명과 문화의 창달자로서 세계사적 사명을 생각해야 한다. 개인, 기업, 지방, 국가 차원의 세계경영 전략이 대한민국 번영의 길이며, 지구촌과 대한민국이 공영하는 길이다. 따라서 정부와 정당은 개인, 기업, 지방이 해외 진출을 더 적극적으로, 더 체계적으로, 더 조직적으로 하도록 지원한다. 해외 비즈니스, 유학, 선교, 관광, 현지 교민들의 경험, 지식, 인적자산(네트워크)을 최대한 활용하고, 해외 진출을 위해 더 긴밀한 협력을 조직한다. 더 강력한 해외 교민 및 진출 기업 보호를 위해 해외교민청과 산업한류청을 운영한다. 동시에 중소기업과 70억 인류를 연결하는 중간 지원조직으로서 민간종합상사를 육성한다.

후발 개도국(신흥국) 종합개발 사업

대기업 주도와 정부 후견하에 중소기업을 참여시켜 아시아, 아프리카 개도국(신흥국) 종합개발사업을 추진한다. 한국의 압축성장 경험과 새마을운동 경험, 전통과 첨단을 망라하는 제조 업종 및 기술력은 후발 개도국이 필요로 하는 것들이 많다. 국내 인프라 공기업, 대기업, 금융기관(펀드), 중소기업 등이 맞춤형 산업단지를 조성하고, 여기에 은퇴를 앞둔 장년층 기술자와 국내에서 취업난을 겪는 대졸 청년 등을 투입하고 정부의 투자자와 교민 보호를 강화하여 산업 한류를 만들어내자는 박광기(전 삼성전자부사장)의 제안을 높이 평가한다. 신흥국에 대한 정부 및 민간의 경제산업개발 지원과 기아 및 질병 퇴치 지원 등으로 확보한 신뢰와 신용을 바탕으로 인프라 및 자연자원 개발 사업으로 뻗어 나갈 수 있고, 나가야 한다. 세계경영의 주창자 김우중 전 대우그룹회장의 정신과 방법은 여전히 유효하다.

동아시아와 지구촌의 연대로 생태환경 위기를 타개한다

지구상에 나타났던 수많은 문명의 종결자는 자연재앙과 전쟁이었다. 하나의 국가 차원에서 대처할 수 있는 문제가 아니라 중국, 일본 등 동아시아 차원을 넘어 지구촌 차원에서 공동 대처할 문제이다. 당연히 이런 전인류적 문제에 대한 기술적, 제도적 해법은 새롭고 거대한 산업적 기회이다.

대북 전략 기조

지구상에서 육지로 국경을 맞대고 있는 나라 중에서 경제력 격차가 가장 큰 두 나라가 남한과 북한이다. 1천 년 이상 통일국가를 형성해 왔고, 지금도 통역이 필요 없는 같은 언어를 사용하지만 국가와 사회를 지배하는 철학, 가치, 정치체제가 가장 이질적인 두 나라가 남한과 북한이다. 남한은 개인의 자유와 존엄을 지상 가치로 여기지만, 북한은 개인의 자유와 존엄을 가장 무시하는 전체주의 국가이다. 자주·통일·사회주의 강성대국 등을 표방하며 수령과 당이 인민대중의 눈과 귀를 막고, 손과 발을 묶고, 위계와 서열을 매겨 차별하고, 지배하는 노예제 국가이다. 경제력은 남한이 압도하지만, 한미동맹 전력을 제외하면 군사력과 인민 동원·통제력은 북한이 압도한다. 핵 개발을 완료했기 때문이다. 인류 역사에서 이렇게 경제력과 군사력 격차가 크고 철학, 가치, 정치체제가 이질적인 두 국가가 장기간 공존, 공영하면서 평화적으로 통일한 사례는 없다. 수령독재체제 북한이 자유민주주의 남한 쪽으로 수렴된다면 몰라도, 절대 평화적으로 통일될 수 없는 빙탄불상용氷炭不相容 관계다. 그런데 북한은 수령독재체제, 즉 인민의 가축화, 노예화 체제를 바꿀 의사를 피력한 적 없다. 통일을 꿈꾸는 대다수 대한민국 사람들은 남한 체제의 연장으로써의 통일을 꿈꾼다. 남한 주도 통일을 너무나 당연시한다. 그래서 통일대박이라는 것이다. 하지만 북한은 지구가 두 쪽 나는 일이 있더라도 자기 주도의 통일을 꿈꾼다. 문명 수준과 정치체제는 하늘과 땅 차이인데도 불구하고, 서로 자기 주도의 평화통일을 국시로 삼고 있다는 것은 여간 난센스가 아니다. 이는 남북한 두 정부와 우리 민족 (국민·인민)의 거대한 무지, 착각이거나 사기, 위선이다. 이것이 남북 관계의 불안정성의 근원이자 한반도에 양국 체제가 정착되기 어려운 이유이다. 우리 사회의 지독한 균열과 갈등, 저성장과 저활력에 따른 우울한 미래가 간절한 평화와 통일(북한개발투자 등) 열망을 만들어, 남북관계 개선에 대한 비이성적 열광과 환상을 낳았다. 이제는 냉철해질 필요가 있다.

북핵 대응전략의 패러다임 전환

북핵 대응 전략의 패러다임 전환이 필요하다. 1980년대 말부터 표면화된 북한 핵문제를 해결하기 위해, 지난 30여 년 간 북한과 한국, 미국은 계속 북한 비핵화 협상을 해왔다. 역대 한국정부와 미국정부는 남한이 대규모 경제적 지원을 약속하면, 미국이 확고한 체제안전을 보장하면(선제공격 의사가 없음을 문서와 의회 결의로 확인해 주면), 미국과 북한이 관계정상화를 하면 북한이 핵을 포기할 것이라는 낙관적인 가설을 가지고 있었다. 그런데 이는 완전히 틀렸다는 것이 확인되었다. 북한의 핵 보유 동기를 오판하고, 의지를 과소평가하였다. 북한은 미국과 한국의 정권교체기(2016~17)를 틈타 집중적으로 핵과 미사일 실험을 하고, 2017년 11월 핵무력 완성을 공언했다.

김정은은 2018년 신년사를 통해 핵무기 대량생산과 실전배치를 공언했다. 이로써 북핵문제는 완전히 다른 국면으로 진입했다. 북한은 이제 핵은 핵대로 갖고, 핵 공갈로 제재도 풀고, (금나라가 남송을 약탈하듯이) 싸울 의사가 없는 부유한 남한을 약탈하는 것을 전략목표로 삼고 있다고 보아야 한다. 그러므로 뭔가 큰 경제적, 군사적, 외교적 대가를 주고 북한의 비핵화를 끌어낸다는 빅딜 패러다임 자체를 폐기해야 하는 상황이 된 것이다. 따라서 북한이 핵개발 중이던 시대와 달리 2018년 이후는 과거 햇볕정책이라는 이름으로 추진하던 개성공단, 금강산관광, 북한 철도 건설 지원 등은 돈으로 노예의 평화를 사려는 조공행위일 뿐이다. 9.19 군사합의는 완전히 시대착오적이다.

문재인정부는 3번의 남북정상회담을 했음에도 구체적인 비핵화 의지를 전혀 끌어내지 못하였다. 북핵 협상 30년 역사를 반추해 보면 너무나 당연한 일이다. 북한은 미국에 대해서도 용도가 다한 낡은 영변 핵시설 파괴와 제재완화를 맞바꾸자고 요구하고 있다. 2019년 신년사에서도 사실상 한미동맹 해체를 선결조건으로 하는 '조선반도 비핵화' 주장을 굽히지 않고, '핵 선제 불사용, 비확산' 등 핵확산금지조약상의 핵보유국 의무 준수를 천명했다. 이는 2018년 4월 노동당 중앙위원회가 발표한 내용과 동일한 사실상의 핵보유국선언에 다름 아니다. 그러므로 문재인정부가 최대의 치적으로 내세우는 한반도 전쟁 위협 해소는 미국과 한국의 정부교체기(2016~17)를 틈탄 북한의 압축적 핵·미사일 시험 후, 국제사회의 응징을 회피하려는 북한의 전략에 충실히 부응해준 것에 다름 아니다. 북한은 핵 능력을 더 고도화하여 비핵화는 더 멀어졌고, 노예의 평화는 더 가까워졌다.

 ─ 지금은 북한 비핵화의 마지막 기회이다. 이 기회는 아직 완전히 물건너 가지 않았다. 북한이 2019년 12월 말을 기점으로 완전히 다른 길을 간다고 해도 마찬가지이다. 북한 비핵화 원칙(CVID)에 대한 일괄 합의와 단계적 이행은 여전히 뒤로 물릴 수 없는 원칙이다. 그 시작은 북핵 리스트 제출이 되어야 한다. 세계 시민들과 함께 북핵 폐기와 북한인권 개선 운동을 전개해야 한다.

 ─ 비핵화 요구를 지속하되, 비핵화 불가시 남한에 대해 핵을 사용할 엄두를 내지 못하도록, 무엇보다도 핵을 갖고 있는 것이 국익에 도움이 되지 않는다는 것을 인식시킬 수 있도록 다양한 형태의 경제적 제재와 한 차원 높은 군사적 방어, 응징 수단을 마련해야 한다.

 ─ 동시에 북한 비핵화의 최대 걸림돌인 김씨 3대세습 수령체제를 바꾸는 작업도 병행해야 한다.

 ─ 그 어떤 경우에도 북한체제의 인민과 시장에 대한 통제력 강화에는 협력하면 안 된다. 인민의 자유, 인권, 개방(정보) 확대, 강화를 요구해야 한다.

 ─ 북한 비핵화에 획기적인 진전이 없다면 9.19군사합의는 폐기하고, 최소한 미국과 나토 수준의 핵 공유를 추진해야 한다. 이는 어디까지나 최소한의 자위적 조치이다.

2장 정치, 정부, 공공 개혁전략 기조

　지금 대한민국 민주주의와 시장경제를 왜곡하는 최대의 원흉은 친일부역자도, 군부독재도, 재벌·대기업도, 신자유주의도 아니다. 그것은 공공의 이름으로 너무나 많은 것을 좌지우지하면서도, 전혀 공공성을 구현하지 못하는 전제적 국가·권력이다. 사생결단의 권력투쟁도, 정치의 본말전도도, 소모적인 경쟁과 갈등도, 국가주의와 약탈주의(지대추구)도 이 파생물이다. 한국은 국가·권력의 영향력이 너무나 크다. 한 마디로 권력의 과잉과 비대이다. 이는 공적 강제력(폭력)의 과잉이며 시장, 사회, 개인의 자유, 자치, 자기 책임의 과소 내지 기피를 의미한다.

　경제, 시장, 산업, 기업과 사회, 지방에 치명적인 영향을 미치는 결정이 누구에 의해 어떤 방식으로 내려지는지를 살펴보면, 한국은 중국과 북한에서 아주 멀고 유럽, 미국, 일본에 가깝다는 얘기를 함부로 할 수 없다. 권력의 과잉은 권력에 대한 종적, 횡적, 내적(자율적) 견제감시 장치가 허술하다는 것을 의미한다. 권력자가 별로 견제받지 않고 조직의 하부나 주변 그리고 시장, 민간, 사회, 개인 등의 생사여탈권을 틀어쥐고 심한 갑질을 할 수 있다는 것을 의미한다. 이는 다 법령에 의거하거나 법령의 미비를 틈타서 자행한다.

그러므로 각종 법령을 재검토하여 권력의 절대량(관여, 개입 범위) 자체를 줄여야 한다. 대통령 권력과 국회(의원) 권력을 축소, 분산한다고 해서 문제가 해결되는 것은 아니다. 수많은 정부기관과 공무원들이 휘두르는 자의적 권력 그 자체를 축소하고, 분산하고 견제와 균형 하에 놓아야 한다. 국가·권력을 국민과 주민과 개인에게로, 자유롭고 공정한 시장으로, 자조와 자치의 지방과 공동체로, 주민자치가 가능한 작은 공동체(마을)로 분산, 분권해야 한다. 물론 시장과 지방 등에 자율과 책임 원리가 왜곡되지 않는지를 면밀히 살펴야 한다. 공기업과 공공기관과 자의적으로 사용되는 예산과 기금(재량 지출) 자체를 최대한 줄여야 한다. 공무원 규모와 공공기관의 숫자뿐 아니라 그들의 관여 업역 자체를 줄여야 한다.

권력 과잉 해소

정치(관계법)개혁에 앞서서 전제적 권력 그 자체를 축소하고 철폐한다. 동시에 권력의 과잉집중 구조를 개혁한다. 개혁의 출발점은 권력 행위 전반을 국민이 다 들여다 볼 수 있게 최대한 공개하는 것이다.

- 공무원 등 공공부문의 인적 규모와 수입지출 규모 자체를 축소한다.
- 공기업과 공공기관의 숫자와 인적 규모를 30% 줄인다. 우선 분리징수 되는 4대보험(국민연금, 건강보험, 산재보험, 고용보험)을 국세청에서 일괄적으로 징수한다.

권력 집중 완화

국가·권력은 인적으로는 대통령과 그 비서실, 국회의원, 지자체장, 직업공무원 등이며 조직적으로는 국회와 행정부와 사법부와 공공기관 등이다. 과잉되고 집중된 권력에 대한 종적 횡적 견제와 균형 장치가 취약하면 권력은 제왕적, 전제적으로 되기 마련이다. 대통령만 제왕적인 것이 아니다. 국가 그 자체가 제왕적이다. 대통령, 행정부(직업공무원과 지자체장), 국회(의원), 사법부(법관) 등도 제왕적 권력을 갖고 있다. 하지만 권력기관 간 상호 견제와 균형도, 민주적인 통제 장치도 잘 작동하지 않는다. 이는 엉터리 법령이나 꼭 필요한 법령의 미비로 인한 것이다.

어쨌든 제왕적, 전제적 국가 그 자체를 개혁하지 않으면 대통령제를 어떻게 개혁하든, 선거제도를 어떻게 개혁하든, 정당과 국회 운영 방식을 어떻게 개혁하든 선진 정치는 불가능하다. 권력을 종적, 횡적으로 분산, 분권하고 상호 견제와 균형이 작동하도록 만들어야 한다. 권력(권한)의 분산은 권한과 책임의 분산이요, 권한과 책임의 일치요, 권력기관 간 상호 견제와 균형의 실현이다. 권력의 횡적 분산, 분권을 위해서는 사정·감독·감사 기능(검찰, 감사원, 공정위, 금융위 등)은 행정부에서 제4부(감독부)로 독립시킨다. 헌법 개정을 통해 감사원의 회계 감사 기능은 국회로 이관한다.[81)]

권력의 종적 분산, 분권과 법률 품질의 획기적 제고를 위해 상하 양원제를 도입한다. 연방국가가 아니라고 해서 상원이 불필요한 것이 아니다. 상원과 더불어 지방자치분권과 국민소환제, 국민발안제, 마을 총회 직접민주주의와 숙의민주주의적 요소를 강화한다. 추첨을 통해 엘리트로 구성될 수밖에 없는 대의기관의 약점도 보완한다. 행정과 사법에 배심제, 참심제 등을 전향적으로 도입한다.

– 권력분립을 내실화한다. 행정권력과 입법권력이 융합되는 추세

---

81) 내각제 국가는 입법과 행정은 단일체지만 (선진국의 경우) 사법부는 독립되어 있고, 법관은 인간과 사회에 대한 충분한 이해가 있다. 지방분권도 튼실하다. 또한 시장 등 사적 자치에 많은 것이 맡겨져 있다. 행정권력도 인사권자에게 집중되어 있지 않다.

를 감안하여, 특별히 사법권의 독립을 강화하고, 법관들의 실물 경제와 복잡미묘한 인간사에 대한 이해력을 높여, 보편 이성과 양심에 충실하도록 만들어야 한다. 따라서 법관이 더 현명해지도록 임용 방식을 개혁하고, 법관이 권력이나 특수이익집단이나 떼법(국민감정)에 휘둘리지 않도록 신분보장을 강화한다.

 ─ 권력 품질(공공성, 전문성, 책임성)을 향상시킨다. 권한(자리)과 책임(실력) 일치시켜 평가, 보상, 책임 추궁이 합리적으로 작동하도록 한다. 신상필벌의 원칙을 구현하여 공직자와 권력기관들이 자신의 소명을 이행하기 위해 노심초사하게 만든다.

 권력자와 권력기관들을 최대한 어항 속에서 노는 금붕어처럼 만든다. 이를 위해 권력행위(해석, 처분, 인사 등)의 근거를 더 상세하게 공개하도록 한다. 지금 대한민국에서 가장 혁명적인 가치는 권력행사의 근거와 내용의 투명화, 공개화이다. 권력을 보다 투명하게, 권력행위의 근거는 더 상세하게, 감시는 더 다면적으로, 치밀하게!! 권력오남용에 대한 징벌(책임)은 더 준엄하게 한다.

생산적 정치경쟁과 대승적 정치협력이 가능한 선거제도

 정치가 자신의 소명에 충직하고 더 유능하게 되도록, 생산적 정치경쟁과 대승적 정치협력(연정과 협치 등)이 용이하도록 대통령, 국회의원, 지방자치단체장, 교육감, 지방의원 선거제도를 개혁한다. 동시에 정당체제와 국회운영 방식을 개혁한다. 한국의 국회 운영방식은 사실상 만장일치제로 소수파의 횡포에 취약하다. 국회선진화법은 이를 제도화한 것이다. 사실 선진화법 이전에도 국회 본회의나 상임위를 열려면 여야(교섭단체) 합의가 필수였기에 원구성과 국회 개회 자체가 소수파의 무기로 사용되었다. 상임위원장도 국회 교섭단체의 나눠먹기로 되어 있어서 상임위 진행을 맡은 상임위원장의 횡포도 얼마든지 가능하다. 문재인정부 하에서는 이것이 문재인정부의 폭정을 막는 장치이지만, 지극히 예외적인 상황을 전제로 제도를 만들 수는 없는 법이다.

국회의원을 자신이 소명, 즉 법안, 예산, 감사와 시대가 요구하는 중차대한 국정과제 및 경세방략 공론화 등에 충실하도록 선거제도와 정당체제를 개혁한다. 현행 국회의원 소선거구제도는 국회의원을 지역구민 등 특수이익(지대추구 요구)에 충실하도록 만든다. 또한 국회의원 소선거구 상대다수 득표제와 결선투표 없는 제왕적 대통령제는 승자독식선거제도이자 양강·양당 구도를 강제하는데, 정치 선진국에는 없는 불행한 역사적 유산(비이성적 감정반응을 초래하는 식민통치-좌우익간 내전-한국전쟁-분단-독재의 기억 등)과 맞물리면서 진보와 보수 간의 생산적 경쟁이 아니라 서로 화해하기 힘든 선악, 정사, 정의-불의, 종북좌익-친일독재 간의 사생결단의 대결구도로 몰아가서 정치를 근본적으로 왜곡하고 있다.

대통령제와 단원제 국회 철폐

- 제왕적 대통령과 비토권만 비대한 단원제 국회를 철폐하고, 상하 양원이 서로 견제하고 협력하는 의원 내각제로 개혁한다.
- 선거제도는 정당을 강화하도록 독일식 연동형 비례대표제를 채택한다.
- 대통령 중심제를 채택한다면 대선결선투표제와 중대선거구제를 도입한다.

정당의 강화

대의민주주의의 요체인 정당이 자신의 소명에 충실하게 만드는 제도와 문화를 만든다. 정당이 가치와 이념을 공유하는 결사로서 국정 노하우를 축적하고, 종합적이고 통일적인 국가비전과 정책을 정련하고, 정치 리더십을 선발, 검증, 교육·훈련하는 기능(본령)에 충실하도록 한다. 서구에서 30대 총리나 대통령이 나오는 것은 좋은 정당을 딛고 서 있기 때문이다. 아니 개인의 집권이 아니라 정당의 집권이기 때문이다. 정당으로 더 많은 인재와 자금, 더 다양한 계층이 들어올 수 있도록 한다. 동시에 더 민주적, 개방적, 공화주의적으로 운영되도록 한다. 하지만 선거가 사생결단의 전쟁 양상을 띠면, 전투조직인 정당의 민주화와 공화주의적 운영은 결코 쉽지 않다.

선출직 공직자가 통할하는 국가·권력은 너무나 비대하고, 정치는 양당·양강 정치독과점 체제인데, 당원의 책임과 의무는 지금처럼 느슨하게 하고(월 1~2천 원 당비 납부와 투표), 당원의 권한과 권리를 강화하면(핵심 당직과 공직후보자 선거권피선거권 부여 등), 오로지 공직 후보를 노린 수많은 이익·이념·종교 집단이 당을 장악하기 위해 몰려들 수밖에 없다. 그러므로 정당의 강화와 민주화(당원 주권 등)의 전제 조건을 엄밀히 살펴야 한다.

대통령제에서 정당의 강화는 쉽지 않다. 집권 주체는 사실상 개인과 대선 캠프이기 때문이다. 대통령제에서 여당은 권한(정부에 대한 영향력)은 크지 않으면서, 책임(정권 심판의 표적)은 다 지는 독특한 존재이다. 그래서 대통령의 인기가 떨어지면 대통령과 차별화하는 것이 선거에 유리하다고 생각하는 여당의 주요 주자들의 공격을 받고, 끝내는 여당에서 축출된다. 권한과 책임의 균형은 의원내각제 아니면 곤란하다. 정당이 가치와 이념을 공유하는 결사에서 먼 것은 비대한 국가·권력, 정치독과점 체제, 사생결단의 대결구도, 당원의 낮은 의무와 권리, 대통령제(대통령 중심 권력구조)와 관련이 있다.

- 당원의 권리와 의무를 강화하되, 서로 균형이 맞도록 한다.

- 선거제도, 권력구조 개혁과 상관없이 정당 설립요건을 완화하고, 기득권 편향의 정치자금법을 개혁한다. 하지만 정당의 난립을 방지하기 위해 의석 배분 기준 득표율은 5%로 올린다.

- 정당이 미래의 정치지도자들을 선발하고 교육·훈련하는 '정치학교'를 내실화한다. 정당의 교육비는 국고에서 보조한다.

- 정당으로 하여금 지지자 및 국민의 요구, 불만에 둔감하게 만들고 당권파가 정당민주주의를 무시하게 만드는 국고보조금 제도를 철폐한다.

제왕적 정부

제왕적이라고 비판받는 대통령 권력의 상당 부분은 헌법이 아니라 법률의 허술함에서 비롯된다. 물론 예산 편성과 법률 제·개정에서 대통령의 헌법상 권한은 크다. 미국은 정부의 법안 발의권도 없고, 예산 증액권도 없고, 행정부 인사에 대한 의회의 청문과 인준 범위도 훨씬 넓다. 그런데 한국 대통령을 제왕적으로 만드는 것은 예산과 법률 관련 권한이 아니다. 국회는 대통령과 행정부에게 너무 많은 것을 위임해 버렸다. 단적으로 엄청난 예산 부담(공무원 1인 채용 시 30년 근무로 잡으면 고용 비용 30억 원, 본인 및 유족 연금까지 포함하면 40억 원 이상 소요되는)을 감수해야 하는 국가 공무원 정원을 대통령령으로 위임해 버렸다. 공무원의 보수는 공무원급여법으로 규율해야 마땅하지만 부(장관)령에 위임해 버렸다. 한국전력, 한국수력원자력, 코레일, 인천공항공사 등 공기업의 인사(채용, 해고, 임금 등), 조직, 정책(사업, 외주 등)도 국회는 법률로 규율하지 않고 대통령이나 장관에게 백지위임해 버렸다. 외교안보 사안도 대통령에게 백지위임해 버렸다. 그 결과 9.19 군사합의 같은 국가 중대사를 국회의 비준도 받지 않고 일방적으로 밀어붙였다.

대통령을 제왕적으로 만드는 것은 첫째, 대통령과 고위공직자가 생사여탈권을 쥐고 있는 공무원이 휘두르는 자의적 규제와 재량 지출(경제 예산 등)이 많고, 민간에게는 치명적이기 때문이다. 둘째, 공무원과 정부기관이 주도하는 정책과 사업이 너무나 불투명하게 수행되기 때문이다. 그 결과 중의 하나가 권한은 공개 검증을 전혀 거치지 않는 대통령 비서진이 행사하고, 책임은 엄격한 검증 절차를 거친 장관이 지는 위선적 구조이다. 셋째, 검찰, 국세청, 공정위, 금융위, 방통위, 감사원, 행정(규제)부처의 수사, 조사, 감사, 징계, 인허가권 등이 개인과 기업에게 너무나 치명적인데, 이 권한들이 자의적으로 행사되도록 하기 때문이다.

－ 대통령과 행정 각부 장관과 공공기관장의 인사권과 주요 지시들 보편 이성과 상식에서 어긋나지 않도록 투명화(공개화), 문서화하고, 사전사후 검증이 가능하도록 한다. 국가 권력 행위(해석, 판단, 처벌, 예결산, 인사, 감사, 조사, 지시 등)를 상세하게 기록하고 공개를 원칙으로 한다. 권력이 공공적(public) 가치보다는 사적(private) 가치를 좇는 큰 이유 중의 하나는 권력행위의 많은 부분이 장막 뒤에서 비공식적(informal)으로 이루어지기 때문이다.

－ 특히 법원 검찰 등 사법기관의 사법행위와 기타 행정부의 징벌 행위(수사, 조사, 감사, 인허가 등)에서 직권 오남용 시비가 발생하지 않도록 결정이나 처분의 근거를 상세히 남기고, 사후적으로 엄격히 책임 추궁이 가능하도록 한다. 특별히 공직에 대한 인사(승진, 승급, 보직)와 감사와 징계가 보다 투명하고 공정하게 행사하도록 그 근거와 내용을 상세히 공개한다.

－ 법원, 검찰, 국세청, 감사원, 금융위, 방통위, 선관위 등의 처분

(제재), 해석의 근거와 내용을 최대한 상세히 공개한다.

  – 인사, 징벌, 인허가를 좌우하는 인사와 지배운영구조가 최대한 공공성, 전문성, 중립성이 담보되게 한다. 대통령과 여당, 야당의 정치적 이익뿐만 아니라 관련 부처와 기관(노조)과 다양한 사적 연고(학연, 지연, 혈연 등)의 특수이익 추구로부터도 최대한 자유롭게 한다.

  – 합의제 기구 거버넌스를 개혁한다. 방송통신위, 규제개혁위, 노동위, 공영방송지배구조 등 제반 합의제 기구의 구성 방식을 개혁한다. 대통령, 국회, 여당, 야당의 나눠 먹기가 아니라 상호제척권 등을 도입하여 공공성, 전문성, 중립성을 제고한다.

  – 정부 공공조직을 최대한 문민화한다. 국방정책을 비롯하여 모든 공공정책이 특정 학교 혹은 특정 직업을 가진 사람들에 의해 독점되지 않도록 한다. 특별히 국방부, 검찰, 국세청, 감사원 등의 문민화를 추진한다. 동시에 헌재, 선관위, 국회 등에 법조인의 비중을 줄인다. 일단 헌재와 선관위의 문민화(비변호사 출신)를 실시한다.

  – 권력이 변칙적으로 지배 통제하는 기관 및 인사를 선출직과 같이 진퇴할 부문과 대법원 수준의 전문성, 중립성, 공공성을 확보할 부문(방통위, 원안위, 노동위 등)으로 나눈다.

  – 국가공무원총정원령 등 대통령령에 위임된 중요 사항을 법률 사항으로 하고 주요 내용은 국회의 승인을 받도록 한다.

  – 대개의 법령은 개인과 기업의 자유를 제약하는 경향이 있다. 따라서 당분간은 법안 발의 숫자가 아니라 폐기 숫자를 중요하게 관리한다. 특별히 국가 규제 및 형벌(자유형과 재산형)의 폐기를 중요하게 관리한다.

공무원 인사와 보수

  – 승진에 목매게 하여 인사권자에게 한없이 비굴할 수밖에 없는

현행의 9품 계급제를 직무 중심으로 전환한다. 더 세분화되고 더 합리적인 직무급을 도입한다. 소방, 경찰, 복지 등 위험하고 힘든 직무, 고도의 전문성이 필요한 직무와 나머지 분리하여 필요한 곳은 상향한다.

－ 공무원 인사, 조직을 개방화, 전문화, 유연화한다. 개방직, 계약직, 정무직을 대폭 확대하고 신규 채용자는 5년 계약직, 7년 계약직, 10년 계약직을 기본으로 한다. 장기적으로 정년보장직 50% 이상 감축한다. 정년보장은 대학의 테뉴어 교수처럼 업적 심사평가를 통하여 매우 예외적으로 주어져야 한다.

－ 저위험 저수익, 고위험 고수익(low risk low return, High risk high return) 원칙하에 계약직, 임시직 보수는 상향한다. 현대판 '소년등과'와 '관료마피아' 폐해를 초래하는 5급 고시를 폐지하고, 7급과 9급은 존치하며, 9급은 고졸자, 다자녀 가구, 3D업종 경력자 등에게 50% 쿼터 제공한다. 공공부문의 하위직 신규채용이 꼭 필요하다면 시험 선발은 50% 이하로 하고 나머지는 철저한 지역, 계층, 학력, 경력 할당제를 실시한다. 지방 거주자, 저소득층, 고졸자, 3D업종 종사자, 결손 가정 등 눈물 젖은 빵을 먹어 본 사람을 우대한다. 일정한 기준을 만족하는 사람들 중에서 추첨으로도 뽑을 수도 있다.

－ 주무 부처 출신 퇴직 공무원 산하기관 취업 5년간 금지한다. 예컨대 교육부 공무원의 대학 총학장 또는 교수 취임을 금한다. 그 5년 뒤에는 취업 이력과 업무 내역을 상세히 보고하게 한다. 민간기업 취업시 공무원 연금 수령은 원칙적으로 금지한다.

－ 초과이윤과 우월적 지위와 자의적으로 설정한 국가표준 등을 기반으로 생산성에 비해 월등히 높은 근로조건을 누리는 공무원 등 공공부문, 규제산업, 민간독과점 기업의 고용임금 수준을 상세히(분위별로) 인터넷에 공개하도록 의무화한다.

– 일본의 공무원 급여법을 참고하여, 한국의 공무원 보수(급여)법을 제정한다. 보수 기준을 상시근로자 100인 이상 민간기업이 아니라 전체 근로자의 중위임금으로 바꾼다. 공무원과 공공부문의 고용(임용과 면직), 임금, 연금, 복지 등을 민간 중소영세기업과 근로자 중위 값을 참고하여 재설계한다. 공공부문이 솔선수범하여 철밥통 및 호봉제와 기업복지를 철폐하고 직무급을 도입한다.

– 공무원 연차 휴가를 70% 의무 소진하고, 공무원 시간외 근로를 70% 의무 감축한다.[82]

예산 결산

헌법 제57조(국회는 정부의 동의 없이 정부가 제출한 지출예산 각항의 금액을 증가하거나 새 비목을 설치할 수 없다)에 의하여 국회는 행정부가 편성하고, 제출한 예산을 심의하고, 항목 변경 없이 감액할 권한만을 갖고 있다. 그나마 결산은 지극히 부실하게 처리한다. 그뿐 아니라 국가재정에 대한 회계감사권은 감사원이 갖고 있다. 예산편성권과 회계감사권을 대통령에게 주고서 제왕적 대통령의 문제를 탓하는 것은 고양이에게 생선 가게를 맡기고 고양이 도둑질을 탓하는 격이다.

– 개헌을 통해 회계감사권을 국회로 넘긴다. 개헌 전이라도 견제와 균형의 원리에 의해 어떤 형태로든 예산편성권과 회계감사권은 분산, 분권되어야 한다.

– 예산은 더 치밀하고 더 다양한 각도의 감시를 요한다. 예산 편성 내역과 집행(결산) 내역을 사전 혹은 사후에 상세 공개하도록 한다.

---

82) 홍익표 의원실이 인사혁신처와 행정안전부에서 받은 자료에 따르면(2019.11.10), 2018년 기준 48개 중앙부처와 245개 지방자치단체의 5급 이하 공무원들이 시간외 근무수당으로 받은 금액은 1조 5,417억 원이다.

3장 경제 개혁전략 기조

경제개혁의 기본은 자본, 금융, 노동, 기술 등 생산요소의 창조적 해체(파괴)와 결합이 원활하게 이루어지도록 하는 것이다. 한 마디로 정부공공개혁, 규제개혁, 노동개혁이다. 이는 시장원리라는 이름의 정의가 강물처럼 흐르게 만드는 것이다. 능력 있는 기업이 국내투자와 고용을 늘리고, 능력 있는 사람이 국내 창업과 민간기업 취업에 뛰어들도록 사회적 유인보상체계와 위험완충체계를 만드는 것이다. 돈, 토지, 사람, 창의와 열정 등 경제적 자원이 효율적으로 운용되도록 유능한 지배운영구조와 리더십을 만들어 내는 것이다.

공공개혁: Small Slim Smart Soft(flexible)한 정부

경제개혁의 킹핀은 독점과 특권의 본산이자, 부당한 약탈과 억압의 중심인 정부 및 공공부문과 그 권능(예산, 규제, 사법, 공기업 운영 등)을 최소화, 투명화, 효율화, 유연화, 공공화하는 것이다. 최우선 과제는 먼저 정치와 공공이 쥐고 흔드는 징벌, 규제(인허가), 예산, 세금, 공기업과 공공부문의 보수, 인사, 조직을 투명하게 공개하고, 민주공화적인 통제를 가하는 것이다. Small Slim Smart Soft(flexible)한 정부를 만들어 관존민비 시대를 종식시켜야 시장과 경제가 산다. 이는 곧 기업의 국내투자와 고용에 따른 위험을 선진국 수준으로 줄인다는 것을 의미한다. 이는 노동의 사회적 위험을 줄이는 일(사회안전망 강화)과 병행되어야 한다.

– 자본, 금융, 토지, 노동, 기술 등 생산요소의 창조적 해체(구조조정, 인수합병 등)와 결합, 재해체와 재결합이 원활하게 이루어지도록 한다. 능력 있는 기업이 국내 투자와 고용을 늘리고, 능력 있는 사람(인재들)이 국내 창업과 민간기업 취업에 뛰어들도록 사회적 유인보상체계와 위험완충체계와 지배운영구조를 만든다.

– 자유(시장)주도성장, 개척(세계경영)주도성장, 유효수요(고도화, 산업화)주도성장을 기조로 삼는다. 공공을 참칭하는 (정치, 행정, 사법)권력집단, 독과점을 도모하는 경제집단, 공급이 곤란한 부동산으로부터 시장을 자유롭게 한다.

– 우월적 지위에 따른 갑질을 국가규제와 처벌을 들이대기 이전에 약자와 을의 자조와 연대, 생산성 향상을 통해 극복한다. 국가규제와 처벌은 필요 최소한으로 한다.

– 기업인에 대한 과도한 형사처벌조항을 전면 재검토한다.(최저임금, 근로시간, 부당노동행위, 화관법 등)

규제개혁

국가규제가 많은 것은 중국·조선 문명의 유산, 국가주도 발전체제의 유산, 관료편의주의와 시장참여자들의 꼼수와 로비도 있겠지만, 기본적으로 경제주체 간 힘의 불균형이 극심하기 때문이다.

– 규제완화 내지 네거티브 규제가 기조가 되어야 하지만, 그에 따른 시장의 반응을 면밀히 살펴야 한다.

– 규제에 따른 비용, 수혜자 집단, 현실의 준수 여부(비율) 등을 조사하여, 이를 근거로 고리 5, 6호기 문제를 다루었던 공론화기구 방식으로 규제 존폐와 일몰 시점을 권고한다. 특별히 교육, 의료, 엔터테인먼트의 산업화를 촉진하는 규제를 개혁한다.

– '기업이 규제를 왜 풀어야 하는지 호소하고 입증하는 현재의 방식보다는 공무원이 규제를 왜 유지해야 하는지 (규제 존속이나 폐지를 심사하는 재판정의 배심원단에게) 입증케 하고, 입증에 실패하면 자동 폐지토록 하는 방식으로 바꿔야 한다'는 퍼시스 이종태 회장의 제안('기업인과의 대화', 2019.1.15)을 전향적으로 검토할 필요가 있다.

지대 축소

한국에서 임금 등 근로조건은 집단(기업)의 생산성 및 지대(초과이윤)와 개인(노동)의 생산성(숙련) 및 지대(초과임금)의 4중 중첩으로 정해진다.

〈임금의 요소〉

	생산성(정상 이득)	지대(초과 이득)
개인 (노동)	숙련(기술), 태도, 직무, 학력, 성 등	노사 역학(기업별 노조의 단체교섭), 숙련형성 전략과 고용임금 문화/관습/(연공서열, 속지주의 등)
집단 (부문/산업/기업)	산업/기업의 생산성(국제경쟁력, 브랜드&기술)	국가표준, 국가규제, 진입장벽, 시장역학(소비자, 협력업체, 경쟁업체와 관계→독과점, 갑질 등)

〈지대의 원천〉

자본/집단	자연&부동산	국가권력(규제, 표준, 갑질)	시장(불완전경쟁=불균형) *독과점, 갑질, 교섭력	브랜드&기술
노동/개인	문화/관습=가족주의(무임승차, 내외차별), 연공주의, 쟁취·약탈주의→노조 조직 형태와 행태			

개인(노동) 지대의 핵심은 생산성과 상관없이 근속연수에 따라 자동으로 올라가는 연공임금체계와 기업별 단체교섭에 의해 올라가는 임금인상 관행이다. 이는 임금을 개인의 기여(생산성)에 대한 보상이 아니라 기업의 지불능력과 노동의 교섭력(단결투쟁력)의 함수로 보는 임금관에 의해 뒷받침된다. 또 하나는 임금을 기여(생산성)에 대한 대가가 아니라 생애주기상 필요에 대한 응답으로 보는 임금관이다. 더 근원적으로는 사람을 직무/기능/역할 중심으로 보는 것이 아니라(그렇다면 직무에 따른 기업횡단적인 근로조건의 표준이 만들어질 것이다) 집의 식구로 보는 문화이다.

초과임금을 물질적으로 담보하는 것은 초과이윤이다. 이는 공공부문과 국가규제와 민간독과점 시장구조가 뒷받침한다. 이들은 국가 또는 과당경쟁(?)과 민간 불량사업자로부터 소비자나 공공성을 보호한다는 구실로 국가독점을 보장받거나 높은 진입 장벽(국가규제)에 의해 과잉보호를 받는다.

가장 심각한 문제는 4중 중첩구조, 특히 기업과 노동이 깔고 앉은 지대를 녹여내야 할 공공부문과 노동관계법이 이를 더욱 공고하게 만든다는 것이다. 단적으로 공무원의 보수 기준은 한국사회의 최상층인 상시근로자 100인 이상 기업의 임금을 기준으로 삼고 있다. 동일가치노동 동일임금을 부르짖지만 공무원과 공기업이 오히려 더 가파른 호봉임금체계를 유지하는 위선에 양심의 가책조차 없다. 그뿐 아니라 노동관계법도 대기업과 공공부문에서의 노조의 압도적 힘의 우위를 뒷받침하고 있다.

한국은 시장의 생명인 자유, 경쟁, 가격, 개방, 융합(영역 침범 등)이 억압되고 왜곡된 곳이 너무 많다. 사회적 약자들의 삶터는 대체로 개방과 경쟁이 과잉이고, 사회적 강자들의 삶터는 개방과 경쟁이 과소하다. 규제(노동관계법 등), 감독, 사법, 예산 등이 너무 기득권 편향적으로 운용되기 때문이다.

돈은 없지만, 창의와 열정이 뛰어난 존재들의 희망과 도전의 사다리 역할을 하는 금융도 너무 안정 위주, 기득권 위주로 운용된다. 그로 인해 경제와 산업구조 전반이 위계와 서열이 강고한 먹이사슬 구조로 되어 있다. 이것이 반기업 정서와 과도한 규제의 산실이다. 정의·공정의 핵심은 국가가 보호·육성·균형자를 자처하며 강권력으로 억강부약抑强扶弱하는 것이 아니다. 약자와 을들을 자조, 연대, 자위하게 하여 거부권과 선택권을 강화하는 것이 핵심이다. 우리 시대 최대의 갑질범은 공공의 이름으로 착취와 억압을 일삼는 정부와 공공기관과 특수이익집단(노조)이다.

– 경제력(이윤, 소득, 임금, 연금, 자산) 격차는 정당한 격차(생산성)와 부당한 격차(지대 수취력, 즉 초과이익)의 중첩으로. 전자는 상향평준화(생산성 향상)를 통해, 후자는 규제개혁 및 개방경쟁과 '을'의 대항력 강화를 통해 축소한다.

– 특별히 노동지대, 공공지대, 독과점(갑질) 지대를 축소한다. 이를 위해 선택권 및 거부권(대항권)의 균형을 회복하도록 노동관계법을 개혁한다. 그 핵심은 파업시 직장 점거금지와 대체인력 투입의 허용이다.

공공민간 독과점 산업과 규제산업 개혁

재벌·대기업이 받은 의심, 관심에 비해 국가, 공기업, 민간독과점, 규제산업, 면허직업의 억압, 착취, 낭비는 상대적으로 덜 주목을 받아왔다. 그러나 경제학원론의 주된 분석대상이 되는 완전 경쟁시장은 오히려 예외라고 할 정도로 드물다.

그러므로 재벌(대규모 기업집단)의 상호출자 관계, 지배구조, 내부거래 등에 대한 분석과 감시가 필요하다. 하지만 이에 못지않게 중요한 것은 수백 개의 산업·업종·직업의 시장구조에 대한 분석에 근거한 맞춤형 대응이다. 주요한 상품서비스의 시장구조를 상세하게 파악하여 모든 곳에서 독과점과 갑질을 몰아낸다.

 – 독점 공기업은 최소화한다. 일단 독립채산이 가능하고 효율적인 단위(가치사슬)를 중심으로 공기업을 분할하여 경쟁체제를 만들고 가능하면 민영화한다. 존치하는 공기업은 지배구조를 공공성, 전문성, 중립성을 제고하는 방향으로 개혁한다.

 – 진흥·육성 명목 공공기관 일몰제(폐지), 모든 인증제도를 원점에서 재검토한다. 국가가 더 단단히 틀어쥘 것은 틀어쥐고, 최대한 많은 가치사슬은 공정한 경쟁이 가능한 시장으로 내몬다.

 – 독점업역과 국가규제에 의해 만들어진 공공기관을 축소하고, 투명성을 획기적으로 제고하며, 종사자 처우 기준을 재정립한다(민간 중소기업 수준).

약자를 어떻게 자조, 연대하게 할 것인가?

 재벌개혁도 필요하고 공정위 역할 강화도 필요하고, 우월적 지위를 가진 재벌·대기업의 협력업체와 소비자에 대한 약탈 근절도 필요하다. 재벌총수 일가의 전횡과 사익 편취도 엄단하고, 기업범죄에 대한 처벌도 강화해야 한다. 하지만 시장질서 개혁정책의 기본은 이해당사자인 협력업체와 소비자의 힘을 키우는 것이다. 협력업체와 소비자가 더 많은 선택권을 가지고, 불리한 거래를 거부할 수 있는 거부권(대항력)을 가지는 것이다. 다양한 기업의 이해관계자들인 기관투자가, 소액주주, 사외이사, 감사, 회계법인, 채권금융기관 등의 견제와 감시를 작동시키는 것이다.

요컨대 공정위, 금융위, 검찰, 근로감독기관 등 국가가 나서서 악의 원흉으로 지목된 존재(재벌·대기업과 오너 일가, 자본, 원청 등)를 촘촘하게 규제하고 엄중하게 처벌하기 전에, 약자와 이해관계자의 대항력을 어떻게 키울 것인지를 먼저 고민해야 한다. 그와 더불어 돈은 없지만, 창의와 열정이 넘치는 벤처중소기업에게 희망과 도전의 사다리 역할을 할 금융과 자본을 어떻게 공급할 것인지를 먼저 고민해야 한다.

을과 중소기업의 자강

재벌·대기업의 우월적 지위남용 억제, 중소기업과 상생협력 및 동반성장도 중요하지만, 모든 것의 기본은 중소기업의 자위, 자조, 자립, 자강이다. 중소기업이 국내외 시장에서 더 많은 구매자, 더 좋은 거래처, 미래가치를 보는 금융공급자를 만나도록 해야 한다.

한국 중소기업은 유럽과 영연방, 북미, 일본, 중국과 달리 협소한 국내시장과 한 개 내지 몇 개의 대기업에 대한 과도한 의존도를 특징으로 한다. 그러므로 일자리를 찾는 시민도, 중소 협력업체도 더 많은 거래처, 수요처를 가지도록 해야 한다.

중소기업의 판로를 개척하여 거래선을 다변화해야 한다. 70억 인류가 사는 세계로 뻗어 나가서, 세계시장에서 수요처(거래처)를 찾을 수 있도록 해야 한다. 70억 인류와 중소기업을 연결하는 중간지원(유통, 마케팅, 금융, 컨설팅 등) 조직을 강화한다.

중소기업과 세계를 연결하는 새로운 민간 종합상사를 육성한다. 전 세계에 퍼져 있는 교민(유학생, 주재원, 교민 등)과 소통하면서 이들의 경험, 정보, 지식, 아이디어를 활용하도록 지원한다.

금융개혁 – 증권사에게 더 큰 자율과 책임을!!

금융산업은 기회 재분배의 핵심이다. 처지조건이 천차만별인 다양한 금융 수요를 파악하여 위험과 이익, 비용과 편익을 타산하여 위험을 완충(헤징)하여 다양한 금융상품을 개발하는 것이 본업이다. 한국을 비롯한 개도국에서 발견되는 재벌은 제대로 작동하지 않는 금융의 산물이다. 금융은 기본적으로 남의 돈으로 하는 사업으로 금융사업자에게 돈을 빌려주는 사람이나 투자하는 사람의 자기방위력이 약하면 국가가 촘촘한 규제, 감독으로 보호하는 수밖에 없다. 따라서 자기방어력과 자율책임능력이 있는 존재(투자자, 채권자)들의 금융투자 행위에 대해서는 큰 폭의 자율과 책임을 준다.

 – 우선 증권사에 큰 자율과 책임을 준다. 하지만 자기방어력이 취약한 소비자를 대상으로 하는 거래 중계기관(시중은행)은 엄격한 규제와 감독을 가할 수밖에 없다.
 – 정부의 감시와 규제 외에도, 다양한 내부 고발 장치, 동업자간 감시 장치가 작동 가능하도록 유인보상 장치를 마련한다.

탈원전 정책 폐기를 넘어 원자력 중흥으로

독일, 스위스, 대만 등의 탈원전 정책 수립, 추진, 변경은 의회를 중심으로 충분한 국민적 숙의 과정과 국민투표까지 거쳤지만 문재인정부는 전혀 아니었다. 문재인정부의 탈원전 정책의 근거와 절차는 너무나 부실하다. 한국은 독일, 스위스와 달리 유사시 전기를 사올 수 있는 나라가 없다. 에너지 공급에 관한 한 섬이나 마찬가지다. 스웨덴, 노르웨이와 달리 수력 등 재생 에너지원이 절대 부족하다. 미국, 몽골과 달리 사막 등 태양광 패널을 설치할 황무지도 별로 없다. 한국의 탈원전 정책은 문재인 대통령의 무지, 독선, 아집과 민주주의에 대한 완전한 몰이해에 근거한 것이다. 2019년 12월에는 7천억 원을 들여 수리하여 향후 30~40년 사용가능한 월성 1호기를 정부 거수기에 불과한 인사들이 다수를 차지한 거버넌스에 의해, 역시 부실한 근거를 기반으로 영구 폐기를 결정하였다.

  — 신한울 3·4호기 건설을 일단 재개하여, 원전산업생태계의 고사를 막는다.

  — 탈원전을 선언한 독일, 스위스, 이탈리아, 오스트리아의 민주적 숙의절차를 참고하여, 국가 에너지 공급전략 대계를 친원전 및 반원전 전문가들과 국회와 정부가 참여하는 국민 공론화 기구를 통해 충분한 숙의를 거친다. 탈원전 정책을 폐기한다고 해서 태양광, 풍력 등 신재생 에너지의 가능성과 비중 확대를 부정하는 것은 아니다.

4장 노동개혁 전략 기조

고용 패러다임과 노동정책 패러다임을 전환한다. 고용형태(계약)의 자유화, 다양화, 유연화, 임금체계의 공정화, 단순화를 추진한다.

정규직은 정상, 비정규직은 비정상 패러다임 철폐

정규직은 정상, 비정규직은 비정상이라는 고용 패러다임을 철폐한다. 한국식 정규직은 축소하고, 유럽식 정규직을 확대한다. 노동시장의 정의·상식에 정면 반하는 한국식 정규직이 줄어들고, 유럽식 정규직이 늘어나면, 즉 다양한 고용형태, 적정한 고용유연성(상대적으로 약한 정년보장), 직무와 성과에 상응하는 공정한 임금체계가 확산되면 한국식 비정규직은 줄어들게 되어 있다.

과도한 요구와 기대 수준 적정화

생산력과 생산성에 비해 너무 높은 요구, 기대 수준을 적정화한다. 한국의 교사, 공무원, 공기업 근로자, 은행원(규제산업), 면허직업, 대기업 근로자(특히 블루칼라) 등 청년들이 선망하는 직업·직장의 임금이 우리의 1인당 GDP(생산력 수준)나 근로자 평균임금 혹은 중위임금 대비 월등하다. 단적으로 한국 대기업의 대졸 초임, 최저임금 수준,

공무원연금 수준 등은 우리보다 소득수준이 30% 가량 높은 일본을 능가한다.

한국의 공공부문, 대기업, 규제산업·면허직업 종사자들과 국공립 대 교수·교원 등 성 안 사람, 즉 지대 수취자들의 소득생활 수준을 정상으로 여기니 사회 전반적으로 요구, 기대수준이 너무 높다. 우리의 생산력 수준이나 변화부침이 심한 시장환경에 비해 근로조건이 너무나 높고 안정적(경직적)이다. 또한 이는 제반 생활비(식료품비, 통신비, 교통비, 교육비)를 끌어올린다. 지대 수취가 보장되는 성 안 진입 경쟁을 초래한다.

너무 높게 설정된 표준을 정상으로 여기니 뱁새가 황새를 따라가려다 다리가 찢어지는 것과 같은 폐해가 생겨난다. 최저임금 1만 원, 무리한 근로시간 단축, 공공부문 일자리 늘리기와 비정규직 제로화, 결혼 적령기 청년들의 배우자에 대한 요구수준과 높은 출발선, 과도한 해외여행과 대학진학률, 건설, 농업, 제조업(뿌리산업) 등 어렵고 힘들고 위험한 일자리에 대한 청년 구직자의 극단적인 기피와 외국인 노동자의 홍수 등은 일종의 뱁새의 무리수라고 할 수 있다.

비정규직이어도 억울하지 않는 세상

시간제, 기간제 고용과 파견용역 고용 등 비정규직이어도 억울하지 않고 살 만한 세상을 만든다. 정규직과 비정규직이 노사의 처지, 조건에 따라서 얼마든지 선택 가능한 옵션이 되도록 한다. 생산성이 같다면 시간제, 기간제, 계약직 등 비정규직이 더 높은 임금을 받도록 공공부문부터 솔선수범한다.

분업·협업과 전문화, 외주화는 시대의 요구이다. 따라서 위험의 외주화 자체를 막는 것이 아니라 위험 작업에 따르는 비용과 부담을 협력업체와 소속 근로자에게 떠넘기지 못하도록, 즉 작업장 안전을 중시하도록 제도(규제와 유인보상체계, 사고징벌체계)를 개선한다.

기업이 고용을 지금보다 덜 부담스럽게 늘리도록 시간제, 기간제, 파견제 등을 오히려 폭넓게 인정하고 이들의 부담을 국가가 떠안아 준다. 고용보험을 튼튼하게 하고, (이들에 대한 소득보전을 위해) 근로장려세제를 강화한다.

노동관계법(근로기준법, 노동조합 및 노동쟁의조정법 등) 개혁

근로기준법 제23조와 제24조에 대한 법원의 해석이 글로벌 스탠더드(경영상의 판단 존중)에 근접하도록 법률을 제·개정한다. 이해당사자 간 무기의 대등성 원칙에 따라 파업시 사업장 점거를 금지하고, 대체인력 투입을 허용한다.

기간제 근로자(비정규직) 사용(기간)제한법을 폐지한다. 사실상 8심제인 노동위원회제도를 폐지한다. 기업별 단체교섭을 중소협력업체까지 포함한 산업별 교섭으로 전환하지 않으면 안 되도록 노동관계법을 개정하여 기업횡단적인 직무급제를 확대한다. 동시에 국가복지를 늘리면서 기업복지는 축소한다.

이중고용체제와 특별고용보험

노동시장의 이중구조를 당장 고칠 수 없다면, 사회적 합의를 통해 신규 채용자부터 새로운 형태의 고용계약을 맺을 수 있도록 한다. 노동시장의 이중구조는 지금 신규 채용 공무원에게 하고 있듯이 이중고용 체제로 풀 수밖에 없다.

비정규직으로 노동시장에 들어오는 청년 근로자들에 대해 7년 일하면 (자발적 퇴직이라도) 1년 정도 통상임금을 받으며 재충전할 수 있도록, 통상임금의 14%(비정규직 사용 부담금)를 적립하는 특별고용보험(희망충전 계좌)을 신설한다. 반대급부로 기업에 지금보다 훨씬 자유로운 해고 권한을 부여한다. 특히 퇴직금을 주지 않으려고 7개월, 9개월, 11개월 만에 계약 해지하는 기업에게는 임금의 10% 이상(퇴직금은 임금의 8.33%)을 희망충전계좌에 적립 의무화한다.

근로기준과 노동관계법의 지방화

일부 근로기준과 노동관계법의 지방(광역 차원) 자율화를 추진한다. 광역지방자치단체는 최저임금, 공무원 고용임금, 고용 규제(계약직, 파견직, 시간제 등) 등에서 자율권을 가질 수 있도록 한다. 예컨대 광주 지역의 노사정이 합의한다면, 조례를 통해 연봉 4,000만 원(적정임금)의 '광주형 일자리' 구상을 실험할 수 있도록 노동관계법 개정이 필요하다.

한국에서 노조는 대기업과 공공부문과 규제산업의 전유물이다. 노조는 산업, 지역, 직업 차원의 근로조건의 표준(공정가격)을 형성하여 시장의 공정성과 사회의 연대성을 강화는 것이 아니라 정반대 기능을 한다. 갑(원청)의 을(하청)에 대한, 대기업의 중소기업에 대한, 공공의 민간에 대한 약탈을 완화하는 것이 아니라 오히려 심화시킨다. 불평등과 양극화를 완화하는 것이 아니라 심화시킨다. 현재 노동관계법과 노조의 철학, 가치, 문화로는 노조는 결코 확대 강화될 수가 없다.

노사협의회 내실화

노사협의회를 내실화(민주화), 중층화해야 한다. 노사협의회는 지금처럼 직접 사용자와 근로자 간에도 해야 하고, 동시에 고용형태나 사용자를 불문하고 해당 사업장에서 일하는 모든 근로자와 이들에게 일을 시키는 모든 사용자 간에도 해야 한다. 그 대표는 민주적 절차를 통하여 선출되도록 한다.

최저임금 차등화

최저임금을 산업·업종·지방·연령별 차등화하고, 사회임금(실업수당 등 각종 사회수당, 근로장려금 등)을 인상한다. 생산성에 비해 너무 높은 최저임금은 5년간 동결한다. 단, 업종·연령·지방 차원에서 80% 혹은 90%로 감경할 수 있다.

5장 지방자치분권과 지역균형발전 전략 기조

　지방자치는 권력(공공재 공급)을 주민의 눈과 귀와 손이 닿는 곳으로 가져가는 것으로 자유민주주의의 근간이다. 고속교통망과 정보통신기술(ICT)에 의해 시공간이 축소되고, 소통을 가로막는 장벽이 많이 줄어들었다고 해서 권력을 주민 가까이 가져가는 일의 중요성이 줄어드는 것은 아니다.

　자유민주주의의 기본 정신은 자신의 자유, 생명, 재산 등을 국가(중앙정부, 지방정부, 공공기관), 성왕(성군), 수령(위인), 대통령 같은 통치자에게 책임져 달라고 요구하는 것이 아니다. 자신의 자유, 생명, 재산 등은 최대한 스스로, 즉 자율과 책임, 자치 정신으로 지키는 것이다. 다만 그것이 곤란한 경우, 즉 스스로 생산이 곤란한 공공재(치안, 교육, 도로, 공원, 상하수도, 폐기물, 전기통신 등)에 한해 자신이 직접 참여하고, 숙의하고, 결정하고, 그에 따르는 의무와 부담을 지는 것이다. 그래야 관심 있게 살피고, 평가하고, 되먹임하여 공공서비스(권력 품질)를 높일 수 있기 때문이다. 다시 말해 자유민주주의의 기본정신은 개인(주민)-마을-지방정부-중앙정부-국제기구 간에 보충성 원칙과 비용편익을 엄밀히 따진 사회계약에 의해, 각자의 권한과 책임, 권리와 의무를 설정하는 것이다. 지방자치는 자유를 지키고 키우기 위한 수단이다. 이 핵심은 최대한 주민의 눈과 귀와 손이 닿는 가까운 곳에서 공공재를 생산하거나, 아니면 자신이 소비자 선택권과 심판권을 발휘할 수 있는 시장에서 생산=구매하는 것이다. 개인가족과 작은 마을이 직접 생산하기 힘든 공공재를 비용편익을 엄밀히 따져, 자유권리 위임과 의무부담 이행 계약에 따라서 적절한 대리인, 기관, 제도에 생산 의뢰하는 것이다. 이는 지방이 각자의 특장점을 발휘하여 발전하기 위해서도 필요하다.

분권은 국가(중앙)에서 지자체(지방)로 권한과 책임을 이관하는 것이다. 동시에 국가 및 지자체의 권한과 책임을 시장, 사회(자치적 결사), 개인으로 이관·이전하는 것이다. 국가에서 지자체로의 분권 이전에 지자체에서 주민으로의 분권이 필요하다. 한 마디로 주민자치를 활성화하는 것이다. 교육청(교육자치체)이 행사하는 권한과 책임은 지역 주민과 학부모, 단위 학교, 적정한 교육 자치체로 이관하는 것이다. 요컨대 권한보다 책임이 먼저이고, 지방분권보다 주민자치가 먼저이고, 지자체로의 분권보다 주민(소공동체)으로의 분권이 먼저이다. 분권은 권한뿐만 아니라 책임의 이전이기에 실제 책임을 질 수 있는지, 책임을 물어 권력을 행사하는 존재를 응징할 수 있는지를 살펴야 한다.

− 지방이 자신의 처지와 특장점을 약진의 발판으로 삼을 수 있도록 지방의 자치권−인사조직권, 입법(조례)권, 재정권을 확대 강화한다. 다만 오랜 지방 불균등 발전전략과 국가규제 등을 감안하여 저발전 지역의 재정력을 전향적으로 조정하고, 지자체의 투명성(정보 공개 등)을 획기적으로 강화한다.

− 타인에게 피해를 주지 않는다면, 개인과 가족이 자율책임하에 처리하겠다고 하는 일은 그들에게 맡겨야 한다. 마찬가지로 마을과

학교 등 다양한 커뮤니티가 자율책임하에 처리하겠다고 하는 일은 가능하면 그들에게 맡긴다. 지방(자치단체)이 자율책임하에 수행하겠다고 하는 일은 그들에게 맡긴다.

지방분권이 아니라 주민자치가 먼저

지금 한국은 자조−참여−자치(자율책임) 정신으로 주민의 이해와 요구를 실현하는 '주민 자치'로서의 '지방 자치' 논의는 뒷전으로 가고, 지방자치단체장과 지방의회 의원과 지방 공무원의 재량권 확대 강화에 초점이 맞춰진 '지방분권' 논의가 전면에 와 버렸다. 본말이 전도된 것이다.

− 중앙정부가 가진 권한과 책임을 지방으로 이전하는 지방분권 전에, 지방정부(지자체장과 공무원)가 가진 권한과 책임을 주민에게로 이전한다. 지방분권보다 주민자치가 먼저이다.

정부 사무(공공서비스) 평가를 통한 재설계

− 중앙정부와 지방자치단체가 수행해 온 수많은 사무 하나하나에 대한 평가와 공공서비스(사무)품질 및 주민 만족도 향상 방안을 먼저 도출한다. 이를 근거로 서비스 공급 주체와 권한, 예산을 재설계한다. 지방자치단체의 재량권이 거의 없는 보편복지 서비스는 중앙정부가 재원과 공급을 전담한다.

− 교육, 고용(고용형태, 최저임금 등), 공무원 고용/임금/인사/조직 규제를 광역 지자체의 자율책임으로 한다. 전국 단일(획일) 규제인 보육/교육 및 고용 규제를 풀어 지방자치단체의 재량으로 한다.

− 공무원의 고용·임금, 인사조직 관련 규제는 총액 인건비 한도 내에서 지자체의 자율책임으로 한다. 직업공무원에 대한 신분보장을 풀어서 지자체 주도의 인력사업 구조조정이 가능하도록 한다.

- 지방행정체계의 단층제, 2층제, 3층제도 연방정부 수준의 자치권을 부여받은 광역지방자치단체가 자율적으로 결정하도록 한다.

광역은 더 크고 강하게, 주민자치 단위는 훨씬 작고 유연하게

- 기존의 지자체(광역과 기초)의 권능을 재편하여 지방정부라는 이름에 값하게 키우는 동시에, 실질적인 주민참여가 일어나도록 자치단위를 훨씬 작게 만든다. 한국의 지자체(지자체장과 지방의회)는 주민의 내실 있는 참여를 조직하기에는 너무 크기 때문이다. '광역은 더 크고 강하게, 주민자치 단위는 훨씬 작고 유연하게' 하기 위해서는 헌법, 선거법, 정당법 개정과 규제를 개혁한다.

교육자치를 수도권에서 먼 지방부터 먼저

교육자치를 수도권에서 먼 지방부터 먼저 실시하고, 교육자치와 행정자치를 통합한다. 수도권에서 먼 지방의 읍면에 경제자유구역이 아니라 교육자유구역을 만든다. 이를 위해서 초중등교육법령과 국가교육과정을 대폭 축소하여, 복수의 지방 교육과정들이 경쟁하는 구조로 간다.

지방재정제도

지방재정제도를 세금부담능력(응능성)과 서비스의 수혜자 부담원칙(응익성) 등을 고려하여 재설계한다. 지자체가 행정서비스 품질을 올리면 수입(지방세)이 늘어나고, 공무원들의 고용이 늘어나고, 임금도 올라갈 수 있는 구조를 만든다. 역으로 기업처럼 수입이 줄어들면 인력사업을 구조조정할 수 있도록 한다. 지자체도 방만하면 파산할 수 있는 구조(자율과 책임의 확대, 강화)를 만든다. 국고보조금 제도는 최소화한다.

6장 교육개혁 전략 기조

한국의 교육문제는 문제 정의부터 난제이다. 관점에 따라, 가치이념에 따라, 이해관계에 따라 제각각이다. 골대 비워놓고 공(이슈)따라 우르르 몰려다니며 싸우는 동네축구 양상이 전형적으로 일어난다. 한국의 교육문제 중에서 압도적으로 많이 이슈화된 것이 대학입시의 공정성 문제였다. 특목고, 정시와 수시 비율, 학생부 반영비율 등이 그것이다. 하지만 한국 교육이 안고 있는 문제의 극히 일부분이다.

문제가 복잡하고 난해할수록 기본으로 돌아가 문제를 살펴볼 필요가 있다. 교육의 본령은 무엇인가? 현대 문명국가에서 보편적으로 인정되는 교육의 본령은 첫째, 한 사회가 축적한 지적·문화적 유산을 전승하고 재창조하는 것이다. 둘째, 개인의 소질과 능력 개발을 통해 노동생산성을 향상하고, 자아실현 능력을 제공하는 것이다. 셋째, 올바른 가치체계(윤리의식 등)를 형성하는 것이다. 넷째, 시험 등을 통해 개인의 소질, 능력과 교육성과를 평가, 검증하고 자격(license)을 부여(labeling)하여 누군가를 배제하고 차별하는 것이다. 한국에서 교육 문제의 대부분은 넷째 기능에서 온다.

교육은 교육기관(대학, 초중고)만 하는 것은 아니다. 사설학원, 가족, 직장(기업), 미디어(언론 등), 사회·공동체(종교단체, 친목 모임 등)

등에서도 한다. 하지만 공교육 기관이 압도적으로 많은 비용(예산)을 쓰고, 무엇보다도 학령기에 집중적이고 전문적으로 교육을 시키기에 많은 조명을 받는 것은 당연하다.

공교육이 문제의 본체이고 사교육은 그 그림자이다. 국가·권력과 우월적 지위의 오남용을 자행하는 민간기업에 의해 지지되는 사회의 위계서열체제가 문제의 본체, 대학과 고교의 위계서열체제는 그 그림자라고 할 수 있다.

학위·학벌 사회에서 실력 사회로!

한국에서 교육을 통해 제공되는 학위·학벌과 시험을 통해 제공되는 자격면허증은 지대(특권, 특혜)를 얻는 핵심 통로로 되어 있다. 교육과 시험이 평가, 검증하는 관문통과 여부에 따라 사람의 팔자가 바뀐다. 그래서 교육시험의 공정성과 우열판정 기능이 최고의 가치가 되어 버렸다. 그에 따라 상대평가가 의무화되는 등 교육의 본말이 전도되어 버렸다. 그러므로 20세 전후하여 입학한 학교, 학과에 의해서 운명이 결정되는 사회가 아니라 평생에 걸친 학습을 통해 직무 능력(노동생산성)을 향상시켜 나가고, 그에 상응하여 처우와 지위가 결정되는 개방적이고 유연한 실력사회를 만드는 것이 교육문제는 물론 고용노동문제를 해결하는 킹핀이다.

한 번의 관문통과(학위, 면허 취득) 시험으로 평생을 가는 특권을 보장하는 제도와 관행을 혁파한다. 특정 면허증 취득, 자격시험 통과가 신분의 수직상승이요, 안정적 고소득을 보장하는 선진국은 없다. 실력있는 사람, 실물을 잘 아는 사람, 실전에 강한 사람을 학위·학벌을 근거로 차별·배제하는 풍토를 일소해야 한다. 대학 이상의 학위가 입사 지원, 자격시험 응시, 직무 자격 요건으로 되는 모든 차별 배제 조건을 재검토하여 학력, 학위, 자격증에 따른 부당한 배제와 차별을 철폐해야한다. 공공부문과 교육부문이 진짜 솔선수범할 것이 있다면, 학위·학벌을 근거로 한 제반 배제와 차별을 최소화하여 교육의 지위재 성격을 약화시키는 일이다.

– 고등학교만 졸업해도 살 만한 세상을 만든다. 20세 전후한 시기의 대학 진학률을 50% 이하로 낮춘다. 하지만 평생에 걸친 대학 진학률은 70%가 넘을 수도 있다. 필요에 따라 대학을 가는 문화와 제도를 만든다.

– 입학이 곧 졸업인 관행을 혁파한다. 공부할 의사와 능력이 없음에도 불구하고 '묻지마 대학 진학' 문화와 입학만 하면 졸업을 보장하는 대학 학사운영 관행도 타파한다. 소질·적성·학업능력과 학과가 맞지 않는 사람을 위해 중간에, 큰 손실 없이 진로를 변경할 수 있는 기회가 많이 주어지도록 한다. 학업 성적이 저조하면 중도 탈락이 되도록 한다. 하지만 중도 탈락이 곧 헤어날 수 없는 나락으로 추락하는 것이 되어서는 안 된다. 입학이 졸업인 관행과 입사가 곧 정년보장인 관행을 없앤다.

교육과정의 개인 맞춤화, 산업 맞춤화, 지방 맞춤화를 추구한다

교육 문제의 절반 이상은 교육 체제가 아니라 경제사회 체제에 있다. 그렇다고 해서 경제사회 체제만 탓할 수는 없다. 동시에 고쳐야 한다.

– 교육과 개인, 산업, 사회의 지독한 미스매칭을 완화한다. 교육과정의 개인 맞춤화, 산업 맞춤화, 지방 맞춤화를 위해 학교 자율화, 교육 규제의 지방분권화, 교육기관 거버넌스에 수요자의 참여를 확대 강화한다.

– 소질, 적성, 학습 능력 및 수준이 천차만별인 개인의 교육 수요에 부응하기 위해 선택권을 제한하는 학교의 벽(공인교육과정을 이수하면 학점 인정), 학년의 벽(무학년 학점제), 연령의 벽(평생 교육)을 낮춘다. 이와 더불어 교육자원의 효율적 활용과 교육 수요에 최대한 부응하기 위해 온오프 벽(온라인 강의도 학점 인정), 상대평가 시험의 벽(절대평가제)을 없애거나 낮춘다.

– 교육의 개인(수요자) 및 지역 맞춤화와 교육자원의 효율적 활용을 위해 교육 규제를 유연화한다.

– 교육은 언제, 어디서든지 받을 수 있게 한다. 누구나 가르칠 수 있고, 누구나 배울 수 있게 한다.

– 지식을 주입하는 교육이 아니라 잠재된 능력을 끌어내는 교육을 강화한다.

국가주의 교육체제 해체, 국가 배급 교육체제 탈피

국가가 공급 또는 배급하는 모든 재화와 서비스가 그렇듯이, 국가가 주도적으로 공급 또는 배급하는 교육(과정, 인력, 시설, 예산 등)은 산업 및 사회의 수요에 유연하게 대응하지 못한다. 한국의 교육체제는 사회주의 국가 아니면 찾아보기 힘든 국가주의 교육체제가 되었다. 이는 노조 또는 노조나 다름없는 교육공급자(재단, 교수, 교원) 단체와 국가(정치인과 교육관료)의 결탁 혹은 힘의 교착의 산물이다. 이로 인해 교육 소비자인 학생, 학부모 혹은 산업, 기업, 지역 사회가 더 철저히 배제되었다.

– 국가교육 규제와 국가교육과정을 대폭(50% 이하로) 줄이고, 지방정부와 개별 학교의 교육 자치자율권을 확대한다. 이는 서울, 수도권, 충청권이 아니라 수도권에서 먼 지방, 그것도 낙후된 군 지역에

먼저 부여한다.

– 국가의 과도하고 부적절한 교육 관여와 개입을 줄여, 즉 국가가 아닌 지자체와 산업 및 사회(지역 상공인 단체)가, 교육 공급자가 아닌 소비자(학생, 학부모)가 교육과정 구성과 교육 거버넌스 구조에 좀 더 깊이 참여하도록 한다.

직업교육, 산학연계 교육, 평생교육의 활성화

– 직업 교육과정, 직업교육 기관, 직업고교를 늘리고 다양화, 내실화(산업, 기업 맞춤화)한다.

– 교육 공급자 단체의 강한 입김에 따라 유·초·중·고(그것도 인문고)와 대학에 집중된 교육예산을, 시대의 변화에 따라 그 중요성이 점증하는 평생교육과 고졸자 직업교육으로 분산한다.

– 야간대학, 사이버대학, 공장대학, 직업학교 등을 늘린다.

– 학교 밖 교육 혹은 평생학습을 활성화, 내실화한다. 인터넷과 방송을 활용하고, 야간대학과 직장대학 등 다양한 방식의 대학과 연계한다. 40~60대의 2모작, 3모작 인생 준비에 필요한 평생교육 프로그램과 관련 예산을 획기적으로 늘린다.

– 25세 이상된 전국민에게 5년에 한 번씩 평생학습 쿠폰(100만원)을 지급한다.

입시제도

– 선발과정에서는 다양한 구획(지역, 소득 등) 할당제를 도입하되, 교육은 철저히 시키도록 한다.

– 교육사다리타기 경쟁을 시간적으로 분산한다. 10대 중·후반에 집중된 교육과 시험 사다리타기 경쟁을 선진국처럼 20대 중후반이나 그 뒤로 분산시킨다. 살아가다가 스스로 필요성을 강하게 느꼈을 때

대학(원) 공부를 열심히 하는 사람들을 지원하고 배려하는 시스템(보다 후한 국가장학금 제도, 입시에서의 가산점 등)을 구축한다. 이는 교육과 사회 및 산업의 어긋남을 해소하는 매우 효과적인 방법이자 고교 졸업 직후의 과도한 대학 진학률을 떨어뜨리고, 교육에서 부모의 영향력을 약화시키며, 평생학습 문화의 정착에도 크게 도움이 된다. 이는 한국 직장에서 나이에 따른 서열체계의 약화와 직무·기능 중심의 조직체계를 확산시키는 일과 선순환관계를 구축해야 가능하다.

– 부모의 영향을 덜 받도록 사교육에 의해 업그레이드되기 힘든 타고난 재능을 평가할 수 있도록 입시제도를 설계한다. 공교육은 저소득층과 극심한 수도권 집중을 고려해서 지방을 더 많이 배려한다.

역사, 지리, 민주주의 교양·체육 교육 강화

– 국사 및 세계사 교육, 세계 지리 교육, 민주주의 개념원리 교육, 독서 교육 등 세계 보편 교양 교육을 강화한다. 하지만 이 모든 교육을 중고등학교와 대학에서만 해야 하는 것은 아니다. 방송사, 신문사, 영화사, 출판문화사, SNS를 통해 활동하는 지식인과 문화인 등도 주요한 교육 주체이다. 따라서 이들에 대한 지원 정책은 여전히 필요하다고 본다.

– 특히 국가 차원에서 선진적 지식을 수입하여 대중화하는 번역 작업이 지금보다 훨씬 활성화되도록 한다. 국가번역기관을 만든다.

– 초중고 체육활동, 예술교육, 토론 수업을 늘린다. 특히 체력장을 부활시킨다.

7장 복지개혁 전략 기조

　현재 대한민국의 사회안전망은 개인과 가족이 당면한 위험을 제대로 분산, 완충해 주지 못하고 있다. 전통적이고 보편적인 사회적 위험(실업, 산재, 질병, 노령, 직업능력 상실, 부양자 사망, 임신-출산-양육, 빈곤)도 제대로 완충해 주지 못하고, 한국 특유의 사회적 위험이자 새로운 위험, 즉 중국과 4차산업혁명으로부터 오는 강력한 구조조정 압력, 보건의료 기술 발전에 따른 장수(고령화), 출산에 따른 너무 높은 기회비용과 초저출산, 핵가족화와 1인 가구의 증대, 사회적 고립 등 무책임하고 비효율적인 사회안전망은 성별, 연령별 자살율이 웅변한다. 최근 들어서는 일가족 동반자살의 폭증으로 나타난다.

　한국의 사회안전망(복지제도)들은 대체로 공공부문과 대기업부터 순차적으로 도입되다 보니, 복지재정이 상대적으로 근로조건이 좋은 존재들, 즉 공무원, 공기업·대기업 근로자들에게 많이 가고, 정작 국가의 보호가 필요한 존재들은 복지 사각지대에 방치되어 있다. 그런데 복지재정뿐만이 아니라 다른 재정들도 사회적 약자들에게 덜 가게 되어 있다. 그 결과 대한민국의 복지 지출은 이른바 철밥통을 가진 공무원 등 특수직연금 가입자와 안정된 직장을 가진 국민연금 장기 납부자 등 중산층 이상 노인들에게 너무 많이 제공된다. 이들은 낸 돈에 비해 너무 많이 받아 간다.

국민연금, 건강보험, 고용보험 등 핵심적인 복지가 사회보험료로 운영되는데, 사회보험의 원리상 이를 내지 못하는 가장 열악한 계층은 복지 사각지대에 놓이게 된다. 현재 복지 지출 상황은 복지 재정이 공공부문과 예산 기반 복지 사업자 등 수많은 특수이익집단의 먹잇감이 되었다는 것을 보여 준다. 대한민국 복지는 부담과 혜택의 균형이 맞지 않는 지속불가능한 복지다. 복지가 가장 필요한 계층을 내팽개치는 비정한 복지이다. 복지 수요자가 아닌 복지 공급자 중심 복지다. 공공양반사회, 직장계급사회를 오히려 강화하는 복지이다. 전통적인 사회적 위험도, 새로운 사회적 위험도 제대로 완충하지 못하는 비생산적이고, 포퓰리즘적 인 복지이다.

우리의 소득 수준에 비해, 공공 수입·지출에 비해, 다수 국민을 위한 복지가 너무나 열악한 것은 '공공'을 명분으로 특별한 보호와 권리를 누리는 공무원 등 공공부문 종사자와 노동조합을 지역구에 간히고, 정권 사수 혹은 쟁취를 위해 사생결단의 득표 투쟁을 해야 하는 정치·정당들이 제대로 통제를 하지 못해서이다. 아니, 이들과 결탁해서이다.

사회 전반의 원자화, 파편화와 정치의 혼미, 정당의 포말화로 인해 조직된 특수이익집단이 정치적으로 과대 대표되고, 또 고도성장 경험을 통해 오직 시장(경제성장)을 통해 개인과 가족의 문제를 해결해 온 역사와 문화의 관성 때문일 것이다.

대한민국은 저부담 저복지 국가가 아니라 중부담 저복지 국가이다. 공공부문 고용·임금복지 예산과 이미 고비용 저효율로 정평이 나 있는 교육·경제·국방 예산 등이 그 주범이다. 예산의 디테일을 꿰고, 편성·집행 실무를 담당하는 공무원이 끊임없이 늘어나는 예산의 최대의 수혜자가 되었다. 우리는 현재의 정부 수입으로도 지출구조조정을 하면 복지지출을 큰 폭으로 늘릴 수 있다고 믿는다.

기초연금 강화

복지의 우선순위가 중요하다. 최우선적으로 도입, 강화해야 할 프로그램은 빈곤의 늪에서 헤매다가 자살로 마감하는 것을 다반사로 하는, 연금 사각지대 빈곤 노인들을 보호하기 위한 기초연금이다. 이와 더불어 온 가족을 불화하게 하고 때로는 신판 고려장 소동이 벌어지는 치매노인에 대한 사회적 돌봄 프로그램이다.

– 기초연금을 개인 50만 원, 부부합산 90만 원을 지급한다. 하지만 지급 연령은 65세에 맞출 필요는 없다. 점진적 상향이 필요하다.

고용보험 강화

우리 생활의 핵심인 생명·생활·생산 자원을 개방도가 거의 100%인 제조업 제품 수출을 통해서 번 외화로 획득할 수밖에 없는 현실이다. 따라서 세계화, 자유화, 지식정보화, 중국의 부상, 4차산업혁명이라는 거대한 위기와 기회에 대처하기 위해서는 원활한 인력사업 구조조정과 혁신과 도전의 기업가 정신이 살아 숨 쉬게 해야 한다. 이를 위해 고용보험을 대폭적으로 강화하는 것이 급선무이다. 한국의 숙명인 강력한 산업구조조정 압력을 고려할 때, 또 근로자의 짧은 근속연수를 감안할 때 취약하기 짝이 없는 고용보험은 한국 정치의 혼미, 무책임의 기념비이다.

– 실업급여의 소득대체율을 인상한다. 실업급여 상한선을 지금보다 2배 이상(월 300만 원까지) 인상한다.

공무원연금 개혁

– 연금 개시 연령을 일원화한다. 현재 공무원연금은 입직년도, 퇴

직년도에 따라 수급시점이 다르다. 부칙 규정을 두어 현재 장기근속 중인 공무원들은 여전히 젊은 나이부터 연금수급이 가능하다. 따라서 이러한 예외규정을 없애고 수급연령도 국민연금과 동일한 '연령'으로 통일한다. 공적연금의 목적은 '노후 생계 보장'인데, 노인이 아닌 퇴직 공무원을 위해 엄청난 재정을 투입하는 건 정의롭지 못하다.(2018년 9월 기준 재직기간 21년 이상 된 공무원만 44만 명 육박)

– 연금 상한제를 도입한다. 현재 33년 동안 공무원연금을 납입한 대부분의 공무원들은 퇴직 즉시 300만 원에 이르는 공무원연금을 수령한다. 부부교사로 은퇴한 경우 부부합산 700만 원을 받는 경우도 흔하다. 즉, 일정 금액 이상에 대해서는 납입한 금액을 일시금으로 지급하거나 아니면 근로자 퇴직연금처럼 수익률에 따라 지급받도록 해야 한다.

현 수급자의 재정안정화 기여금을 신설한다. 많은 선진국들이 고령화 지수 등을 반영해 평균수명 연장에 따라 자동으로 연금액을 조정한다. 연금을 깎는 것보다 일종의 '세금' 같은 기여금을 신설할 필요성이 있다. 오스트리아의 경우 2004년 퇴직자는 3.04%를 시작으로 매년 0.13%씩 감소하여 2020년 이후 퇴직의 경우 1.00%씩 기여금을 납부한다.

공적연금 통합(국민연금으로)

– 공무원연금, 사학연금과 국민연금을 통합한다. 기존 법령에 따른 수급자들에게는 연금세를 연령별 차등 부과한다. 고령자에게는 더 많은 연금세를 부과하다.

– 군인연금을 제외한 특수직연금을 최단 시간 내에 없앤다. 이를 신규 임용자부터 적용한다. 기존 특수직연금 가입자들의 기득권을 보장하되, 현직자들은 호봉 간격 축소 등으로 급여 인상 속도를 조정

하고, 80세 이상 고령연금 수급자의 경우에는 수급 금액을 적정한 비율로 감액한다.

－ 기초연금 강화를 전제로 기존 국민연금은 소득 재분배 기능을 없앤, 수익비 1인 소득비례형으로 바꾼다. 이를 전제로 국민연금 소득 상한을 올리고, 합의를 통해 보험료율을 인상하며, 확정급부형이 아니라 확정기여형으로 전환하여 연금재정이 우리의 경제재정 사정과 연동되도록 한다. 적립금액을 최소화한다. 국민건강보험처럼 부과식(매해 필요한 만큼 걷어서 주는 방식)으로 개편한다.

건강보험 개혁과 의료산업 육성

국가 시스템 중에서 전국민이 피부로 그 효용과 불편을 느끼는 것이 의료 시스템이다. 국민의료비 증가율도 GDP 증가율의 2배가 넘는다. 아직까지는 OECD 국가 가운데 비용 대비 효과가 우수한 시스템으로 알려져 있으나, 구조적 모순으로 인해 악화의 속도가 너무 빠르다. 이는 건보료 부과 체계 개혁(2016년 민주당 총선 공약 중의 하나) 정도로 해결될 문제가 아니다.

무엇보다도 먼저 상병傷病구조에 적합하게 대응하는 의료서비스 공급체계로 개혁한다. 대부분의 선진국들은 1990년대 이후 의료서비스 공급체계를 개혁하여 만성질병 관리에 부합하는 통합의료체계나 질병관리프로그램(disease management program)을 도입해 왔다.

－ 병원 중심 의료체계에서 지역사회 중심으로 의료체계를 전환한다. 만성질환의 경우 장기간 입원한다고 해서 증상이 호전 또는 완치되는 것이 아니므로 1990년대 이후부터 선진국들은 병원 중심 의료에서 지역사회 중심으로 전환하고 병상 수도 줄이기 시작했다.
－ 건강보험의 보장성을 제고하고 국민의료비를 합리적으로 관리

한다. 이를 위해 건강보험료 부과체계를 개혁한다.

- 건강보험 수가결정 거버넌스와 수가구조를 개혁한다. 또한 의료서비스 관리(질 관리, 감염관리 등) 부문을 개혁한다.

- 의료산업을 미래 먹거리 산업으로 보고 육성한다. 현재와 같이 모든 의료기관을 건강보험 요양기관으로 지정한 상태에서는 의료서비스 분야의 산업적인 가치를 활용할 수 없다. 요양기관 계약제를 도입하여 산업적 가치를 살릴 수 있는 분야와 건강 보장에 기여할 분야를 구분한다.

- 건강보험 환자를 진료하지 않는 병원은 세계(동아시아) 시장을 겨냥하도록 한다. 정부(국민건강보험공단)가 정한 낮은 가격에 얽매이지 않고 외국인 환자들에게서 높은 가격을 받아 국민경제에 기여할 수 있도록 한다.

- 공중보건의 가치를 재확인하고 공중보건 기능을 강화해야 하며 이를 위해 보건소 역할을 재설정한다.

육아휴직 급여 인상

육아휴직 급여의 소득대체율을 인상하고(가능한 60%까지) 급여 상한을 인상한다(월 200만 원까지). 이를 위해 부모보험(Parental Insurance)을 도입한다. 출산 및 양육 편의를 위해 아동수당을 도입하고, 인상하고, 확대한다.

복지재정의 투명성과 효과성 제고

우리는 복지재정이 집중적으로 투입되는 의료, 보육, 교육, 노인 복지 분야 등에 기업가적 야심이 충만한 민간 공급자의 비중이 너무 높은 현실을 직시하여 이들의 자본 투자는 인정하되, 투명성 제고를 통해 복지 지출의 편법적 전용 등 누수를 방지한다.

8장 문제는 정신문화

1987년 이후 대한민국 역사는 대중의 정치참여와 정치적 영향력의 확대, 강화의 역사였다. 주권재민-보통선거-다수대중 지배라는 민주정의 외형을 빠르게 갖추어 온 역사였다. 민주, 진보, 노동, 복지 가치가 확대 강화되어 온 역사였다. 2016년 가을부터 일어난 대규모 촛불시위를 계기로 대중이 권력의 실질적 주인이 되었다. 엄밀히 말하면 자신의 정체성을 민주, 진보, 노동, 민족, 평화 등으로 표현하는 대중 혹은 반일, 반독재, 반재벌, 반신자유주의, 친노조(노동권 강화), 친국가규제(국가주의) 성향이 강한 촛불 군중과 그 대변자 문재인이 정권을 잡았다고 할 수 있다.

저수지 수위가 낮아지면 바닥에 쌓여 있던 온갖 쓰레기들이 수면 위로 부상하듯이, 문재인으로 대표되는 촛불 군중이 권력을 휘두르면서 이들의 정서, 지성, 덕성 혹은 정치철학, 경제철학, 외교안보철학과 이들이 딛고 서있는 역사·현실인식 등이 국정에 강력한 영향을 미치면서, 국가의 명운을 좌우하는 변수로 부상했다. 역대 그 어떤 정권보다 열성 지지층의 안목, 정서, 요구에 철저히 부응하려고 해 온 문재인정부의 지난 2년 반에 걸친 폭정과 실정은, 이승만에서 박근혜에 이르는 역대 정권들이 시민적 지성 및 덕성 함양에서 철저히 실패했다는 것을 말해 준다. 민주공화국의 정신문화적, 사상이념적, 법·제도적 기본이 전혀 갖춰져 있다는 것도 확인되었다.

주권재민을 표방하는 민주주의 국가는 어디나 다수대중이 권력의 실질적 주인이라고 믿고, 또 그렇게 선전한다. 하지만 선진민주국가에서 다수대중은 지성과 덕성이 비교적 앞서 있는 대의자나 여론 주도층에 의해 대표되고 향도 되어 왔다. 이들은 공화주의의 기둥인 공공선과 시민적 덕성을 체현했고, 법치주의와 3권분립의 원리 등을 숙지하였고, 외교안보 전략의 복잡미묘함도 이해하고 있었다. 적어도 국내에서만 통하는 도덕률로 함부로 재단할 수 없다는 것, 국제정치는 홉스적 세계라는 것 등을 숙지했다는 얘기다. 대중은 이를 알고 암묵적으로 정치 엘리트들에게 위임해 왔다고 할 수 있다.

역사적으로 정치 선진국들은 왕과 귀족에 맞서 '시민혁명'을 주도한 세력들은 성공한 상공인(부르주아지)이거나 법률가 등 전문 지식인이었다. 대체로 자유시장의 승자들이거나, 지방행정이나 지방의회를 통해 능력을 인정받았거나, 법리 논쟁, 학술 논쟁, 시사 논평 등을 통해 일정한 권위를 획득한 사람, 즉 법률가, 언론인, 사상이론가 등이었다. 국가가 주관하는 공직 시험이나 면허 시험의 승자들이 아니었다. 선진민주국가들의 노동조합운동도 상층 숙련노동자(기술자나 장인), 변호사, 이론가 등 전문기능인과 지식인들이 주도하였다. 그런데 한국의 노조운동은 19~20세기 서구의 그것과 달리 직무에 따른 노동시장의 공정가격 형성한다는 생각도 없었고, 생산양식을 바꾸어 전체 노동계급과 국민 다수의 삶을 책임진다는 사상이론도 없었다. 단지 '단결하면 힘 생기고 투쟁하면 기업의 잉여를 더 많이 쟁취할 수 있다'는 생각에 머물러 있었다.

요컨대 선진국은 외교안보 담론은 말할 것도 없고, 정치정책 담론의 대부분을 국민 전체를 책임진다는 생각이 확고한 정치 엘리트들이 주도적으로 끌어갔다. 이들은 정당을 결성하여, 국정운영 철학과 경세방략를 공유하고 숙성시켰다. 하지만 한국은 정당이 부실한 상황에서 SNS를 통해 적극적으로 발언하고 결집도 하는 대중들이 복잡미묘한 고용노동 현안이나 외교안보 현안(북핵 문제, 남북관계, 한일관계 등)에 대해 과감하게 발언하고 영향력을 행사해 왔다.

한국에서 4.19, 6.10, 촛불혁명(?) 등 사후적으로 시민혁명이라 불리는 시위를 주도한 사람들은 대학생, 화이트칼라, 노조원과 노무현의 죽음에 분노한 '깨어 있는 시민'들이었다. 특히 2016~17년의 촛불혁명을 주도한 사람들은 대체로 1980년대 운동권의 철학, 가치, 정서를 내면화했거나 국가나 노조의 보호를 받는 성 안 사람들이었다. 요컨대 자신의 생명과 재산을 걸고 투자를 하거나 고용을 해 본 사람은 드물었다. 담론의 자유시장에서 수많은 논쟁을 거쳐 지적 권위를 획득한 엘리트들도 지도력을 행사하지 못했다. 김어준의 영향력이 그것을 말해 준다. 요컨대 이들 행동하는 민주·진보·노동·평화 시민들은 복잡미묘한 기업경영과 국가경영을 깊이 고민한 사람들이 아니었다. 지속가능한 경제와 사회라는 난해한 문제는 이들의 지성과 덕성으로는 이해하기 어려웠다.

설상가상으로 문재인과 집권연합세력의 핵심들은 지성과 덕성에서 촛불 군중에 비해 그다지 나은 점이 없었다. 문재인은 지성에 관한 한 오히려 촛불 군중의 중간이나 하위에 있는 사람이라고 해도 과언이 아니다. 강한 포퓰리스트적 성향은 대중, 특히 성 안 사람과 문재인을 일체화시켰다. 그래서 다수 대중의 정신문화(무지, 욕망, 격정, 공포, 상처, 정서) 내지 역사관, 세계관, 가치관 등이 엄청나게 중요한 문제가 된 것이다.

1987년 이후 정치 리더십과 정당의 대중 장악력은 시간이 갈수록 뒷걸음치고 있다. 컴퓨터, 인터넷, 스마트폰의 등장에 따라 여론을 정제하고 선도해 온 유력 언론 매체의 영향력도 퇴조하고 있다. 이는 진보와 보수를 가리지 않는다. 반면에 SNS로 소통하고 결집되고 행동하는 격정적이고, 즉물적이고, 불신 가득하고, 선동에 쉽게 휩쓸리는 '수십 수백만 정치 대중'의 정치적 영향력은 점점 커지고 있다.

1987년 이후 한국의 자유화, 민주화, 정보화는 확실히 진전되었고, 교통수단의 발달에 따라 이동성도 강화되었다. 고학력화, 도시화, 아파트화, 핵가족화도 진전되었다. 개별화되면서 지식과 정보의 편식도 심해졌다. 온라인이나 오프라인에서 큰 힘을 결집할 수 있다. 하지만 역사현실에 대한 이해는 너무나 상이하다. 대한민국이 어디쯤 있고, 어디로 가야 할지에 대한 인식의 일치도 없다. 정치적, 사상적, 지적 권위자나 권위를 가진 집단도 없다.

결국 1987년 이후 다수 대중은 '선거와 SNS와 시위' 등을 통해 점점 더 강한 위력을 발휘하고 있다. 이들은 다양한 정치적, 정책적 고려가 필요한 복잡미묘한 사안, 즉 외교안보 현안, 경제고용 현안(최저임금, 근로 52시간제, 비정규직 규제, 해고 제한규제 등), 복지 현안(의료, 연금, 현금성 복지 등), 교육 현안, 예산 현안 등을 흔들어 대고, 선거 승리에 올인하는 주요 정당들이 여기에 휘둘리면서 민주주의 체제에 내재된 모순이 극심하게 드러나고 있다. 정치사회적 권위집단도 부실하고, 시민적 지성과 덕성도 부실한 가운데, 누군가 이들의 편견, 공포, 분노를 자극하면 대규모 폭민주의적 행동을 촉발할 수 있다. 2008년 광우병 사태, 2014년 세월호 참사 이후 대중의 정서와 행동, 2019년 한일 갈등에 대한 대중의 정서와 행동이 그 징표이다.

한국은 혁명 전의 프랑스처럼, 아니 그보다 백 배는 더 국가와 공무원에, 대통령과 행정부, 국회와 법원과 검찰 등에 권력을 집중시켜 놓고, 견제와 통제장치는 부실하게 만들어 놓았다. 따라서 대중의 관심은 점점 더 무소불위의 국가·권력 쟁취와 자기(사익) 편향적 운용으로 향할 수밖에 없다. 자유한국당 해산청원[83]은 그 주장, 근거, 논리와 참여 숫자에서 한국 민주주의의 자화상이다. 지금 한국에서 벌어지고 있는 극심한 균열과 갈등은 1804년생 토크빌이 프랑스 역사와 정치를 보면서 목도하고 고민했던 것과 흡사하다.

정치철학은 생각의 기본 틀이요, 세계관, 인간관, 가치관의 총체이다. 정치철학이 상정하는 주된 대립물을 보면, 그 철학의 본질과 적실성을 어느 정도 알 수 있다. 더불어민주당과 정의당의 강령, 민주노총의 핵심 노조(금속노조 등)의 강령과 선언, 문재인 대통령의 주요 발언, 국정운영 5개년 계획, 그 이후 정치적 정책적 행보를 종합하면 이들의 세계관과 가치관은 1980년대나 1945~53년 시기에 머물러 있다. 이들의 역사현실 인식에서 일본관 내지 한일관계는 19세기 말이나 1945년 패망 전에 머물러 있는 듯하다. 노사관계는 계급투쟁이 만연하던 20세기 초중반에 머물러 있고, 국가와 시민의 관계는 1987년 이전 반독재 민주화 시대에, 복지는 1960~70년대 유럽 복지국가 황금시대에 머물러 있는 것처럼 보인다. 여야 혹은 진보와 보수 관계는 자신은 정 또는 선, 상대는 사 또는 악으로 규정하여, 상대를 청산, 척결하는 대략 500년 전 조선 사화정치 시대에 머물러 있는 것처럼 보인다.

문재인 대통령과 집권연합세력, 그리고 그 실세인 조국수호 시위대들이 보는 대한민국 현실은 온통 불법적이고 부당한 갑질이 난무하는 세상이다. 착취, 수탈, 약탈, 쟁취, 억압, 강압, 강제, 협잡, 야합, 강점, 침략, 지배, 종속, 해방, 척결, 청산 등이 세상을 이해하는 핵심 키워드이다. 머릿속에는 선악, 정사, 불의-정의, 친일-항일, 미일외세-우리민족, 독재-민주, 자본-노동, 보수-진보, 적폐-개

---

83) 2019.4.22~5.22 한 달 참여 인원은 183만1,900명으로, 국민청원제도가 시작된 이래 최다 인원. 청원인은 "한국당은 장외 투쟁을 하며 정부의 입법을 발목 잡고 있다. 국민에 대한 막말이 도를 넘고 있다"고 주장했다.

혁 대결 구도가 똬리를 틀고 있다.

문재인정부의 폭정과 실정은 이들을 뜨겁게 지지해 온 촛불 군중 내지 조국수호-검찰개혁 시위대들의 역사와 현실과 정치를 보는 시각과 정서가 구한말 위정척사파 선비들이나 1980년대 운동권 대학생에서 그리 멀리 나가지 못한 데서 연유한다. 이들은 친일, 분단, 전쟁, 독재, 학살 등 인면수심의 만행을 자행한 거악과 싸운다고 생각하니 착한 약자, 피해자 의식과 진영논리가 뼛속 깊이 스며들었다. 승리를 위해서는 수단과 방법을 가리지 않는, 시민적 덕성에서 너무 먼 독선을 체화하였다. 민주주의, 공화주의, 법치주의, 시장경제와 너무나 어울리지 않는 사고방식을 가지고 있다. 집권세력이 약자 또는 피해자 의식에서 깨어나지 못하는 것은 세계사적 수수께끼가 아닐까 한다.

촛불 군중과 태극기 군중은 공히 자신은 선·정·애국이요, 상대는 악·사·매국이라고 규정하고 있다. 하지만 두 군중 공히 국가운영 철학과 역사현실 인식이 부실하기는 마찬가지다.

지금 대한민국 위기의 근원은 대중이 명실상부한 권력의 주체가 되었지만, 그에 상응하는 지성과 덕성이 성장하지 않았다는 것이다. 문제는 진보와 보수, 좌파와 우파, 자유진영과 민주진영은 말할 것도 없고, 지식인, 전문가, 관료와 보통시민, 정치지도자도 대중과 크게 다르지 않다는 사실이다.

자유민주주의 체제를 유지하는 한 다수 대중의 역사인식, 감정반응, 정신문화, 사상이념을 바로 세우지 않고서는 대한민국 위기 타개는 불가능하다고 보아야 한다. 하지만 정신문화와 사상이념은 불가침의 자유 영역에 속하는 것이기에 국가·권력으로 거칠게 바로잡을 수도 없고, 잡으려고 해서도 안 된다. 자칫하면 2015년 가을, 박근혜정부에 대한 지지와 신뢰를 크게 실추시킨 국정역사교과서 파동 같은 일이 벌어질 수 있다. 그럼에도 소수의 공직 쟁취가 아니라 사회를 진짜로 바꾸고자 하는 정치세력이라면 정신문화 개혁보다 더 중요한 일은 없다. 정당이든 정치결사든 언론사든 교육기관(중고교, 대학, 교양), 출판사, 영상콘텐츠 제작사, 문화예술연구단체, 소설, 시나리오, 시, 노래 작가들과 더불어 역사와 현실에 대한 무지와 착각을 깨치고, 편향된 인식을 바로잡는 다양한 사업을 벌여야 한다.

　－ 한 사회의 정신문화의 상징인 지폐 인물을 바꾼다. 한국의 지폐 인물은 조선의 왕(세종), 장군(이순신), 성리학자(퇴계와 율곡)와 그 어머니(신사임당)이다. 상인, 기업인, 과학기술자, 의료인, 작가는 없다. 경세제민을 잘하여 국리민복을 증진시킨 정치인(대동법 시행에 혁혁한 공을 세운 김육 등)도 없다. 아프리카 등에서 빈곤과 질병을 퇴치한 성자(이태섭 신부) 같은 사람도 없다. 그러므로 국민적 숙의를 거쳐 안창호, 이병철, 정주영, 이태섭 신부 등 근현대사 인물로 바꾸는 것을 공론화 할 필요가 있다.

9장 우리가 싸워야 할 것

　국가플랫폼이든 정당플랫폼이든 종국적으로는 줄일 것과 늘릴 것, 올릴 것과 내릴 것, 없앨 것과 만들 것, 연대할 동지와 싸워야 할 적 등으로 간명하게 정리된다. 방향과 기조는 크게 변하지 않겠지만, 그 수준과 완급은 주·객관적 역량 타산에 따라 달라져야 한다.

●기득권(지대)

　공무원, 교원, 공공기관 종사자 등 세금 소득자의 과도한 권리와 자의적 권한

　노조 기득권과 (정규직=정상, 비정규직=비정상이라는) 낡은 고용 패러다임

　양대 정당의 기득권(독과점)

　규제징벌기관(검찰, 국세청, 감사원, 방통위, 공정위, 금융위 등)의 자의적 권한

　과도한 국가규제와 국가형벌

　예산 포트폴리오(정부 수입 대비 복지지출 30%를 40%로! 정부 지출 대비 복지지출 39%를 50%로!, 중부담 저복지 국가=가렴주구 국가 타파)

　규제산업과 면허직업의 기득권

　과도한 요구와 기대

연금, 학위, 면허, 부동산 기득권

무책임한 포퓰리즘

●줄이거나 낮출 것

공공부문의 규모와 관여 범위, 국가규제, 국가형벌조항(대상과 범위), 공무원 보수와 연금, 연공임금, 한국식 정규직＝영구직(철밥통), 18~19세 대학 진학률, 선거연령, 군병력, 관리감독을 주업무로 하는 고위직급

고비용구조(식료품, 교육, 주거, 해외여행 등), 권력이 자의적으로 분배할 수 있는 자원, 부처간 칸막이, 로또성 복지(주거, 기초생활보호 대상자 등), 상속세

과도한 요구, 기대, 소비 수준(대졸 초임 수준, 최저임금 수준, 대기업 및 공공부문 임금 수준, 고용보호 수준 등)

도덕적 의무를 담은 애매모호한(이현령 비현령) 법조항(헌법 7조, 배임죄, 직무유기죄, 권력남용죄, 범죄방조죄 등)

외국인 노동자

탈세를 전제로 높이 설정한 세율(상속세, 부동산 취등록세 등)을 인하

●늘리거나 올릴 것

실업급여, 사회임금, 기초연금 대상과 액수(공적연금 개혁), 현역 사병 급여, 괜찮은 시간제 일자리, 계약직, 현장(실무)인력, 주거복지와 서민주택(청년세대의 주거안정 지원), 아이를 낳고 기르는 가정에 대한 각종 특혜적 지원, 상호 제척권 혹은 70%가 동의하는 인사로 구성하는 합의제 기구. 북한 인권재단의 예산

근무기강, 근로윤리, 직업윤리, 정치인의 공적 책임의식과 (전체를 살피는) 안목

검찰, 국세청, 감사원, 공정위, 방통위 등 권력(형벌, 인허가)기관에 대한 견제 감시장치

도심지를 제외한 고속도로를 비롯한 주요 간선도로의 제한속도 (10km 상향)

●활성화시킬 것

패자부활전과 승자재신임전, 노사협의회, 다방면의 융합(기술융합, 산업융합, 산·학·연 융합, 이공계와 인문사회계 융합), 공유, 연대(공동체), 국내여행 등. 민간산업체, 기업 및 공장 대학(고등교육기관), 산학연계

●우대할 것

고졸자, 병역이수자, 투표참여자, 유자녀 가정

●새로이 만들 것

내각제, 공무원 급여법, 공무원 총정원법, 공무원 및 공공기관 임직원의 보수(총노동비용) 공개법, 시대정신을 반영하는 새로운 지폐 인물(안창호 등)

새로운 산업(먹거리), 정치의 생산적 경쟁을 가능하게 하는 선거제도

공무원 및 공공기관 임직원 고용 임금 연금 복지 기준, 기초생보자 기준, 국민연금 충당부채

●대폭 축소하거나 철폐할 것

제왕적 국가와 대통령제, 국회의원의 너무 많은 특권(세비, 보좌관 수 등), 내외 이동성−상하 유동성을 가로막는 벽, 공무원연금, 중소기업 생계형 적합업종 등 제반 시장규제

헌법 조항에 녹아 있는 낡은 국가주의 잔재

여성부, 중소기업부 등 특수이익집단의 이해와 요구를 배타적으로 대변하는 정부부처

기업주에 대한 형사처벌 조항, 탈원전 정책

●쟁취할 것

북핵 폐기와 북핵 리스트. 일괄타결 단계적 이행